U0837335

「十一五」國家重點出版規劃項目

陳垣全集

CHEN YUAN QUANJI

第十五册

日知録校注（中）

主編 陳智超

北京师范大学出版集团
BEIJING NORMAL UNIVERSITY PUBLISHING GROUP
安徽大学出版社

圖書在版編目(CIP)數據

陳垣全集. 第15册，日知録校注. 中/陳垣著. —合肥：
安徽大學出版社，2009. 8(2021. 3 重印)
ISBN 978-7-81110-388-5

Ⅰ. ①陳… Ⅱ. ①陳… Ⅲ. ①陳垣(1880～1971)—全集
②文史哲—中國—清代 ③日知録—注釋 Ⅳ. ①C52 ②B249. 12

中國版本圖書館 CIP 數據核字(2009)第 155472 號

陳垣全集 第十五册
日知録校注(中)
(清)顧炎武 著 陳 垣 校注 陳智超 主编

安徽大學出版社出版發行
(合肥市肥西路 3 號 郵編 230039 電話 0551-65107716
網址 www.ahupress.com.cn)
合肥遠東印務有限責任公司印製
責任總編輯 楊應芹 彭君華
本册編輯 老 鼓 封面設計 孟獻輝
開本 880×1230 1/32 印張 22.125 字數 430 千
2009 年 12 月第 1 版 2021 年 3 月第 3 次印刷
ISBN 978-7-81110-388-5
定價 2480.00 圓(全二十三册)

如有影響閲讀的印裝質量問題，請與出版社發行部聯繫調换

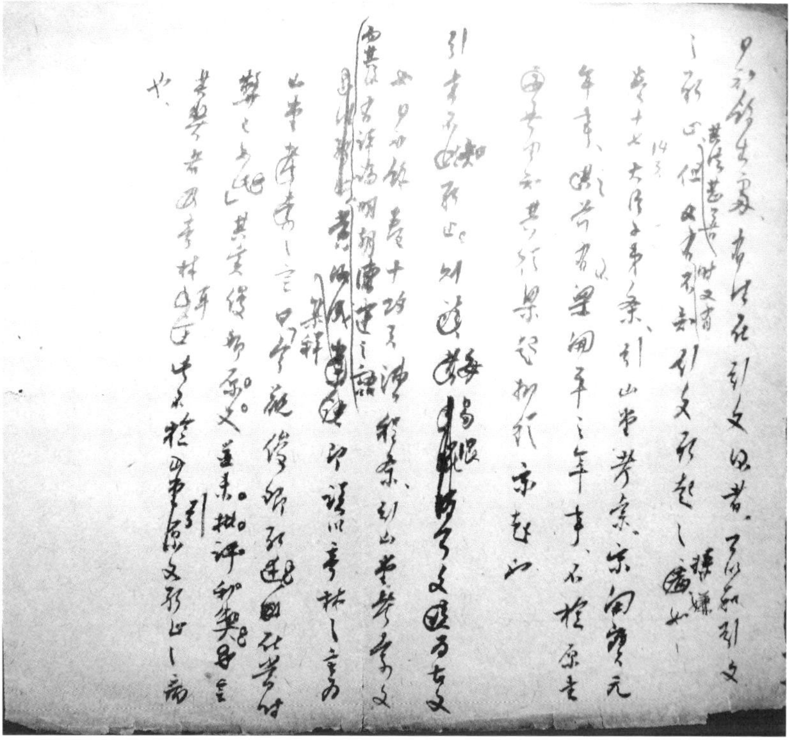

《日知録校注》稿

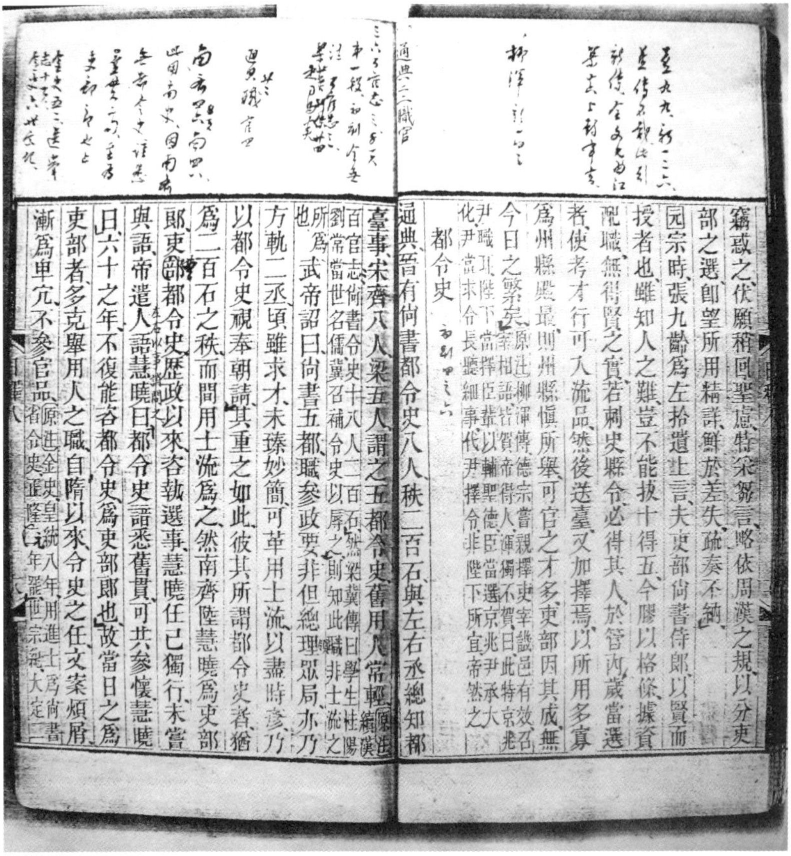
通典二二職官

竊惑之伏願稍回聖慮特采芻言略依周漢之規以分吏部之選即望所用精詳鮮於差失疏奏不納

玄宗時張九齡爲左拾遺上言夫吏部尚書侍郎以賢而授者也雖知人之難豈不能拔十得五今膠以格條據資配職無得賢之實若刺史縣令必得其人於管内歲當選者使考才行可入流品然後送臺又加擇焉以所用多寡爲州縣殿最則州縣愼所舉可官之才多吏部因其成無今日之繁矣原注柳渾傳德宗嘗親擇吏宰畿邑有效召宰相語皆賀帝得人渾獨不賀曰此特京兆尹之職耳陛下當擇臣輩以輔聖德臣當選京兆尹承大化尹當求令長聽細事代尹擇令非陛下所宜帝然之

都令史

通典晉有尚書都令史八人秩二百石與左右丞總知都臺事宋齊八人梁五人謂之五都令史舊用人常輕原注續漢百官志尚書令史十八人二百石然梁冀傳曰學生桂陽劉常當世名儒冀召補令史以辱之則知此職非士流之所爲也武帝詔曰尚書五都職參政要非但總理衆局亦乃方軌二丞頃雖求才未臻妙簡可革用士流以盡時彥乃以都令史視奉朝請其重之如此彼其所謂都令史者猶爲二百石之秩而間用士流爲之然南齊陸慧曉爲吏部郎吏部都令史歷政以來咨執選事慧曉任己獨行未嘗與語帝遣人語慧曉曰都令史諳悉舊貫可共參懷慧曉曰六十之年不復能咨都令史爲吏部郎也故當日之爲吏部者多克舉用人之職自隋以來令史之任文案煩屑漸爲卑冗不參官品原注金史皇統八年用進士爲尚書省令史正隆二年罷世宗大定二

《日知録校注》稿

陳垣全集之二十四

日知録校注（中）

安徽大學出版社

日知録校注卷十

治地[一]

古先王之治地也，無棄地而亦不盡地。田間之涂九軌，有餘道矣。遺山澤之分，秋水多得有所休息，有餘水矣。是以功易立而難壞，年計不足而世計有餘。後之人一以急迫之心爲之。商鞅決裂阡陌，而中原之疆理蕩然[二]。宋政和以後，圍湖占江，而東南之水利亦塞[三]。宋史劉韐傳：「鑑湖爲民侵耕官田，收其租歲二萬斛。政和間涸以爲田，衍至六倍。」[四]文獻通考：「圩田、湖田多起於政和以來。其在浙間者隸應奉局，其在江東者蔡京、秦檜相繼得之。大概今之田，昔之湖。徒知湖中之水可涸以墾田，而不知湖外之田將胥而爲水也。」[五]於是十年之中，荒恒六七，而較其所得，反不及於前人。子曰：「無欲速，無見小利。」[六]夫欲行井地之法，則必自此二言始矣。

〔一〕初刻四之十五，無注。

〔二〕史記六八商鞅傳。
〔三〕宋史九七河渠志越州水條。
〔四〕宋史四四六忠義傳。
〔五〕通考六田賦考湖田圍田條。
〔六〕論語子路。

斗斛丈尺

古帝王之於權量，其於天下，則五歲巡狩而一正之，虞書同律度量衡是也〔一〕；其於國中，則每歲而再正之，禮記月令，日夜分則同度量，鈞衡石，角斗甬，正權概是也。洪武初，命三日一次較勘斛斗稱尺〔二〕。故關石和鈞，大禹以之興夏；謹權量，審法度，而武王以之造周。今北方之量，鄉異而邑不同，至有以五斗爲一斗者，一闠之市，兩斗並行。至其土地，有以二百四十步爲畝者，有以三百六十步爲畝者，有以七百二十步爲畝者。大名府志：有以一千二百步爲一畝者。其步弓有以五尺爲步，有以六尺、七尺、八尺爲步，此之謂工不信度者也。夫法不一，則民巧生。有王者起，同權量而正經界，其先務矣。後漢書，建武十五年，詔下州郡，簡覈墾田頃畝，及户口、年紀，河南尹張伋及諸郡守十餘人，坐度田不實，下獄死〔三〕。而隋書：趙煚爲冀州刺史，爲銅斗鐵尺，置之於肆，百姓便之。上聞，令頒之天下，以爲常法〔四〕。儻亦可行於今日者乎？

〔一〕尚書舜典。

〔二〕明史八一食貨志。然亭林未見明史。

〔三〕後漢書一下。

〔四〕隋書四六。

地畝大小

以近郭爲上地，遠之爲中地、下地。蓋自金元之末，城邑丘墟，人民稀少。先耕者近郭，近郭，洪武之册田也；後墾者遠郊，遠郊，繼代之新科也。故重輕殊也。

廣平府志〔一〕曰：「地有大小之分者。以二百四十步爲畝，自古以來未之有改也。由國初有奉旨開墾永不起科者，有因洿下鹻薄而無糧者，今一概量出作數，是以元額地少而丈出之地反多。有司恐畝數增多，取駭於上而貽害於民，乃以大畝該小畝，取合元額之數。自是上行造報，則用大地以投黄册；下行徵派，則用小畝以取均平。是以各縣大地，有以小地一畝八分折一畝，遞增之至八畝以上折一畝。既因其地之高下而爲之差等，又皆合一縣之丈地，投一縣之元額，以敷一縣之糧科，而賦役由之以出。」此後人一時之權宜爾。考之他郡，如河南八府，而懷慶地獨小，糧獨重。開封三十四州縣，而杞地獨小，糧獨重。蓋由元末未甚殘破，故獨重於他郡邑。天下初定，日不暇給，度田之令、均丈之法，有所不及詳。解縉大庖西封事言：「土田之高下不均，而起科之輕重無别，或膏腴而税反輕，瘠鹵而税反重。」〔二〕是則洪武之時即已如此。而中原之地，彌望荆榛，亦無從按畝而圖之也。唐時陸贄有言：「創制之始，不務齊平。供應有煩簡之殊，牧守有能否之異，所在徭賦輕重相懸，所遣使臣意見各異，計奏一定，有加無除。」〔三〕此則致敝之端，古今一轍，而井地不均，賦税不平，固三百年於此矣。故東昌府志言〔四〕：「三州十五縣，步尺參差，大小畝規畫不一，人得以意長短廣狹其間。」而大名府志〔五〕謂：「田賦必均，而後可久。除沙茅之地别籍外，請檄諸州縣長吏畫一而度之，以鈔準尺，以尺準步，以步準畝，以畝準賦，仿江南魚鱗册式而編次之。舊所籍不齊之額悉罷去，而括其見存者，均攤於諸州縣之間，一切糧税、馬草、驛傳、均徭、里甲之類，率例視之以差。數百里之間，風土人煙，同條共貫矣。」則知均丈之議，前人已嘗著之，而今可通於天下者也。

〔一〕嘉靖廣平府志，天一閣有一部。康熙十五年志，北平館有二部。亭林卒於康熙廿一年壬戌，年七十。

〔二〕解縉，明史一四七本傳。全文見明文衡六奏議。

〔三〕陸宣公奏議十四六論兩稅之弊。

〔四〕萬曆東昌府志，北平館有四部。山東。

〔五〕正德大名府志，天一閣有一部。康熙十一年大名府志，北平館有一部。

宋史言：「宋時田制不立，甽畝轉易，丁口隱漏，兼并冒僞，未嘗考按。」〔一〕王洙傳：洙言天下田税不均，請用郭諮、孫琳千步開方法頒州縣，以均其税〔二〕。又言：「宣和中，李彥置局汝州，凡民間美田，使他人投牒告陳，指爲天荒。魯山闔縣盡括爲公田，焚民故券，使田主輸租，訴者輒加威刑。公田既無二税，轉運使亦不爲奏除，悉均諸他州。」宦者傳〔三〕。是則經界之不正，賦税之不均，有自宋已然者，又不獨金、元之季矣。

〔一〕宋史一七四食貨志方田賦税條。

〔二〕宋史三九四。

〔三〕出處注在引文後。宋史四六八楊戩傳。

州縣界域

自古以來，畫疆分邑，必相比附，天下皆然。乃今則州縣所屬鄉村，有去治三四百里者，有城門之外即爲鄰屬者，則幅員不可不更也。下邽在渭北而併於渭南，美原在北山而併於富平，若此之類，俱宜復設。而大名縣距府七里，可以省入元城，則大小不可不均也。管轄之地，多有隔越。如南宮屬真定威縣屬廣平之間，有新河縣屬真定地；清河屬廣平威縣之間有冠縣屬東昌地；鄆城屬兗州范縣屬東昌之間，有鄒縣屬兗州地；青州之益都等縣，俱有高苑地；淮安之宿遷縣，有開封之祥符縣地；大同之靈丘、廣昌二縣中間，有順天之宛平縣地。或距縣一二百里，或隔三四州縣，藪奸誨逋，恒必繇之。而甚則有如沈丘屬開封之縣署地糧，乃隸於汝陽屬汝寧者，則錯互不可不正也。衛所之屯，有在三四百里之外，與民地相錯浸久而迷其版籍，則軍民不可不清也。水濱之地，消長不常，如蒲州之西門外三里，即以補朝邑之坍，使陝西之人越河而佃。至於爭鬬殺傷，則事變不可不通也。周禮：形方氏「掌制邦國之地域而正其封疆，無有華離之地」〔一〕。有王者作，謂宜遣使分按郡邑，圖寫地形，奠以山川，正以經界，地邑民居，必參相得，庶乎獄訟衰而風俗淳矣。洪武十七年八月丙戌，以州之民户不及三千者皆改爲縣，改者凡三十七州〔二〕。

〔一〕周禮夏官。

〔二〕太祖實録一六四。

後魏田制〔一〕

後魏雖起朔漠，據有中原，然其墾田、均田之制，有足爲後世法者。景穆太子監國，令曰：周書言：「任農以耕事，貢九穀。任圃以樹事，貢草木。任工以餘材，貢器物。任商以市事，貢貨賄。任牧以畜事，貢鳥獸。任嬪以女事，貢布帛。任衡以山事，貢其材。任虞以澤事，貢其物。」乃令有司課畿内之民，使無牛者借人牛以耕種，而爲之芸田以償之，凡耕種二十二畝而芸七畝，大略以是爲率。使民各標姓名於田首，以知其勤惰，禁飲酒、游戲者。於是墾田大增〔二〕。高祖太和九年十月丁未詔曰：「朕承乾在位，十有五年。每覽先王之典，經綸百氏，儲蓄既積，黎元永安。爰暨季葉，斯道陵替，富强者并兼山澤，貧弱者望絶一塵，致令地有遺利，民無餘財，或爭畝畔以亡軀，或因饑饉以棄業。而欲天下太平，百姓豐足，安可得哉？今遣使者循行州郡，與牧守均給天下之田，勸課農桑，興富民之本。」〔三〕其制：男夫十五以上，受露田四十畝，婦人二十畝。民年及課則受田，老免及身没則還田。諸桑田不在還受之限。男夫人給田二十畝，課蒔餘種桑五十，樹棗五株，榆三根。非桑之土，夫給一畝，依法課蒔榆棗，限三年種畢，不畢，奪其不畢之地〔四〕。於是有口分世業之制，唐時猶沿之。嗟乎，人君欲留心民事而創百世之規，其亦運之掌上也已。宋林勳作本政之書，而陳同父以爲必有英雄特起之君，用於一變之後〔五〕。豈非知言之士哉！

〔一〕超按：題下有黄汝成案語。援庵批：「黄氏曾注意史源。」

〔二〕魏書四下恭宗景穆紀，二年。

〔三〕魏書七上高祖紀。

〔四〕魏書一一〇食貨志。

〔五〕陳亮，字同父。語見宋史四二二林勳傳，本政書十三篇。

開墾荒地

明〔一〕初承元末大亂之後，山東、河南，多是無人之地。洪武中詔，有能開墾者，即爲己業，永不起科〔二〕。是時方孝孺有因其曠土復古井田之議。至正統中，流民聚居，詔令占籍。景泰六年六月丙申，户部尚書張鳳等奏：「山東、河南、北直隸并順天府無額田地，甲方開荒耕種，乙即告其不納税糧。若不起科，爭競之塗，終難杜塞。今後但告爭者，宜依本部所奏，減輕起科則例，每畝科米三升三合，每糧一石科草二束。不惟永絶爭競之端，抑且少助倉廩之積。」從之。户科都給事中成章等劾鳳等不守祖制，不恤民怨。帝不聽〔三〕。然自古無永不起科之地，國初〔四〕但以招徠墾民，立法之過，反以啓後日之爭端，而彼此告訐，投獻王府、勳戚及西天佛子。見實録成化四年三月〔五〕。無怪乎經界之不正，賦税之不均也。

〔一〕「明」原作「國」。
〔二〕明史七七食貨志。
〔三〕見英宗實録二五四，附景泰實録七二。

〔四〕此「國初」二字，潘本漏改。
〔五〕憲宗實録五二。

蘇松二府田賦之重

丘濬大學衍義補曰〔一〕：「韓愈謂賦出天下，而江南居十九。以今觀之，浙東西又居江南十九，而蘇、松、常、嘉、湖五府，又居兩浙十九也。考洪武中，據諸司職掌〔二〕。天下夏税秋糧以石計者，總二千九百四十三萬餘，而浙江布政司二百七十五萬二千餘，蘇州府二百八十萬九千餘，松江府一百二十萬九千餘，常州府五十五萬二千餘。是此一藩三府之地，其田租比天下爲重，其糧額比天下爲多。今國家都燕，歲漕江南米四百餘萬石以實京師，而此五府者，幾居江西、湖廣、南直隸之半。臣竊以蘇州一府計之，以準其餘。蘇州一府七縣。時未立太倉州〔三〕。其墾田九萬六千五百六頃，居天下八百四十九萬六千餘頃田數之中，而出二百八十萬九千石税糧於天下二千九百四十餘萬石歲額之内，其科徵之重，民力之竭，可知也已。」

〔一〕卷廿四。

〔二〕顧注抑丘注？此是丘注。

〔三〕此是顧注。

杜宗桓上巡撫侍郎周忱書〔一〕曰：「五季錢氏，稅兩浙之田，每畝三斗。宋時均兩浙田，每畝一斗。宋淳祐元年鮑廉作琴川志〔二〕曰：『國初盡削錢氏白配之目，遣右補闕王永、高象先各乘遞馬，均定稅數，只作中下二等。中田一畝，夏稅錢四文四分，秋米八升。下田一畝，錢三文三分，米七升四合。取於民者不過如此。自熙、豐更法，崇、觀多事，靖、炎軍興，隨時增益。』然則宋初之額，尚未至一斗也。」元入中國，定天下田稅，上田每畝稅三升，中田二升半，下田二升，水田五升。元史耶律楚材傳〔三〕。至於我太祖高皇帝受命之初，天下田稅亦不過三升、五升，而其最下有三合、五合者。於是天下之民，咸得其所，獨蘇、松二府之民，則因賦重而流移失所者多矣。今之糧重去處，每里有逃去一半上下者。請言其故。國初籍沒土豪田租，有因爲張氏義兵而籍沒者，有因虐民得罪而籍沒者。有司不體聖心，將沒入田地，一依租額起糧，每畝四五斗、七八斗至一石以上，民病自此而生。宋史言：「建炎元年，籍沒蔡京、王黼等莊以爲官田，減租三分。」〔四〕洪武初，未有以此故事上言者。何也？田未沒入之時，小民於土豪處還租，朝往暮回而已。後變私租爲官糧，乃於各倉送納，運涉江湖，動經歲月，有二三石納一石者，有四五石納一石者，有遇風波盜賊者，以致累年拖欠不足。王叔英疏亦言：「輸之官倉，道路既遥，勞費不少。收納之際，其弊更多，有甚於輸富民之租者。」自洪武時已然矣。愚按〔五〕：宋華亭一縣，即今松江一府，當紹熙時，秋苗止十一萬二千三百餘石。景定中，賈似道買民田以爲公田，益糧一十五萬八千二百餘石〔六〕。宋末，官民田地税糧共四十二萬二千八百餘石，量加圓斛。元初田税，比宋尤輕。然至大德間，没入朱清、張瑄田，後至元間又没入朱國珍、管明等田，一府税糧，至有八十萬石。迨至季年，張士誠又併諸撥屬財賦府，與夫營、園、沙、職、僧道、站役等田。至洪武以來，一府税糧共一百二十餘萬石。租既太重，民不能堪，於是皇上憐民重困，屢降德音，將天下係官田地糧額，遞減三分、二分外。即宣德五年二月癸巳詔書〔七〕。松江一府税糧，尚不下一百二萬九千餘石。愚〔八〕歷觀往古自有田税以來，未有若是之重者也。以農夫蠶婦，凍而織，餒而耕，供税不足，則賣兒鬻女，又不足，然後不得已而逃，以至田地荒蕪，錢糧年年拖欠。向蒙恩赦，自永樂十三年至十九年七年之間，所免税糧，不下數百萬石。永樂二十年至宣德三年，又復七年拖欠，折收輕齎，亦不下數百萬石。折收之後，兩奉詔書，敕諭自宣德七年以前，拖欠糧草、鹽糧、屯種子粒、税絲、門攤課鈔，悉皆停徵。前後一十八年間，蠲免折收停徵，至不可算。由此觀之，徒有重税之名，殊無徵税之實。願閣下轉達皇上，稽古税法，斟酌取舍，以宜於今者而稅之，輕其重額，使民如期輸納，此則國家有輕稅之名，又有徵稅之實矣。」

〔一〕周忱，明史一五三。

〔二〕北平館有慶元二年孫應時修琴川志十五卷。無鮑志。

〔三〕元史一四六。

〔四〕宋史一七三食貨志，「三分」作「二分」。

〔五〕愚按，杜宗桓自謂。

〔六〕宋史四七四賈似道傳。

〔七〕宣德實録六三。

〔八〕愚，杜宗桓自謂。

今按宣廟實録：「洪熙元年閏七月，廣西右布政使周幹自蘇、常、嘉、湖等府巡視還，言蘇州等處人民，多有逃亡者。詢之耆老，皆云由官府弊政困民所致。如吳江、崑山民田，畝舊稅五升，小民佃種富室田畝，出私租一石，後因沒入官，依私租減二斗，是十分而取八也。撥賜公侯、駙馬等項田，每畝舊輸租一石，後因事故還官，又如私租例盡取之，且十分而取其八，民猶不堪，況盡取之乎？盡取則無以給私家，而必至凍餒，欲不逃亡，不可得矣。乞命所司，將没官之田及公侯還官田租，俱照彼處官田起科，畝税六斗，則田地無抛荒之患，而小民得以安生。下部議。」〔一〕宣德五年二月癸巳詔：「各處舊額官田，起科不一。租糧既重，農民弗勝。自今年爲始，每田一畝，舊額納糧自一斗至四斗者，各減十分之二。自四斗一升至一石以上者，各減十分之三，永爲定例。」〔二〕「六年三月，巡撫侍郎周忱言：『松江府華亭、上海二縣，舊有官田税糧二萬七千九百餘石，俱是古額。科糧太重，乞依民田起科，庶徵收易完。』上命行在户部會官議，劾忱變亂成法，沽名要譽，請罪之。上不許。」〔三〕七年三月庚申朔詔：「但係官田塘地，税糧不分古額、近額，悉依五年二月癸巳詔書減免，不許故違。」辛酉，上退朝，御左順門，謂尚書胡濙曰：「朕昨以官田賦重，百姓苦之，詔減什之三，以蘇民力。嘗聞外間有言，朝廷每下詔蠲除租賦，而户部皆不準。甚者文移戒約有司，有『勿以詔書爲辭』之語。若然，則是廢格詔令，壅遏恩澤不使下流，其咎若何。今減租之令，務在必行。書曰：『民惟邦本，本固邦寧。』〔四〕有子曰：『百姓不足，君孰與足？』卿等皆士人，豈不知此？朕昨有詩述此意，今以示卿，其念之毋忘。」濙等皆頓首謝。其詩曰：「官租頗繁重，在昔蓋有因。而此服田者，本皆貧下民。耕作既勞勩，輸納亦苦辛。遂令衣食微，曷以贍其身？殷念惻予懷，故迹安得循？下詔減什三，行之四方均。先王視萬姓，有若父子親。兹惟重邦本，豈曰矜吾仁。」〔五〕英廟實録：「正統元年閏六月丁卯，行在户部奏：『浙江、直隸蘇、松等處，減除稅糧，請命各處巡撫侍郎并同府縣官，用心覈實。其官田每畝秋糧四斗一升至二石以上者，減作二斗七升；二斗一升以上至四斗者，減作二斗；一斗一升至二斗者，減作一斗。明白具數送部磨勘。』從之。」〔六〕按嘉靖十七年册，長洲縣田猶有七斗以上者，今與民田通均，而猶三斗七升，是此旨當日未盡奉行也。

〔一〕宣宗實録六。
〔二〕宣宗實録六三。
〔三〕宣宗實録七七。
〔四〕尚書五子之歌。
〔五〕宣宗實録八八。
〔六〕英宗實録十九。

官田自漢以來有之。宋史：建炎元年，籍蔡京、王黼等莊以爲官田。開禧三年，誅韓侂胄。明年置安邊所，凡侂胄與其他權倖没入之田，及圍田湖田之在官者，皆隸焉。輸米七十二萬一千七百斛有奇，錢一百三十一萬五千緡有奇而已。景定四年，殿中侍御史陳堯道、右正言曹孝慶、監察御史虞虙、張晞顔等言：「乞依祖宗限田議，自兩浙、江東西官民户踰限之田，抽三分之一，買充公田。得一千萬畝之田，則歲有六七百萬斛之入。」丞相賈似道主其議行之，始於浙西六郡，凡田畝起租滿石者予二百貫，以次遞減〔一〕。有司以買田多爲功，皆謬以七八斗爲石。其後田少與磽瘠虧租，與佃人負租而逃者，率取償田主。六郡之民，多破家矣。理宗紀言：平江、江陰、安吉、嘉興、常州、鎮江六郡，已買公田三百五十餘萬畝〔二〕。而平江之田獨多。似道傳：包恢知平江，督買田，至以肉刑從事〔三〕。元之有天下也，此田皆別領於官。松江府志〔四〕言：元時苗税公田外，復有江淮財賦都總管府，領故宋后妃田以供太后；江浙財賦府，領籍没朱清、張瑄田以供中宫；元史天曆二年十月，立平江等處田賦提舉司〔五〕。稻田提領所，領籍没朱國珍、管明田，以賜丞相脱脱撥賜莊；在上海十九保。元史：至正四年六月己巳，賜脱脱松江田，爲立松江等處稻田提領所〔六〕。領宋親王及新籍明慶、妙行二寺等田，又有汪關關滿經歷田。以賜影堂寺院、諸王近臣。又有括入白雲宗僧田。元史成宗紀：「大德七年七月，罷江南白雲宗總攝所，其田令依例輸租。」〔七〕仁宗紀：「至大四年二月，御史臺言：『白雲宗總攝所統江南爲僧之有髮者，不養父母，避役損民，乞追收所受璽書銀印，勒還民籍。』從之」〔八〕。皆不係州縣元額。而元史所記賜田，大臣如拜住、燕帖木兒等，諸王如魯王瑪阿不剌、郯王徹徹禿等，公主如魯國大長公主，寺院如集慶、萬壽二寺，無不以平江田。而平江之官田又多，至張士誠據吳之日，其所署平章、太尉等官，皆出於負販小人，無不志在良田美宅，一時買獻之產，偏於平江。而一入版圖，亦按其租簿没入之。已而富民沈萬三等，又多以事被籍。是故改平江曰蘇州，而蘇州之官田，多而益多。故宣德七年六月戊子，知府况鍾所奏之數，長洲等七縣秋糧二百七十七萬九千餘石，其中民糧止一十五萬三千一百七十餘石，官糧二百六十二萬五千九百三十餘石〔九〕。是一府之地土，無慮皆官田，而民田不過十五分之一也。且夫民田僅以五升起科，而官田之一石者，奉詔減其什之三，而猶爲七斗，是則民間之田一入於官，而一畝之糧化而爲十四畝矣。

實録：宣德七年七月己未，行在户部奏：直隸松江府没官田，宜準民田例起科。上從之，命各處没官田糧俱準此例〔十〕。

此固其極重難返之勢，始於景定，訖於洪武，而徵科之額，十倍於紹熙以前者也。於是巡撫周忱有均耗之法，有改派金花官布之法，以寛官田，而租額之重，則一定而不可改。若夫官田之農具、車牛，其始皆給於官，而歲輸其税，浸久不可問，而其税復派之於田。然而官田，官之田也，國家之所有，而耕者猶人家之佃户也。民田，民自有之田也。各爲一册而徵之，猶夫宋史所謂一曰官田之賦，二曰民田之賦〔十一〕。金史所謂官田曰租，私田曰税者〔十二〕，而未嘗併也。相沿日久，版籍訛脱，疆界莫尋。村鄙之氓，未嘗見册，買賣過割之際，往往以官作民。而里胥之飛灑移换者，又百出而不可究。所謂官田者，非昔之官田矣。乃至訟端無窮，而賦不理。於是景泰二年，從浙江布政司右布政使楊瓚之言，將湖州府官田重租，分派民田輕租之家承納，及歸併則例。四年，詔巡撫直隸侍郎李敏均定應天等府州縣官民田。先是，正統中，户部會官議，令江南小户官田改爲民田起科，而量改大户民田爲官田以備其數。既又因御史徐郁奏，令所司均配扣算，務使民田量帶官田辦糧，以甦貧困。俱行巡撫侍郎周忱清理。然民田多係官豪占據，莫能究竟，其弊仍舊。至是郁復以爲言，户部請從其議，命敏均定搭派，敢有恃强阻滯者執治其罪。從之。嘉靖二十六年，嘉興知府趙瀛創議，田不分官民，税不分等則，一切以三斗起徵。蘇、松、常三府從而效之，自官田之七斗六斗，下至民田之五升，通爲一則。而州縣之額，各視其所有官田之多少輕重爲準，多者長洲至畝科三斗七升，少者太倉畝科二斗九升矣。國家失累代之公田，而小民乃代官佃納無涯之租賦，事之不平，莫甚於此。然而爲此説者，亦窮於勢之無可奈何。而當日之士大夫，亦皆帖然而無異論，亦以治如亂絲，不得守二三百年紙上之虚科，而使斯人之害如水益深而不可救也。惟唐太常鶴徵作武進志〔十三〕，極爲惋歎。抑嘗論之，自三代以下，田得買賣，而所謂業主者，即連陌跨阡，不過本其錙銖之直，而直之高下，則又以時爲之。地力之盈虚，人事之贏絀，率數十年而一變，奈之何一入於官，而遂如山河界域之不可動也？且景定之君臣，其買此田者，不過予以告牒、會子虚名不售之物，逼而奪之，以至彗出民愁，而自亡其國。宋史：「買公田五千畝以上，以銀半分，官告五分，度牒二分，會子二分半。五千畝以下，以銀半分，官告三分，度牒三分，會子三分半。千畝以下，度牒、會子各半。五百畝至三百畝，全以會子。及田事成，每石官給止四十貫，而半是告牒。民持之而不得售，六郡騷然。」〔十四〕四百餘年之後，推本重賦之繇，則猶其遺禍也。宋史謂「其弊極多，其租尤重。及宋亡，遺患猶不息。」〔十五〕亮哉斯言。而況於没入之田，本無其直者乎。至於今日〔十六〕，佃非昔日之佃，而主亦非昔日之主。則夫官田者，亦將與册籍而俱銷，其車牛而皆盡矣。猶執官租之説以求之，固已不可行。隋書李德林傳：「高祖以高阿那肱衛國縣市店八十區賜德林。車駕幸晉陽，店人上表，稱地是民物，高氏强奪，於内造舍。上命有司料還價直。」〔十七〕則是以當代之君，而還前代所奪之地價，古人已有之矣。又考後漢書：「譙玄子瑛奉家錢千萬於公孫述，以贖父死。及玄卒，天下平定。玄弟慶以狀詣闕自陳，光武敕所在還玄家錢。」〔十八〕則知人主以天下爲心，固當如此。而欲一切改從民田，以復五升之額，即又駭於衆而損於國。有王者作，咸則三壤。謂宜遣使案行吴中，逐縣清丈，定其肥瘠、高下爲三等，上田科二斗，中田一斗五升，下田一斗，山塘塗蕩以升以合計者，附於册後，而概謂之曰民田。惟學田、屯田乃謂之官田。則民樂業而賦易完，視之紹熙以前，猶五六倍也。豈非去累代之横征，而立萬年之永利者乎？昔者唐末，中原宿兵所在，皆置營田，以耕曠土。其後又募高貲户使輸課佃之。户部别置官司總領，不隷州縣。梁太祖擊淮南，掠得牛以千萬計，給東南諸州農民，使歲輸租。自是歷數十年，牛死而租不除，民甚苦之。周太祖素知其弊，用張凝、李穀之言，悉罷户部營田務，以其民隷州縣，其田廬牛農器，並賜見佃者爲永業，悉除租牛課。是歲户部增三萬餘户。或言營田有肥饒者，不若鬻之，可得錢數十萬緡以資國。帝曰：「利在於民，猶在國也。朕用此錢何爲？」嗚呼，以五代之君，猶知此義，而況他日大有爲之主，必有朝聞而夕行之者矣。宋紹興二十三年，知池州黄子游言：青陽縣苗七八倍於諸縣，因南唐嘗以縣爲宋齊丘食邑，故輸三斗，後遂爲額。詔減苗税二分有半，科米二分〔十九〕。

〔一〕宋史一七三食貨志農田。
〔二〕宋史四五理宗紀景定四年六月條。
〔三〕宋史四七四姦臣傳。
〔四〕康熙二年松江府志。
〔五〕元史卅三文宗紀。
〔六〕元史四一順帝紀。
〔七〕元史二一。
〔八〕元史二四。
〔九〕明宣宗實録九一。
〔十〕明宣宗實録九三。
〔十一〕宋史一七四食貨志。
〔十二〕金史四六食貨志。
〔十三〕萬曆卅三年修武進縣志八卷。北平館有。

〔十四〕宋史一七三食貨志農田。
〔十五〕宋史一七三食貨志。
〔十六〕今日，亭林自謂。
〔十七〕隋書四二。
〔十八〕後漢書一一一獨行譙玄傳。
〔十九〕宋史卌一高宗紀十二月條不詳，此引宋史一七四食貨志賦税條。「故」，宋志原作「畝」。潘本已誤，元鈔本亦誤。

今存者，惟衛所屯田、學田、勳戚欽賜莊田三者猶是官田。南京各衙門所管草場田地，佃户亦轉相典賣，不異民田。蘇州一府，惟吴縣山不曾均爲一則，至今有官山、私山之名，官山每畝科五升，私山畝科一升五勺。

今高淳縣之西有永豐鄉者，宋時之湖田，所謂永豐圩者也。文獻通考：「永豐圩自政和五年圍湖成田，初令百姓請佃，後以賜蔡京，又以賜韓世忠，又以賜秦檜，繼撥隸行宫，今隸總所。」〔一〕宋史：「建康府永豐圩，租米歲以三萬石爲額。」〔二〕王弼成化十一年進士，溧水知縣。永豐謡曰：「永豐圩接永寧鄉，一畝官田八斗糧。人家種田無厚薄，了得官租身即樂。前年大水平斗門，圩底禾苗没半分。里胥告災縣官怒，至今追租如追魂。有田追租未足怪，盡將官田作民賣。富家得田貧納租，年年舊租結新債。舊租了，新租促，更向城中賣黄犢。一犢千文任時估，債家算息不算母。嗚呼！有犢可賣君莫悲，東鄰賣犢兼賣兒。但願有兒在我邊，明年還得種官田。」讀此詩知當日官佃之苦即已如此。元史閻復傳，言江南公田，租重宜減，以貸貧民〔三〕。而以官作民，亦不始於近日矣。

〔一〕文獻通考六水利田條。
〔二〕宋史一七三食貨志農田。
〔三〕元史一六〇。

元微之集奏狀：「右臣當州百姓田地，每畝只税粟九升五合，草四分，地頭榷酒錢共出二十一文。已下其諸色職田，每畝約税粟三斗，草三束，脚錢一百二十文。若是京官上司職田，又須百姓變米，雇車般送，比量正税，近於四倍。其公廨田、官田、驛田等，所税輕重，約與職田相似。」〔一〕是則官田之苦，自唐已然，不始於宋、元也。故先朝〔二〕洪熙、宣德中，屢下詔書，令民間有抛荒官田，召人開耕，依民田例起科，又不獨蘇、松、常三府爲然。

〔一〕元氏長慶集三八。

〔二〕「先朝」原作「本朝」。

吳中之民，有田者什一，爲人佃作者十九。其畝甚窄，而凡溝渠道路，皆并其稅於田之中。歲僅秋禾一熟，一畝之收，不能至三石，凡言石者，皆以官斛。少者不過一石有餘。而私租之重者，至一石二三斗，少亦八九斗。佃人竭一歲之力，糞壅工作，一畝之費可一緡，而收成之日，所得不過數斗，至有今日完租而明日乞貸者。故既減糧額，即當禁限私租，上田不得過八斗。如此則貧者漸富，而富者亦不至於貧。元史成宗紀：「至元三十一年十月辛巳，時成宗即位。江浙行省臣言：『陛下即位之初，詔蠲今歲田租十分之三。然江南與江北異，貧者佃富人之田，歲輸其租。今所蠲特及田主，其佃民輸租如故，則是恩及富室而不被及於貧民也。宜令佃民當輸田主者，亦如所蠲之數。』從之。」〔一〕明朝〔二〕宣德十年五月乙未，刑科給事中年富亦有此請〔三〕。大德八年正月己未詔：「江南佃户私租太重，以十分爲率，普減二分，永爲定例。」〔四〕前一事爲特恩之蠲，後一事爲永額之減，而皆所以寬其佃户也。是則厚下之政，前代已有行之者。

〔一〕元史一八。
〔二〕「本朝」，潘改作「明朝」，然下文驛傳條有「國初」，何以不改？
〔三〕宣宗實録五。
〔四〕元史卅一成宗紀。

漢武帝時，董仲舒言：「或耕豪民之田，見税什五。」〔一〕唐德宗時，陸贄言：「今京畿之内，每田一畝，官税五升，而私家收租，有畝至一石者，是二十倍於官税也。降及中等，租猶半之。夫土地王者之所有，耕稼農夫之所爲，而兼并之徒，居然受利。望令凡所占田約爲條限，裁減租價，務利貧人。」〔二〕仲舒所言，則今之分租；贄所言，則今之包租也。然猶謂之「豪民」，謂之「兼并之徒」。食貨志：「豪民侵陵，分田劫假。」師古曰：「分田謂貧者無田，而取富人田耕種，共分其所收也。假亦謂貧人賃富人之田也。劫者，富人劫奪其税，侵欺之也。」〔三〕宋已下，則公然號爲田主矣。

〔一〕漢書二四上食貨志。
〔二〕陸宣公奏議六論兼併之家私斂重於公税。
〔三〕漢書二四上食貨志。

豫借〔一〕

唐玄宗天寶三載制曰：「每載庸調，八月徵收。農功未畢，恐難濟辦。自今已後，延至九月二十日爲限。」〔二〕至代宗廣德二年七月庚子，税天下地畝青苗錢，以給百官俸〔三〕。田一畝，税錢十五〔四〕。所謂青苗錢者，以國用急，不及待秋，方苗青而徵之，故號青苗錢〔五〕。主其任者爲青苗使。此與宋王安石所行青苗錢之法不同。彼則當青黄未接之時，貸錢於貧民而取其息。本謂之常平錢，民間名爲青苗錢耳。遂爲後代豫借之始。陸宣公言：「蠶事方興，已輸縑税，農功未艾，遽斂穀租。上司之繩責既嚴，下吏之威暴愈促。有者急賣而耗其半直，無者求假而費其倍酬。」〔六〕憲宗元和六年二月制，以新陳未接，營辦尤艱，凡有給用，委觀察使以供軍錢，方圓借便，不得量抽百姓〔七〕。故韓文公有游城南詩云：「白布長衫紫領巾，差科未動是閒身〔八〕。麥苗含穟桑生葚，共向田頭樂社神。」是三四月之間尚未動差科也。至後唐莊宗同光四年三月戊辰，以軍食不足，敕河南尹豫借夏秋税〔九〕。其時外内離叛，未及一月，國亡主滅。明宗即位，頗知愛民，見於文獻通考所載長興四年起徵條流，其節候早者，五月十五日起徵，八月一日納足。遞而下之，其尤晚者，六月二十日起徵，九月納足〔十〕。周世宗顯德三年十月丙子，上謂侍臣曰：「近朝徵斂穀帛，多不俟收獲紡績之畢。」乃詔三司，自今夏税以六月，秋税以十月起徵〔十一〕。是莊宗雖有三月豫借之令，而實未嘗行也。乃後代國勢阽危，非若同光，而春初即出榜開徵，其病民又甚矣〔十二〕。

〔一〕初刻四之十六，題曰「青苗錢」，只有一段，六行半，甚略，無注。
〔二〕會要八三租税上。初刻無。
〔三〕通鑑二二三。
〔四〕通鑑注。
〔五〕「青苗」名同意異。
〔六〕陸贄陸宣公奏議六。
〔七〕會要八三租税上；舊唐書四九食貨志。
〔八〕「身」原作「人」。
〔九〕舊五代史三四莊宗紀作「戊午」，通鑑二七四作「戊辰」。初刻作：「聶夷中詩『二月賣新絲，五月糶新穀』。乃五代時語，後人每援爲故事，至春初即出榜開徵。然則斯民之不幸，又甚於唐時矣」。
〔十〕文獻通考三田賦考。「長興」應作「天成」，見五代會要廿五租税門。
〔十一〕通鑑二九三。
〔十二〕「非若同光」之下，初刻作：「未若同光之甚，而春初即出榜開徵，其愚又甚於莊宗之君臣。」

詩云：「碩鼠碩鼠，無食我苗。」〔一〕謝君直〔二〕曰：「苗未秀而食之，貪之甚也。」今之爲豫借者，食苗之政也，有不敺民而適樂郊者乎。

〔一〕魏風碩鼠。

〔二〕謝枋得，字君直，號疊山。集五卷，四庫别集十七。謝撰詩傳注疏，今佚，惟元劉瑾詩傳通釋採其説頗多，明胡廣等詩集傳大全又多本劉氏，故疑日知録採用大全也。見經義考一一〇、一一一、一一二。劉、胡書，四庫詩類二著録。

虞謙，洪武末爲杭州府知府，嘗建議：「僧道，民之蠹，今江南寺院田多或數百頃，而徭役未嘗及之。貧民無田，往往爲徭役所困。請爲定制，僧道每人田無過十畝，餘田以均平民。」初是之，已而謂非舊制，遂廢〔一〕。

〔一〕虞謙，金壇人，建文時請限僧道田，略見明史一五〇本傳。

紡織之利〔一〕

今邊郡之民，既不知耕，又不知織，雖有材力，而安於游惰。華陰王弘譔〔二〕著議，「以爲延安一府，布帛之價，貴於西安數倍，既不獲紡織之利，而又歲有買布之費，生計日蹙，國稅日逋，非盡其民之惰，以無教之者耳。今當每州縣發紡織之具一副，令有司依式造成，散給里下，募外郡能織者爲師。即以民之勤惰工拙爲有司之殿最。一二年間，民享其利，將自爲之而不煩程督矣」。計延安一府四萬五千餘户，户不下三女子，固已十三萬餘人，其爲利益，豈不甚多？按鹽鐵論曰：「邊民無桑麻之利，仰中國絲絮而後衣之。夏不釋複，冬不離窟，父子夫婦内藏於專室土圜之中。」〔三〕崔寔政論曰：「僕前爲五原太守，土俗不知緝績，冬積草伏卧其中。若見吏，以草纏身，令人酸鼻。今大同人多是如此。婦人出草，則穿紙袴，真所謂倮蟲者也。吾乃賣儲峙，得二十餘萬，詣雁門、廣武迎織師，使巧手作機，乃紡以教民織。」〔四〕後漢書采入本傳〔五〕。是則古人有行之者矣。漢志有云：「冬民既入，婦人同巷，相從夜績，女工一月得四十五日。」〔六〕「八月載績，爲公子裳」〔七〕，豳之舊俗也。率而行之，富强之效，惇龐之化，豈難致哉！

〔一〕初刻四之十七，只有前段，無注。

〔二〕潘本作「弘撰」。著山志六卷，四庫雜家存目六。亭林廣師云：「好學不倦，篤於朋友，吾不如王山史。」山史之言疑至「而不煩程督矣」止。

〔三〕輕重篇十四。

〔四〕交通阻，風氣塞。御覽廿七冬門、八二六織門均載此。此引御覽。

〔五〕後漢書列傳四二，採其大意而已。

〔六〕漢書二四上食貨志。

〔七〕詩豳風七月。

吴華覈上書〔一〕，欲禁綾綺錦繡，以「一生民之原，豐穀帛之業」。謂「今吏士之家，少無子女，多者三四，少者一二。通令户有一女，十萬家則有十萬人。人人織績，一歲一束，則十萬束矣。使四疆之内，同心勠力，數年之間，布帛必積，恣民五色，惟所服用，但禁綺繡無益之飾。且美貌者，不待華采以崇好；豔姿者，不待文綺以致愛。有之無益，廢之無損，何愛而不暫禁以充府藏之急乎？此救乏之上務，富國之本業，使管、晏復生，無以易此」。方今〔二〕纂組日新，侈薄彌甚，斲雕爲樸，意亦可行之會乎！

〔一〕三國志六五吴志。

〔二〕今者，亭林時之今也。

馬　政〔一〕

析、因、夷、隩〔二〕，先王之所以處人民也。日中而出，日中而入，左氏莊二十九年傳。先王之所以處廄馬也。

〔一〕初刻四之十八，只有前段，一行半，無注。
〔二〕書堯典，「厥民析」，「厥民因」，「厥民夷」，「厥民隩」。析處東方，因處南方，夷處西方，隩處北方。東、南、西、北。

漢鼂錯言：「令民有車騎馬一匹者，復卒三人。」師古曰：「當爲卒者，免其三人，不爲卒者，復其錢。」本傳〔一〕。文帝從之。故文、景之富，「衆庶街巷有馬，仟伯「阡陌」字同之間成群。乘牸牝者，擯而不得會聚。」漢書食貨志〔二〕。若乃塞之斥也，橋桃致馬千匹。貨殖傳〔三〕。班壹避墜古「地」字於樓煩，致馬牛羊數千群。叙傳〔四〕。則民間之馬，其盛可知。武帝輪臺之悔，乃修馬復令。復卒三人之令。西域傳〔五〕。唐玄宗開元九年詔：「天下之有馬者，州縣皆先以郵遞軍旅之役，定户復緣以升之。百姓畏苦，乃多不畜馬，故騎射之士減曩時。自今諸州民勿限有無蔭，能家畜十馬以下，免帖驛郵遞征行，定户無以馬爲貲。」唐書兵志〔六〕。古之人君，其欲民之有馬如此。惟魏世宗正始〔七〕四年十一月丁未，禁河南畜牝馬。魏書本紀〔八〕。延昌元年六月戊寅，通河南牝馬之禁。元世祖至元二十三年六月戊申，括諸路馬。凡色目人有馬者，三取其二，漢民悉入官，敢匿與互市者罪之。元史本紀〔九〕。實録言：永樂元年七月丙戌，上諭兵部臣曰：「比聞民間馬價騰貴，蓋禁民不得私畜故也。漢文、景時，閭里有馬成群，民有即國家之有。其榜諭天下，聽軍民畜馬勿禁。」又曰：「三五年後，庶幾馬漸蕃息。」〔十〕此承元人禁馬之後，故有此諭。而洪熙元年正月辛巳，上申諭兵部，「令民間畜官馬者，二歲納駒一匹，俾得以餘力養私馬。」〔十一〕至宣德六年，「有陜西安定衛土民王從義，畜馬蕃息，數以來獻」〔十二〕。此則小爲之而小效者也。然未及修漢唐復馬之令也。

〔一〕漢書廿四上食貨志。又見通鑑十五文帝二年條。「本傳」二字誤。
〔二〕漢書廿四上。
〔三〕史記一二九。
〔四〕史記一百上。
〔五〕史記九六下。
〔六〕新唐書五十兵志。

〔七〕兩魏皆有「正始」：齊王曹芳，後魏世宗。此爲後魏。

〔八〕魏書八世宗紀。注文延昌元年條同。

〔九〕元史十四。魏、元皆異族入主，故禁馬。

〔十〕太宗實録廿。

〔十一〕仁宗實録六上。

〔十二〕宣宗實録七八。

驛傳〔一〕

續漢輿服志曰：「驛馬三十里一置。」〔二〕史記：「田横乘傳詣雒陽，未至三十里，至尸鄉廄置」是也〔三〕。唐制亦然。唐書百官志，凡三十里有驛。白居易詩：「從陝至東京，今陝州至河南府。山低路漸平。風光四百里，在今代爲三百里。車馬十三程。」是也。桑維翰對晉高祖言：大梁距魏不過十驛。其行或一日而馳十驛。岑參詩：「一驛過一驛，驛騎如星流。平明發咸陽，暮及隴山頭。」韓愈詩：「銜命山東撫亂師，日馳三百自嫌遲。」是也。天寶六載敕，自今左降官日馳十驛以上。又如天寶十四載十一月丙寅，安禄山反於范陽，壬申聞於行在所〔四〕。時上在華清宮，在今臨潼縣。六日而達。至德二載九月癸卯，廣平王收西京。甲辰，捷書至行在〔五〕。時上在鳳翔府，一日而達。而唐制赦書日行五百里，則又不止於十驛也。古人以置驛之多〔六〕，故行速而馬不弊。後人以節費之説，歷次裁併，至有七八十里而一驛者。馬倒官逃，職此之故。盍一考之前史乎？且如通州潞河驛，四十里至夏店驛，五十里至公樂驛，五十里至薊州漁陽驛。今以夏店、公樂二驛併於三河，則一驛七十里矣，豈不勞乎？又如定州永定驛，五十里至西樂驛，四十五里至伏城驛，四十里至真定府恒山驛，猶仍舊貫。使併爲三驛，亦必不堪其敝矣。

〔一〕初刻四之十九只有前段，又不盡同（見校注〔六〕），且無注。

〔二〕續漢書三九輿服志上。

〔三〕史記九四。

〔四〕舊唐書九玄宗紀。

〔五〕舊唐書十肅宗紀。

〔六〕驛傳條從開首至此，初刻不同。文曰：「唐人置驛之多，行路之速，頗見於詩。舊唐書：隴州在京師西四百九十里。岑參詩：『一驛過一驛，驛騎如星流。平明發咸陽，暮及隴山頭。』隴山在隴之汧源，則一日而馳五百里也。曹州至西京一千七百里，高適詩：『漆園多喬木，睢水清粼粼。詔書下柴門，天命敢逡巡。赫赫三伏時，十日到咸秦。』漆園在曹之宛居，則十日而馳一千七百里也。唐制以三十里置一驛。」

古人以三十里爲一舍。左傳：「楚子入鄭，退三十里而許之平。」注以爲「退一舍」〔一〕。而詩言：「我服既成，于三十里。」〔二〕周禮遺人：「三十里有宿，宿有路室。」〔三〕然則漢人之驛馬三十里一置，有自來矣。史記晉世家〔四〕注引賈逵曰：司馬法從遯不過三舍，三舍九十里也。

〔一〕左傳宣十二年。

〔二〕小雅六月。

〔三〕周禮地官。

〔四〕史記三九。

國初〔一〕凡驛皆有倉。洪熙元年六月丙辰，河南新安知縣陶鎔奏：「縣在山谷，土瘠民貧，遇歲不登，公私無措。惟南關驛有儲糧，臣不及待報，借給貧民一千七百二十八石。」上嘉其稱職〔二〕。即此一事，而當時儲畜之裕，法令之寬，賢尹益下之權，明主居高之聽，皆非後世之所能及矣。然則驛之有倉，不但以供賓客使臣，而亦所以待凶荒囏阨，實周禮遺人之掌也。帖括後生，何足以知先王之政哉？

〔一〕此「國初」潘本未改。十一卷十六頁「國初」亦未改。

〔二〕宣宗實録二。

今時十里一鋪，俗作「舖」。設卒以遞公文。金史：「泰和六年，初置急遞鋪，腰鈴傳遞，日行三百里。」〔一〕大名府志：唐有銀牌，宋熙寧有金字牌，急脚遞。岳飛奉詔班師，一日中十二金字牌是也。孟子所云：「置郵而傳命」〔二〕，蓋古已有之。史記：白起既行，出咸陽西門十里至杜郵〔三〕。漢書黄霸傳注，師古曰：「郵亭書舍，謂傳送文書所止處。」〔四〕

〔一〕金史十二章宗紀。

〔二〕公孫丑上。

〔三〕史記七三。

〔四〕漢書八九。

漕程〔一〕

山堂考索載唐漕制：「凡陸行之程，馬日七十里，步及驢五十里，車三十里。水行之程，舟之重者泝河日三十里，江四十里，餘水四十五里；空舟泝河四十里，江五十里，餘水六十里。沿流之舟，則輕重同制，河日一百五十里，江一百里，餘水七十里。」〔二〕轉運徵斂送納，皆準程節其遲速。其三峽、砥柱之類，不拘此限〔三〕。此法可以不盡人馬之力，而亦無逗留之患。今〔四〕之過淮、過洪及回空之限，猶有此意，而其用車驢，則必窮日之力而後止，以至於人畜兩斃，豈非後人之急迫，日甚於前人也與，然其效可睹矣〔五〕。

〔一〕初刻四之二十，無注。

〔二〕山堂考索後集五五財賦門漕運類。漕程并見會要八七。

〔三〕「轉運」四句，初刻無。會要八七有「砥柱」二句，無「轉運」二句。

〔四〕今，亭林之言也。集釋以爲「俊卿所述」，殊可笑。章如愚字俊卿。

〔五〕超按：此下集釋有黄汝成案語：「漕運始於秦、漢，而轉輸之法則始於魏、隋而盛於唐、宋，然率有利病。今觀俊卿所述，在當時弊已如此，則云轉般可濟直達，恐不然矣。」誤以亭林之言爲俊卿所述。作者在「史源學」實習課中曾出題「日知録十漕程條黄氏集釋正誤」，以爲「不檢引文所止」之病例。

行　鹽〔一〕

松江李雯論「鹽之産於場，猶五穀之生於地。宜就場定額，一税之後，不問其所之，則國與民兩利」。又曰：「天下皆私鹽，則天下皆官鹽也。」〔二〕此論鑿鑿可行。丘仲深大學衍義補〔三〕言復海運，而引杜子美詩「雲帆轉遼海，稉俗作粳〔四〕稻來東吴」爲證。余於鹽法，亦引子美詩云：「蜀麻吴鹽自古通。」又曰：「風煙渺吴蜀，舟檝通鹽麻。」又曰：「蜀麻久不來，吴鹽擁荆門。」若如今日之法，各有行鹽地界，吴鹽安得至蜀哉？人人誦杜詩而不知此故事，所云誦詩三百，授之以政不達者也。

〔一〕初刻四之廿一，只有第一、三段，而第三段又不盡同。
〔二〕李雯，類徵郎署一。
〔三〕卷卅四。
〔四〕初刻注同。

洪武三年六月辛巳，山西行省言：「大同糧儲，自陵縣、長蘆運至太和嶺，路遠費重。若令商人於大同倉入米一石，太原倉入米一石三斗者，俱準鹽一引，引二百斤。商人鬻畢，即以原給引自赴所在官司繳之。如此則轉輸之費省，而軍儲充矣。」從之〔一〕。此中鹽之法所自始。

〔一〕太祖實録五三。

唐劉晏爲轉運使，專用榷鹽法，充軍國之用。時自許、汝、鄭、鄧之西，皆食河東池鹽，度支主之。汴、滑、唐、蔡之東，皆食海鹽，晏主之。晏以爲鹽吏多則州縣擾，故但於出鹽之鄉置鹽官，收鹽户所煑之鹽，轉鬻於商人，任其所之，自餘州縣不復置官。其江嶺間去鹽鄉遠者，轉官鹽於彼貯之，或商絶鹽貴，則減價鬻之，謂之常平鹽。官獲其利而民不乏鹽。始江淮鹽利不過四十萬緡，季年乃六百萬緡，由是國用充足而民不困弊〔一〕。今〔二〕日鹽利之不可興，正以鹽吏之不可罷。讀史者可以慨然有省矣。

〔一〕見通考十五徵榷考。此前初刻不同。文曰：「唐書食貨志：劉晏上鹽法輕重之宜，以鹽吏多則州縣擾。惟出鹽鄉因舊監置吏，亭户糶商人，縱其所之。江嶺去鹽遠者，有常平鹽，每商人不至，則減價以糶民，官收厚利而人不知貴。晏之始至也，鹽利歲纔四十萬緡，至大曆末，六百餘萬緡。天下之賦，鹽利居半。李巽繼之，三倍晏時。」

〔二〕今，亭林。

行鹽地分有遠近之不同。遠於官而近於私，則民不得不買私鹽。既買私鹽，則興販之徒必興，於是乎盜賊多而刑獄滋矣。宋史言：「江西之虔州，地連廣南，而福建之汀州，亦與虔接。虔鹽弗善，汀故不産鹽，二州民多盜販廣南鹽以射利。又言：「虔州官鹽，自淮南運致，鹵濕雜惡，輕不及斤，而價至四十七錢。嶺南鹽販入虔，以斤半當一斤，純白不雜，賣錢二十。以故虔人盡食嶺南鹽。」虔州即今贛州府，宋時屢議不定，今卒食廣東鹽。每歲秋冬，田事纔畢，恒數十百爲群，持甲兵旗鼓，往來虔、汀、漳、潮、循、梅、惠、廣八州之地。所至劫人穀帛，掠人婦女，與巡捕吏卒鬭格。或至殺傷，則起爲盜，依阻險要，捕不能得，或赦其罪招之。」〔一〕元末之張士誠以鹽徒而盜據吳會。其小小興販，雖太平之世未嘗絶也。余少居崑山、常熟之間，爲兩浙行鹽地，而民間多販淮鹽，自通州渡江，其色青黑，視官鹽爲善。及游大同，所食皆蕃鹽，堅緻精好。此地利之便，非國法之所能禁也。明知其不能禁，而設爲巡捕之格，課以私鹽之獲，每季若干爲一定之額，此掩耳盜鐘之政也。

〔一〕正文與注，均見宋史一八二食貨志。

宋嘉祐中，著作佐郎何鬲、三班奉職王嘉麟上書：請罷給茶本錢，縱園户貿易，而官收租錢，與所在徵算，歸榷貨務，以償邊糴之費。可以疏利源而寬民力。仁宗從之。其詔書曰：「歷世之敝，一旦以除，著爲經常，弗復更制。」〔一〕以是雖當王安石之時，而於茶法未有所變。其説可通之於鹽課者也。

〔一〕略見通考十八。然非引自通考，乃引自宋史一八四食貨志茶下。嘉祐四年二月詔。

日知録校注卷十一

權量

三代以來，權量之制，自隋文帝一變。杜氏通典言〔一〕：「六朝量三升當今一升，稱三兩當今一兩，尺一尺二寸當今一尺。」今謂即時〔二〕。左傳定公八年，正義曰：「魏、齊斗稱，於古二而爲一；周、隋斗稱，於古三而爲一。」隋書律曆志言：「梁、陳依古斗。齊以古升五升爲一斗。周以玉升一升當官斗一升三合四勺。開皇以古斗三升爲一升。大業初，依復古斗。」〔三〕「梁、陳依古稱。齊以古稱一斤八兩爲一斤。周玉稱四兩，當古稱四兩半，開皇以古稱三斤爲一斤。大業初，依復古稱。」〔四〕今考之傳記，如孟子以舉百鈞〔五〕爲有力人。三十斤爲鈞，百鈞則三千斤。晉書成帝紀：「令諸郡舉力人，能舉千五百斤以上者。」〔六〕史記秦始皇紀：「金人十二，重各千石，置宮廷中。」〔七〕百二十斤爲石，千石則十二萬斤。漢舊儀：「祭天養牛五歲至二千斤。」〔八〕晉書南陽王保傳：「自稱重八百斤。」〔九〕不應若此之重。考工記曰：「爵一升，觚三升。」〔十〕儀禮特牲饋食禮注：「觚二升。」獻以爵而酬以觚，一獻而三酬，則一豆矣。禮記：「宗廟之祭，貴者獻以爵，賤者獻以散，尊者舉觶，卑者舉角。五獻之尊，門外缶，門内壺，君尊瓦甒。」〔十一〕注：「凡觴一升曰爵，二升曰觚，三升曰觶，四升曰角，壺大一石，瓦甒五斗。」詩曰：「我姑酌彼金罍。」〔十二〕毛説：「人君以黄金飾尊，大一碩，每食四簋。」正義：「簋瓦器，容㪷二升。」不應若此之巨。周禮舍人：「喪紀共飯米。」〔十三〕注：「飯所以實口。君用粱，大夫用稷，士用稻，皆四升。」管子：「凡食鹽之數，一月丈夫五升少半，婦人三升少半，嬰兒二升少半。」〔十四〕史記廉頗傳：「一飯斗米。」〔十五〕漢書食貨志：「食人月一石半。」〔十六〕趙充國傳：「以一馬自佗，負三十日食，爲米二斛四斗，麥八斛。」〔十七〕匈奴傳：「計一人三百日，食用糒十八斛。」〔十八〕不應若此之多。史記河渠書：「可令畝十石。」〔十九〕嵇康養生論：「夫田種者一畝十斛，謂之良田。」〔二十〕晉書傅玄傳：「白田收至十餘斛，水田至數十斛。」〔二一〕今〔二二〕之收獲最多亦不及此數。靈樞經：「人食一日中五升。」〔二三〕既夕禮：「朝一溢米，莫一溢米。」〔二四〕注：「二十兩曰溢，爲米一升二十四分升之一。」晉書宣帝紀：「問諸葛公食可幾何？對曰：三四升。」〔二五〕會稽王道子傳：「國用虚竭，自司徒以下，日廩七升。」〔二六〕本皆言少，而反得多。是知古之權量，比之於今〔二七〕，大抵皆三而當一也。史記孔子世家：「孔子居魯，奉粟六萬。」〔二八〕索隱曰：「當是六萬斗。」正義曰：「六萬小斗，當今二千石也。」〔二九〕此唐人所言，三而當一之驗。蓋自三代以後，取民無制，權量之屬，每代遞增。至魏孝文太和十九年，詔改長尺大斗，依周禮制度，班之天下〔三十〕。魏書張普惠傳，神龜中上疏言：「高祖廢大斗，去長尺，改重稱，所以愛萬姓，從薄賦。故海内之人歌舞以供其賦，奔走以役其勤。天子信於上，億兆樂於下。自茲以降，漸漸長闊，百姓嗟怨，聞於朝野。」〔三一〕隋煬帝大業三年四月壬辰，改度量權衡，竝依古式〔三二〕。雖有此制，竟不能復古。至唐時，猶有大斗小斗、大兩小兩之名，而後代則不復言矣。

〔一〕通典五賦稅典中。

〔二〕此原注乃通典注。

〔三〕隋書十六嘉量。

〔四〕隋書十六衡權。「初」原文爲「中」。

〔五〕「鈞」原避諱闕末筆。

〔六〕晉書七咸和八年正月。

〔七〕史記六。

〔八〕後漢書一七祭祀志注。

〔九〕晉書卅七。
〔十〕考工記梓人。
〔十一〕禮記禮器。
〔十二〕周南卷耳。
〔十三〕周禮地官司徒下。
〔十四〕管子廿三地數篇，亦見廿二海王篇，略同。
〔十五〕史記八一。
〔十六〕漢書廿四上。
〔十七〕漢書六九。
〔十八〕漢書九四下。
〔十九〕史記二九。
〔二十〕文選五三。
〔二一〕晉書四七。
〔二二〕今，指亭林時。
〔二三〕靈樞經平人絶穀。
〔二四〕既夕禮，儀禮篇名。
〔二五〕晉書一。

〔二六〕晉書六四。
〔二七〕今，亭林。
〔二八〕史記四七。
〔二九〕自「今考之傳記」至此，凡引二十二處。
〔三十〕魏書七。
〔三一〕魏書七八。
〔三二〕隋書三。

山堂考索〔一〕：「斛之爲制，方尺而深尺。班志〔二〕乃云：其中容十斗。蓋古用之斗小。」

〔一〕山堂考索續集廿一律門律量「古斛之制不同」注。
〔二〕漢書二一上律曆志。

歐陽公集古録〔一〕有谷口銅甬，始元四年左馮翊造，其銘曰：「谷口銅甬，容十斗，重四十斤。」以今權量校之，容三斗，重十五斤。斗則三而有餘，斤則三而不足。吕氏考古圖〔二〕：「漢好時官厨鼎，刻曰：『重九斤一兩。』今重三斤六兩，今六兩當漢之一斤。」又曰：「軹家釜三斗弱，軹家甑三斗一升，當漢之一石。」〔三〕大抵是三而當一也。

〔一〕集古録，四庫史部目録二。
〔二〕吕大臨考古圖，四庫子部譜録類。兩「今」字皆考古圖語。
〔三〕三器皆見考古圖九。

古以二十四銖爲兩，五銖錢十枚，計重二兩二銖。今稱得十枚，當今之一兩弱。又漢書王莽傳〔一〕言：「天鳳元年，改作貨布，長二寸五分，廣一寸，首長八分有奇，廣八分，其圜好徑二分半，足枝長八分，間廣二分。其文右曰『貨』，左曰『布』，重二十五銖。」頃〔二〕富平民掊地，得貨布一罌。所謂長二寸五分者，今鈔尺之一寸六分有奇；廣一寸者，今之六分有半；八分者，今之五分。而二十五銖者，今稱得百分兩之四十二。俗云四錢二分。是則今代之大於古者，量爲最，權次之，度又次之矣。

〔一〕漢書二四下食貨志。莽傳不詳，此引志誤作傳。

〔一一〕頃，亭林。

晉書摯虞傳：「將作大匠陳勰，掘地得古尺。尚書奏：今尺長於古尺，宜以古爲正。潘岳以爲習用已久，不宜復改。虞駮曰：『昔聖人有以見天下之賾，而擬其形容，象物制器，以存時用。故參天兩地，以正算數之紀；依律計分，以定長短之度。其作之也有則，故用之也有徵。考步兩儀，則天地無所隱其情；準正三辰，則懸象無所容其謬。施之金石，則音韻和諧；措之規矩，則器用合宜。一本不差，而萬物皆正。及其差也，事皆反是。今尺長於古尺，幾於半寸。樂府用之，律吕不合；史官用之，曆象失占；醫署用之，孔穴乖錯。此三者，度量之所緜生，得失之所取徵，皆絓閡而不得通，故宜改今而從古也。唐虞之制，同律度量衡；仲尼之訓，謹權審度。今兩尺竝用，不可謂之同；知失而行，不可謂之謹。不同不謹，是謂謬法，非所以軌物垂則，示人之極。凡物有多而易改，亦有少而難變。有改而致煩，亦有變而之簡。度量是人所常用，而長短非人所戀惜，是多而易改者也。正失於得，反邪於正，一時之變，永世無二，是變而之簡者也。憲章成式，不失其舊物。季末苟合之制，異端雜亂之用，宜以時釐改，貞夫一者也。臣以爲宜如所奏。』」〔一二〕

〔一〕晉書五一。至末。

大斗大兩

漢書貨殖傳：「黍千大斗。」〔一〕師古曰：「大斗者，異於量米粟之斗也。」是漢時已有大斗，但用之量麄貨耳。

〔一〕漢書九一。

唐六典〔一〕：「凡度，以北方秬黍中者一黍之廣爲分，十分爲寸，十寸爲尺，一尺二寸爲大尺，十尺爲丈。凡量，以秬黍中者，容一千二百黍爲龠，二龠爲合，十合爲升，十升爲斗，三斗爲大斗，十斗爲斛。凡權衡，以秬黍中者百黍之重爲銖。應劭曰：「十黍爲絫，十絫爲銖。」〔二〕二十四銖爲兩，三兩爲大兩，十六兩爲斤。凡積秬黍爲度量權衡者，調鍾律，測晷景，合湯藥，及冠冕之制則用之。內外官司悉用大者。」按唐時權量，是古今小大竝行，太史、太常、太醫用古。杜氏通典云〔三〕：「貞觀中，張文收鑄銅斛、稱、尺，以今〔四〕常用度量校之，尺當六之五，衡量皆三之一。」舊唐書代宗紀：「大曆十年八月，太常寺奏：『諸州府所用㪷稱，當寺給銅㪷稱，州府依様製造而行。』從之。」〔五〕通典載：「諸郡土貢，上黨郡貢人參三百小兩，高平郡貢白石英五十小兩，濟陽郡貢阿膠二百小斤，鹿角膠三十小斤，臨封郡貢石斛十小斤，南陵郡貢石斛十小斤，同陵郡貢石斛二十小斤。」〔六〕此則貢物中亦有用小斤小兩者，然皆湯藥之用。他有司皆用今。久則其今者通行，而古者廢矣。

〔一〕唐六典户部卷三。

〔二〕「劭曰」亦見漢書廿一律曆志注。

〔三〕通典一四四樂典權量。

〔四〕今，杜佑時。

〔五〕舊唐書十一。「八月」，史作「四月」。

〔六〕通典六食貨典賦税下。

宋沈括筆談曰：「予受詔考鍾律及鑄渾儀，求秦漢以來度量，計六斗，當今之一斗七升九合，稱三斤，當今十三兩。」〔一〕是宋時權量又大於唐也。

〔一〕筆談三辨証。

元史言：「至元二十年頒行宋文思院小口斛。」〔一〕又言：「世祖取江南，命輸米者止用宋斗斛。以宋一石，當今七斗故也。」〔二〕是則元之斗斛，又大於宋也。

〔一〕元史十二世祖紀。

〔二〕元史九三食貨志稅糧條。

漢禄言石

古時制禄之數，皆用斗斛。左傳言：「豆區釜鍾，各自其四，以登于釜。」〔一〕論語：「與之釜，與之庾。」〔二〕孟子：「養弟子以萬鍾。」〔三〕皆量也。漢承秦制，始以石爲名。韓非子〔四〕：「王因收吏璽，自三百石已上皆效之子之〔五〕。」是時即以石制禄。史記燕世家〔六〕同。故有中二千石、二千石、比二千石、千石、比千石、六百石、比六百石、四百石、比四百石、三百石、比三百石、二百石、比二百石、百石，而三公號萬石。百二十斤爲石，是以權代量。然考續漢百官志所載：「月奉之數，則大將軍三公奉，月三百五十斛，以至斗食奉，月十一斛。」〔七〕又未嘗不用斛。所謂二千石以至百石者，但以爲品級之差而已。汲黯傳注：「如淳曰：真二千石，月得百五十斛，歲凡得千八百石耳。二千石，月得百二十斛，歲凡得一千四百四十石耳。」〔八〕今人以十斗爲石本於此。不知秦時所謂金人十二，重各千石，撞萬石之鍾，縣石鑄鍾虡，衡石程書之類，皆權也，非量也〔九〕。惟白圭傳「穀長石斗」〔十〕，淳于髡傳，「一斗亦醉，一石亦醉」〔十一〕，對斗言之，是移權之名於量爾。

〔一〕左傳昭三年。
〔二〕雍也。
〔三〕公孫丑下。
〔四〕韓非子十四外儲説右。
〔五〕子之，燕相。
〔六〕史記卅四。
〔七〕續漢書三八百官志五，百官受奉例。
〔八〕漢書五十。
〔九〕此條爲「石」字索引。
〔十〕漢書一二九貨殖傳。
〔十一〕漢書一二六滑稽傳。

葉夢得巖下放言〔一〕：「名生於實，凡物皆然。以斛爲石，不知起何時，自漢以來始見之。石本五權之名，漢制重百二十斤爲石，非量名也。以之取民賦禄，如二千石之類，以穀百二十斤爲斛，猶之可也。若酒言石，酒之多少本不係穀數，從其取之醇醨。以今〔二〕準之，酒之醇者，斛止取七斗或六斗，而醨者多至於十五六斗。若以穀百二十斤爲斛，酒從其權名，則當爲酒十五六斗；從其量名，則斛當穀百八九十斤，進退兩無所合。是漢酒言石者，未嘗有定數也。謝肇淛謂：「古者爵容一升，十爵爲斗，百爵爲石。」〔三〕以考工記一獻三酬之説準之良然，昔人未詳此義〔四〕。至於麵言斛石，麵亦未必正爲麥百二十斤，而麥之實又有大小虚實。然沿襲至今〔五〕，莫知爲非。及弓弩較力，言斗言石，此乃古法，打硾以斤爲别，而世反疑之，乃知名實何常之有。」

〔一〕巖下放言三卷，四庫雜家五。此條見四篇，至末。
〔二〕今，夢得。
〔三〕五雜俎卷十一物部。
〔四〕「以考工記」以下爲亭林之言。非檢原書不知也。
〔五〕今，夢得。

史記貨殖傳：「狐貂裘千皮，羔羊裘千石。」〔一〕變「皮」言「石」，亦互文也。凡細而輕者則以皮計，麤而重者則以石計。

〔一〕史記一二九。

以錢代銖

古算法二十四銖爲兩。漢軹家釜銘，重十斤九銖，軹家甑銘，重四斤廿銖是也。近代算家不便，乃十分其兩而有「錢」之名。此字本是借用錢幣之錢，非數家之正名，簿領用之可耳。今人〔一〕以入文字可笑。唐書：「武德四年鑄開通元寶，徑八分，重二銖四絫「絫」或作「參」，沈存中曰：今蜀部亦以十參爲一銖。「參」乃古之「絫」字。積十錢重一兩，得輕重大小之中。」〔二〕所謂二銖四絫者。今〔三〕一錢之重也，後人以其繁而難曉，故代以「錢」字。

〔一〕今，亭林。

〔二〕舊唐書四八、新唐書五四食貨志。

〔三〕今，亭林。

度、量皆以十起數，惟權則以「一龠容千二百黍，重十二銖，兩之爲兩，十六兩爲斤，三十斤爲鈞，四鈞〔一〕爲石」〔二〕。今人改銖爲錢，而自兩以上，則絫百絫千以至於萬，而權之數，亦以十起矣。漢制錢言銖，金言斤〔三〕。其名近古。

〔一〕兩「鈞」原皆因避諱闕末筆。
〔二〕漢書二一律曆志上。
〔三〕漢書二四下食貨志文及師古注。

宋史律曆志〔一〕，「太宗淳化三年三月詔曰：『書云「協時月，正日，同律度量衡」，所以建國經而立民極也。國家萬邦咸乂，九賦是均，顧出納於有司，繫權衡之定式。如聞秬黍之制，或差毫釐，錘鉤爲姦，害及黎庶，宜令詳定稱法，著爲通規。』事下有司，監内藏庫、崇儀使劉蒙、劉承珪言：『太府寺舊銅式，自一錢至十斤，凡五十一，輕重無準。外府歲受黄金，必自毫釐計之，式自錢始，則傷於重。』遂尋本末，别制法物。至景德中，承珪重加參定，而權衡之制益爲精備。其法蓋取漢志子穀秬黍爲則，廣十黍以爲寸，從其大樂之尺。秬黍，黑黍也。樂尺，自黄鍾之管而生也，謂以秬黍中者爲分寸輕重之制。就成二術，二術，謂以尺黍而求氂絫。因度尺而求氂。度者，丈尺之總名。謂因樂尺之原，起於黍而成於寸，析寸爲分，析分爲氂，析氂爲毫，析毫爲絲，析絲爲忽，則十忽爲一絲，十絲爲一毫，十毫爲一氂，十氂爲一分。自積黍而取絫，從積黍而取絫，則十黍爲絫，十絫爲銖，二十四銖爲兩，絫銖皆以銅爲之。以氂絫造一錢半及一兩等二稱，各懸三毫〔二〕，以星準之。等一錢半者，以取一稱之法。其衡合樂尺一尺二寸，重一錢，錘重六分，盤重五分。初毫星準半錢，至梢總一錢半，析成十五分，分列十氂。第一毫下等半錢，當十五氂〔三〕，若十五斤稱等五斤也。中毫至梢一錢，析成十分，分列十氂。末毫至梢半錢，析成五分，分列十氂。等一兩者，亦爲一稱之則。其衡合樂尺一尺四寸，重一錢半，錘重六錢，盤重四錢。初毫至梢，布二十四銖，下別出一星，星等五絫。每銖之下，復出一星，等五絫，則四十八星等二百四十絫，計二千四百絫爲十兩。中毫至梢五錢，布十二銖，銖列五星，星等二絫。布十二銖爲五錢之數，則一銖等十絫，都等一百二十絫爲半兩。末毫至梢六銖，銖列十星，星等一絫。每星等一絫，都等六十絫，爲二錢半。以御書真、草、行三體淳化錢較定，實重二銖四絫爲一錢者，以二千四百得十有五斤，爲一稱之則。其法初以積黍爲準，然後以分而推忽，爲定數之端。故自忽、絲、毫、氂、黍、絫、銖各定一錢之則。謂皆定一錢之則，然後制取等稱也。忽萬爲分，以一萬忽爲一分之則，以十萬忽定爲一錢之則。忽者，吐絲爲忽，分者，始微而著，言可分别也。絲則千，一千絲爲一分，以一萬絲定爲一錢之則。毫則百，一百毫爲一分，以一千毫定爲一錢之則。毫者氂毛也，自忽、絲、毫三者，皆斷驥尾爲之。氂則十，一十氂爲一分，以一百氂定爲一錢之則。氂者，氂牛尾毛也，曳赤金成絲以爲之也。轉以十倍倍之，則爲一錢，轉以十倍倍之，謂自一萬忽至十萬忽之類，定爲之則也。黍以二千四百枚爲一兩，一龠容千二百黍，爲十二銖，則以二千四百黍定爲一兩之則。兩者，以二龠爲兩。絫以二百四十，謂以二百四十絫定爲一兩之則。銖以二十四，轉相因成，十絫爲銖，則以二百四十絫定成二十四銖爲一兩之則。銖者，言殊異也。遂成其稱。稱合黍數，則一錢半者，計三百六十黍之重。列爲五分，則每分計二十四黍。又每分析爲一十氂，則每氂計二黍十分黍之四，以十氂分二十四黍，則每氂先得二黍。都分成四十分，則一氂又得四分，是每氂得二黍十分黍之四。每四毫一絲六忽有差爲一黍，則氂絫之數極矣。一兩者，合二十四銖爲二千四百黍之重。每百黍爲銖，二百四十黍爲二銖四絫，二銖四絫爲錢，二絫四黍爲分。一絫二黍重五氂，六黍重二氂五毫，三黍重一氂二毫五絲，則黍絫之數成矣〔四〕。先是守藏吏受天下歲輸金幣，而太府權衡舊式失準，得因之爲姦，故諸道主者坐逋負而破産者甚衆。又守藏更代，校計爭訟，動必數載。至是新制既定，姦弊無所措，中外以爲便。度量權衡皆太府掌造，以給内外官司及民間之用。凡遇改元，即令更造，各以年號印而識之。其印有方印、長印、八角印、銙頭印之别，所以明制度而防僞濫也。」〔五〕是則今日之以十分爲錢，十錢爲兩，皆始於宋初所謂新制者也。

〔一〕卷六八。至「中外以爲便」止，連注。

〔二〕三毫者，初、中、末也。

〔三〕「十五氂」原文爲「五十氂」。

〔四〕删十一行。

〔五〕宋史律曆志止，注皆宋史注。

十分爲錢

古時「分」乃度之名，非權之名。説文：「寸十分也。」〔一〕隋書律曆志〔二〕引易緯通卦驗：「十馬尾爲一分。」説苑：「度量權衡以粟生，十粟爲一分，十分爲一寸。」〔三〕淮南子注同。孫子算術：「蠶所吐絲爲忽，十忽爲秒，十秒爲毫，十毫爲氂，十氂爲分，十分爲寸。」〔四〕漢書律曆志：「本起黄鍾之長，以子穀秬黍中者一黍之廣度之，九十黍爲黄鍾之長，一黍爲一分，十分爲一寸。」〔五〕此皆度之名。淮南子〔六〕：十二蔈而當一粟，宋書律志〔七〕作「標」〔八〕。十二粟而當一分，十二分而當一銖，十二銖而當半兩，二十四銖爲一兩，十六兩爲一斤，三十斤爲一鈞，四鈞〔九〕爲石。此則權之名。史記大宛傳：「善市賈爭分銖。」〔十〕然以十二分爲一銖，二十四銖爲一兩，則小於今之爲分者多矣。

〔一〕說文三下寸部。此條可作「分」字索引，引書七種。
〔二〕隋書十六審度。
〔三〕說苑十八。隋志亦引之。
〔四〕孫子算術上。隋志亦引之。
〔五〕漢書廿一上。
〔六〕淮南子三天文訓。
〔七〕宋書十一。
〔八〕十二蔈當一粟，乃度名。
〔九〕「鈞」，原本避諱闕末兩筆。
〔十〕史記一二三大宛傳。

陶隱居名醫別録〔一〕曰：「古稱惟有銖兩，而無分名。今則以十黍爲一銖，六銖爲一分，四分爲一兩，十六兩爲一斤。」李杲曰：「六銖爲一分，即今之二錢半也。」〔二〕此又以二錢半爲分，則隨人所命而無定名也。

〔一〕名醫別録，四庫無其名，見醫籍考。

〔二〕李杲，字東垣。元史二〇三方伎傳，著蘭室秘藏三卷。

黄金〔一〕

漢時黄金，上下通行，故文帝賜周勃至五千斤〔二〕，宣帝賜霍光至七千斤〔三〕，而武帝以公主妻欒大，至齎金萬斤，漢書作十萬斤〔四〕。衛青出塞〔五〕，斬捕首虜之士，受賜黄金二十餘萬斤〔六〕。古來賞賜之數，莫侈於元。成宗即位，賜駙馬蠻子帶銀七萬六千五百兩，闊里吉思一萬五千四百五十兩，高麗王王昛三萬兩。其定諸王朝會賜與有至金千兩、銀七萬五千兩者。梁孝王薨，藏府餘黄金四十餘萬斤〔七〕。館陶公主近幸董偃，令中府曰：「董君所發一日金滿百斤，錢滿百萬，帛滿千匹，乃白之。」王莽禁列侯以下不得挾黄金，輸御府受直〔八〕。至其將敗，省中黄金萬斤者爲一匱，尚有六十匱。黄門鉤盾藏府中尚方處，處各有數匱。而後漢光武紀，言「王莽末，天下旱蝗，黄金一斤易粟一斛」〔九〕。是民間亦未嘗無黄金也。董卓死，塢中有金二三萬斤，銀八九萬斤〔十〕。昭烈得益州，賜諸葛亮、法正、關羽、張飛金各五百斤、銀千斤〔十一〕。南齊書蕭穎胄傳：「長沙寺僧業富沃鑄黄金爲龍，數千兩埋土中，歷相傳付，稱爲下方黄鐵，莫有見者。穎胄起兵，乃取此龍以充軍實。」〔十二〕梁書武陵王紀傳：「黄金一斤爲餅，百餅爲簉，至有百簉。銀五倍之。」〔十三〕自此以後則罕見於史。尚書疏：「漢魏贖罪，皆用黄金。」〔十四〕後魏以金難得，令金一兩，收絹十匹。今律乃贖銅。

〔一〕「金」字索引。
〔二〕史記十文帝紀；漢書四十勃傳。
〔三〕漢書六八光傳。
〔四〕史記十二今上紀；漢書廿五上郊祀志。
〔五〕「出塞」，原作「擊胡」。
〔六〕衛青事，史記三十平準書。
〔七〕漢書四七。
〔八〕漢書九九下莽傳。
〔九〕後漢書卷一上建武二年十二月條。
〔十〕後漢書一〇二卓傳。又三國志魏志六卓傳注引英雄記。

〔十一〕三國志蜀志六張飛傳。

〔十二〕南齊書三八、南史四一。

〔十三〕四語並不見梁書五五紀傳，乃見南史五三紀第二子圓正傳。

〔十四〕舜典「金作贖刑」疏。

「宋太宗問學士杜鎬曰：『兩漢賜予，多用黄金，而後代遂爲難得之貨何也？』對曰：『當時佛事未興，故金價甚賤。』」〔一〕今〔二〕以目所睹記，及會典所載國初〔三〕金價推之，亦大略可考。會典鈔法卷内云：「洪武八年造大明寳鈔，每鈔一貫，折銀一兩，每鈔四貫，易赤金一兩。」是金一兩當銀四兩也。徵收卷内云：「洪武十八年令，凡折收税糧，金每兩準米十石，銀每兩準米二石。」〔四〕是金一兩當銀五兩也。三十年，上曰：「折收逋賦，欲以蘇民困也。今如此其重，將愈困民。更令金每兩準米二十石，銀每兩準米四石。」然亦是金一兩當銀五兩也。永樂十一年令，「金每兩準米三十石」〔五〕。則當銀七兩五錢矣。又令交阯召商中鹽，金一兩，給鹽三十引，則當銀十兩矣。豈非承平以後，日事侈靡，上自宫掖，下逮勳貴，用過乎物之故與？遼張孝傑爲北府宰相，貪貨無厭。嘗曰：「無百萬兩黄金，不足爲宰相家。」〔六〕幼時見萬曆中赤金止七八换，崇禎中十换。天啓中，權奄用事，百官獻媚者皆進金巵，金價漸貴。江左〔七〕至十三换矣。投珠抵璧之風，將何時而見與？

〔一〕宋史二九六本傳。「兩漢」作「西漢」。
〔二〕今，顧自謂。
〔三〕「國初」二字，潘本漏改。
〔四〕大明會典二九。
〔五〕大明會典二九。
〔六〕遼史百十姦臣傳。
〔七〕「江左」原作「南渡」。

漢書食貨志：「黄金重一斤，直錢萬。朱提銀重八兩爲一流，直一千五百八十。他銀一流直千。」〔一〕是金價亦四五倍於銀也。方勺泊宅編云：當時黄金一兩才直錢六百，朱提銀一兩才直錢二百〔二〕。

〔一〕漢書二四下。
〔二〕稗海泊宅編中卷。

元史：至大銀鈔一兩，準至元鈔五貫、白銀一兩、赤金一錢〔一〕。是金價十倍於銀也。

〔一〕元史九三食貨志。

史記平準書：「一黄金一斤。」〔一〕漢書食貨志：「黄金方寸而重一斤。」〔二〕莊子「百金」注，李曰：「金方寸重一斤，百金百斤也。」〔三〕漢書韋賢傳：「賜黄金百斤。」玄成詩曰：「厥賜祁祁，百金洎館。」〔四〕是也。臣瓚曰：「秦以一鎰爲一金。孟康曰：「二十四兩曰鎰。」〔五〕漢以一斤爲一金。」是漢之金已減於秦矣。漢書食貨志：「黄金重一斤，直錢萬。」〔六〕惠帝紀〔七〕注，師古曰：「諸賜金，不言黄者，一斤與萬錢。」王莽傳：「故事，聘皇后黄金二萬斤，爲錢二萬萬。」〔八〕公羊隱公五年傳「百金之魚」注：「百金猶百萬也。古以金重一斤，若今〔九〕萬錢。」

〔一〕史記三十，瓚注升爲大字。
〔二〕漢書二四下。
〔三〕逍遥遊釋文，李頤集解也。
〔四〕韋賢，史記九六，漢書七三。子玄成，同。
〔五〕孟康注見史記三十平準書、漢書二四食貨志下，均作「二十兩曰鎰」。

〔六〕漢書二四下食貨志。
〔七〕漢書二惠帝紀。
〔八〕漢書九九上。
〔九〕今，何注語。

古來用金之費，如吳志劉繇傳：「笮融大起浮圖祠，以銅爲人，黄金塗身，衣以錦采，垂銅盤九重。」〔一〕何姬傳注引江表傳：「孫皓使尚方以金作華燧、步摇、假髻以千數，令宫人著以相撲。朝成夕敗，輒出更作。」〔二〕魏書釋老志：「興光元年敕有司於五級大寺内，爲大祖已下五帝，鑄釋迦立像五，各長一丈六尺，都用赤金二萬五千斤。」「天安中，於天宫寺造釋迦立像，高四十三尺，用赤金十萬斤，黄金六百斤。」〔三〕齊書東昏侯本紀：「後宫服御，極選珍奇。府庫舊物，不復周用，貴市民間，金銀寶物，價皆數倍，京邑酒租，皆折使輸金，以爲金塗，猶不能足。」〔四〕唐書敬宗紀：「詔度支進銅三千斤，金薄即「箔」字十萬，翻修清思院新殿，及昇陽殿圖障。」〔五〕五代史閩世家：「王昶起三清臺三層，以黄金數千斤，鑄寶皇及元始天尊、太上老君像。」〔六〕宋真宗作玉清昭應宫，甍栱欒楹，全以金飾，所費鉅億萬，雖用金之數，亦不能全計。金史海陵本紀：「宫殿之飾，徧傅黄金，而後間以五采，金屑飛空如落雪。」〔七〕元史世祖本紀〔八〕：「建大聖壽萬安寺，佛像及窗壁皆金飾之。凡費金五百四十兩有奇〔九〕，水銀二百四十斤。」又言：「繕寫金字藏經，凡縻金三千二百四十四兩。」〔十〕吳澄傳言：「粉黃金爲泥，寫浮屠藏經。」〔十一〕泰定帝紀：「泰定二年七月庚午，以國用不足，罷書金字藏經。」〔十二〕時於雲南立造賣金箔規措所。此皆耗金之繇也。杜鎬之言，頗爲不妄。草木子云：「金一爲箔，無復再還元矣。」〔十三〕故南齊書武帝紀，禁不得以金銀爲箔〔十四〕。宋史真宗紀，大中祥符元年二月丙午，申明「不許以金銀爲箔之制」〔十五〕。仁宗紀：康定元年八月戊戌，「禁以金箔飾佛像」〔十六〕。哲宗紀：元祐二年九月丁卯，「禁私造金箔」〔十七〕。劉庠傳：「仁宗外家李珣犯銷金法，庠奏言，法行當自貴近始。從之。」〔十八〕金史世宗紀：大定七年七月戊申，「禁服用金線，其織賣者皆抵罪。」〔十九〕元史仁宗紀：至大四年三月辛卯，「禁民間製金箔、銷金織金」〔二十〕。而太祖實録言，上出黃金一錠，示近臣曰：「此表箋袱盤龍金也，令宮人洗滌銷鎔得之。」嗚呼，儉德之風遠矣。

〔一〕三國志吳志四。

〔二〕三國志吳志五。

〔三〕魏書百十四。

〔四〕南齊書七。

〔五〕舊唐書十七。

〔六〕新五代史六八。
〔七〕金史五。
〔八〕元史十五。
〔九〕「五百四十兩」？不多。
〔十〕元史十六。
〔十一〕元史一七一。
〔十二〕元史二九。
〔十三〕草木子四雜俎篇。
〔十四〕不見此語。
〔十五〕宋史七。
〔十六〕宋史九。
〔十七〕宋史十七。
〔十八〕宋史三二二。
〔十九〕金史六。
〔二十〕元史二四。

銀〔一〕

唐宋以前，上下通行之貨，一皆以錢而已，未嘗用銀。漢書食貨志言：「秦并天下，幣爲二等，而珠玉、龜具、銀錫之屬，爲器飾寶藏，不爲幣。」〔二〕孝武始造白金三品，尋廢不行。謝肇淛曰：「漢銀八兩，直錢一千，當時銀賤而錢貴。今銀一兩，即直千錢矣。」〔三〕舊唐書，憲宗元和三年六月詔曰：「天下有銀之山，必有銅礦。銅者可資於鼓鑄，銀者無益於生人。其天下自五嶺以北，見採銀坑，並宜禁斷。」〔四〕李德裕爲浙西觀察使，奏云：去二月中奉宣令進盝子，計用銀九千四百餘兩，其時貯備都無二三百兩〔五〕。然考之通典〔六〕，謂「梁初唯京師及三吳、荆、郢、江、湘、梁、益用錢，其餘州郡，則雜以穀帛交易。交廣之域，則全以金銀爲貨」。而唐韓愈奏狀，亦言五嶺買賣一以銀〔七〕。元稹奏狀言：「自嶺已南，以金銀爲貨幣，自巴已外，以鹽帛爲交易，黔巫溪峽用水銀朱砂、繒綵巾帽，以相市。」〔八〕杜氏通典載：「唐度支歲計之數，粟則二千五百餘萬石，布絹綿則二千七百餘萬端，屯、疋，錢則二百餘萬貫。」〔九〕未嘗有銀。其土貢則貴州貢銀百兩，鄂、新、黨三州各貢銀五十兩，賀州貢銀三十兩，邵、端、昭、潘、辨、高、龔、潯、嚴、封、春、羅、牢、竇、横、象、瀧、藤、平、琴、廉、義、柳、勤、康、恩、崖、萬安二十七州〔十〕，各貢銀二十兩。是唐人以銀爲貢，而不以爲賦也。張籍詩：「海國戰騎象，蠻州市用銀。」〔十一〕宋史仁宗紀〔十二〕：「景祐二年詔諸路歲輸緡錢，福建、二廣易以銀，江東以帛〔十三〕。」於是有以銀當緡錢者矣。」金史食貨志〔十四〕：「舊例，銀每鋌五十兩，其直百貫。舊唐書哀帝紀〔十五〕：「內庫出方圓銀二千一百七十二兩，充見任文武常參官救接。」是知前代銀，皆是鑄成〔十六〕。民間或有截鑿之者，其價亦隨低昂，遂改鑄銀，名承安寶貨，一兩至十兩，分五等，每兩折錢二貫，公私同見錢用。」又云：「更造興定寶泉，每貫當通寶五十。又以綾印製元光珍貨，同銀鈔及餘鈔行之。行之未久，銀價日貴，寶泉日賤，民但以銀論價。至元光二年，寶泉幾于不用。哀宗正大間，民間但以銀市易。」〔十七〕此今日上下用銀之始。

〔一〕初刻四之廿二，只有前二段。
〔二〕卷二四下。
〔三〕五雜俎十二牧部。今，指肇淛時。初刻無此注。
〔四〕舊唐書十四，又卷四八食貨志。
〔五〕舊唐書一七四本傳。初刻無此注。
〔六〕卷九食貨典錢幣下。
〔七〕昌黎集三七錢重物輕狀。
〔八〕長慶集卅四錢貨議狀。
〔九〕卷六食貨典賦税下。初刻無此注。
〔十〕二十八州。
〔十一〕張司業集二。
〔十二〕宋史十。
〔十三〕「以帛」下，初刻注云：「蘇轍元祐會計録，歲入銀止五萬七千兩。」

〔十四〕金史四八。

〔十五〕舊唐書二十下。

〔十六〕初刻無此注。

〔十七〕金史四八食貨志。

今民間輸官之物皆用銀，而猶謂之錢糧，蓋承宋代之名，當時上下皆用錢也。國初〔一〕所收天下田賦，未嘗用銀，惟坑冶之課有銀。實録於每年之終，記所入之數。而洪武二十四年，但有銀二萬四千七百四十兩〔二〕。至宣德五年，則三十二萬二百九十七兩，歲辦視此爲率〔三〕。按宋蘇轍元祐會計録，歲入銀止五萬七千兩。元史成宗紀，右丞相完澤言：「歲入銀止六萬兩。」〔四〕而宣德五年奏，温、處二府平陽、麗水等五縣，銀額至八萬七千八百兩〔五〕。蓋所開坑冶漸多。當日國家固不恃銀以爲用也。至正統三年，「以採辦擾民，始罷銀貨，封閉坑穴」〔六〕。而歲入之數，不過五千有餘。九年閏七月戊寅朔，「復開福建、浙江銀場」〔七〕。是年採納已六萬七千一百八十兩。乃倉糧折輸變賣，無不以銀，後遂以爲常貨，蓋市舶之來多矣。

〔一〕十卷「國初」字，潘本亦未改。

〔二〕太祖實録二一四。

〔三〕宣宗實録七四。
〔四〕元史十九。
〔五〕宣宗實録七二。
〔六〕英宗實録四九。
〔七〕英宗實録一一九。

太祖實録：洪武八年三月辛酉朔，「禁民間不得以金銀爲貨交易，違者治其罪。有告發者，就以其物給之。」〔一〕其立法若是之嚴也。九年四月己丑，「許民以銀鈔錢絹代輸今年租税」〔二〕。十九年三月己巳詔，「歲解税課錢鈔，有道里險遠難致者，許易金銀以進」〔三〕。五月己未詔，「户部以今年秋糧，及在倉所儲，通會其數，除存留外，悉折收金銀布絹鈔定輸京師」〔四〕。此其折變之法雖暫行，而交易之禁亦少弛矣。

〔一〕卷九八。
〔二〕卷一〇五。
〔三〕卷一七七。
〔四〕卷一七八。

「正統元年八月庚辰，命江南租税折收金帛。會典言：浙江、江西、湖廣三布政司，直隸蘇、松等府。先是，都察院右副都御史周銓奏：『行在各衛官員俸糧，在南京者差官支給，本爲便利。是時京官俸糧，並於南京支給。但差來者，將各官俸米，貿易物貨，貴買賤酬，十不及一。朝廷虚費廩禄，各官不得實惠。請令該部會議，歲禄之數，於浙江、江西、湖廣、南直隸不通舟楫之處，各隨土産，折收布絹白金，赴京充俸。』巡撫江西侍郎趙新亦言：『江西屬縣，有僻居深山，不通舟楫者，歲賫金帛，於通津之處易米上納南京。設遇米貴，其費不貲。今行在官員俸禄，於南京支給，往返勞費，不得實用。請令江西屬縣量收布絹或白金，類銷成錠，運赴京師，以準官員俸禄。』少保兼户部尚書黄福亦有是請。至是行在户部復申前議。上曰：『祖宗嘗行之否？』尚書胡濙等對曰：『太祖皇帝嘗行於陜西，每鈔二貫五百文，折米一石；黄金一兩，折二十石；白金一兩，折四石；絹一匹，折一石二斗；布一匹，折一石。各隨所産，民以爲便。後又行於浙江，民亦便之。』上遂從所請，每米麥一石，折銀二錢五分。遠近稱便。然自是倉廩之積少矣。」已上實録全文〔一〕。

〔一〕英宗實録廿一。至末止。

二年二月甲戌，「命兩廣、福建當輸南京税糧，悉納白金。有願納布絹者聽」。於是巡撫南直隸、行在工部侍郎周忱奏：「官倉儲積有餘。」〔一〕其年十月壬午，「遣行在通政司右通政李畛，往蘇、松、常三府，將存留倉糧七十二萬九千三百石有奇，賣銀準折官軍俸糧」〔二〕。三年四月甲寅，「命糶廣西、雲南、四川、浙江陳積倉糧」〔三〕。遂令軍民無輓運之勞，而困庾免陳紅之患，誠一時之便計也。

〔一〕英宗實録二七。
〔二〕英宗實録三五。
〔三〕英宗實録四一。

自折銀之後，不二三年，頻有水旱之災，而設法勸借至千石以上，以賑凶荒者，謂之義民，詔復其家。至景泰間，納粟之例，紛紛四出，相傳至今，而國家所收之銀，不復知其爲米矣。

唐書言：「天寶中，海内豐熾，州縣粟帛舉巨萬。楊國忠判度支，因言古者二十七年耕，餘九年食。今天下太平，請在所出滯積，變輕齎，内富京師。又悉天下義倉，及丁租地課，易布帛以充天子禁藏。」〔一〕當日諸臣之議，有類於此，踵事而行，不免太過，相沿日久，内實外虚。至崇禎十三年，郡國大祲，倉無見粟，民思從亂，遂以亡國。

〔一〕新唐書二〇六楊國忠傳。

宣德中，以邊儲不給，而定爲納米贖罪之令，其例不一。正統三年八月，「從陝西按察使陳正倫之請，改於本處納銀，解邊易米。雜犯死罪者，納銀三十六兩；三流，二十四兩；徒五等，視流遞減三兩；杖五等，一百者六兩，九十以下及笞五等，俱遞減五錢。」〔一〕此今日贖鍰之例所繇始也。

〔一〕英宗實録四五。

正統十一年九月壬午，「巡撫直隸工部左侍郎周忱言：『各處被災，恐預備倉儲賑濟不敷，請以折銀糧税，悉徵本色，於各倉收貯。俟青黄不接之際，出糶於民，以所得銀上納京庫，則官既不損，民亦得濟。』從之」〔一〕。此文襄權宜變通之法，所以爲一代能臣也。

〔一〕英宗實録一四五。

以錢爲賦〔一〕

周官太宰：「以九賦斂財賄。」注：「財泉古「錢」字穀也。」又曰：「賦口率出泉也。」〔二〕方回古今考不然此説〔三〕。荀子言：「厚刀布之斂，以奪之財。」〔四〕而漢律有口算。孝惠紀注：漢律，人出一算，算百二十錢〔五〕。此則以錢爲賦，自古有之，而不出於田畝也。唐初租出穀，庸出絹，調出繒布，未嘗用錢。自兩税法行，遂以錢爲惟正之供矣〔六〕。

〔一〕初刻四之廿三，只有前段二行半。

〔二〕天官冢宰上鄭注。

〔三〕續古今考十八附論。

〔四〕荀子富國篇。

〔五〕漢書二。

〔六〕通典六食貨典。初刻此段文爲：「唐初租出穀，庸出絹，調出繒布，未嘗以錢爲賦，其後始有青苗錢、地頭錢。是以錢爲賦，唐初未有也。今則一切徵銀，又宋元以前之所未有也。」

孟子有言：「聖人治天下，使有菽粟如水火。菽粟如水火，而民焉有不仁者乎？」〔一〕谿今之道，無變今之俗，雖使餘糧棲畝，斗米三錢，而輸將不辦，婦子不寧，民財終不可得而阜，民德終不可得而正。何者？國家之賦，不用粟而用銀，舍所有而責所無故也。夫田野之氓，不爲商賈，不爲官，不爲盜賊，銀奚自而來哉？此唐宋諸臣，每致歎於錢荒之害，而今又甚焉。非任土以成賦，重穡以帥民，而欲望教化之行，風俗之美，無是理矣。

〔一〕盡心上。

白氏長慶集策曰〔二〕：「夫賦斂之本者，量桑地以出租，計夫家以出庸。租庸者，穀帛而已。今則穀帛之外，又責之以錢。錢者，桑地不生銅，私家不敢鑄。業於農者，何從得之？至乃吏胥追徵，官限迫蹙，則易其所有以赴公程。當豐歲，則賤糶半價，不足以充緡錢；遇凶年，則息利倍稱，不足以償逋債。豐凶既若此，爲農者何所望焉？是以商賈大族，乘時射利者，日以富豪；田壟罷人，望歲勤力者，日以貧困。勞逸既懸，利病相誘，則農夫之心，盡思釋末而倚市；織婦之手，皆欲投杼而刺文。至使田卒污萊，室如懸罄。人力罕施，而地利多鬱；天時虚運，而歲功不成。臣嘗反覆思之，實繇穀帛輕而錢刀重也。夫糴甚貴，錢甚輕，則傷人；糴甚賤，錢甚重，則傷農。農傷則生業不專，人傷則財用不足。故王者，平均其貴賤，調節其重輕，使百貨通流，四人交利，然後上無乏用，而下亦阜安。方今天下之錢日以減耗，或積於國府，或滯於私家。若復日月徵取〔二〕，歲時輸納，臣恐穀帛之價轉賤，農桑之業轉傷，十年以後，其弊必更甚於今日矣。今若量夫家之桑地，計穀帛爲租庸，以石斗登降爲差，以匹丈多少爲等，但書估價，並免税錢，則任土之利載興，易貨之弊自革。弊革則務本者致力，利興則趨末者回心。游手於道塗市肆者，可易業於西成，託迹於軍籍釋流者，可返躬於東作。所謂下令如流水之原，繫人於包桑之本者矣。」

〔一〕卷四六息游怠策。至末。

〔二〕「取」原作「求」。

贈友詩曰〔一〕：「私家無錢鑪，平地無銅山，胡爲秋夏税，歲歲輸銅錢？錢力日已重，農力日已殫。賤糶粟與麥，賤貿絲與綿。歲暮衣食盡，焉得無饑寒。吾聞國之初，有制垂不刊，庸必算丁口，租必計桑田。不求土所無，不强人所難，量入以爲出，上足下亦安。兵興一變法，兵息遂不還，使我農桑人，顦顇畎畝間。誰能革此弊，待君秉利權，復彼租庸法，令如貞觀年。」

〔一〕白氏長慶集卷二贈友詩五首之三。「贈」上應有「又」字。

李翺集有疏改税法一篇言：「錢者，官司所鑄；粟帛者，農之所出。今乃使農人賤賣粟帛，易錢入官，是豈非顛倒而取其無者邪？繇是豪家大商，皆多積錢，以逐輕重。故農人日困，末業日增，請一切不督見錢，皆納布帛。」〔一〕

〔一〕李文公集九。

宋時歲賦，亦止是穀帛。其入有常物，而一時所需，則變而取之，使其直輕重相當，謂之折變。景祐初，詔户在第九等免折變〔一〕。熙寧中，張方平上疏，言：「比年公私上下，并苦乏錢。又緣青苗助役之法，農民皆變轉穀帛，輸納見錢。錢既難得，穀帛益賤，人情窘迫，謂之錢荒。」〔二〕司馬光亦言：「江、淮之南，民間乏錢，謂之錢荒。」〔三〕蘇軾亦言：「免役之害，聚斂民財於上，而下有錢荒之患。」〔四〕紹熙元年，臣僚言：「古者賦出於民之所有，不强其所無。今之爲絹者，一倍折而爲錢，再倍折而爲銀，銀愈貴，錢愈難得，穀愈不可售。使民賤糶而貴折，則大熟之歲，反爲民害。願詔州郡，凡多取而多折者，重置于罰。民有糶不售者，令常平就糴，異時歲歉，平價以糶。庶於民無傷，於國有補。」從之〔五〕。而真宗時，知袁州何蒙請以金折本州二税。上曰：「若是將盡廢耕農矣。」不許〔六〕。是宋時之弊，亦與唐同，而折銀之見於史者，自南渡後始也。

〔一〕事見宋史一七四食貨志。
〔二〕欒全集二六，宋史一八〇食貨志。
〔三〕宋史一七五食貨志。
〔四〕經進東坡文集三一。
〔五〕宋史一七四食貨志。
〔六〕宋史一七四食貨志。

解縉太平十策言：「及今豐歲，宜於天下要害之處，每歲積糧若干，民樂近輸，而國受長久之利，計之善者也。」〔一〕愚〔二〕以爲天下税糧，當一切盡徵本色。除漕運京倉之外，其餘則儲之於通都大邑，而使司計之臣，略倣劉晏之遺意，量其歲之豐凶，稽其價之高下，糶銀解京，以資國用。一年計之不足，十年計之有餘。小民免稱貸之苦，官府省敲扑之煩，郡國有凶荒之備，一舉而三善隨之矣〔三〕。

〔一〕解文毅公集一、皇明經世文編十太平十策九曰務農。

〔二〕愚，亭林。有銀行及紙幣之法，則無此弊。

〔三〕超按：集釋此下引亭林文集一錢糧論。

五銖錢

今世所傳五銖錢，皆云漢物，非也。南北朝皆鑄五銖錢。陳書世祖紀：「天嘉三年閏二月甲子，改鑄五銖錢。」〔一〕魏書〔二〕言：「武定之初，私鑄濫惡，齊文襄王以錢文五銖，名須稱實，宜稱錢一文，重五銖者，聽入市用，計百錢重一斤四兩二十銖。通典注：按此則一千錢重十一斤以上。而隋代五銖錢一千，重四斤二兩，當時大小稱之差耳〔三〕。自餘皆準此爲數。其京邑二市，天下州鎮郡縣之市，各置二稱，懸於市門。民間所用之稱，皆準市稱以定輕重。若重不五銖，或雖重五銖，而多雜鉛鑞，并不聽用。」然竟未施行。隋書：「高祖既受周禪，以天下錢貨輕重不等，乃更鑄新錢，背面肉好，皆有周郭，文曰五銖，而重如其文。每錢一千，重四斤二兩。悉禁古錢及私錢，置樣於關，不如樣者，沒官銷毀之。自是錢幣始壹，百姓便之。」〔四〕是則改幣之議始於齊文襄，至隋文帝乃行之，而今之五銖，亦大抵皆隋物也。按四斤二兩，是六十六兩，每一枚當重六分六釐，今五銖錢正符此數，不知漢制如何。

〔一〕陳書三。
〔二〕魏書一一〇食貨志。
〔三〕卷九食貨典錢幣下。
〔四〕卷二四食貨志。

古錢惟五銖及開元通寶最多。五銖隋開皇元年鑄，開元唐武德四年鑄。

開元錢

自宋以後，皆先有年號，而後有錢文〔一〕。唐之開元，則先有錢文，而後有年號〔二〕。舊唐書食貨志曰：「武德四年鑄開元通寶錢，徑八分，重二銖四絫，積十錢重一兩。」〔三〕通典云：「計一千重六斤四兩，每兩二十四銖，則一錢重二銖半以下，古稱比今稱三之一也，則今錢爲古稱之七銖以上，比古五銖則加重二銖以上。」〔四〕又曰：「開元錢之文，給事中歐陽詢制詞及書，時稱其工。其字含八分及隸體，其詞先上後下、次左後右讀之，自上及左迴環讀之，其義亦通，流俗謂之開通元寶錢。」馬永卿〔五〕曰：「開元通寶，蓋唐二百八十九年獨鑄此錢，雒、并、幽、桂等處皆置監，故開元錢如此之多，而明皇紀號偶相合耳。」

〔一〕下段有「乾封錢」，下條又有「孝建錢」。
〔二〕亦稱「開通元寶」，非年號也。
〔三〕舊唐書四八。
〔四〕通典九食貨典。
〔五〕馬永卿，字大年。元城語録三卷，嬾真子五卷，均見四庫雜家五。

舊唐書：「高宗乾封元年四月庚寅，改鑄乾封泉寶錢。二年正月罷乾封錢，復行開元通寶錢。」〔一〕

〔一〕舊唐書四八食貨志。

錢法之變〔一〕

太祖實録：歲辛丑二月〔二〕，「置寶源局於應天府，鑄大中通寶錢，與歷代之錢，相兼行使」〔三〕。成化元年七月丙辰，「詔通錢法。商税課程，錢鈔中半兼收。每鈔一貫，折錢四文，無拘新舊，年代遠近，悉驗收，以便民用」〔四〕。世宗實録：「嘉靖十五年九月甲子，巡視五城御史閻鄰等言：『國朝所用錢幣有二，曰制錢，祖宗列聖及皇上所鑄，如洪武、永樂、嘉靖等通寶是也。曰舊錢，歷代所鑄，如開元、太平、淳化、祥符等錢是也。百六十年來，二錢并用，民咸利之。』」〔五〕至嘉靖所鑄之錢，最爲精工。隆慶、萬曆，加重半銖，而前代之錢，通行不廢。予〔六〕幼時見市錢多南宋年號，後至北方，見多汴宋年號，真、行、草字體皆備，間有一二唐錢。自天啓、崇禎，廣置錢局，括古錢以充廢銅，於是市人皆擯古錢不用。崇禎元年六月丙辰，上御平臺召對，給事中黄承昊疏中有「銷古錢不用」語。閣臣劉鴻訓奏：「今河南、山東、山西、陝西皆用古錢，若驟廢之，於民不便。此乃書生見。」上曰：「卿言是。」而新鑄之錢，彌多彌惡，旋鑄旋銷，寶源、寶泉二局〔七〕，祇爲姦蠹之窟。故嘗論古來之錢，凡兩大變：隋時盡銷古錢，一大變；天啓以來，一大變也。昔時錢法之弊，至於鵝眼、綖環之類，無代不有。然歷代之錢尚存，旬日之間，便可澄汰。今則舊錢已盡，即使良工更鑄，而海内之廣，一時難徧，欲一市價而裕民財，其必用開皇之法乎！

〔一〕初刻四之廿四，只有前段，又不盡同，且無注。
〔二〕洪武前八年辛丑，實録九。
〔三〕此句初刻作「洪武初令甲，以今朝制錢與前代之錢相兼行使」。
〔四〕憲宗實録十九，「丙辰」當作「丁巳」。
〔五〕世宗實録一九一。
〔六〕予，亭林。
〔七〕原作「寶源一局」。

自漢五銖以來，爲歷代通行之貨，金志謂之「自古流行之寶」〔一〕。未有廢古而專用今者，唯王莽一行之耳。考之於史，魏熙平初，「尚書令任城王澄上言，請下諸州方鎮，其太和及新鑄五銖，并古錢内外全好者，不限大小，悉聽行之」〔一〕。梁敬帝太平元年詔，「雜用古今錢」〔二〕〔三〕。宋史〔四〕言：「自五代以來，相承用〔五〕唐舊錢。」至如宋明帝泰始二年，則斷新錢，專用古錢矣〔六〕。金世宗大定十九年，則以宋大觀錢，一當五用矣〔七〕。昔之貴古錢如此。近年聽爐頭之説，官吏、工徒，無一不衣食其中，而古錢銷盡，新錢愈雜。地既愛寶，火常克金，遂有乏銅之患。自非如隋文別鑄五銖，盡變天下之錢，古制不可得而復矣〔八〕。

〔一〕金史四八食貨志三錢幣。
〔二〕魏書一一〇食貨志。
〔三〕梁書六。
〔四〕宋史一八〇食貨志。
〔五〕「用」原作「周」。
〔六〕宋書八明帝紀。
〔七〕金史四八食貨志。
〔八〕以復古爲標榜。

錢者歷代通行之貨，雖易姓改命，而不得變古。後之人主，不知此義，而以年號鑄之錢文，於是易代之君，遂以爲勝國之物而銷毁之，自錢文之有年號始也。嘗考之於史，年號之興，皆自季世。宋孝武帝孝建初，鑄四銖，文曰孝建，一邊爲四銖，其後稍去四銖，專爲孝建。廢帝景和二年，鑄二銖錢，文曰景和〔一〕。魏孝文帝太和十九年，更鑄錢，文曰太和五銖。孝莊帝永安二年，更鑄永安五銖〔二〕。此非永世流通之術。而高道穆乃以爲論今據古，宜載年號〔三〕。何其愚也。

〔一〕通典九錢幣下。
〔二〕魏書一一〇食貨志。
〔三〕魏書七七，北史五十。

近日河南、陝西各自行錢，不相流通。既非與民同利之術，而市肆之猾，乘此以欺愚人，窘行旅。鹽鐵論言：「幣數變而民滋僞。」〔一〕亮哉斯言矣〔二〕。

〔一〕鹽鐵論一。
〔二〕超按：集釋此下録亭林文集六錢法論。

銅

乏銅之患，前代已言之。江淹謂古劍多用銅，如昆吾、歐冶之類皆銅也。「楚子賜鄭伯金，盟曰：無以鑄兵。故以鑄三鐘」〔一〕。杜氏注：「古者以銅爲兵。」漢書食貨志，賈誼言：「收銅勿令布以作兵器。」〔二〕韓延壽傳，爲東郡太守，取官銅物，候月蝕，鑄作刀劍鉤鐔，放效尚方事〔三〕。古金三品：黑金是鐵，赤金是銅，黃金是金。夏后之時，九牧貢金，乃鑄鼎於荆山之下。董安于〔四〕之治晉陽，公宫令舍之堂，皆以錬銅爲柱質。荆軻之擊秦王中銅柱，而始皇收天下之兵，鑄金人十二，即銅人也〔五〕。三輔舊事曰：聚天下兵器，鑄銅人十二，各重二十四萬斤。漢世在長樂宫門〔六〕。魏志云：「董卓壞以鑄小錢。」〔七〕吴門〔八〕闔閭冢，銅槨三重。秦始皇冢，亦以銅爲槨。戰國至秦，攻爭紛亂，銅不充用，故以鐵足之。鑄銅既難，求鐵甚易，是故銅兵轉少，鐵兵轉多。年甚一年，歲甚一歲，漸染流遷，遂成風俗。所以鐵工比肩，而銅工稍絶。二漢之世，愈見其微。建安二十四年，魏太子鑄三寶刀，二匕首，天下百錬之精利，而悉是鑄鐵，不能復鑄銅矣。考之於史，自漢以後，銅器絶少，惟魏明帝鑄銅人二，號曰翁仲；又鑄黃龍、鳳凰各一。而武后鑄銅爲九州鼎，用銅五十六萬七百一十二斤。唐韓滉爲鎮海軍節度，以佛寺銅鐘鑄弩牙兵器〔九〕。自此之外，寂爾無聞，止有銅馬、銅駝、銅匭之屬。昭烈入蜀，僅鑄鐵錢。而見存於今者，如真定之佛，蒲州之牛，滄州之獅，無非黑金者矣。

〔一〕左傳僖十八年。

〔二〕漢書二四下。

〔三〕漢書七六。

〔四〕董安于，趙鞅臣，見定公十三年。

〔五〕史記八六刺客列傳。

〔六〕文選注引。

〔七〕三國志魏志六董卓傳。

〔八〕超按：集釋此處引「楊氏曰」：「『門』當爲『王』之誤。」援庵批：「吴門亦通。」

〔九〕舊唐書一二九本傳。

唐開元中，劉秩上議曰：「夫鑄錢用不贍者在乎銅貴，銅貴則採用者衆。夫銅以爲兵，則不如鐵；以爲器，則不如漆，禁之無害。陛下何不禁於人，禁於人則銅無所用，銅益賤則錢之用給矣。」舊唐書食貨志〔一〕。文宗御紫宸殿，謂宰臣曰：「物輕錢重如何？」楊嗣復對以當禁銅器。文宗紀〔二〕。考禁銅之令，古人有行之者。宋孝武帝孝建三年四月甲子，禁人車及酒肆器用銅。南史〔三〕。唐玄宗開元十七年八月辛巳，禁私賣銅鉛錫，及以銅爲器〔四〕。代宗大曆七年十二月壬子，禁鑄銅器〔五〕。德宗貞元九年正月甲辰，禁賣劍銅器。天下有銅山，任人採取，其銅官買，除鑄鏡外，不得造鑄〔六〕。憲宗元和元年二月甲辰，禁用銅器〔七〕。各本紀。晉高祖天福三年三月丁丑，禁民作銅器。通鑑〔八〕。宋高宗紹興二十八年七月己卯，命取公私銅器，悉付鑄錢司，民間不輸者罪之。宋史本紀〔九〕。然今日行之，不免更爲罔民之事，惟有銷錢、鑄錢，上下相蒙，而此日之錢，固無長存之術矣〔十〕。

〔一〕舊唐書四八上食貨志開元廿二年。此段皆自注出處。
〔二〕舊唐書十七下。
〔三〕南史二。
〔四〕通鑑二一三。
〔五〕舊唐書十一。
〔六〕舊唐書十三。
〔七〕舊唐書十四。
〔八〕通鑑二八一。

〔九〕宋史卅一。

〔十〕使亭林生於今，必效法泰西，遊歷各國，考察善政，倡言變法，一易其復古思想爲「法西」思想也。

南齊書劉悛傳〔一〕：「永明八年，悛啓世祖曰：『南廣郡界蒙山下有城名蒙城，可二頃，地有燒爐四所。從蒙城渡水南百許步，平地掘土，深二尺得銅，有古掘銅坑，井居宅處猶存。鄧通南安人，漢文帝賜通嚴道縣銅山鑄錢。今蒙山在青衣水南，故秦之嚴道地。蒙山去南安二百里，此必是通所鑄，甚可經略。』并獻蒙山銅一片，又銅石一片，平州鑄鐵刀一口。上從之。遣使入蜀鑄錢。」魏書食貨志〔二〕：「熙平二年，尚書崔亮奏：『恒農郡銅青谷有銅礦，計一斗得銅五兩四銖。葦池谷礦，計一斗得銅五兩。鸞帳山礦，計一斗得銅四兩。河南〔三〕郡王屋山礦，計一斗得銅八兩。南青州苑燭山、齊州商山，竝是往者〔四〕銅官舊迹。既有冶利，所宜開鑄。』從之。」舊唐書韓洄傳〔五〕：「爲户部侍郎判度支，上言：『商州有紅崖冶出銅，又有洛〔六〕源監，久廢不理，請鑿山取銅，置十鑪鑄錢，而罷江、淮七監。』從之。」册府元龜：元和初，「鹽鐵使李巽上言：『郴州平陽、高亭兩縣界，有平陽冶，及馬跡、曲木等古銅坑，約二百八十餘井。請於郴州、舊桂陽監置鑪兩所，採銅鑄錢。』」〔七〕宋史食貨志：「舊饒州永平監，歲鑄錢六萬貫。平江南，增爲七萬貫，而銅、鉛、錫常不給。

轉運使張齊賢訪求得南唐承旨丁釗能知饒、信等州山谷産銅、鉛、錫，乃便宜調民採取。且詢舊鑄法，惟永平用唐開元錢料最善。即詣闕面陳。詔增市鉛、錫、炭價，於是得銅八十一萬斤，鉛二十六萬斤，錫十六萬斤，歲鑄錢三十萬貫。」〔八〕此皆前代開採之迹。實録：「洪武二十年正月丙子，府軍前衛老校丁成言：『河南、陝州地，有上絞、下絞、上黄塘、下黄塘者，舊産銀礦，前代皆嘗採取，歲收其課。今錮閉已久，採之可資國用。』上謂侍臣曰：『凡言利之人，皆戕民之賊也。朕聞元時江西豐城民，告官採金。其初歲額猶足取辦，經久民力消耗，一州之人，卒受其害。蓋物産有時而窮，歲額則終不可減。有司貪爲己功而不以言，朝廷縱有恤民之心而不能知，此可以爲戒，豈宜效之？』」〔九〕

〔一〕南齊書三七。此段引書目在前，不作注。
〔二〕魏書一百十。
〔三〕「南」原作「内」。
〔四〕「者」原作「昔」。
〔五〕舊唐書一二九。
〔六〕「洛」原作「諱」字。
〔七〕卷五〇一錢幣門。
〔八〕宋史一八〇。
〔九〕太祖實録一八〇。

通鑑〔一〕：「周世宗顯德元年九月丙寅朔〔二〕，敕立監採銅鑄錢。自非縣官法物、軍器，及寺觀鐘磬鈸鐸之類聽留外，其餘民間銅器佛像，五十日内，悉令輸官給其直。過期隱匿不輸，五斤以上其罪死，不及者論刑有差。洪武二十年四月，「工部右侍郎秦逵言：『寶源局鑄錢乏銅，請令郡縣收民間廢銅，以資鼓鑄。』上曰：『鑄錢本以便民，今欲取民廢銅以鑄錢，朕恐天下廢銅有限，斯令一出，有司急於奉承，小民迫於誅責，必至毀器物以輸官，其爲民害甚矣。姑停之。』」〔三〕上謂侍臣曰：『卿輩勿以毀佛爲疑。夫佛以善道化人，苟志於善，斯奉佛矣。彼銅像豈所謂佛邪？且吾聞佛在利人，雖頭目猶捨以布施，若朕身可以濟民，亦非所惜也。』」

〔一〕卷二九二。

〔二〕元年九月壬申朔，二年九月丙寅朔，此作「元年」誤。

〔三〕太祖實録一八一。

五代史：「高麗地産銅銀。周世宗時，遣尚書水部員外郎韓彦卿，以帛數千匹市銅於高麗以鑄錢。顯德六年，高麗王昭遣使者貢黄銅五萬斤。」〔一〕

〔一〕新五代史七四四夷附録。

錢面

自古鑄錢，若漢五銖、唐開元、宋以後各年號錢，皆一面有字，一面無字。儲泳〔一〕曰：「自昔以錢之有字處爲陰，無字處爲陽。古者鑄金爲貨，其陰則紀國號，如鏡陰之有欵識也。」凡器物之識，必書於其底，與此同義。沿襲既久，遂以漫處爲背。「漫」亦謂之「幕」，見漢書西域傳。舊唐書柳仲郢傳〔二〕作「模」。近年乃有别鑄字於漫處者。天啓大錢始鑄一「兩」字，崇禎錢有「户」、「工」等字，錢品益雜而天下亦亂。按「唐會昌中，淮南節度使李紳，請天下以州名鑄錢，京師爲京錢」〔三〕。未幾武宗崩，宣宗立，遂廢之。

〔一〕儲泳，宋人，有祛疑説一卷，四庫雜家五。百川學海本。
〔二〕舊唐書一六五。
〔三〕通考八歷代錢幣之制。

無字謂之陽，有字謂之陰。儀禮疏：「筮法，古用木畫地。」〔一〕今則用錢，以三少爲重錢，凡言多少者，皆歸餘之數。重錢則九也。三多爲交錢，交錢則六也。兩多一少爲單錢，單錢則七也。兩少一多爲拆錢，拆錢則八也。今人以錢筮者猶如此也。今人用錢以筮，以三漫爲重，爻爲陽，三字爲交，爻爲陰。二字一漫，以一漫爲主，故爲單爻。二漫一字，以一字爲主，故爲拆爻。猶易傳所云：「陽卦多陰，陰卦多陽」之意。錢以有字處爲陰，是知字乃錢之背也，碑之背亦名爲陰。

〔一〕少牢饋食禮。

短陌

隋書食貨志〔一〕曰：「梁大同後，自破嶺以東，錢以八十爲百，名曰『東錢』〔二〕。江郢以上，七十爲百，名曰『西錢』。京師以九十爲百，名曰『長錢』。中大同元年，乃詔通用足陌。梁書武帝紀：中大同元年七月丙寅，詔曰：「朝四暮三，衆狙皆喜，名實未虧，而喜怒爲用。頃聞外間多用九陌錢。陌減則物貴，陌足則物賤。至於遠方，日更滋甚。豈直國有異政，乃至家有殊俗。徒亂王制，無益民財。自今可通用足陌錢。今書行後，百日爲期，若猶有犯，男子謫運，女子質作，並三年。」〔三〕沈存中曰：「百錢謂之陌者，借『陌』字用之，其實只是『百』字，如什與伍耳。」〔四〕仟伯字皆从「人」，今俗書作「阡陌」，而皆从「阜」，非也。指田之阡陌，當从「阜」。漢志或从「人」，蓋古字通用。詔下而人不從，錢陌益少。至於末年，遂以三十五爲百。」唐憲宗元和中，「京師用錢，每貫頭除二十文。」〔五〕穆宗長慶元年，「以所在用錢，墊陌不一，敕内外公私給用錢，宜每貫一例除墊八十，以九百二十文成貫。」〔六〕至昭宗末，京師以八百五十爲貫，每陌纔八十五，河南府以八十爲陌〔七〕。舊唐書哀帝紀：天祐二年四月丙辰，「敕河南府自今市肆交易，竝以八十五文爲陌，不得更有改移」〔八〕。漢隱帝時〔九〕，「王章爲三司使，聚斂刻急。舊制錢出入，皆以八十爲陌，章始令入者八十，出者七十七，謂之省陌」〔十〕。宋史言：「宋初凡輸官者，亦用八十或八十五爲百。諸州私用，則各隨其俗，至有以四十八爲百者。太平興國中，詔所在以七十七爲百。」〔十一〕金史言：「大定中，民間以八十爲陌，謂之『短錢』；官用足陌，謂之『長錢』。大名男子斡魯補者上言，謂官司所用錢，皆當以八十爲陌，遂爲定制。」〔十二〕衰季之朝，與亂同事，大抵如此。而抱朴子云：「取人長錢，還人短陌。」〔十三〕則是晉時已有之，不始於梁也。今京師錢以三十爲陌，亦宜禁止〔十四〕。

〔一〕卷二四。

〔二〕觀下文「江郢」、「京師」二句，則「自」字無着，「自破」二字應屬上爲句。王鳴盛説是也。見十七史商榷九六。

〔三〕梁書三。
〔四〕夢溪筆談四。
〔五〕舊唐書四八食貨志上。
〔六〕舊唐書四八食貨志上。
〔七〕新唐書五四食貨志。
〔八〕舊唐書二〇下。
〔九〕通考九錢幣二。
〔十〕超案：此句下，集釋引王氏（鳴盛）語：「薛史食貨志：『唐同光二年，度支請榜示府州縣鎮軍民商旅，凡有買賣，並須使八十陌錢。』日知録考短陌事甚詳，獨無後唐莊宗事，寧人未見薛史也。」援庵批：「王説見商榷九六，薛史輯本見一四六，第三頁。册府五〇一錢幣門第廿四頁作天成二年七月度支奏，輯本誤作同光二年也。此自是亭林未引或不引。未見薛史，獨未見册府邪？王氏據輯本誤文，不如據册府矣。」
〔十一〕一八〇食貨志。
〔十二〕四八食貨志。
〔十三〕抱朴子語見内篇六微旨篇。
〔十四〕「亦宜禁止」原作「視梁之季年又少之矣」。

鈔〔一〕

鈔法之興，因於前代。未以銀爲幣，而患錢之重，乃立此法。唐憲宗之飛錢，即如今之會票也。宋張詠鎮蜀，以鐵錢重，不便貿易，於是設質劑之法。一交一緡，以三年爲一界而換之。天聖間，遂置交子務〔二〕。元史劉宣言：「原交鈔所起，漢唐以來，皆未嘗有。宋紹興初，軍餉不繼，造此以誘商旅，爲沿邊糴買之計。比銅錢易於齎擎，民甚便之。稍有滯礙，即用見錢。尚存古人子母相權之意。日增月益，其法寖弊。」〔三〕趙孟頫亦言：「古者以米、絹民生所須，謂之二實。銀錢與二物相權，謂之二虛。鈔乃宋時所創，施於邊郡，金人襲而用之，皆出於不得已。」〔四〕然宋人已嘗論之，謂無錢爲本，亦不能以空文行。今日上下皆銀，輕裝易致，而楮幣自無所用。周必大二老堂雜志：「近歲用會子，乃四川交子法，特官券耳。不知何人目爲楮幣，遂入殿試御題。若正言之，猶紙錢也。乃以爲文，何邪？」〔五〕故洪武初欲行鈔法，至禁民間行使金銀，以姦惡論，而卒不能行。及乎後代，銀日盛而鈔日微，勢不兩行，灼然易見。乃崇禎之末，倪公元璐掌户部，必欲行之。行鈔之議，始於天啓初禮科惠世揚，及崇禎末，有蔣臣者復申其説，擢爲户部司務，終不可行而止。其亦未察乎古今之變矣。

〔一〕初刻四之廿五，只有首段，無注。
〔二〕宋史一八一食貨下會子條。
〔三〕元史一六八。
〔四〕元史一七二。

〔五〕卷四，周益公集本。

議者但言，洪武間鈔法通行。考之實録，二十七年八月丙戌，禁用銅錢矣〔一〕。其時即有以錢百六十折鈔一貫者，故詔禁之。大明會典，「洪武二十七年，令軍民商賈所有銅錢，有司收歸官，依數換鈔，不許行使」。正統十三年五月庚寅，「禁使銅錢。時鈔既不行，而市廛亦仍以銅錢交易，每鈔一貫，折銅錢二文。監察御史蔡愈濟以爲言，請出榜禁約，令錦衣衛、五城兵馬司巡視，有以銅錢交易者，掠治其罪，十倍罰之。上從其請」〔二〕。三十年三月甲子，禁用金銀矣〔三〕。三十五年十二月甲寅，命俸米折支鈔者，每石增五貫爲十貫〔四〕。是國初〔五〕造鈔之後，不過數年，而其法已漸壞不行。於是有奸惡之條，充賞之格，而卒亦不能行也。永樂元年四月丙寅，「以鈔法不通，下令禁金銀交易，犯者准奸惡論。有能首捕者，以所交易金銀充賞。其兩相交易而一人自首者，免坐，賞與首捕同」〔六〕。二年正月戊午，詔：「自今有犯交易銀兩之禁者免死，徙家興州屯戍。」〔七〕蓋昏爛倒換出入之弊，必至於此。乃以鈔之不利而并錢禁之，廢堅剛可久之貨，而行輭熟易敗之物，宜其弗順於人情，而卒至於滯閣。正統十年，「山西布政司奏，庫貯鈔貫，朽爛不堪用者，五十九萬三千錠有奇。敕令焚燬」〔八〕。後世興利之臣，慎無言此可矣。

〔一〕太祖實録二三四。

〔二〕英宗實録一六六。

〔三〕太祖實録二五一。

〔四〕洪武卅五年，即建文四年。太宗實録十五。

〔五〕「國初」，潘本未改。

〔六〕太宗實録十八。

〔七〕太宗實録二六。

〔八〕英宗實録一二五，正月己未。

自鈔法行，而獄訟滋多。於是有江夏縣民父死以銀營葬具，而坐以徙邊者矣。有給事中丁環奉使至四川，遣親吏以銀誘民交易，而執之者矣〔一〕。竝永樂二年三月。舍烹鮮之理，就揚沸之威；去冬日之温，用秋荼之密。天子亦知其拂於人情，而爲之戒飭。然其不達於天聽，不登於史書者，又不知凡幾也。孟子曰：「焉有仁人在位，罔民而可爲也。」〔二〕若鈔法者，其不爲罔民之一事乎？

〔一〕丁環事見太宗實録，「丁環」作「丁琰」。潘本亦作「環」。

〔二〕梁惠王上。

元史，世祖至元十七年，中書省議，流通鈔法，凡賞賜宜多給幣帛，課程宜多收鈔〔一〕。於是陳瑛〔二〕祖之，請通計户口食鹽納鈔。又詔令課程、贓罰等物悉輸鈔。永樂五年三月甲申〔三〕。又詔令笞杖定等輸鈔贖罪。二十二年十月癸卯〔四〕。又令，權增市肆門攤課程收鈔。洪熙元年正月庚寅〔五〕。又令，倒死虧欠馬驢等畜竝輸鈔。又令，各欠羊皮、魚鰾、翎毛等物竝輸鈔。竝宣德元年十月乙亥。又令，塌坊、果園、舟車裝載竝納鈔。四年六月壬寅。今之鈔關始此。欲以重鈔而鈔不行，於是制爲阻滯鈔法之罪，有不用鈔一貫者，罰納千貫，親鄰、里老、旗甲知情不首，依犯者一貫罰百貫。其關閉舖店，潛自貿易，及擡高物價之人，罰鈔萬貫，知情不首，罰千貫。三年六月癸卯〔六〕。有阻滯鈔法者，令有司於所犯人每貫追一萬貫入官，全家發戍邊遠。正統十三年五月辛丑〔七〕。而愈不可行矣。

〔一〕元史十一。
〔二〕陳瑛，明史一四六，嗣遂安伯。
〔三〕太宗實録四八。
〔四〕廿二年見仁宗實録三上。
〔五〕仁宗實録六下。
〔六〕宣宗實録四四。

〔七〕英宗實録一六六。

宣德三年六月己酉詔：「停造新鈔。已造完者悉收庫，不許放支。其在庫舊鈔，委官選揀，堪用者備賞賚，不堪者燒燬。」〔一〕天子不能與萬物爭權。信夫！正統元年黃福疏言：「洪武間，銀一兩當鈔三五貫，今銀一兩當鈔千餘貫。」〔二〕

〔一〕宣宗實録四四。

〔二〕英宗實録一五。

大明會典：國初止有商税，未嘗有船鈔。至宣德間，始設鈔關。夫鈔關之設，本藉以收鈔而通鈔法也，鈔既停，則關宜罷矣。如果園菜園之征，未久而罷。乃猶以爲利國之一孔，而因仍不革，豈非戴盈之所謂以待來年者乎？

宣德中，浙江按察使林碩、江西副使石璞累奏：「洪武初，鈔重物輕，所以當時定律，官吏受贓枉法八十貫律絞。方今物重鈔輕，苟非更革，刑必失重，乞以銀米爲準。」未行。至正統五年十一月，「行在刑部、都察院、大理寺議：今後文職官吏人等，受枉法贓，比律該絞者，有禄人估鈔八百貫之上，無禄人估鈔一千二百貫之上，俱發北方邊衛充軍。」〔一〕亦可以見鈔直之低昂矣。

〔一〕英宗實録七三。

僞銀

今日上下皆用銀，而民間巧詐滋甚，非直紿市人，且或用以欺官長。濟南人家，專造此種僞物，至累十累百用之，殆所謂爲盜不操矛弧者也。律：凡僞造金銀者，杖一百，徒三年。爲從及知情買使者，各減一等。其法既輕，而又不必行，故民易犯。夫刑罰世輕世重，視其敝何如爾。漢時用黄金，「孝景中六年十二月，定鑄錢僞黄金棄市。律：造僞黄金與私鑄錢者同棄市」〔一〕。劉更生以典尚方作黄金不成，劾以鑄僞黄金，繫當死。武帝元鼎五年，飲酎〔二〕，少府省金，而列侯坐酎金失侯者百餘人。如淳曰：「漢儀注：金少不如斤兩及色惡，王削縣，侯免國。」〔三〕宋太祖開寶四年十月己巳詔：「僞作黄金者棄市。」〔四〕而唐文宗太和三年六月，「依中書門下奏，以鉛、錫錢交易者，過十貫以上，所在集衆決殺」〔五〕。今僞銀之罪，不下於僞黄金，而重於以鉛、錫錢交易，宜比前代之法，寘之重辟。實録：「正統十一年三月癸未，從順天府大興縣知縣馬聰言：造僞銀者，發邊衛充軍。」〔六〕而景泰元年十一月〔七〕賞北蕃〔八〕有假金三兩，致也先遣使來言。是則法之不行，遂有以此欺朝廷者矣。庶可以革奸而反樸也。

〔一〕漢書五景帝紀。
〔二〕大禮日天子飲酎，飲酎時受獻金，謂之酎金。
〔三〕漢書六武帝紀，通鑑二十。
〔四〕宋史二。
〔五〕舊唐書一七上。
〔六〕正統實録一三九。
〔七〕英宗實録一九八景泰附録。
〔八〕「北蕃」原作「虜酋」。

漢既以錢爲貨，而銅之爲品不齊，故水衡都尉，其屬有辨銅令丞，此亦周官職金之遺意。

日知録校注卷十二

財用

古人制幣，以權百貨之輕重。錢者，幣之一也。將以導利而布之上下，非以爲人主之私藏也。食貨志〔一〕言：「民有餘則輕之，故人君斂之以輕；民不足則重之，故人君散之以重。凡輕重斂散之以時則準平。使萬室之邑必有萬鍾之臧，臧繦千萬；千室之邑必有千鍾之臧，臧繦百萬。」孟康曰：「繦，錢貫也。」齊武帝永明五年九月丙午詔，以「粟帛輕賤，工商失業，良田圜法久廢，上幣稍寡，可令京師及四方出錢億萬，糴米穀絲綿之屬，其和價以優黔首。」〔二〕「南齊豫章王嶷鎮荆州，以穀過賤，聽民以米當口錢，優評斛一百。」〔三〕優評者，增價而取之。唐憲宗時，白居易策言：「今天下之錢日以減耗，或積於内府，或滯於私家。若復日月徵收，歲時輸納，臣恐穀帛之價轉賤，農桑之業益傷，十年以後，其弊必更甚於今日。」〔四〕而元和八年四月敕，「以錢重貨輕，出内庫錢五十萬貫，令兩市收買布帛，每端匹視舊估加十之一」。十二年正月又敕，「出内庫錢五十萬貫，令京兆府揀擇要便處開場，依市價交易」〔五〕。今日之銀，猶夫前代之錢也，乃歲歲徵數百萬貯之京庫，而不知所以流通之術，於是銀之在下者至於竭涸，而無以繼上之求，然後民窮而盜起矣。單穆公有言：「絶民用以實王府，猶塞川原而爲潢汙也。」〔六〕自古以來，有民窮財盡而人主獨擁多藏於上者乎？此無他，不知錢幣之本爲上下通共之財，而以爲一家之物也。詩曰：「不弔昊天，不宜空我師。」〔七〕有子曰：「百姓不足，君孰與足？」〔八〕古人其知之矣。

〔一〕漢書二四下。「漢書」二字不能省。

〔二〕南齊書三，有删改。

〔三〕南齊書二二，南史四二。

〔四〕長慶集四六息游怠策。全策卷十一以錢爲賦條已引之。

〔五〕舊唐書十五憲宗紀下，又見册府五〇一。此二條相連，實引舊唐書四八食貨志，作「正月」，册府五〇一錢幣三作「四月」。

〔六〕漢書廿四食貨志下引國語下，景王廿一年將鑄大錢條。

〔七〕小雅節南山。

〔八〕論語顔淵。

財聚於上，是謂國之不祥。不幸而有此，與其聚於人主，無寧聚於大臣。昔殷之中年，「有亂政同位，具乃貝玉」〔一〕。總於貨寶，貪濁之風，亦已甚矣。有一盤庚出焉，遂變而成中興之治。及紂之身，用乂讐斂，鹿臺之錢，鉅橋之粟，聚於人主，史記殷本紀：厚賦税以實鹿臺之錢〔二〕。而前徒倒戈自燔之禍至矣。故堯之禪舜，猶曰：「四海困窮，天禄永終。」〔三〕而周公之繫易曰：「渙，王居无咎。」〔四〕管子曰：「與天下同利者，天下持之；擅天下之利者，天下謀之。」〔五〕嗚呼，崇禎末年之事，可爲永鑑也已。後之有天下者，其念之哉！

〔一〕尚書盤庚中。
〔二〕史記三。
〔三〕論語堯曰。
〔四〕易渙卦九五。
〔五〕管子廿一版法解。

唐自行兩税法以後，天下百姓輸賦於州府，一曰上供，二曰送使，三曰留州。舊唐書裴垍傳〔一〕。新唐書食貨志〔二〕同。元稹狀言：「臣伏準前後制敕，及每歲旨條，兩税留州、留使錢外，加率一錢一物，州府長吏竝同枉法計贓，仍令出使御史訪察聞奏。」〔三〕及宋太祖乾德三年詔，諸州支度經費外，凡金帛悉送闕下，無得占留。宋史食貨志〔四〕。自此一錢以上皆歸之朝廷，而簿領纖悉，特甚於唐時矣。然宋之所以愈弱而不可振者，實在此。宋史言：宋聚兵京師，外州無留財，天下支用悉出三司，故其費寖多〔五〕。昔人謂古者藏富於民。自漢以後，財已不在民矣，而猶在郡國，不至盡輦京師，是亦漢人之良法也。後之人君知此意者鮮矣。

〔一〕舊唐書一四八。
〔二〕新唐書五二。
〔三〕長慶集卅七彈奏山南西道兩税外草狀。
〔四〕宋史一七九食貨志會計。
〔五〕宋史一七九。

自唐開成初，歸融爲户部侍郎兼御史中丞，奏言：「天下一家，何非君土，中外之財，皆陛下府庫。」〔一〕而宋元祐中，蘇轍爲户部侍郎，則言：「善爲國者藏之於民，其次藏之州郡。州郡有餘，則轉運司常足。猶今之布政司。轉運司既足，則户部不困。自熙寧以來，言利之臣不知本末，欲求富國，而先困轉運司。轉運司既困，則上供不繼。上供不繼，而户部亦憊矣。兩司既困，雖内帑别藏積如丘山，而委爲朽壤，無益於算也。」〔二〕是以仁宗時，富弼知青州，朝廷欲輦青州之財入京師，弼上疏諫。金世宗欲運郡縣之錢入京師，徒單克寧以爲如此則民間之錢益少，亦諫而止之〔三〕。以余所見，有明〔四〕之事，盡外庫之銀以解户部，蓋起於末造〔五〕，而非祖宗之制也。王士性廣志繹言：「天下府庫莫盛於川中，余以戊子典試於川，詢之藩司，庫儲八百萬，銀兩之數。即成都、重慶等府，俱不下二十萬，順慶亦十萬。蓋川中無起運之糧，而專備西南用兵故也。兩浙賦甲天下，余丁亥北上，滕師少松爲余言，癸酉督學浙中，藩司儲八十萬。後爲方伯，止四十萬。今爲中丞，藩司言不及二十萬矣。十年之間，積貯一空如此。及余己丑參政廣西，顧臬使問自浙糧儲來，詢之則云，浙藩今已不及十萬也。廣西老庫儲銀十五萬不啓，每歲以入爲出耳。余甲午參政山東，藩司亦不及二十萬之儲。庚辰入滇，滇藩亦不滿十萬，與浙同，每歲取礦課五六萬用之。今太倉所蓄，亦止老庫四百餘萬，有事則取諸太僕寺。余乙未貳卿太僕時，亦止老庫四百萬。每歲馬價不足用，則取之草料。蓋十年間，東倭西哱，所用於二帑者，踰二百萬故也。」〔六〕其所記萬曆時事如此。至天啓中，用操江范濟世之奏，一切外儲盡令解京，而搜括之令自此始矣。今録上諭全文於此，俾後之考世變者得以覽焉。天啓六年四月七日上諭：「工部、都察院：朕思殿工肇興，所費宏鉅，今雖不日告成，但所欠各項價銀，已幾至二十萬。況遼東未復，兵餉浩繁，若不盡力鉤稽，多方清察，則大工必至乏誤，而邊疆何日敉寧。殊非朕仰補三朝闕典之懷，亦非臣下子來奉上之誼也。朕覽南京操江憲臣范濟世兩疏所陳，鑿鑿可據。其所管應天、揚州府等處庫貯銀兩，前已有旨盡行起解，到京之日，照數察收。似此急公徇上之誠，足爲大小臣工模範。使天下有司皆同此心，朕何憂乎鼎建之殷繁，軍餉之難措哉。范濟世所奏，奉旨已久，其銀兩何尚未解到？爾工部、都察院，即行文速催，以濟急用。且天之生財，止有此數，既上不在官，又下不在民，豈可目擊時艱，忍置之無用之地。朕聞得鹽運司每年募兵銀六千兩，實收在庫，約有二十餘萬兩。又鹽院康丕揚在任，一文未取，每年加派銀一萬，約有二十餘萬兩。又故監魯保遺下每年餘銀四萬兩，約有四十餘萬兩，連前院除支銷費過，餘銀約有八十餘萬兩，刷卷察盤可據。又南太僕寺解過馬價餘銀二十六萬兩，見寄在應天等府貯庫。又户科貯庫餘銀約有七萬兩，寄收應天府。又操江寄十四府餘銀約有十萬兩。又操江寄貯揚州、鎮江、安慶三府備倭餘銀約有三十餘萬兩，北道刷卷御史可據。已上七宗，俱當遵照范濟世所奏事例，徹底清察。就著南京守備内臣劉敬、楊國瑞，亟委廉幹官胡良輔、劉文耀，會同該部院撫按官著落經管衙門，察核的確，速行起解。有敢推避嫌怨，隱匿稽遲，懷私抗阻者，必罪有所歸。如起解不完，則撫按等官都不許考滿遷轉。劉敬等亦不許扶同蒙蔽，骩法徇私，必須殫力急公，盡心搜括，庶大工、邊務，均有攸賴。國家有用之物，不至爲貪吏侵漁，昭朕裕國恤民德意。」〔七〕又聞南京内庫，祖宗時所藏金銀珍寶，皆爲魏忠賢矯旨取進。先帝諭中所云，將我祖宗庫貯傳國奇珍異寶，盜竊幾至一空者，不知其歸之何所。自此搜括不已，至於加派；加派不已，至於捐助，以訖於亡。繇此言之，則搜括之令開於范濟世，成於魏忠賢，而外庫之虛，民力之匱，所繇來矣。崇禎元年六月奉旨：范濟世阿逢逆璫，妄報操銀，貽害地方，著冠帶閒住。以英明之主繼之，而猶不免乎與亂同事，然則知上下之爲一身，中外之爲一體者，非聖王莫之能也。傳曰：「長國家而務財用者，必自小人矣。」〔八〕豈不信夫！

〔一〕新唐書一六四，舊唐書一四九。
〔二〕欒城集四十轉對狀。亦見宋史三三九本傳。
〔三〕金史九二。
〔四〕「有明」原作「本朝」。
〔五〕「末造」原作「近日」。
〔六〕卷一方輿崖略。
〔七〕熹宗實録六五。
〔八〕禮記大傳二。

開科取士，則天下之人日愚一日；立限徵糧，則天下之財日窘一日。吾〔一〕未見無人與財而能國者也。然則如之何？必有作人之法，而後科目可得而設也；必有生財之方，而後賦税可得而收也。

〔一〕吾，亭林。

言利之臣

孟子曰：「無政事則財用不足。」〔一〕古之人君，未嘗諱言財也。所惡於興利者，爲其必至於害民也。昔明〔二〕太祖嘗黜言利之御史，而謂侍臣曰：「君子得位，欲行其道；小人得位，欲濟其私。欲行道者，心存於天下國家；欲濟私者，心存於傷人害物。」〔三〕洪武十三年五月。御史周姓，實録不載其名。此則唐太宗責權萬纪之遺意也〔四〕。又廣平府吏王允道言：「磁州臨水鎮産鐵，請置爐冶。」上曰：「朕聞治世天下無遺賢，不聞天下無遺利。且利不在官則在民，民得其利，則財源通而有益於官，官專其利，則利源塞而必損於民。今各冶數多，軍需不乏，而民生業已定，若復設此，必重擾之矣。」杖之流海外〔五〕。十五年五月。聖祖不肩好貨之意，可謂至深切矣。自萬曆中礦税以來，求利之方紛紛，且數十年而民生愈貧，國計亦愈窘。然則治亂盈虚之數，從可知矣。爲人上者，可徒求利而不以斯民爲意與？

〔一〕盡心下。
〔二〕「明」原作「我」。
〔三〕太祖實録一三一。
〔四〕新唐書一〇〇。
〔五〕太祖實録一四五。明史三本紀略載之。

新唐書宇文韋楊王列傳〔一〕贊曰：「開元中，宇文融始以言利得幸於時。天子見海内完治，偃然有攘却四裔〔二〕之心。融度帝方調兵食，故議取隱户剩田，以中主欲。利説一開，天子恨得之晚，不十年而取宰相。雖後得罪，而追恨融才，猶〔三〕所未盡也。天寶以來，外奉軍興，内蠱艷妃，所費愈不貲計。於是韋堅、楊慎矜、王鉷、楊國忠，各以裒刻進，剥下益上，歲進羨緡百億萬爲天子私藏，以濟横賜，而天下經費自如。帝以爲能，故重官累使，尊顯烜赫。然天下流亡日多於前，有司備員不復事，而堅等所欲既充，還用權媢，以相屠滅，四族皆覆，爲天下笑。孟子所謂『上下交征利，而國危者』，可不信哉〔四〕！」嗚呼〔五〕！芮良夫之刺厲王也，曰：「所怒甚多，而不備大難！」〔六〕三季之君，莫不皆然，前車覆而後不知誡，人臣以喪其軀，人主以亡其國，悲夫！

〔一〕新唐書一三四。
〔二〕「裔」原作「夷」。
〔三〕「猶」史作「有」。
〔四〕「孟子」以下至「信哉」，原在「盡也」下，「天寶」上。亭林移至此。孟子語見孟子梁惠王上。
〔五〕「嗚呼」以下亭林語。
〔六〕國語周語上。又史記四周本紀。

讀孔、孟之書，而進管、商之術，此四十年前士大夫所不肯爲，而今則滔滔皆是也。有一人焉，可以言而不言，則群推之以爲有耻之士矣。上行之則下效之，於是錢穀之任，榷課之司，昔人所避而不居，今且攘臂而爭之。禮義淪亡，盜竊競作，苟爲後義而先利，不奪不饜。後之興王所宜重爲懲創，以變天下之貪邪者，莫先乎此。

俸禄

今日貪取之風，所以膠固於人心而不可去者，以俸給之薄，而無以贍其家也。昔者武王克殷，庶士倍禄〔一〕。王制：「諸侯之下士視上農夫，中士倍下士，上士倍中士，下大夫倍上士。」〔二〕漢宣帝神爵三年，詔曰：「吏不廉平則治道衰。今小吏皆勤事而俸禄薄，欲其毋侵漁百姓，難矣！其益吏百石已下俸十五。」如淳曰：「律：百石俸月六百。」韋昭曰：「若食一斛，則益五斗。」〔三〕光武建武二十六年，「詔有司增百官俸。其千石已上，減於西京舊制；六百石已下，增於舊秩」〔四〕。晉武帝泰始三年，詔曰：「古者以德詔爵，以庸制禄，雖下士猶食上農。外足以奉公忘私，内足以養親施惠。謂分禄以贍宗族、昏姻、故人〔五〕。今在位者，禄不代耕，非所以崇化本也，其議增吏俸。」〔六〕唐時俸錢，上州刺史八萬，中、下州七萬，赤縣令四萬五千，畿縣、上縣令四萬，赤縣丞三萬五千，上縣丞三萬，赤縣簿尉三萬，畿縣上縣簿尉二萬〔七〕。玄宗天寶十四載制曰：「衣食既足，廉耻乃知。至如資用靡充，或貪求不已，敗名冒法，實此之繇。輦轂之下，尤難取給。其在西京文武九品已上正員官，唐時官多，有員外置者，故分别言之。今後每月給俸食雜用，防閤庶僕等，宜十分率加二分，其同正員官加一分，仍爲常式。」〔八〕而白居易爲盩厔尉詩〔九〕云：「吏禄三百石，歲晏有餘糧。」其江州司馬廳記〔十〕曰：「唐興〔十一〕，上州司馬秩五品，歲廩數百石，月俸六七萬。官足以庇身，食足以給家。」今之制禄，不過唐人之什二三，彼無以自贍，焉得而不取諸民乎？昔楊綰爲相，承元載汰侈之後，欲變之以節儉，而先益百官之俸〔十二〕。皇甫鎛以宰相判度支，請減内外官俸禄，給事中崔植封還詔書〔十三〕，可謂達化理之原者矣。

〔一〕禮記樂記。
〔二〕禮記王制。
〔三〕漢書八，連注。
〔四〕後漢書一下。
〔五〕此爲顧注。
〔六〕晉書三。
〔七〕新唐書五五食貨志。
〔八〕册府五〇六俸禄二。
〔九〕集一觀刈麥詩。
〔十〕集廿六。

〔十一〕「唐興」原文作「唐典」，指六典也。

〔十二〕册府五〇六俸禄。

〔十三〕册府四六九封駁。又舊唐書一三五皇甫鎛傳、一一九崔植傳。

漢書言：王莽時，天下吏以不得俸禄，各因官職爲姦，受取賕賂，以自共給〔一〕。五代史言：「北漢國小民貧，宰相月俸止百緡，節度使止三十緡，自餘薄有資給而已，故其國中少廉吏。」〔二〕穆王之書曰：「爵重禄輕，群臣比而戾民，畢程氏以亡。」〔三〕此之謂矣。

〔一〕漢書二四下食貨志，九九中王莽傳。

〔二〕五代史見通鑑後周紀廣順元年正月條。

〔三〕穆王之書見逸周書八史記解。

前代官吏，皆有職田，晉、魏、隋、唐書，皆有官品第一至第九職田多少之數〔一〕。故其禄重，禄重則吏多勉而爲廉。如陶潛之種秫。晉書本傳〔二〕。阮長之之芒種前〔三〕一日去官，宋書本傳〔四〕。皆公田之證也。元史：世祖至元〔五〕元年八月乙巳詔，定官吏員數，分品從官職，品如正一品、正二品，從如從一品、從二品。給俸禄，頒公田。太祖實録，洪武十年十月辛酉制：「賜百官公田，以其租入充俸禄之數。」〔六〕是國初此制未廢。不知何年收職田以歸之上，而但折俸鈔，實録、會典皆不載。其數復視前代爲輕，始無以責吏之廉矣。

〔一〕晉書二六，魏書一百十，隋書二四，唐書五五食貨志。
〔二〕晉書九四隱逸。
〔三〕宋書作「後」。南史七十循吏傳作「前」，有脱誤。
〔四〕宋書九二良吏傳。此引南史七十。
〔五〕元有兩「至元」，故上加「世祖」。元史五。
〔六〕卷一一五。

宣宗實録〔一〕：「宣德八年三月庚辰，兼掌行在户部事、禮部尚書胡濙奏請：『文武官七年分俸鈔，每石減舊數折鈔一十五貫，以十分爲率，七分折與官絹，每匹準鈔四百貫；三分折與官綿布，每匹準鈔二百貫。』從之。濙初建議，與少師蹇義等謀，義等力言不可，曰仁宗皇帝在春宫久，深知官員折俸之薄，故即位特增數倍，此仁政也，豈可違之。永樂二十二年十月庚申，月增給在京文武官及錦衣衛將軍總小旗，米各五斗；雜職及吏并各衛總小旗軍力士校尉人等有家屬者，米各四斗；無家屬者，各斗五升，竝準俸糧之支鈔者〔二〕。濙初欲每石減作十貫，聞義等言，乃作十五貫。

按洪熙元年閏七月尹松言：「官員俸禄以鈔折米，四方米價貴賤不同，每石四五十貫者有之，六七十貫者有之。」〔三〕則是時折鈔猶準米價。白而行之，而小官不足者多矣。」已上實録文。

〔一〕卷一百，至末。

〔二〕仁宗實録三下。

〔三〕宣宗實録六。

大明會典官員俸給條云：每俸一石，該鈔二十貫；每鈔二百貫，折布一匹。後又定布一匹折銀三錢。是十石之米，折銀僅三錢也。正統六年十一月丙辰，「增給在外文武官吏軍士俸糧，原定糧一石給鈔十五貫，今增十貫爲二十五貫」〔一〕。十二年四月丙辰，「仍減爲十五貫」〔二〕。景泰七年二月甲辰，令折俸鈔，每七百貫與白金一兩〔三〕。天順元年正月壬辰，詔「京官景泰七年折俸鈔，俱準給銀。從户部奏請，以官庫鈔少故也」〔四〕。成化二年三月辛亥，減在京文武官員折俸鈔。先是米一石折鈔二十五貫，後因户部裁省定爲十五貫。至是尚書馬昂又奏，每石再省五貫。從之。時鈔法久不行，新鈔一貫，時估不過十錢，舊鈔僅一二錢，甚至積之市肆，過者不顧。以十貫鈔折俸一石，則是斗米一錢也。小吏俸薄，無以養廉，莫甚於此〔五〕。成化七年十月丁丑，户部請以布一匹，準折文武官員俸糧二十石。舊例，兩京文武官折色俸糧，上半年給鈔，下半年給蘇木、胡椒。至是户部尚書楊鼎奏：京庫椒、木不足，甲字庫多積綿布，以時估計之，闊白布一匹可準鈔二百貫，請以布折米。仍視折鈔例，每十貫一石。先是折俸鈔米一石，鈔二十五貫，漸減至十貫。是時鈔法不行，鈔一貫直二三錢，是米一石僅直錢二三十文。至是又折以布，布一匹，時估不過二三百錢，而折米二十石，則是米一石僅直十四五錢也。自古百官俸禄之薄，未有如此者，後遂爲常例〔六〕。

〔一〕英宗實録八五。
〔二〕英宗實録一五二。
〔三〕英宗實録二六三，景泰附録八一。
〔四〕英宗實録二七四。
〔五〕憲宗實録卷二七。
〔六〕憲宗實録卷九七。

蓋國初民間所納官糧，皆米麥也，或折以鈔布；百官所受俸亦米也，或折以鈔。其後鈔不行，而代以銀。於是糧之重者愈重。崇禎中，糧一石至折銀二兩。而俸之輕者愈輕。其弊在於以鈔折米，以布折鈔，以銀折布，而世莫究其源流也。

正統六年二月戊辰，「巡按山東〔一〕監察御史曹泰奏：臣聞之書曰：凡厥正人，既富方穀。今在外諸司，文臣去家遠任，妻子隨行，禄厚者月給米不過三石，薄者一石二石，又多折鈔。九載之間，仰事俯育之資，道路往來之費，親故問遺之需，滿罷閒居之用，其禄不贍，則不免失其所守，而陷於罪者多矣。乞敕廷臣會議，量爲增益，俾足養廉。如是而仍有貪污，懲之無赦。事下行在户部，格以定制，不行」〔二〕。

〔一〕梁本「山東」作「山西」。

〔二〕英宗實録七六。

北夢瑣言：「唐畢相諴，家本寒微，其舅爲太湖縣伍伯。伍伯即今號雜職行杖者。相國耻之，俾罷此役，爲除一官。累遣致意，竟不承命。特除選人楊載宰此邑。參辭日，於私第延坐與語，期爲落籍，津送入京。楊令到任，具達台旨。伍伯曰：『某下賤，豈有外甥爲宰相邪？』楊令堅勉之，乃曰：『某每歲公税享六十緡事例錢，蓋如今之工食。苟無敗闕，終身優渥。不審相公欲爲致何官職？』楊令具以聞，相國歎賞，亦然其説，竟不奪其志也。」〔一〕夫以伍伯之役，而歲六十緡，宜乎臺皁之微，皆知自重。乃信漢書言：「趙廣漢奏請，令長安游徼、獄吏秩百石。其後百石吏皆差自重，不敢枉法妄繫留人。」〔二〕誠清吏之本務。謂貪澆之積習，不可反而廉靜者，真不知治體之言矣。

〔一〕北夢瑣言四畢舅知分。
〔二〕漢書七六。

助餉

人主之道，在乎不利群臣百姓之有。夫能不利群臣百姓之有，然後群臣百姓亦不利君之有，而府庫之財可長保矣。舊唐書柳渾傳：「渾爲宰相，奏故尚書左丞田季羔，公忠正直，先朝名臣，其祖父皆以孝行，旌表門閭，京城隋朝舊第，季羔一家而已。今被堂姪伯强進狀請貨宅，召市人馬，以討吐蕃。一開此門，恐滋不逞。討賊自有國計，豈資僥倖之徒。且毁棄義門，虧損風教。望少責罰，亦可懲勸。上可其奏。」〔一〕夫以德宗好貨之主，而猶能聽宰相之言，不受伯强之獻，後之人君，可以思矣。王明清記「高宗建炎二年，有湖州民王永從，獻錢五十萬緡。上以國用稍集卻之，仍詔今後富民，不許陳獻。」〔二〕嗟夫，此宋之所以復存於南渡也與？

〔一〕舊唐書一二五。

〔二〕揮麈餘話一葉夢得奏對聖語條之一事。學津十六集。「二年」應作「己酉三年」。

漢武尊卜式以風天下，猶是勸之以爵〔一〕，今乃怵之以威。戚畹之家，常惴惴不自保，而署其門曰「此房實賣」。都城之中，十室而五，其不祥孰甚焉。南唐書言：後主之世，以鐵錢六權銅錢四而行。至其末年，銅錢一直鐵錢十。比國亡，諸郡所積銅錢六十七萬緡〔二〕。嗚呼，此所謂府庫財非其財者矣。賊犯京師，史公可法爲南京兵部尚書，軍餉告絀，乃傳檄募富人出財助國。其略曰：「親郊乃雍容之事，唐宗尚有崇韜；出塞本徼幸之圖，漢武尚逢卜式。」桐城諸生姚士晉之辭也。然百姓終莫肯輸財佐縣官。而神京淪喪，殆於孟子所謂委而去之者，雖多財奚益哉！

〔一〕漢書五八。
〔二〕南唐書，馬令書卷五，陸書卷三。乾德二年三月。

洪武十五年七月，堂邑民有掘得黄金者，有司以進於朝。上曰：「民得金而朕有之，甚無謂也。」命歸之民。實録〔一〕。天啓初，「遼事告急，有議及捐助者，朝論以爲教猱升木。而六年十二月，兵部主事詹以晉疏請：靈鷲廢寺，所存田畝，變價助工。奉旨：詹以晉垂涎賤價，規奪寺業，可削籍爲民，仍令自行修理寺宇。田有變佃爲民業者，責令贖還本寺，以爲言利錙銖之戒。」〔二〕以權奄之世，而下有此論，上有此旨，亦三代直道之猶存矣。

〔一〕太祖實録一四六。引書在後。
〔二〕熹宗實録七四。

館舍

讀孫樵書褒城驛壁〔一〕，乃知其有沼、有魚、有舟。讀杜子美秦州雜詩〔二〕，又知其驛之有池、有林、有竹。今之驛舍，殆於隸人之垣矣。予見天下州之爲唐舊治者，其城郭必皆寬廣，街道必皆正直；廨舍之爲唐舊創者，其基址必皆弘敞。宋以下所置，時彌近者制彌陋。此又樵記中所謂州縣皆驛，而人情之苟且，十百於前代矣。

〔一〕孫可之集三。

〔二〕秦州雜詩十七首，五言律。

今日所以百事皆廢者，正緣國家取州縣之財，纖毫盡歸之於上，而吏與民交困，遂無以爲修舉之資。延陵季子游於晉曰：「吾入其都，新室惡而故室美，新牆卑而故牆高，吾是以知其民力之屈也。」說苑〔一〕。又不獨人情之苟且也。

〔一〕卷七政理。

漢制，官寺鄉亭漏敗，牆垣阤壞不治者，不勝任，先自劾。古人所以百廢具舉者以此。

街道

古之王者，於國中之道路，則有條狼氏滌除道上之狼扈，而使之潔清〔一〕。於郊外之道路，則有野廬氏達之四畿〔二〕，合方氏達之天下〔三〕，使之津梁相湊，不得陷絶。而又有遂師以「巡其道修」〔四〕，候人以「掌其方之道治」〔五〕。至於司險「掌九州之圖，以周知其山林川澤之阻，而達其道路」〔六〕。則舟車所至，人力所通，無不蕩蕩平平者矣。晉文之霸也，亦曰「司空以時平易道路」〔七〕。而道路若塞，川無舟梁，單子以卜陳靈之亡〔八〕。自天街不正，王路傾危，塗潦徧於郊關，污穢鍾於輦轂。詩曰：「周道如砥，其直如矢。君子所履，小人所視，睠言顧之，潸焉出涕。」〔九〕其斯〔十〕之謂與。

〔一〕周禮秋官司寇鄭注。
〔二〕周禮秋官野廬氏。
〔三〕周禮夏官合方氏。
〔四〕周禮地官遂師。
〔五〕周禮夏官候人。
〔六〕周禮夏官司險。
〔七〕左傳襄卅一。
〔八〕國語周語中。
〔九〕小雅大東。
〔十〕「斯」原作「今日」。「斯」字上，潘本空一格。

說苑：「楚莊王伐陳，舍於有蕭氏，謂路室之人曰：『巷其不善乎，何溝之不浚也。』」〔一〕以莊王之霸，而留意於一巷之溝，此以知其勤民也。

〔一〕說苑十八辨物末段。

後唐明宗長興元年正月，宗正少卿李延祚奏，請止絶車牛，不許於天津橋來往〔一〕。明制〔二〕兩京有街道，官車牛不許入城。

〔一〕見册府十四都邑，不見會要街道。
〔二〕「明制」原作「本朝」。

官樹

周禮野廬氏：「比國郊及野之道路，宿息井樹。」〔一〕國語單襄公述周制以告王曰：「列樹以表道，立鄙食以守路。」〔二〕釋名曰：「古者列樹以表道，道有夾溝以通水潦。」〔三〕

古人於官道之旁，必皆種樹以記里至，以蔭行旅。是以南土之棠，召伯所茇；道周之杜，君子來游〔四〕。固已宣美風謡，流恩後嗣。子路治蒲，樹木甚茂〔五〕；子産相鄭，桃李垂街〔六〕。下至隋唐之代，而官槐官柳，亦多見之詩篇，猶是人存政舉之效。近代政廢法弛，任人斫伐，周道如砥，若彼濯濯，而官無勿翦之思，民鮮侯甸之芘矣。續漢百官志：「將作大匠，掌修作宗廟、路寢、宫室、陵園、土木之功，并樹桐梓之類，列於道側。」〔七〕是昔人固有專職。三輔黄圖：「長安御溝謂之楊溝，謂植高楊於其上也。」〔八〕後周書韋孝寬傳〔九〕：「爲雍州刺史，先是路側一里置一土堠，經雨頽毁，每須修之。自孝寬臨州，乃勒部内當堠處，植槐樹代之，既免修復，行旅又得芘蔭。周文帝後問知之曰：『豈得一州獨爾，當令天下同之。』於是令諸州夾道一里種一樹，十里種三樹，百里種五樹焉。」〔十〕唐王維詩云：「槐陰陰，到潼關。」〔十一〕册府元龜：「唐玄宗開元二十八年正月，於兩京路及城中苑内種果樹〔十二〕。鄭審有奉使巡簡兩京路種果樹事畢入奏詩〔十三〕。代宗永泰二年正月，種城内六街樹。」中朝故事曰：「天街兩畔槐木，俗號爲槐衙。曲江池畔多柳，亦號爲柳衙。以其成行排立也。」〔十四〕韋應物詩云：「垂楊十二衢，隱映金張室。」〔十五〕舊唐書吴湊傳：「官街樹缺，所司植榆以補之。湊曰：『榆非九衢之玩，命易之以槐。』及槐陰成，而湊卒，人指樹而懷之。」〔十六〕周禮朝士〔十七〕注曰：「槐之言懷也，懷來人於此。」淮南子注同〔十八〕。然則今日之官，其無可懷之政也久矣。

〔一〕秋官。
〔二〕卷二周語中。
〔三〕卷一釋道。
〔四〕詩唐風：「有杕之杜，生於道周，彼君子兮，噬肯來游。」
〔五〕子路事，韓詩外傳六。
〔六〕子産事，吕氏春秋下賢編。
〔七〕百官志四。後漢書三七。
〔八〕卷六。平津館本。
〔九〕後周書卌一，北史六四同。
〔十〕語不可解，所以計里也。
〔十一〕右丞集五送李睢陽。
〔十二〕十四都邑門。
〔十三〕全唐詩五函第六册，即全書之四十六册。
〔十四〕中朝故事有徐氏隨庵叢書本。
〔十五〕韋集一擬古詩十二首之三。
〔十六〕舊唐書一八三。

〔十七〕秋官。

〔十八〕淮南子五時則訓，「季秋之月，其樹槐」注。

橋梁

唐六典〔一〕：「凡天下造舟之梁四，河則蒲津、太陽、河陽，雒則孝義。石柱之梁四，雒則天津、永濟、中橋，灞則灞橋。木柱之梁三，皆渭水：便橋、中渭橋、東渭橋。巨梁十有一，皆國工脩之。此舉京都之衝要〔二〕。其餘皆所管州縣隨時營葺。其大津無梁，皆給船人，量其大小難易，以定其差等。」今畿甸荒蕪，橋梁廢壞，雄、莫之間，秋水時至，年年陷絶，曳輪招舟，無賴之徒，藉以爲利。潞河渡子，勒索客錢，至煩章劾。司空不修，長吏不問，亦已久矣。成化八年九月丙申，「順天府府尹李裕言：『本府津渡之處，每歲水漲及天氣寒沍，官司修造渡船，以便往來。近爲無賴之徒，冒貴戚名色，私造渡船，勒取往來人財物，深爲民害。乞敕巡按御史嚴爲禁止。』從之」〔三〕。況於邊陲之遠，能望如趙充國治湟陿以西道橋七十所，令可至鮮水，從枕席上過師哉〔四〕。五代史〔五〕：「王周爲義武節度使，定州橋壞，覆民租車。周曰：『橋梁不修，刺史過也。』乃償民粟，爲治其橋。」〔六〕此又當今有司之所媿也。

〔一〕卷七工部并注。
〔二〕第四注爲顧注。
〔三〕憲宗實録一〇八。
〔四〕漢書六九。
〔五〕潘本「五代史」不另行。
〔六〕五代史四八王周傳。

人聚

太史公言：「漢文帝時，人民樂業，因其欲，然能不擾亂，故百姓遂安。自六七十翁，亦未嘗至市井。」史記律書〔一〕。「劉寵爲會稽太守，狗不夜吠，民不見吏，龐眉皓髮之老，未嘗識郡朝。」後漢書循吏傳〔二〕。史之所稱，其遺風猶可想見。唐自開元全盛之日，姚、宋作相，海内升平。元稹詩云：「戍烟生不見，村豎老猶純。」〔三〕此唐之所以盛也。至大曆以後，四方多事，賦役繁興，而小民奔走，官府日不暇給。元結作時化之篇，謂：「人民爲征賦所傷，州里化爲禍邸。」〔四〕此唐之所以衰也。宋熙寧中行新法，蘇軾在杭州作詩曰：「贏得兒童語音好，一年强半在城中。」〔五〕衰敝之政，自古一轍。予少時見山野之氓，有白首不見官長，安於畎畝，不至城中者。洎於末造，役繁訟多，終歲之功，半在官府，而小民有「家有二頃田，頭枕衙門眠」之諺。見曹縣志〔六〕。已而山有負嵎，林多伏莽，遂舍其田園，徙於城郭。又一變而求名之士，訴枉之人，悉至京師，輦轂之間，易於郊坰之路矣。錐刀之末，將盡爭之，五十年來，風俗遂至於此。今將靜百姓之心，而改其行，必在制民之產，使之甘其食，美其服，而後教化可行，風俗可善乎？

〔一〕史記二二五。
〔二〕後漢書一〇六列傳六六。
〔三〕元氏長慶集十代曲江老人百韻。
〔四〕元次山集拾遺。
〔五〕施注蘇詩五山村五絶。
〔六〕北平館有康熙二年曹縣志。

人聚於鄉而治，聚於城而亂。聚於鄉，則土地闢，田野治，欲民之無恒心，不可得也。聚於城，則徭役繁，獄訟多，欲民之有恒心，不可得也。

昔在神宗之世〔一〕，一人無爲，四海少事。郡縣之人，其至京師者，大抵通籍之官，其僕從亦不過三四；下此即一二舉貢，與白糧解户而已。蓋幾於古之所謂「道路罕行，市朝生草」。鹽鐵論〔一〕。彼其時，豈無山人游客，干請公卿，而各挾一藝，未至多人，衣食所須，其求易給。自東事既興，廣行召募，雜流之士，哆口談兵，九門之中，填塡溢巷。至於封章自薦，投匭告密，甚者内結貂璫，上窺嚬笑，而人主之威福，且有不行者矣。詩曰：「我生之初尚無爲，我生之後，逢此百罹。」〔三〕興言及此，每輒爲之流涕。

欲清輦轂之道，在使民各聚於其鄉始。

〔一〕萬曆。

〔二〕力耕篇。

〔三〕王風兔爰。

訪惡

尹翁歸爲右扶風縣，縣收取黠吏豪民，案致其罪，高至於死。「收取人」必於秋冬課吏大會中，及出行縣，不以無事時。其有所取也，以一警百，吏民皆服，恐懼改行自新〔一〕。所謂「收取人」，即今巡按御史之訪察惡人也。武斷之豪，舞文之吏，主訟之師，皆得而訪察之。及乎濁亂之時，遂借此爲罔民之事。矯其敝者，乃并訪察而停之，無異因噎而廢食矣。

〔一〕漢書七六。

傳曰：「子産問政於然明，對曰：視民如子，見不仁者誅之，如鷹鸇之逐鳥雀也。」〔一〕是故誅不仁，所以子其民也。

〔一〕左傳襄廿五年。

説苑：「董安于治晉陽，問政于蹇老。蹇老曰：『曰忠、曰信、曰敢。』董安于曰：『安忠乎？』曰：『忠於主。』曰：『安信乎？』曰：『信於令。』曰：『安敢乎？』曰：『敢於不善人。』董安于曰：『此三者足矣。』」〔一〕

〔一〕卷七政理。

鹽鐵論曰：「水有猵狙，池魚勞；國有强禦，齊民消。」〔一〕

〔一〕卷三輕重。「狙」原作「獺」。

盜賊課

史記酷吏傳：「武帝作沈命法曰：『群盜起，不發覺，發覺而捕弗滿品者，二千石以下至小吏，主者皆死。』其小吏畏誅，雖有盜不敢發，恐不能得，坐課累府，府亦使其不言，故盜賊寖多，上下相爲匿，以文辭避法焉。」〔一〕此漢世所名爲盜賊課，而爲法之敝，已盡此數言中矣。漢書言〔二〕：「張敞爲山陽太守，勃海、膠東，盜賊竝起，上書自請治之，言山陽郡户九萬三千，口五十萬，以上訖計盜賊未得者七十七人。漢紀作「十七人」〔三〕。他課諸事亦略如此。久處閒郡，願徙治劇。」夫未得之盜，猶有七十七人，而以爲郡内清治，紀云：敞爲太守，郡内清治〔四〕。豈非宣帝之用法，寬於武帝時乎？然武帝之末，至大盜群起，遣繡衣之使，持斧斷斬于郡國，乃能勝之〔五〕。而宣帝之世，帶牛佩犢之徒，皆驅之歸於南畝，卒之吏稱其職，民安其業〔六〕。是則治天下之道，有不恃法而行者，未可與刀筆筐篋之士議也。

〔一〕卷一二二楊僕傳。
〔二〕卷七六。
〔三〕漢紀十九，神雀元年三月。
〔四〕漢紀十九。
〔五〕漢書武紀，天漢三年五月。
〔六〕漢書八九循吏龔遂傳。

後漢書光武紀〔一〕：「建武十六年〔二〕，郡國群盜，處處竝起，攻劫在所，害殺長吏。郡縣追討，到則解散，去復屯結，青、徐、幽、冀四州尤甚。上乃遣使者下郡國，聽群盜自相糾擿，五人共斬一人者，除其罪。吏雖逗留迴避，故縱者皆勿問，聽以禽討爲效。其牧守令長坐界内盜賊而不收捕者，及以畏愞捐城委守者，皆不以爲負，但取獲賊多爲殿最。注：殿，後也，謂課居後也。最，凡要之首也，謂課居先也〔三〕。唯蔽匿者乃罪之。於是更相追捕，賊竝解散，徙其魁帥於他郡，賦田受稟，使安生業。自是牛馬放牧，邑門不閉。」光武精於吏事，故其治盜之方如此。天下之事，得之於疏，而失之於密，大抵皆然，又豈獨盜賊課哉！

〔一〕卷一下。

〔二〕「十六年」下原有「三月」。

〔三〕此是章懷注。

禁兵器

王莽始建國二年，禁民不得挾弩鎧，徙西海〔一〕。隋煬帝大業五年〔二〕制：「民間鐵叉、搭鉤、穳刃之類，皆禁絶之。」〔三〕尋而海内兵興，隕身失國。元世祖至元二十三年二月己亥敕：「中外凡漢民持鐵尺手撾，及杖之有刃者，悉輸於官。」六月戊申，括諸路馬，凡色目人有馬者三取其二，漢民悉入官。」〔四〕二十六年十二月辛巳，「括天下馬，一品二品官許乘五匹，三品三匹，四品五品二匹，六品以下皆一匹。」〔五〕陳天祥傳：「興國軍以籍兵器致亂，行省命天祥權知本軍事。天祥命以十家爲甲，十甲爲長，弛兵器以從民便，境内遂平。其後代者，務更舊政，治隱匿兵者甚急。天祥去未久，而興國復變。鄰郡及大江南北諸城邑，多乘勢殺其守將以應之。」〔六〕順帝至元三年四月癸酉，

「禁漢人、南人、高麗人，不得執持軍器，凡有馬者拘入官。」〔七〕已而群盜充斥，攻陷城邑。至正十七年正月辛卯，「命山東分省團結義兵，每州添設判官一員，每縣添設主簿一員，專率義兵以事守禦」〔八〕。故劉文成有詩曰：「他時重禁藏矛戟，今日呼令習鼓鞞。」〔九〕嗚呼，「予視天下愚夫愚婦，一能勝予」〔十〕。古之聖王則既已言之矣。

〔一〕漢書九九中。
〔二〕「五年」下原有「正月」。
〔三〕隋書三。
〔四〕元史十四。
〔五〕元史十五。
〔六〕元史一六八。
〔七〕元史三九。
〔八〕元史四五。
〔九〕劉基，正德間追謚文成。集十六可歎詩。「他」作「當」，「習」作「學」。
〔十〕尚書夏書五子之歌。

漢武帝時，公孫弘奏言，禁民毋得挾弓弩。吾丘壽王難之，以爲「聖王務教化，而省禁防。今陛下昭明德，建太平，宇内日化，方外鄉風。然而盜賊猶有者，郡國二千石之罪，非挾弓弩之過也」〔一〕。誠能明教化之原，而帥之以爲善保家之道，則家有鶴膝，户有犀渠。適足以誇國俗之强，舊唐書鄭惟忠傳引吴都賦〔二〕。而不至導民以不祥之器矣。

〔一〕漢書六四上吾丘傳。「誠能」以下，亭林語。

〔二〕注應在「犀渠」下。言二語見舊唐書卷百鄭惟忠傳引吴都賦，左思撰，見文選五。潘本已誤。

水利

歐陽永叔作唐書地理志，凡一渠之開，一堰之立，無不記之其縣之下，實兼河渠一志，亦可謂詳而有體矣。蓋唐時爲令者，猶得以用一方之財，興期月之役。而志之所書，大抵在天寶以前者，居什之七。豈非太平之世，吏治修而民隱達，故常以百里之官，而創千年之利。至于河朔用兵之後，則以催科爲急，而農功水道有不暇講求者歟？然自大曆以至咸通，猶皆書之不絶於册。而今之爲吏，則數十年無聞也已。水日乾而土日積，山澤之氣不通，又焉得而無水旱乎？崇禎時，有輔臣徐光啓作書特詳於水利之學〔一〕。而給事中魏呈潤亦言：「傳曰：『雨者水氣所化。』水利修亦致雨之術也。」夫子之稱禹也，曰：「盡力乎溝洫。」而禹自言亦曰：「濬畎澮距川。」〔二〕古聖人有天下之大事，而不遺乎其小如此。自乾時〔三〕著於齊人，枯濟徵於王莽，古之通津巨瀆，今日多爲細流，而中原之田，夏旱秋潦，年年告病矣。

〔一〕指泰西水法。觀此則亭林不一定復古。農政全書卷十二至二十水利。

〔二〕尚書益稷。

〔三〕乾時，齊地名。左傳莊九年：「師及齊師戰於乾時。」

龍門縣，今之河津也，北三十里有瓜谷山堰，貞觀十年築。東南二十三里有十石壚渠，二十三年縣令長孫恕鑿，溉田良沃，畝收十石。西二十一里有馬鞍塢渠，亦恕所鑿。有龍門倉，開元二年置，所以貯渠田之入，轉般至京，以省關東之漕者也。此即漢時河東太守番係之策。史記河渠書所謂：「河移徙，渠不利田者，不能償種。」〔一〕而唐人行之，竟以獲利。是以知天下無難舉之功，存乎其人而已。謂後人之事必不能過前人者，不亦誣乎〔二〕？

〔一〕史記河渠書、漢書溝洫志，均係卷二九。

〔二〕超案：後兩句，援庵均打雙圈。

唐姜師度爲同州刺史，開元八年十月詔曰：「昔史起溉漳之策，鄭白鑿涇之利，自兹厥後，聲塵缺然。同州刺史姜師度，識洞於微，智形未兆，匪躬之節，所懷必罄，奉公之道，知無不爲。頃職大農，首開溝洫，歲功猶昧，物議紛如。緣其忠款可嘉，委任仍舊，暫停九列之重，假以六條之察，白藏過半，績用斯多。食乃人天，農爲政本。朕故兹巡省，不憚祁寒，將申勸卹之懷，特冒風霜之弊。今原田彌望，畎澮連屬，繇來榛棘之所，徧爲秔稻之川，倉庾有京坻之饒，關輔致畝金之潤。本營此地，欲利平人，緣百姓未開，恐三農虚棄，所以官爲開發，冀令遞相教誘，功既成矣，思與共之。其屯田内，先有百姓注籍之地，比來召人作主，亦量準頃畝割還。其官屯熟田，如同州有貧下欠地之户，自辦功力能營種者，準數給付餘地，且依前官取。師度以功加金紫光禄大夫，賜帛三百匹。」册府元龜〔一〕。本傳：「師度既好溝洫，所在必發衆穿鑿，雖時有不利，而成功亦多。」〔二〕讀此詔書，然後知「無欲速」、「無見小利」二言，爲建功立事之本。孫叔敖決期思之水而灌雩婁之野，莊知其可以爲令尹也。淮南子〔三〕。魏襄王與群臣飲酒，王爲群臣祝曰：「令吾臣皆如西門豹之爲人臣也。」文侯時，西門豹爲鄴令。史起進曰：「魏氏之行田也以百畝，鄴獨二百畝，是田惡也。漳水在其旁，西門豹不知用，是不智也。知而不興，是不仁也。仁智，豹未之盡，何足法也？」於是以史起爲鄴令，引漳水溉鄴，以富魏之河内。史記〔四〕。按後漢書安帝紀：「元初二年正月，修理西門豹所分漳水，爲支渠，以溉民田。」〔五〕則指此爲西門豹所開。爲人君者，有率作興事之勤，有授方任能之略，不患無叔敖、史起之臣矣。

〔一〕册府四九七河渠門作「九月」，六七八興利門作「十月」，六七三褒寵門無月。此蓋採自六七八者，因起句亦同。

〔二〕舊唐書一八五下良吏傳。

〔三〕卷十八人間訓。

〔四〕史記一二六滑稽附西門豹傳。正義引漢書二九溝洫志與此小異。此是直接引溝洫志而誤注爲史記也。

〔五〕後漢書五。

漢書：「召信臣爲南陽太守，爲民作水約束，刻石立於田畔，以防紛爭。」〔一〕晉書：「杜預都督荊州諸軍事，修召信臣遺迹，分疆刻石，使有定分，公私同利。」〔二〕此今日分水之制所自始也。

〔一〕卷八九循吏傳。「水」上原有「均」字，「紛」原作「分」。

〔二〕卷三四杜預傳。

洪武末，遣國子生人才，分詣天下郡縣，集吏民乘農隙修治水利。二十八年奏：「開天下郡縣塘堰凡四萬九百八十七處，河四千一百六十二處，陂渠堤岸五千四十八處。」〔一〕此聖祖勤民之效。

〔一〕太祖實録二四三，附二十八年末。

雨澤

洪武中，令天下州縣長吏，月奏雨澤。蓋古者龍見而雩，春秋三書「不雨」之意也〔一〕。承平日久，率視爲不急之務。永樂二十二年十月，仁宗即位。通政司請以四方雨澤奏章類送給事中收貯。上曰：「祖宗所以令天下奏雨澤者，欲前知水旱，以施恤民之政。此良法美意。今州縣雨澤章奏，乃積於通政司，上之人何繇知？又欲送給事中收貯，是欲上之人終不知也。如此徒勞州縣何爲？自今四方所奏雨澤至，即封進，朕親閱焉。」〔二〕今大明會典具載雨澤奏本式。嗚呼！太祖起自側微，升爲天子，其視四海之廣，猶吾莊田，兆民之衆，猶吾佃客也，故其留心民事如此。當時長吏得以言民疾苦，而里老亦得詣闕自陳。後世雨澤之奏，遂以寢廢。天災格而不聞，民隱壅而莫達。然後知聖主之意，有不但於祈年望歲者。民親而國治，有以也夫。

〔一〕春秋桓五年、昭十九年、昭二十九年。
〔二〕仁宗實録三上。

河渠

黄河載之禹貢「東過洛〔一〕汭，至于大伾；北過洚水，至于大陸；又北播爲九河，同爲逆河，入于海」者，其故道也。漢元光中，河決瓠子，東南注鉅野，通于淮、泗。武帝自臨，發卒數萬人塞之。築宮其上，名曰宣防。導河北行，復禹舊迹，而梁、楚之地復寧，無水災〔二〕。自漢至唐，河不爲害，幾及千年。五代史：「晉開運元年五月丙辰，滑州河決，浸汴、曹、濮、單、鄆五州之境，環梁山合于汶水。」〔三〕與南旺蜀山湖連，瀰漫數百里，河乃自北而東。宋史：「熙寧八年七月乙丑，河大決于澶州曹村，北流斷絶，河道南徙，東匯于梁山張澤濼，分爲二派。一合南清河入于淮，一合北清河入于海。」〔四〕河又自東而南矣。元豐以後，又決而北。議者欲復禹迹，而大臣力主回東之議。宋史河渠志序曰：「自滑臺、大伾，嘗兩經汎溢，復禹蹟矣。一時姦臣建議，必欲回之，俾復故流，竭天下之力以塞之，屢塞屢決。至南渡而後，貽其禍於金源氏。」〔五〕降及金元，其勢日趨於南而不可挽。故今之河，非古之河矣。自中牟以下奪汴，徐州以下奪泗，清口以下奪淮，凡三奪而後注于海。今歲久河身日高，淮、泗又不能容矣。廟堂之議，既視其奪者以爲常，司水之臣，又乘其決者以爲利，不獨以害民生妨國計，而於天地之氣運，未必不有所關也。

〔一〕「洛」，原代以「諱」字。
〔二〕漢書二九溝洫志。
〔三〕新五代史九。五月壬申朔，無丙辰，六月辛丑朔，丙辰十六日也。「五月」應是「六月」，是日知録誤。
〔四〕卷九二河渠志。「八年」當作「十年」。
〔五〕卷九一河渠志。

丘仲深大學衍義補〔一〕言：「禮曰：『四瀆視諸侯。』謂之瀆者，獨也。以其獨入於海，故江、河、淮、濟謂之四瀆。今以一淮而受黃河之全，蓋合二瀆而爲一也。自宋以前，河自入海，尚能爲竝河州郡之害，況今河、淮合一，而清口又合汴、元本作「沁」，誤。泗、沂三水以同歸於淮也哉。實録載：天順七年，金景輝言：黄河不循故道，并流入淮，是爲妄行〔二〕。曩時河水猶有所瀦，如鉅野、梁山等處；猶有所分，如屯氏、赤河之類。雖以元人排河入淮，而東北之道猶微有存焉者。今則以一淮而受衆水之歸，而無涓滴之滲漏矣。」邵國賢作治河論，以爲「禹之治水，至於地平天成，六府三事允治，其功可謂盛矣。以今觀之，其所空之地甚廣，所處之勢甚易，所求之效甚小。今之治水者，其去禹也遠矣，而所空之地乃狹於禹，所處之勢乃難於禹，所求之功乃大於禹。禹之導河，自大伾以下，分播合同，隨其所之而疏之，不與爭利，故水得其性，而無衝決之患。今夫一杯之水，舉而注之地，必得方尺，乃能容之，其勢然也。河自大伾以上，水之在杯者也；大伾以下，水之在地者也。以在地之水而欲拘束周旋如在杯之時，大禹不能，而況他人乎？今河南、山東郡縣，棋布星列，官亭民舍，相比而居，凡禹之所空以與水者，今皆爲吾有。蓋吾無容水之地，而非水據吾之地也，固宜其有衝決之患也。故曰：所空之地狹於禹。禹之治水，隨地施工，無所拘礙。今北有臨清，中有濟寧，南有徐州，皆轉漕要路，而大梁在西南，又宗藩所在。左顧右盼，動則掣肘。使水有知，尚不能使之必隨吾意，況水無情物也，其能委蛇曲折以濟吾之事哉？故曰：所處之勢難於禹。況禹之治水，去其墊溺之害而已，此外無求焉。今則賴之以漕，不及汴矣，又恐壞臨清也；不及臨清矣，又恐壞濟寧也；不及濟寧矣，又恐壞徐州也；使皆無壞也，又恐漕渠不足於運也。了是數者，而後謂之治。故曰：所求之功大於禹。」〔三〕繇二文莊之言觀之，則河水南趨之勢已極，而一代之臣，不過補苴罅漏，以塞目前之責而已，安望其爲斯民計百世之長利哉。至於今日，而決溢之災，無歲不告。嗚呼，其信非人力之所能治矣。

〔一〕卷十七除民之害。丘濬，謚文莊，明史一八一，弘治八年卒，年七十六。

〔二〕英宗實録三四九。

〔三〕邵寶，亦謚文莊。見陳其愫編皇明經濟文輯卷十七河渠篇，天啓刻本。

禹貢之言治水也，曰播、曰瀦。水之性合則衝，驟則溢，故别而疏之，所以殺其衝也，又北播爲九河是也。旁而蓄之，所以節其溢也，大野既瀦是也。必使之有所容而不爲暴，然後鍾美可以豐物，流惡可以阜民，而百姓之利繇是而興矣。今也不然，堤之障之，偪之東之，使之無以容其流，而不得不發其怒。則其不由地中，而横出於原隰之間，固無怪其然也。丘仲深謂以一淮受黃河之全，然考之先朝，徐有貞治河，猶疏分水之渠於濮、汜之間，不使之并趨一道。自弘治六年，築黃陵岡以絶其北來之道，而河流總於曹、單之間，乃猶於蘭陽、儀封各開一口而洩之於南，今復塞之。故河之在今日，欲北不得，欲南不得，唯以一道入淮。淮狹而不能容，又高而不利下，則頻歲決於邳、宿以下，以病民而妨運。而邳、宿以下，左右皆有湖陂，河必從而入之。吾見劉貢父所云，別穿一梁山濼者，將在今淮、泗之間，而生民魚鱉之憂，殆未已也。

河政之壞也，起於竝水之民，貪水退之利，而占佃河旁汙澤之地；不才之吏，因而籍之於官，然後水無所容，而横決爲害。賈讓言：「古者立國，居民疆理土地，必遺川澤之分，度水勢所不及，大川無防，小水得入，陂障卑下，以爲汙澤，使秋水多得有所休息，左右游波寛緩而不迫。故曰：善爲川者，決之使道。又曰：內黃界中有澤，方數十里，環之有隄。往十餘歲，太守以賦民，民今起廬舍其中，此臣親見者也。」〔一〕元史河渠志謂：「黄河退涸之時，舊水泊汙池多爲勢家所據。忽遇泛溢，水無所歸，遂致爲害。繇此觀之，非河犯人，人自犯之。」〔二〕予〔三〕行山東鉅野、壽張諸邑，古時瀦水之地，無尺寸不耕，而忘其昔日之爲川浸矣。近有一壽張令修志〔四〕乃云：梁山濼僅可十里，其虛言八百里，乃小說之惑人耳。此并五代、宋、金史而未之見也。五代史：「晉開運元年五月〔五〕丙辰，滑州河決，浸汴、曹、濮、單、鄆五州之境，環梁山合於汶水，與南旺蜀山湖連，瀰漫數百里。」〔六〕宋史宦者傳：「梁山濼，古鉅野澤，綿亘數百里，濟、鄆數州賴其蒲魚之利。」〔七〕金史食貨志：「黄河已移故道，梁山濼水退地甚廣，遣使安置屯田。」〔八〕沙灣未築以前，徐有貞疏亦言：「外有八百里梁山濼可以爲泄。」書生之論，豈不可笑也哉！

〔一〕漢書二九溝洫志。

〔二〕卷六五。

〔三〕予，亭林自謂。

〔四〕康熙元年，知縣陳璜曾纂修壽張縣志。

〔五〕「五月」原文爲「六月」。

〔六〕所引五代史，大部已見本條首段，此重出。

〔七〕宋史四六八楊戩。

〔八〕金史四七。

陸文裕續停驂録曰：「河患有二：曰決、曰溢。決之害間見，而溢之害頻歲有之。使賈魯之三法遂而有成，亦小補耳。且當歲歲爲之，其勞其費可勝言哉。今欲治之，非大棄數百里之地不可。先作湖陂，以瀦漫波；其次則濱河之處，仿江南圩田之法，多爲溝渠，足

以容水；然後浚其淤沙，由之地中，而潤下之性、必東之勢得矣。」〔一〕

〔一〕陸深，儼山外集廿一。紀録彙編有續停驂録摘抄。

按文裕之意，即賈讓之上中二策，而不敢明言。賈讓言：「今行上策，徙冀州之民當水衝者，決黎陽遮害亭，放河使北入海。河西薄大山，東薄金隄，勢不能遠泛濫，期月自定。難者將曰：若如此，敗壞城郭、田廬、冢墓以萬數，百姓怨恨。今瀕河十郡治隄，歲費且萬萬，及其大決，所殘無數。如出數年治河之費以業所徙之民；遵古聖之法，定山川之位。且大漢方制萬里，豈其與水爭咫尺之地哉？此功一立，河定民安，千載無患，故謂之上策。若乃多穿漕渠於冀州地，使民得以溉田，分殺水怒，雖非聖人法，然亦救敗術也。」〔一〕嗟夫，非有武帝之雄才大略，其孰能排衆多之口，而創非常之原者哉！

〔一〕漢書二九溝洫志。

平當〔一〕使領河隄，奏：「按經義治水，有決河深川，而無隄防壅塞之文。」〔二〕宋開寶之詔亦曰：「朕每閲前書，詳究經瀆。至若夏后所載，但言導河至海，隨山濬川，未聞力制湍流，廣營高岸。」〔三〕今之言治水者，計無出於隄、塞二事。箕子答武王之訪，首言「鯀陻洪水，汨陳其五行，帝乃震怒」〔四〕。後世治河之臣，皆鯀也。非其人之願爲鯀，乃國家教之使爲鯀也。是以水不治，而彝倫斁也。崔瑗河隄謁者箴：導非其導，堙非其堙，八野填淤，水高民居〔五〕。

〔一〕平當，漢書七一有傳。
〔二〕漢書二九溝洫志。
〔三〕宋史九一河渠志。
〔四〕尚書洪範。
〔五〕古文苑十八，全後漢文四五。

因河以爲漕者禹也。壅河以爲漕者明人〔一〕也。故古曰河渠，今曰河防。

〔一〕「明人」原作「本朝」。

聞之先達言：天啓以前，無人不利於河決者。侵尅金錢，則自總河以至於閘官，無所不利。支領工食，則自執事以至於游閒無食之人，無所不利。其不利者，獨業主耳。而今年決口，明年退灘，填淤之中，常得倍蓰，而溺死者，特百之一二而已。於是頻年修治，頻年衝決，以馴致今日之害，非一朝一夕之故矣。國家之法使然，彼斗筲之人，焉足責哉。

不獨此也，彼都人士，爲人説一事，置一物，未有不索其酬者。百官有司，受朝廷一職事，一差遣，未有不計其獲者。自府史胥徒，上而至於公卿大夫，真可謂之同心同德者矣。苟非返普天率土之人心，使之先義而後利，終不可以致太平。故愚以爲今日之務正人心，急於抑洪水也。

日知録校注卷十三

周末風俗

春秋終於敬王三十九年庚申之歲，西狩獲麟。又十四年，爲貞定王元年癸酉之歲，魯哀公出奔。二年卒於有山氏，左傳以是終焉。又六十五年，威烈王二十三年戊寅之歲，初命晉大夫魏斯、趙籍、韓虔爲諸侯。又一十七年，安王十六年乙未之歲，初命齊大夫田和爲諸侯。又五十二年，顯王三十五年丁亥之歲，六國以次稱王，蘇秦爲從長。自此之後，事乃可得而紀。自左傳之終，以至此，凡一百三十三年，史文闕軼，考古者爲之茫昧。如春秋時，猶尊禮重信，而七國則絕不言禮與信矣；春秋時，猶宗周王，而七國則絕不言王矣；史記秦本紀：孝公使公子少官率師會諸侯于逢澤以朝王，蓋顯王時〔一〕。春秋時，猶嚴祭祀，重聘享，而七國則無其事矣；春秋時，猶論宗姓氏族，而七國則無一言及之矣；春秋時，猶宴會賦詩，而七國則不聞矣；春秋時，猶有赴告策書，而七國則無有矣。邦無定交，士無定主，此皆變於一百三十三年之間。史之闕文，而後人可以意推者也。不待始皇之并天下，而文武之道盡矣。李康運命論云：文薄之敝，漸於靈景，辨詐之僞，成於七國〔二〕。馴至西漢，此風未改，故劉向謂其「承千歲之衰周，繼暴秦之餘弊，貪饕險詖，不閑義理」〔三〕。觀夫史之所録，無非功名勢利之人，筆札喉舌之輩，而如董生之言正誼明道者，不一二見也。蓋自春秋之後，至東京而其風俗稍復乎古。吾是以知光武、明、章果有變齊至魯之功，而惜其未純乎道也。自斯以降，則宋慶曆、元祐之間爲優矣。嗟乎！論世而不考其風俗，無以明人主之功。余之所以斥周末而進東京，亦春秋之意也。

〔一〕史記五。
〔二〕李康，魏明帝時人。文選五三、類聚廿一、全三國文四三。
〔三〕劉向四句，漢書廿二禮樂志。

秦紀會稽山刻石〔一〕

秦始皇刻石凡六，皆鋪張其滅六王并天下之事。其言黔首風俗，在泰山，則云：「男女禮順，慎遵職事。昭隔内外，靡不清淨。」在碣石門，則云：「男樂其疇，女脩其業。」如此而已。惟會稽一刻，其辭曰：「飾省宣義，有子而嫁，倍死不貞。防隔内外，禁止淫泆，男女絜誠。夫爲寄豭，正義曰：「豭，牡猪也。」左氏定公十四年傳：「既定爾婁猪，盍歸我艾豭？」寄豭者，謂淫於他室。殺之無罪，男秉義程。妻爲逃嫁，子不得母，邵氏曰：「母云者，母之也。」咸化廉清。」〔二〕何其繁而不殺也。考之國語：「自越王句踐棲於會稽之後，惟恐國人之不蕃，故令壯者無取老婦，老者無取壯妻；女子十七不嫁，其父母有罪；丈夫二十不取，其父母有罪。生丈夫，二壺酒，一犬；生女子，二壺酒，一豚。生三人，公與之母；生二人，公與之餼。」〔三〕内傳〔四〕子胥之言亦曰：「越十年生聚。」〔五〕吴越春秋，至謂句踐以寡婦淫泆過犯，皆輸山上，士有憂思者，令游山上，以喜其意〔六〕。當其時，蓋欲民之多，而不復禁其淫泆。傳至六國之末，而其風猶在。故始皇爲之厲禁，而特著於刻石之文，以此與滅六王并天下之事，並提而論，且不著之於燕、齊，而獨著之於越。然則秦之任刑雖過，而其坊民正俗之意，固未始異於三王也。漢興以來，承用秦法，以至今日者多矣。世之儒者，言及於秦，即以爲亡國之法，亦未之深考乎？

〔一〕初刻四之十三，無注。

〔二〕泰山刻石，史記六，始皇十六年；碣石門，史記六，始皇紀卅二年。會稽，三十七年，三句一韻。同中見異，讀書有識。

〔三〕國語越語上。

〔四〕漢人以國語爲左氏外傳，故稱左氏爲内傳。

〔五〕左傳哀元年。

〔六〕吳越春秋佚文，見御覽四七引獨女山條。

兩漢風俗〔一〕

漢自孝武表章六經之後，師儒雖盛，而大義未明，故新莽居攝，頌德獻符者，徧於天下。光武有鑑於此〔二〕，故尊〔三〕崇節義，敦厲名實，所舉用者，莫非經明行脩之人，而風俗爲之一變。至其末造，朝政昏濁，國事日非，而黨錮之流，獨行之輩，依仁蹈義，舍命不渝，風雨如晦，雞鳴不已。三代以下，風俗之美，無尚於東京者。故范曄之論，以爲「桓、靈之間，君道秕僻，朝綱日陵，國隙屢啓，自中智以下，靡不審其崩離，而權强之臣，息其闚盜之謀，豪俊之夫，屈於鄙生之議」〔四〕。儒林傳論〔五〕。「所以傾而未頽，決而未潰，皆仁人君子心力之爲」。左雄傳論〔六〕。可謂知言者矣。使後代之主，循而弗革，即流風至今，亦何不可〔七〕。而孟德既有冀州，崇獎跅弛之士。觀其下令再三，至於求負汙辱之名，見笑之行，不仁不孝而有治國用兵之術者〔八〕。建安二十二年八月令，十五年春令，十九年十二月令，意皆同。於是權詐迭進，姦逆萌生。故董昭太和之疏，已謂「當今年少，不復以學問爲本，專更以交游爲業。國士不以孝悌清脩爲首，乃以趨勢求利爲先」〔九〕。至正始〔十〕之際，而一二浮誕之徒，騁其智識，蔑周、孔之書，習老、莊之教，風俗又爲之一變。夫以經術之治，節義之防，光武、明、章數世爲之而未足，毀方敗常之俗，孟德一人變之而有餘。後之人君，將樹之風聲，納之軌物，以善俗而作人，不可不察乎此矣。

〔一〕初刻四之十四，只有首段，無注。
〔二〕原作「以此之鑑」。
〔三〕「尊」原作「首」。
〔四〕此句原作「故范曄儒林傳論，以衰敝之朝而多歷年所，本諸爲學之效，信矣」。
〔五〕後漢書一〇九下儒林傳。
〔六〕後漢書九一左雄傳。
〔七〕此是迂論，焉有數千年不變之俗乎？
〔八〕三國志魏志一武帝紀。

〔九〕太和，明帝初。三國志魏志十四董昭傳。

〔十〕正始，魏齊王曹芳。

光武躬行儉約，以化臣下，講論經義，常至夜分。一時功臣如鄧禹有子十三人，各使守一藝，閨門脩整〔一〕，可爲世法。貴戚如樊重，三世共財，子孫朝夕禮敬，常若公家。以故東漢之世，雖人才之倜儻不及西京，而士風家法，似有過於前代。

〔一〕後漢書四六鄧禹傳。

東京之末，節義衰而文章盛，自蔡邕始。其仕董卓無守，卓死，驚歎無識。觀其集中濫作碑頌，則平日之爲人可知矣。宋袁淑弔古文：「伯喈衒文而求入。」〔一〕以其文采富而交游多，故後人爲立佳傳。嗟乎，士君子處衰季之朝，常以負一世之名，而轉移天下之風氣者，視伯喈之爲人，其戒之哉！

〔一〕藝文類聚四十。全宋文四四。

正始〔一〕

魏明帝殂，少帝史稱齊王〔二〕即位，改元正始，凡九年。其十年則太傅司馬懿殺大將軍曹爽，而魏之大權移矣。三國鼎立，至此垂三十年，一時名士風流盛於雒下。乃其棄經典而尚老、莊，蔑禮法而崇放達，視其主之顛危若路人然，即此諸賢爲之倡也。自此以後，競相祖述。如晉書言：王敦見衛玠，謂長史謝鯤曰：「不意永嘉之末，復聞正始之音。」〔三〕沙門支遁，以清談著名於時，莫不崇敬，以爲造微之功，足參諸正始〔四〕。宋書言，羊玄保二子，太祖賜名曰咸、曰粲，謂玄保曰：「欲令卿二子有林下正始餘風。」〔五〕王微與何偃書曰：「卿少陶玄風，淹雅修暢，自是正始中人。」〔六〕南齊書言，袁粲言於帝曰：「臣觀張緒，有正始遺風。」〔七〕南史言，何尚之謂王球，「正始之風尚在」〔八〕。其爲後人企慕如此。然而晉書儒林傳〔九〕序云：「擯闕里之典經，習正始之餘論，指禮法爲流俗，目縱誕以清高。」〔十〕此則虚名雖被於時流，篤論未忘乎學者。是以講明六藝，鄭玄、王肅爲集漢之終，演説老、莊，王弼、何晏爲開晉之始。干寶晉紀總論曰：「風俗淫僻，恥尚失所。學者以莊、老爲宗，而黜六經；談者以虚薄爲辨，而賤名檢；行身者，以放濁爲通，而狹節信；進仕者，以苟得爲貴，而鄙居正；當官者，以望空爲高，而笑勤恪。」〔十一〕以至國亡於上，教淪於下，羌〔十二〕戎互僭，君臣屢易，非林下諸賢之咎，而誰咎哉！

〔一〕「正始」索引，共七條。
〔二〕齊王，明帝養子。
〔三〕晉書三六衛玠傳。
〔四〕世說卷中之下賞譽篇，王長史歎林公尋微之功，不減輔嗣。注引支遁別傳亦云：王仲祖稱其造微之功不異王弼。高僧傳四支遁傳亦云：太原王濛甚重之，曰：「造微之功不減輔嗣。」此云「參諸正始」，亭林誤記也。
〔五〕宋書五四羊玄保傳。
〔六〕宋書六二王微傳。
〔七〕南齊書三三張緒傳。
〔八〕南史三十何尚之傳。
〔九〕晉書九一儒林傳。
〔十〕引儒林傳序只四句。以下爲亭林自言。
〔十一〕文選四九，類聚十一，群書治要二九。
〔十二〕「羌」原作「胡」。

有亡國，有亡天下。亡國與亡天下奚辨？曰：易姓改號，謂之亡國；仁義充塞，而至於率獸食人，人將相食，謂之亡天下〔一〕。魏晉人之清談，何以亡天下？是孟子所謂楊、墨之言，至於使天下無父無君，而入於禽獸者也。昔者嵇紹之父康，被殺於晉文王，至武帝革命之時〔二〕，而山濤薦之入仕。紹時屏居私門，欲辭不就，濤謂之曰：「爲君思之久矣，天地四時，猶有消息，而況於人乎？」〔三〕一時傳誦，以爲名言，而不知其敗義傷教，至於率天下而無父者也。夫紹之於晉，非其君也，忘其父而事其非君，當其未死三十餘年之間〔四〕，爲無父之人亦已久矣，而蕩陰之死，何足以贖其罪乎？且其入仕之初，豈知必有乘輿敗績之事〔五〕，而可樹其忠名，以蓋於晚也。自正始以來，而大義之不明，偏於天下。如山濤者，既爲邪説之魁，遂使嵇紹之賢且犯天下之不韙而不顧。夫邪正之説，不容兩立。使謂紹爲忠，則必謂王裒爲不忠，而後可也〔六〕。何怪其相率臣於劉聰、石勒，觀其故主青衣行酒，而不以動其心者乎？是故知保天下然後知保其國。保國者，其君其臣，肉食者謀之〔七〕；保天下者，匹夫之賤，與有責焉耳矣。

〔一〕亭林以亡一姓爲亡國，亡禮教爲亡天下。

〔二〕文帝昭，武帝炎。

〔三〕引世説政事篇，只四句。
〔四〕惠帝永興元年八王亂終，劉淵亂始。
〔五〕王師敗於成都王穎也。
〔六〕嵇紹，晉書八九忠義。王裒，晉書八八孝友。
〔七〕六「其」字。

宋世風俗

宋史言〔一〕：「士大夫忠義之氣，至於五季，變化殆盡。宋之初興，范質、王溥猶有餘憾。藝祖首褒韓通，次表衛融，以示意嚮。真、仁之世，田錫、王禹偁、范仲淹、歐陽修、唐介諸賢，以直言讜論倡於朝。於是中外薦紳，知以名節爲高，廉恥相尚，盡去五季之陋。故靖康之變〔二〕，志士投袂，起而勤王，臨難不屈，所在有之。及宋之亡，忠節相望。」嗚呼，觀哀、平之可以變而爲東京，五代之可以變而爲宋，則知天下無不可變之風俗也。剥上九之言碩果也，陽窮於上，則復生於下矣。

〔一〕宋史四四六忠義傳序。

〔二〕民族之爭。

人君御物之方，莫大乎抑浮止競。宋自仁宗在位，四十餘年，雖所用或非其人，而風俗醇厚，好尚端方，論世之士，謂之君子道長。及神宗朝，荆公秉政，驟獎趨媚之徒，深鉏異己之輩。鄧綰、李定、舒亶、蹇序辰、王子韶〔一〕諸奸，一時擢用，而士大夫有十鑽〔二〕之目。鑽者，取必入之義。班固答賓戲：「商鞅挾三術以鑽孝公。」〔三〕鄧綰傳：以頌王安石得官，謂其鄉人曰：「笑罵從汝，好官須我爲之。」干進之流，乘機抵隙，馴至紹聖、崇寧，而黨禍大起，國事日非，膏肓之疾，遂不可治。後之人但言其農田水利、青苗、保甲諸法，爲百姓害，而不知其移人心、變士習，爲朝廷之害。其害於百姓者，可以一旦而更，而其害於朝廷者，歷數十百年，滔滔之勢，一往而不可反矣。李應中〔四〕謂：「自王安石用事，陷溺人心，至今不自知覺，人趨利而不知義，則主勢日孤。」〔五〕此可謂知言者也。詩曰：「毋教猱升木，如塗塗附。」〔六〕夫使慶曆之士風，一變而爲崇寧者，豈非荆公教猱之效哉！

〔一〕鄧、李、舒、蹇、王均見宋史三二九。
〔二〕「十鑽」見王子韶傳劉安世語。劉安世見宋史三四五。

〔三〕「賓戲」見文選四五。

〔四〕「李應中」爲「李愿中」之譌，潘本同。愿中，李侗字。

〔五〕此語見宋史四二八道學傳李侗傳。程子門人。

〔六〕小雅角弓。

蘇軾傳：「熙寧初，安石創行新法，軾上書言：『國家之所以存亡者，在道德之淺深，不在乎强與弱；曆數之所以長短者，在風俗之厚薄，不在乎富與貧。臣願陛下務崇道德而厚風俗，不願陛下急於有功而貪富强。仁祖持法至寬，用人有序，專務掩覆過失，未嘗輕改舊章。考其成功，則曰未至。以言乎用兵，則十出而九敗；以言乎府庫，則僅足而無餘。徒以德澤在人，風俗知義，故升遐之日，天下歸仁。議者見其末年，吏多因循，事不振舉，乃欲矯之以苛察，齊之以智能，招徠新進勇鋭之人，以圖一切速成之效。未享其利，澆風已成。多開驟進之門，使有意外之得。公卿侍從，跬步可圖，俾常調之人，舉生非望。欲望風俗之厚，豈可得哉！近歲樸拙之人愈少，巧進之士益多，惟陛下哀之救之。』」〔一〕當時論新法者多矣，未有若此之深切者。根本之言，人主所宜獨觀而三復也。

〔一〕宋史三三八。

東軒筆録〔一〕：「王荆公秉政，更新天下之務，而宿望舊人，議論不協。荆公遂選用新進，待以不次，故一時政事，不日皆舉，而兩禁臺閣，内外要權，莫非新進之士也。」石林燕語〔二〕：「故事，在京職事官，絶少用選人者。熙寧初，稍欲革去資格之弊，始詔選舉到可試用人，並令崇文院校〔三〕書，以備詢訪差使。候二年取旨，或除館職，或升資任，或只與合入差遣。時邢尚書恕，以河南府永安縣主簿，首爲崇文院校書。胡右丞愈知諫院，猶以爲太遽，因請，雖選人而未歷外官，與雖歷任而不滿者，皆不得選舉。乃特詔邢恕與堂除近地，試銜知縣。近歲不復用此例，自始登第直爲禁從矣。」及出知江寧府，呂惠卿驟得政柄，有射羿之意。而一時之士見其得君，謂可以傾奪荆公，遂更朋附之以興大獄。尋荆公再召，鄧綰反攻惠卿。惠卿自知不安，乃條列荆公兄弟之失數事面奏。上封惠卿所言，以示荆公。故荆公表有云：『忠不足以取信，故事事欲其自明；義不足以勝姦，故人人與之立敵。』蓋謂是也。既而惠卿出亳州，荆公復相，承黨人之後，平日肘腋盡去，而在者已不可信，可信者又才不足以任事，當日唯與其子雱機謀。而雱又死，知道之難行也，於是慨然復求罷去。遂以使相再鎮金陵，未朞納節，久之得會靈觀使。」〔四〕其發明荆公情事，至爲切當。子曰：「君子易事而難説也。」而大戴禮言：「有人焉，容色辭氣，其入人甚愉；進退周旋，其與人甚巧。其就人甚速，其叛人甚易。」〔五〕迹荆公昔日之所信用者，不惟變士習、蠹民生而已，亦不饗其利。蘇轍疏呂惠卿，比之呂布、劉牢之〔六〕。書曰：「其後嗣王，罔克有終，相亦罔終。」〔七〕爲大臣者，可不以人心風俗爲重哉！

〔一〕魏泰。四庫小説類一。
〔二〕葉夢得，四庫雜家五。卷七。
〔三〕「較」，避「由校」，明熹宗天啓諱。
〔四〕以上東軒筆録五。
〔五〕大戴禮十文王觀人。
〔六〕牢之，晉書八四。叛桓玄。
〔七〕尚書太甲上。

東軒筆録又曰：「王荆公在中書，作新經義以授學者。故太學諸生，幾及三千人。又令判監直講程第諸生之業，處以上中下三舍。而人間傳以爲試中、上舍者，朝廷將以不次升擢。於是輕薄書生，矯飾言行，坐作虛譽，奔走公卿之門者若市矣。」〔一〕

〔一〕卷六。

蘇子瞻易傳〔一〕兑卦解曰：「六三上六，皆兑之小人。以説爲事者，均也。六三履非其位，而處於二陽之間，以求説爲兑者，故曰『來兑』，言初與二不招而自來也。其心易知，其爲害淺，故二陽皆吉，而六三凶。上六超然於外，不累於物，此小人之託於無求以爲兑者也，故曰『引兑』，言九五，引之而後至也。其心難知，其爲害深，故九五孚于剥。雖然，其心蓋不知而賢之，非説其小人之實也。使知其實，則去之矣，故有厲而不凶。然則上六之所以不光何也，曰難進者君子之事也，使上六引而不兑，則其道光矣。」此論蓋爲神宗用王安石而發。孟子曰：「好名之人，能讓千乘之國；苟非其人，簞食豆羹見於色。」〔二〕荆公當日處卑官，力辭其所不必辭。既顯宜辭而不復辭。矯情干譽之私，固有識之者矣。夫子之論觀人也，曰「察其所安」〔三〕。又曰「色取仁而行違，居之不疑，在邦必聞，在家必聞」〔四〕。是則欺世盜名之徒，古今一也，人君可不察哉？

〔一〕東坡易傳，四庫易類二。
〔二〕盡心下。

〔三〕論語爲政。
〔四〕論語顏淵。

陸游歲暮感懷詩〔一〕：「在昔祖宗時，風俗極粹美。人材兼南北，議論忘彼此。誰令各植黨，更僕而迭起。中更金源〔二〕禍，此風猶未已。倘築太平基，請自厚俗始。」

〔一〕「歲暮」上應有「甲寅」二字。劍南詩稿凡八十五卷，此見卅一卷。十首之九。紹熙五年甲寅，放翁七十歲矣。
〔二〕集作「夷狄」，潘本作□□。

清議

古之哲王，所以正百辟者，既已制官刑，儆于有位矣，而又爲之立閭師、設鄉校、存清議於州里，以佐刑罰之窮。「移之郊遂」，載在禮經〔一〕；「殊厥井疆」，稱於畢命〔二〕。兩漢以來，猶循此制。鄉舉里選，必先考其生平，一玷清議，終身不齒。君子有懷刑之懼，小人存恥格之風；教成於下而上不嚴，論定於鄉而民不犯。降及魏晉，而九品中正之設，雖多失實，遺意未亡。「凡被糾彈付清議者，即廢棄終身」，同之禁錮。晉書卞壼傳〔三〕。至宋武帝篡位，乃詔：「有犯鄉論清議，贓汙淫盜，一皆蕩滌洗除，與之更始。」〔四〕自後凡遇非常之恩赦文，並有此語。齊、梁、陳詔，並云「洗除先注」，當日鄉論清議，必有記注之目。小雅廢而中國微，風俗衰而叛亂作矣。然鄉論之汙，至煩詔書爲之洗刷，豈非三代之直道，尚在於斯民，而畏人之多言，猶見於變風之日乎？予聞在下，有鰥所以登庸，以比三凶，不才所以投畀。雖二帝之舉錯，亦未嘗不詢于芻蕘。然則崇月旦以佐秋官，進鄉評以扶國是，儻亦四聰之所先，而王治之不可闕也。

〔一〕禮記王制。
〔二〕尚書畢命。
〔三〕指彈奏王式違禮事。晉書七十卞壼傳。
〔四〕宋書三武紀下。

陳壽居父喪，有疾，使婢丸藥，客往見之。鄉黨以爲貶議，坐是沈滯者累年〔一〕。阮簡父喪，行遇大雪寒凍，遂詣浚儀令。令爲他賓設黍臛，簡食之，以致清議，廢頓幾三十年〔二〕。温嶠爲劉司空〔三〕使勸進，母崔氏固留之，嶠絶裾而去，迄於崇貴，鄉品猶不過也，每爵皆發詔〔四〕。謝惠連先愛會稽郡吏杜德靈，及居父憂，贈以五言詩十餘首，文行於世，坐廢不豫榮伍〔五〕。張率以父憂去職，其父侍伎數十人，善謳者有色貌，邑子儀曹郎顧玩之求聘焉，謳者不願，遂出家爲尼。嘗因齋會率宅，玩之爲飛書，言與率姦。南司以事奏聞，高祖惜其才，寢其奏，然猶致世論，服闋後，久之不仕〔六〕。官職之升沈，本於鄉評之與奪，其猶近古之風乎？

〔一〕晉書八二。
〔二〕阮簡，阮咸兄子。世語注引竹林七賢論，見任誕篇。
〔三〕劉峴。
〔四〕温嶠事見世語尤悔篇。晉書斠注六七誤引作假譎篇。
〔五〕惠連，謝方明子。宋書五三，南史一九。「榮伍」，南史作「榮位」。
〔六〕張率，梁書卅三，南史卅一。「玩之」，南史作「珧之」。

天下風俗最壞之地，清議尚存，猶足以維持一二。至於清議亡而干戈至矣。

洪武十五年八月乙酉，禮部議：「凡十惡姦盜詐僞，干名犯義，有傷風俗，及犯贓至徒者，書其名於申明亭，以示懲戒。有私毁亭舍，塗抹姓名者，監察御史按察司官，以時按視，罪如律。制可。」〔一〕十八年四月辛丑，「命刑部録内外諸司官之犯法罪狀明著者，書之申明亭」〔二〕。此前代鄉議之遺意也。後之人視爲文具，風紀之官，但以刑名爲事，而於弼教新民之意，若不相關。無惑乎江河之日下已。

〔一〕太祖實録一四七。
〔二〕太祖實録一七二。

名教

司馬遷作史記貨殖傳，謂「自廊廟朝廷，巖穴之士，無不歸於富厚。等而下之，至於吏士舞文弄法，刻章僞書，不避刀鋸之誅者，没於賂遺」〔一〕。而仲長敖覈性賦謂：「倮蟲三百，人最爲劣。爪牙皮毛，不足自衛，唯賴詐僞，迭相嚼齧。等而下之，至於臺隸僮豎，唯盜唯竊。」〔二〕乃以今觀之，則無官不賂遺，而人人皆吏士之爲矣；無守不盜竊，而人人皆僮豎之爲矣。自其束髮讀書之時，所以勸之者，不過所謂千鍾粟、黄金屋，而一旦服官，即求其所大欲。君臣上下懷利以相接，遂成風流，不可復制。後之爲治者，宜何術之操？曰：唯名可以勝之。名之所在，上之所庸，而忠信廉潔者顯榮於世；名之所去，上之所擯，而怙侈貪得者廢錮於家。即不無一二矯僞之徒，猶愈於肆然而爲利者。南史〔三〕有云：「漢世士務脩身，故忠孝成俗。至於乘軒服冕，非此莫由。晉宋以來，風衰義缺。」〔四〕故昔人之言，曰名教、曰名節、曰功名，不能使天下之人以義爲利，而猶使之以名爲利。雖非純王之風，亦可以救積洿之俗矣。

〔一〕史記一二九。
〔二〕藝文類聚廿一，全晉文八六。
〔三〕南史七四孝義傳論。
〔四〕其語實本於宋書九一孝義傳論。

舊唐書：薛謙光〔一〕爲左補闕，上疏言：「臣竊窺古之取士，實異於今。先觀名行之源，考其鄉邑之譽，崇禮讓以厲己，顯節義以標信，以敦樸爲先最，以雕蟲爲後科。故人崇勸讓之風，士去輕浮之行。希仕者必脩貞確不拔之操，行難進易退之規。衆議已定其高下，郡將難誣其曲直。故計貢之賢愚，即州將之榮辱，假有穢行之彰露，亦鄉人之厚顏。是以李陵降而隴西慙〔二〕，干木隱而西河美〔三〕。故名勝於利，則小人之道消；利勝於名，則貪暴之風扇〔四〕。自七國之季，雖雜縱横，而漢代求才，猶徵百行。是以禮節之士，敏德自脩，閭里推高，然後爲府寺所辟〔五〕。今之舉人，有乖事實。鄉議決小人之筆，行脩無長者之論，策第喧競於州府，祈恩不勝於拜伏。或明制避武后嫌名，「詔」改爲「制」。纔出，試遣搜敭，驅馳府寺之門，出入王公之第，上啓陳詩，唯希欬唾之澤，摩頂至足，冀荷提攜之恩。故俗號舉人，皆稱覓舉。覓者自求之稱也〔六〕。夫徇己之心切，則至公之理乖；貪仕之性彰，則廉潔之風薄。是知府命雖高，異叔度勤勤之讓〔七〕；黄門已貴，無秦嘉耿耿之辭〔八〕。縱不能挹己推賢，亦不肯待於三命〔九〕。故選司補置，喧然於禮闈；州貢賓王，爭訟於階闥。謗議紛合，漸以成風。夫競榮者必有爭利之心，謙遜者亦無貪賄之累。自非上智，焉能不移？在於中人，理由習俗。若重謹厚之士，則懷祿者必崇德以脩名；若開趨競之門，則徼倖者皆戚施而附會。附會則百姓罹其弊，脩名則兆庶蒙其福。風化之漸，靡不由茲。」〔十〕嗟乎！此言可謂切中今時之弊矣。

〔一〕舊唐書一〇一薛登傳，新唐書一一二。本名謙光，以同皇太子名，賜名登。

〔二〕史記一〇九李將軍傳。
〔三〕史記六七仲尼弟子子夏傳。二句新唐書不改一字。
〔四〕「扇」下删三行。
〔五〕「辟」下删十二行。
〔六〕「稱」下删一行，增「也」字、「夫」字。
〔七〕後漢書八三黄憲傳，藝文類聚卅二有。
〔八〕秦嘉與妻徐淑書，全後漢文六六。
〔九〕「命」字下删二行。
〔十〕薛文止於此。

漢人以名爲治，故人材盛；今人以法爲治，故人材衰。

宋范文正上晏元獻書〔一〕曰：「夫名教不崇，則爲人君者，謂堯、舜不足法〔二〕，桀、紂不足畏；爲人臣者，謂八元不足尚，四凶不足恥。天下豈復有善人乎？人不愛名，則聖人之權去矣。」

〔一〕范仲淹，宋史三一四。晏，晏殊。文正集八上資政晏侍郎書。文鑑未收。

〔二〕「法」，原作「慕」。

今日〔一〕所以變化人心，蕩滌污俗者，莫急於勸學、奬廉二事。天下之士，有能篤信好學，至老不倦，卓然可當方正有道之舉者，官之以翰林國子之秩，而聽其出處，則人皆知向學，而不競於科目矣。庶司之官，有能潔己愛民，以禮告老，而家無儋石之儲者，賜之以五頃十頃之地，以爲子孫世業，而除其租賦，復其丁徭，則人皆知自守而不貪於貨賂矣。豈待菑川再遣，方收牧豕之儒；公孫弘〔二〕。優孟陳言，始録負薪之允；公孫敖〔三〕。而扶風之子，特賜黄金；尹翁歸〔四〕。涿郡之賢，常頒羊酒。韓福〔五〕。遂使名高處士，德表具僚，當時懷稽古之榮，没世仰遺清之澤，不愈於科名爵禄勸人，使之干進而饕利者哉？以名爲治，必自此塗始矣。

〔一〕「今日」以下，亭林語。
〔二〕漢書五八。
〔三〕史記一二六滑稽列傳。「允」原作「胤」。
〔四〕漢書六七尹翁歸傳。
〔五〕漢書七二韓福附龔勝傳。

漢平帝元始中詔曰：「漢興以來，股肱在位，身行儉約，輕財重義，未有若公孫弘者也。位在宰相封侯，而爲布被脱粟之飯，奉禄以給故人賓客，無有所餘，可謂減於制度，應劭曰：「禮貴有常尊，衣服有品。」〔一〕而率下篤俗者也。與内富厚而外爲詭服以釣虚譽者殊科。其賜弘後子孫之次，見爲適者，爵關内侯，食邑三百户。」〔二〕

〔一〕漢書原注。
〔二〕漢書五八公孫弘傳末。

魏志：嘉平六年〔一〕，朝廷追思清節之士，詔賜故司空徐邈、征東將軍胡質、衛尉田豫家穀二千斛、帛三十束〔二〕，布告天下。後魏宣武帝延昌四年詔曰：「故處士李謐，屢辭徵辟，志守沖素，儒隱之操，深可嘉美。可遠傍惠康〔三〕，近準玄晏〔四〕，謚曰貞靜處士，並表其門閭，以旌高節。」〔五〕唐六典：「若藴德丘園，聲實明著，雖無官爵，亦賜謚曰先生。」〔六〕存者賜之以先生之號，殁者則加之以謚。如楊播隱居不仕，至德中賜號玄靖先生是也〔七〕。宋史同。以余所見，崇禎中嘗用巡按御史祁彪佳言，贈舉人歸子慕、朱陛宣爲翰林院待詔。

〔一〕齊王芳。
〔二〕三國志魏志廿七徐邈傳作「錢三十萬」，廿六田豫傳、廿七胡質傳，均云「賜其家錢穀」，足證「帛」字之訛。
〔三〕「惠康」不詳，疑爲「惠連」之訛。柳下惠、少連也。
〔四〕晉皇甫謐。
〔五〕魏書九十逸士李謐傳末。北史卅三同。
〔六〕六典十四太常博士條。
〔七〕新唐書一四五楊炎傳。

唐書〔一〕：「牛僧孺，隋僕射奇章公弘之裔。幼孤，下杜樊鄉有賜田數頃，依以爲生。」則知隋之賜田，至唐二百年，而猶其子孫守之。若金帛之頒，廩禄之惠，則早已化爲塵土矣。國朝正統中，以武進田賜禮部尚書胡濙，其子孫亦至今守之。故竊以爲獎廉之典，莫善於此。

〔一〕舊唐書一七二不載，載新唐書一七四。

廉恥

五代史馮道傳〔一〕論曰：「禮義廉恥，國之四維，四維不張，國乃滅亡。」善乎管生之能言也。禮義治人之大法，廉恥立人之大節。蓋不廉則無所不取，不恥則無所不爲。人而如此，則禍敗亂亡，亦無所不至。況爲大臣，而無所不取，無所不爲，則天下其有不亂，國家其有不亡者乎？」〔二〕然而四者之中，恥尤爲要。故夫子之論士曰：「行己有恥。」〔三〕孟子曰：「人不可以無恥。無恥之恥，無恥矣。」又曰：「恥之於人大矣，爲機變之巧者，無所用恥焉。」〔四〕所以然者，人之不廉而至於悖禮犯義，其原皆生於無恥也。故士大夫之無恥，是謂國恥。吾觀三代以下，世衰道微，棄禮義，捐廉恥，非一朝一夕之故。然而松柏後彫於歲寒，雞鳴不已於風雨，彼昏之日，固未嘗無獨醒之人也。頃讀顏氏家訓有云〔五〕：「齊朝一士夫，嘗謂吾曰：『我有一兒，年已十七，頗曉書疏，教其鮮卑語及彈琵琶，稍欲通解，以此伏事公卿，無不寵愛。』吾時俯而不答。異哉，此人之教子也。若由此業，自致卿相，亦不願汝曹爲之。」嗟乎！之推不得已而仕於亂世，猶爲此言，尚有小宛〔六〕詩人之意。彼閹然媚於世者，能無媿哉？

〔一〕新五代史五四。

〔二〕「然而」下，亭林語。

〔三〕論語子路。

〔四〕孟子盡心上。

〔五〕卷上教子篇第二。

〔六〕詩小雅小旻之什，大夫刺宣王也。

羅仲素〔一〕曰：「教化者朝廷之先務，廉恥者士人之美節，風俗者天下之大事。朝廷有教化，則士人有廉恥；士人有廉恥，則天下有風俗。」〔二〕

〔一〕羅從彦，宋史四二八道學傳，程門。

〔二〕豫章文集十七卷，四庫別集十。所引見卷十雜著一議論要語及蕉窗日記一。

古人治軍之道，未有不本於廉恥者。吳子曰：「凡制國治軍，必教之以禮，勵之以義，使有恥也。」〔一〕夫人有恥，在大足以戰，在小足以守矣。尉繚子言：「國必有慈孝廉恥之俗，則可以死易生。」〔二〕而太公對武王，將有三勝：一曰禮將，二曰力將，三曰止欲將〔三〕。

故禮者，所以班朝治軍，而兔罝之武夫〔四〕，皆本於文王后妃之化，豈有淫芻蕘、竊牛馬而爲暴於百姓者哉！

〔一〕吴子上圖國第一。

〔二〕卷一戰威篇第四。

〔三〕六韜二十三。

〔四〕詩周南。

後漢書：「張奐爲安定屬國都尉。羌豪帥感奐恩德，上馬二十匹，先零酋長又遺金鐻八枚。奐並受之，而召主簿於諸羌前，以酒酹地曰：『使馬如羊，不以入廐；使金如粟，不以入懷。』悉以金馬還之。羌性貪而貴吏清，前有八都尉，率好財貨，爲所患苦。及奐正身潔己，威化大行。」〔一〕嗚呼，自古以來，邊事之敗，有不始於貪求者哉？吾於遼東之事有感。

〔一〕後漢書九五列傳五五。

杜子美詩：「安得廉頗將，三軍同晏眠。」〔一〕一本作「廉恥將」。詩人之意，未必及此，然吾觀唐書〔二〕言：「王佖爲武靈〔三〕節度使。先是吐蕃欲成烏蘭橋，每於河壖先貯材木，皆爲節帥遣人潛載之，委於河流，終莫能成。蕃人知佖貪而無謀，先厚遺之，然後并役成橋，仍築月城守之。自是朔方禦寇不暇，至今爲患。」〔四〕由佖之黷貨也。故貪夫爲帥，而邊城晚開。得此意者，郢書燕説〔五〕，或可以治國乎？見韓非子。

〔一〕遣興詩。

〔二〕舊唐書一三三，新唐書一五四。引舊唐書而不加「舊」字，與前例不一。

〔三〕「武靈」原作「朔方靈鹽」。册府四五五貪黷門作「靈武節度使」。

〔四〕「至今」上原有「邊上」二字。「患」原作「恨」。

〔五〕韓非子十一外儲説左上：「先王有郢書，而後世多燕説。」

流品

晉宋以來，尤重流品，故雖蕞爾一方，而猶能立國。宋書蔡興宗傳〔一〕：「興宗爲征西將軍，開府儀同三司、荊州刺史、常侍如故，被徵還都。時右軍將軍王道隆，任參國〔二〕政，權重一時。躡履到興宗前，不敢就席，良久方去，竟不呼坐。元嘉初，中書舍人狄當詣太子詹事王曇首〔三〕，不敢坐。其後中書舍人王弘爲太祖〔四〕所愛遇。上謂曰：『卿欲作士人，得就王球〔五〕坐，乃當判耳。殷、劉殷景仁、劉湛〔六〕並雜，無所益也。若往詣球，可稱旨就席。』及至，球舉扇曰：『若不得爾。』弘還，依事啓聞。帝曰：『我便無如此何。』五十年中，有此三事。」〔七〕張敷傳〔八〕：「遷江夏王義恭撫軍記室參軍。時義恭就文帝求一學義沙門，會敷赴假還江陵入辭，文帝令以後艑載沙門。敷不奉詔曰：『臣性不耐雜。』遷正員郎。中書舍人狄當、周赳並管要務，以敷同省名家，欲詣之。赳曰：『彼若不相容，便不如不往。』當曰：『吾等並已員外郎矣，何憂不得其坐。』敷先設二牀，去壁三四尺，二客就席，酬接甚歡。既而呼左右曰：『移吾牀遠客。』赳等失色而去。」〔九〕世説〔十〕：「紀僧真得幸於齊世祖，嘗請曰：『臣出自本縣武吏，遭逢聖時，階榮至此，無所須，惟就陛下乞作士大夫。』上曰：『此由江斅、謝瀹，我不得措意，可自詣之。』僧真承旨詣斅，登榻坐定，斅顧命左右曰：『移吾牀遠客。』僧真喪氣而退，以告世祖，世祖曰：『士大夫故非天子所命。』」梁書羊侃傳：「有宦者張僧胤候侃，侃竟不前之，曰：『我牀非閹人所坐。』」〔十一〕自萬曆季年搢紳之士不知以禮飭躬，而聲氣及於宵人。如汪文言一人，爲東林諸公大玷。詩字頒於輿皂，至於公卿上壽，宰執稱兒，而神州陸沈，中原塗炭〔十二〕，夫有以致之矣。

〔一〕宋書五七、南史二九均載，此引宋書。

〔二〕宋書作「内」，南史作「國」。此則採宋而參南也。

〔三〕曇首，宋書六三，南史廿二。

〔四〕「太祖」，南史作「文帝」。

〔五〕王球，宋書五八，南史二三。

〔六〕注，顧所加。

〔七〕引宋書至「有此三事」句止，南史無末二句。「五十年中」二句，易誤認爲亭林語。

〔八〕宋書六二，南史三二。

〔九〕此稱「文帝」，似引南史。然「後鯿」南史作「後車」，則實兼採宋、南二史也。又下文「酬接甚歡」句，南史删，知此所引實宋書。「其作」原作「共作」，潘本不誤。

〔十〕「世説」二字誤，此引南史三六江斅傳，但「世祖」原作「武帝」。齊書江斅傳不載。

〔十一〕梁書三九、南史六三。

〔十二〕「塗炭」原作「左衽」。

重厚

世道下衰，人材不振，王伾之吳語〔一〕，鄭綮之歇後〔二〕，薛昭緯之浣溪沙〔三〕，李邦彦之俚語辭曲〔四〕，莫不登諸巖廊，用爲輔弼。至使在下之人，慕其風流，以爲通脱，而棟折榱崩〔五〕，天下將無所芘矣。及乎板蕩之後，而念老成，大雅蕩〔六〕。播遷之餘，而思耆俊，文侯之命。庸有及乎？有國者，登崇重厚之臣，抑退輕浮之士，此移風易俗之大要也。

〔一〕伾，舊唐書一三五王叔文傳作「吳語」，新唐書一六八作「楚語」。

〔二〕綮，舊唐書一七九、新唐書一八三。時號「鄭五歇後體」。

〔三〕薛，舊唐書一三五、新唐書一六二不載，此事見北夢瑣言四、花間集四。

〔四〕李邦彦，宋史三五二。徽宗相，人稱「浪子宰相」。

〔五〕左傳襄卅一年。

〔六〕此注，而前文王伾等不注，何也？

侯景數梁武帝十失，謂「皇太子吐言止於輕薄，賦詠不出桑中」〔一〕。張説論閻朝隱之文，「如麗服靚妝，燕歌趙舞，觀者忘疲，若類之風雅，則罪人矣」〔二〕。今之詞人，率同此病，淫辭豔曲，傳布國門，有如北齊陽俊之所作六言歌辭〔三〕，名爲陽五伴侣，寫而賣之，在市不絶者。誘惑後生，傷敗風化，宜與非聖之書同類而焚，庶可以正人心術。

〔一〕通鑑一六二太清三年二月，但不在「十失」中。梁書五六十失疏中無此二語。

〔二〕大唐新語八文章篇。張説，舊、新唐書傳均不載。閻，舊、新唐書傳均不載。

〔三〕北史四七陽休之傳。

何晏之粉白不去手，行步顧影〔一〕；鄧颺之行步舒縱，坐立傾倚〔二〕；謝靈運之每出入自扶接者常數人〔三〕，後皆誅死；而魏文帝體貌不重，風尚通脱，是以享國不永，後祚短促。史皆附之五行志〔四〕，以爲貌之不恭。昔子貢於禮容俯仰之間，而知兩君〔五〕之疾與亂，夫有所受之矣〔六〕。子曰：「君子不重則不威，學則不固。」揚子法言曰：「言輕則招憂，行輕則招辜，貌輕則招辱，好輕則招淫。」〔七〕

〔一〕世説容止篇注引魏略。三國志魏書九注引魏略。

〔二〕鄧颺，魏書九不載。鄧事並見魏書廿九管輅傳注第十五段。

〔三〕宋書、南史均不載。

〔四〕鄧、謝、魏文帝，皆見宋書三十五行志。晉書廿七五行志只有鄧颺條。

〔五〕兩君，謂邾隱公、魯定公。

〔六〕左傳定十五年。

〔七〕卷三修身。

四明薛岡謂「士大夫子弟，不宜使讀世説。未得其雋永，先習其簡傲」〔一〕。推是言之，可謂善教矣。防其乃逸乃諺之萌〔二〕，而引之有物有恒之域〔三〕，此以正養蒙之道也〔四〕。南齊陳顯達語其諸子曰：「麈尾蠅拂，是王、謝家物，汝不須捉此。」即取於前燒除之〔五〕。

〔一〕續説郛天爵堂筆餘。

〔二〕尚書無逸。

〔三〕易家人。

〔四〕易蒙。

〔五〕南齊書二六無「燒除之」之句，此是引南史四五。

耿介

讀屈子離騷之篇，乃知堯、舜所以行出乎人者，以其耿介。同乎流俗，合乎汙世，則不可與入堯、舜之道矣。「非禮勿視，非禮勿聽，非禮勿言，非禮勿動」〔一〕，是則謂之耿介，反是謂之昌披〔二〕。夫道若大路然，堯、桀之分，必在乎此。

〔一〕論語顔淵。
〔二〕「耿介」、「昌披」，均見離騷。

鄉原

老氏之學，所以異乎孔子者，和其光，同其塵，此所謂似是而非也。卜居、漁父二篇〔一〕盡之矣。非不知其言之可從也，而義有所不當爲也。子雲而知此義也，反離騷其可不作矣。尋其大指，生斯世也，爲斯世也，善斯可矣。此其所以爲莽大夫與？

〔一〕卜居、漁父皆屈原作。

卜居、漁父，法語之言也；離騷、九歌〔一〕，放言也〔二〕。

〔一〕九歌見文選卅二及卅三。
〔二〕「法語」、「放言」，皆見論語。

儉約

國奢示之以儉〔一〕，君子之行，宰相之事也。漢汝南許劭爲郡功曹，同郡袁紹，公族豪俠，去濮陽令歸，車徒甚盛。入郡界，乃謝曰：吾輿服，豈可使許子將見之。遂以單車歸家〔二〕。晉蔡充好學，有雅尚，體貌尊嚴，爲人所憚。高平劉整，車服奢麗，嘗語人曰：「紗穀吾服其常耳。遇蔡子尼在坐，而經日不自安。」〔三〕北齊李德林父亡，時正嚴冬，單衰徒跣，自駕靈輿，反葬博陵。崔諶休假還鄉，將赴弔，從者數十騎，稍稍減留。比至德林門，纔餘五騎，云：「不得令李生怪人熏灼。」〔四〕李僧伽〔五〕脩整篤業，不應辟命。尚書袁叔德〔六〕來候僧伽，先減僕從，然後入門，曰：「見此賢，令吾羞對軒冕。」夫惟君子之能以身率物者如此，是以居官而化一邦，在朝廷而化天下。魏武帝時，毛玠爲東曹掾，典選舉，以儉率人，天下之士莫不以廉節自勵，雖貴寵之臣，輿服不敢過度〔七〕。唐大曆末，元載伏誅，拜楊綰爲相。綰質性貞廉，車服儉樸，居廟堂，未數日〔八〕，人心自化。御史中丞崔寬，劍南西川節度使寧之弟，家富於財。有別墅在皇城之南，池館臺榭，當時第一，寬即日潛遣毁撤。中書令郭子儀在邠州行營，聞綰拜相，坐中音樂，減散五分之四。京兆尹黎幹，每出入，騶從百餘，亦即日減損，惟留十騎而已〔九〕。李師古跋扈，憚杜黄裳爲相，命一幹吏寄錢數千緡，氈車子一乘。使者到門未敢送，伺候累日，有緑輿自宅出，從婢二人，青衣襤縷，言是相公夫人。使者遽歸告師古，師古折其謀，終身不敢改節〔十〕。此則禁鄭人之泰侈〔十一〕，奚必於三年，變雒邑之矜誇〔十二〕，無煩乎三紀。脩之身，行之家，示之鄉黨而已，道豈遠乎哉！

〔一〕禮記檀弓下。
〔二〕後漢書九八許劭傳。
〔三〕晉書七七蔡謨傳，父克，「充」作「克」。此引世説輕詆篇注引充别傳。御覽八一六引同。
〔四〕隋書四二，北史七二，此引隋書。
〔五〕前三人均冠朝代，此獨不，承上「北齊」也。僧伽見北史序傳。
〔六〕叔德名聿脩，北齊書四二、北史四七。
〔七〕三國志十二毛玠傳。
〔八〕「日」原作「月」。
〔九〕舊唐書一一九、新唐書一四二，此引舊書楊綰傳。
〔十〕新、舊唐書李師古、杜黄裳二傳皆不載此事。見幽閒鼓吹，學海類編本。
〔十一〕左傳襄卅年。
〔十二〕尚書畢命。

大臣

記曰：「大臣法，小臣廉，官職相序，君臣相正，國之肥也。」〔一〕故欲正君而序百官，必自大臣始。然而王陽黄金之論，時人既怪其奢〔二〕；公孫布被之名，直士復譏其詐〔三〕，則所以考其生平而定其實行者，惟觀之於終，斯得之矣。季文子卒，大夫入斂，公在位。宰庀家器爲葬備，無衣帛之妾，無食粟之馬，無藏金玉，無重器備，君子是以知季文子之忠於公室也。相三君矣，而無私積，可不謂忠乎〔四〕？諸葛亮自表後主曰：「成都有桑八百株，薄田十五頃，子孫衣食，悉仰於家，自有餘饒。至於臣在外任，無别調度，隨身衣食，悉仰於官，不别治生，以長尺寸。若臣死之日，不使内有餘帛，外有贏財，以負陛下。」及卒，如其所言〔五〕。夫廉不過人臣之一節，而左氏稱之爲忠，孔明以爲無負者，誠以人臣之欺君誤國，必自其貪於貨賂也。夫居尊席腆，潤屋華身，亦人之常分爾，豈知高后降之弗祥〔六〕，民人生其怨詛，其究也，乃與國而同敗邪？誠知夫大臣家事之豐約，關於政化之隆污，則可以審擇相之方，而亦得富民之道矣。

〔一〕禮記禮運。
〔二〕王吉，字子陽，漢書七二。
〔三〕公孫弘，史記一一二，漢書五八。
〔四〕左傳襄五年。

〔五〕三國志蜀志五諸葛亮傳末。

〔六〕尚書盤庚中。

杜黄裳元和之名相，而以富厚蒙譏〔一〕；盧懷慎開元之庸臣，而以清貧見獎〔二〕。是故貧則觀其所不取，此卜相之要言。

〔一〕舊唐書一四七、新唐書一六九。

〔二〕舊唐書九八、新唐書一二六。

除貪

漢時贓罪被劾，或死獄中，或道自殺。唐時贓吏多於朝堂決殺，其特宥者乃長流嶺南。睿宗太極元年四月制：官典主司枉法，贓一匹已上，並先決一百〔一〕。而改元及南郊赦文每曰：「大辟罪已下，已發覺未發覺，已結正未結正，繫囚見徒，罪無輕重，咸赦除之。官典犯贓，不在此限。」然猶有左降遐方，謫官蠻徼者。而盧懷慎重以爲言，謂「屈法惠姦，非正本塞源之術。」〔二〕是知亂政同位，商后作其丕刑〔三〕；貪以敗官，夏書訓之必殺〔四〕。三代之王，罔不由此道者矣。

〔一〕舊唐書七睿宗紀。
〔二〕舊唐書九八懷慎傳。
〔三〕尚書盤庚中。
〔四〕尚書胤征。

宋初，郡縣吏承五季之習，黷貨厲民，故尤嚴貪墨之罪。開寶三年，董元吉守英州，受贓七十餘萬，帝以嶺表初平，欲懲掊克之吏，特詔棄市〔一〕。而南郊大赦，十惡故劫殺〔二〕，及官吏受贓者不原。史言：「宋法有可以得循吏者三，而不赦犯贓其一也。」〔三〕天聖以後，士大夫皆知飾簠簋而厲廉隅，蓋上有以勸之矣。石林燕語：「熙寧中，蘇子容判審刑院，知金州張仲宣坐枉法贓，論當死。故事，命官以贓論死，皆貸命杖脊，黥配海島。子容言：『古者刑不上大夫，可殺則殺。仲宣五品官，今杖而黥之，得無辱多士乎？』乃詔免黥杖，止流嶺外。自是遂爲例。」〔四〕然懲貪之法，亦漸以寬矣。于文定慎行謂「本朝姑息之政，甚於宋世。敗軍之將，可以不死；贓吏巨萬，僅得罷官。而小小刑名，反有凝脂之密，是輕重胥失之矣」〔五〕。蓋自永樂時，贓吏謫令戍邊；宣德中，改爲運輒納米贖罪，浸至於寬，而不復究前朝之法也。宣德中，都御史劉觀，坐受贓數千金論斬。上曰：「刑不上大夫。觀雖不善，朕終不忍加刑。」命遣戍遼東。正統初，遂多特旨曲宥。嗚呼！法不立，誅不必，而欲爲吏者之毋貪，不可得也。人主既委其太阿之柄，而其所謂大臣者，皆刀筆筐篋之徒，毛舉細故，以當天下之務，吏治何由而善哉？

〔一〕宋史二〇〇刑法志。
〔二〕故，有意也。
〔三〕宋史四二六循吏傳序。
〔四〕石林燕語六。
〔五〕穀山筆麈三國體。

北夢瑣言：「後唐明宗，尤惡墨吏。鄧州留後陶玘，爲内鄉令成歸仁所論，稅外科配，貶嵐州司馬。掌書記王惟吉奪歷任告敕，長流綏州。亳州刺史李鄴，以贓穢賜自盡。汴州倉吏犯贓，内有史彥珣舊將之子，又是駙馬石敬瑭親戚，王建立奏之，希免死。上曰：『王法無私，豈可徇親。』」〔一〕「供奉官丁延徽，巧事權貴，監倉犯贓，侍衛使張從貴方便救之。上曰：『食我厚祿，盜我倉儲，蘇秦復生，說我不得。』並戮之。」〔二〕以是在五代中號爲小康之世。

〔一〕以上見北夢瑣言卷十八。

〔二〕丁延徽事見卷十九。

册府元龜載：天成四年十二月，蔡州西平縣令李商，爲百姓告陳不公，大理寺斷止贖銅。敕旨：「李商招愆，俱在案款，大理定罪，備引格條。然亦事有所未圖，理有所未盡。古之立法，意在惜人。況自列聖相承，溥天無事，人皆知禁，刑遂從輕。喪亂以來，廉恥者少。朕一臨寰海，四换星灰，常宣無外之風，每革從前之弊，惟期不濫，皆守無私。李商不務養民，專謀潤己。初聞告不公之事件，決彼狀頭，又爲奪有主之莊田，撻其本户。國家給州縣篆印，衹爲行遣公文，而乃將印曆下鄉，從人户取物。據兹行事，何以當官？宜奪歷任官，杖殺。」〔一〕讀此敕文，明宗可謂得輕重之權者矣。

〔一〕册府元龜一五四明罰門，後唐明宗。

金史〔一〕：「大定十二年，咸平尹石抹阿没刺以贓死於獄。上謂其不尸諸市，已爲厚幸。貧窮而爲盜賊，蓋不得已；三品職官，以贓至死，愚亦甚矣。其諸子皆可除名。」夫以贓吏而錮及其子，似非惡惡止其身之義。然貪人敗類，其子必無廉清〔二〕，則世宗之詔，亦未爲過。漢書言：「李固、杜喬，朋心合力，致主文宣。」〔三〕而孝桓即位之詔有曰：「贓吏子孫，不得詳舉。」〔四〕豈非漢人已行之事乎？

〔一〕金史四五刑法志。
〔二〕超案：援庵在此句後打一問號。
〔三〕後漢書九三李杜傳贊。
〔四〕後漢書七桓帝紀。

元史：「至元十九年九月壬戌，敕中外官吏贓罪，輕者決杖，重者處死。」〔一〕

〔一〕元史十二世祖紀。

有庸吏之貪，有才吏之貪。唐書牛僧孺傳：「穆宗初，爲御史中丞。宿州刺史李直臣，坐贜當死，中貴人爲之申理。帝曰：『直臣有才，朕欲貸而用之。』僧孺曰：『彼不才者，持禄取容耳。天子制法，所以束縛有才者。安禄山、朱泚以才過人，故亂天下。』帝是其言，乃止。」〔一〕今之貪縱者，大抵皆才吏也，苟使之惕於法，而以正用其才，未必非治世之能臣也。

〔一〕新唐書一七四、舊唐書一七二。

後漢書稱：「袁安爲河南尹，政號嚴明，然未嘗以贜罪鞫人。」〔一〕此近日爲寬厚之論者所持以爲口實。乃余所見，數十年來，姑息之政，至於綱解紐弛，皆此言貽之敝矣。嗟乎！范文正有言：「一家哭，何如一路哭邪？」〔二〕

〔一〕後漢書七五列傳三五。
〔二〕范語出五朝名臣言行録七之二。

朱子謂：「近世流俗，惑於陰德之論，多以縱舍有罪爲仁。」〔一〕此猶人主之以行赦爲仁也。孫叔敖斷兩頭蛇，而位至楚相，亦豈非陰德之報邪？

〔一〕朱文公集四五答廖子晦。「仁」原作「能」。

唐柳氏家法：「居官不奏祥瑞，不度僧道，不貸贓吏法。」〔一〕此今日士大夫居官者之法也。宋包拯戒子孫：「有犯贓者，不得歸本家，死不得葬大塋。」〔二〕此今日士大夫教子孫者之法也。

〔一〕舊唐書一六五柳公綽傳，「言家法者，世稱柳氏云」。
〔二〕宋史三一六。

貴廉

漢元帝時，貢禹上言：「孝文皇帝時，貴廉潔，賤貪污，賈人、贅婿及吏坐贓者，皆禁錮不得爲吏。賞善罰惡，不阿親戚。罪白者伏其誅，疑者以與民，師古曰：罪疑惟輕也。亡贖罪之法。亡，無同〔一〕。故令行禁止，海内大化，天下斷獄四百，與刑錯亡異。武帝始臨天下，尊賢用士，闢地廣境數千里。自見功大威行，遂從耆欲。用度不足，乃行一切之變，使犯法者贖罪，入穀者補吏，是以天下奢侈，官亂民貧，盜賊並起，亡命者衆。郡國恐伏其誅，則擇便巧史書。習於計簿，能欺上府者，以爲右職。師古曰：上府謂所屬之府。右職，高職也。姦軌不勝，則取勇猛能操切百姓者，以苛暴威服下者，使居大位。故亡義而有財者顯於世，欺謾而善書者尊於朝，誖逆而勇猛者貴於官。故俗皆曰：何以孝弟爲，財多而光榮。何以禮義爲，史書而仕宦。何以謹慎爲，勇猛而臨官。故黥劓而髡鉗者，猶復攘臂爲政於世。行雖犬彘，家富勢足，目指氣使，是爲賢耳。師古曰：動目以指物，出氣以使人。故謂居官而置富者爲雄傑，處姦而得利者爲壯士。兄勸其弟，父勉其子，俗之敗壞，乃至於是。察其所以然者，皆以犯法得贖罪，求士不得真賢，相、守崇財利，師古曰：相，諸侯相也；守，郡守也。誅不行之所致也。今欲興至治，致太平，宜除贖罪之法，相、守選舉不以實，及有贓者，輒行其誅，亡但免官，則爭盡力爲善。貴孝弟，賤賈人，進真賢，舉實廉，而天下治矣。」〔二〕嗚呼！今日之變，有甚於此。自神宗以來，黷貨之風，日甚一日，國維不張，而人心大壞，數十年於此矣。書曰：「不肩好貨，敢恭生生，鞠人謀人之保居，敘欽。」〔三〕必如是而後可以立太平之本。

〔一〕此注是顧加。

〔二〕漢書七二貢禹傳。貢禹疏止。

〔三〕尚書盤庚下。

「禹又欲令近臣，自諸曹侍中以上，家亡得私販賣，與民爭利。犯者輒免官削爵，不得仕宦。」〔一〕此議今亦可行〔二〕。自萬曆以後，天下水利碾磑，場渡市集，無不屬之豪紳，相沿以爲常事矣。

〔一〕漢書七二貢禹傳。

〔二〕可以取法於古，即可以取法於外國。

禁錮姦臣子孫

唐太宗詔禁錮宇文化及、司馬德戡、裴虔通等子孫，不令齒叙〔一〕。貞觀七年正月戊子詔文，見舊唐書。武后令楊素子孫不得任京官及侍衛〔二〕。新唐書。至德中，兩京平，大赦，惟祿山支黨及李林甫、楊國忠、王鉷子孫不原〔三〕。新唐書。宋高宗即位，詔蔡京、童貫、王黼、朱勔、李彥、梁師成、譚稹皆誤國害民之人，子孫更不收敘。清波雜志〔四〕。而章惇子孫，亦不得仕於朝。宋史章惇傳〔五〕。明〔六〕太祖有天下，詔宋末蒲壽庚、黄萬石子孫不得仕宦。饕餮之象周鼎，檮杌之名楚書，古人蓋有之矣。竊謂宜令按察司各擇其地之奸臣一二人，王法之所未加，或加而未盡者，刻其名於獄門之石，以爲世戒，而禁其後人之入仕。九刑不忘，百世難改，亦先王樹之風聲之意乎〔七〕！

〔一〕舊唐書三太宗紀。
〔二〕新唐書一〇六楊元禧傳。
〔三〕新唐書二二三上姦臣李林甫傳。
〔四〕清波雜志卷二蔡童罪惡條。
〔五〕宋史四七一。
〔六〕「明」原作「我」。
〔七〕懲惡何如勸善？

舊唐書太宗紀〔一〕：貞觀二年六月辛卯，詔曰：「天地定位，君臣之義以彰；卑高既陳，人倫之道斯著。是用篤厚風俗，化成天下。雖復時經治亂，主或昏明，疾風勁草，芬芳無絶，剖心焚體，赴蹈如歸。夫豈不愛七尺之軀，重百年之命？諒由君臣義重，名教所先，故能明大節於當時，立清風於身後。至如趙高之殞二世，董卓之鴆弘農，人神所疾，異代同憤。況凡庸小豎，有懷凶悖，遐觀典策，罔不誅夷。辰州刺史長蛇縣男裴虔通，昔在隋代，委質晉藩，煬帝以舊邸之情，特相愛幸。遂乃忘蔑君親，潛圖弑逆，密伺間隙，招結群醜，長戟流矢，一朝竊發，天下之惡，孰云可忍？宜其夷宗焚首，以彰大戮。但年代異時，累逢赦令，可特免極刑，投之四裔，除名削爵，遷配驩州。」虔通歸國，授滁州總管，每自言：「身除隋室，以啓大唐。」有觖望之色。及得罪，怨憤，歲餘而死。唐書太宗紀，貞觀二年七月戊申，萊州刺史牛方裕，絳州刺史薛世良，廣州長史唐奉義，虎牙郎將高元禮，以宇文化及之黨，皆除名徙於邊〔二〕。

〔一〕舊唐書二。

〔二〕此用新唐書二太宗紀。舊唐書二較此爲詳。

册府元龜：「權萬紀爲治書侍御史，貞觀四年正月奏：宇文智及，受隋厚恩，而蔑棄君親，首爲弑逆，人臣之所同疾，萬代之所不原。今其子乃任千牛，侍衛左右，請從屏黜，以爲懲戒。制可。」〔一〕大唐新語：楊昉爲左丞時，宇文化及子孫理資蔭。朝廷以事隔兩朝，且其家親族亦衆，下所司理之。昉判曰：父弑隋主，子訴隋資，生者猶配遠方，死者無宜更叙。時人深賞之〔二〕。

〔一〕册府元龜五二〇彈劾門。
〔二〕大唐新語十一懲戒門。

楊元禧傳載武后制曰：「隋尚書令楊素，昔在本朝，早荷殊遇。禀凶邪之德，懷諂佞之才，惑亂君上，離間骨肉。摇動冢嫡，寧惟掘蠱之禍；誘扇後主，卒成請蹯之釁。生爲不忠之人，死爲不義之鬼。身雖幸免，子竟族誅。斯則姦逆之謀，是其庭訓，險薄之行，遂成門風。刑戮雖加，枝胤仍在，豈可復肩隨近侍，齒迹朝行。朕接統百王，恭臨四海，上嘉賢佐，下惡賊臣。常欲從容於萬機之餘，褒貶於千載之外，況年代未遠，耳目所存者乎？其楊素及兄弟子孫，並不得令任京官及侍衛。」〔一〕史言：「元禧忤張易之，密奏左貶。」〔二〕然此制自是當時公論。

〔一〕舊唐書七七楊元禧傳。
〔二〕新唐書一〇六楊元禧傳。

宋末，蒲壽庚叛逆之事，皆出於其兄壽宬之畫。是時壽宬佯著黃冠野服，歸隱山中，自稱處士，以示不臣二姓。而密爲壽庚作降表，令人自水門潛出，送款於唆都。其後壽庚以功授平章，富貴冠一時，而壽宬亦居甲第。有投詩者云：「劍戟紛紜扶主日，山林寂寞閉門時。水聲禽語皆時事，莫道山翁總不知。」泉州府志。嗚呼！今之身爲戎首，而外託高名者，亦未嘗無其人也。或欲蓋而彌章，則無逃於三叛之筆矣〔一〕。

〔一〕杜預左傳序書三叛人名，並見左傳昭卅一年。

家事

孔子曰：「居家理，故治可移於官。」〔一〕「子木問范武子之德於趙孟，對曰：『夫子之家事治，言於晉國無隱情，其祝史陳信於鬼神無媿辭。』子木歸以語王。王曰：『宜其光輔五君，以爲盟主也。』」〔二〕夫以一人家事之理，而致晉國之霸，士大夫之居家，豈細行乎？

〔一〕孝經廣揚名章。

〔二〕左傳襄廿七年。

史記之載宣曲任氏曰：「富人爭奢侈，而任氏折節爲儉，力田畜。田畜，人爭取賤賈，任氏獨取貴善，富者數世。然任公家約，非田畜所出，弗衣食，公事不畢，則身不得飲酒食肉，以此爲閭里率。故富而主上重之。」〔一〕漢書載張安世曰：「安世尊爲公侯，食邑萬户，然身衣弋綈，夫人自紡績。家童七百人，皆有手技作事。内治産業，累積纖微，是以能殖其貨，富於大將軍光。」〔二〕後漢書載樊弘父重曰：「世善農稼，好貨殖，性温厚，有法度，三世共財，子孫朝夕禮敬，常若公家。其營理産業，物無所棄，課役童隸，各得其宜，故能上下戮力，財利歲倍。」〔三〕今之士大夫知此者鮮，故富貴不三四傳而衰替也。

〔一〕史記一二九貨殖列傳。
〔二〕漢書五九張安世傳。
〔三〕後漢書六二樊弘傳。

「兩家奴爭道，霍氏奴入御史府，欲躝大夫門」〔一〕，此霍氏之所以亡也。「奴從賓客，漿酒藿肉」〔二〕，此董賢之所以敗也。然則今日之官評，其先考之僮約〔三〕乎？

〔一〕漢書六八霍光傳。
〔二〕漢書九三佞幸傳。
〔三〕王褒僮約，見藝文類聚卅五，初學記十九，御覽五九八、又九九六，古文苑，全漢文四二。

以正色立朝之孔父，而豔妻行路，禍及其君〔一〕。以小心謹慎之霍光，而陰妻邪謀，至於滅族〔二〕。夫綱之能立者鮮矣。

〔一〕左傳桓二年、三年。
〔二〕漢書六八霍光傳。

戎王聽女樂而牛馬半死。楚鐵劍利而倡優拙，秦王畏之〔一〕。成帝寵黄門名倡丙彊、景武之屬，而漢業以衰。玄宗造霓裳羽衣之曲，而唐室遂亂。今日士大夫纔任一官，即以教戲唱曲爲事，官方民隱，置之不講，國安得不亡？身安得無敗？

〔一〕史記七九范雎傳。

奴僕

顔氏家訓：「鄴下有一領軍，貪積已甚，家僮八百，誓滿一千。」〔一〕唐李義府多取人奴婢，及敗，各散歸其家。時人爲露布云：「混奴婢而亂放，各識家而競入。」〔二〕潘岳西征賦曰：「混雞犬而亂放，各識家而競入」〔三〕。太祖數涼國公藍玉之罪，亦曰：「家奴至於數百。」今日江南士大夫多有此風，一登仕籍，此輩競來門下，謂之投靠，多者亦至千人。而其用事之人，則主人之起居食息，以至於出處語默，無一不受其節制，有甘於毁名喪節而不顧者。奴者主之，主者奴之。嗟乎！此六逆〔四〕之所由來矣。

〔一〕顔氏家訓卷上治家篇五，作「誓滿千人」。
〔二〕舊唐書八二李義府傳。
〔三〕文選十。
〔四〕左傳隱三年：賤妨貴，少陵長，遠間親，新間舊，小加大，淫破義，所謂六逆也。

漢書霍光傳〔一〕：「任宣言：大將軍時，百官已下，但事馮子都、王子方等。皆老奴。」〔二〕又曰：「初光愛幸監奴馮子都，常與計事，師古曰：監奴，奴之監，知家務者也。及顯光妻寡居，與子都亂。」夫以出入殿門，進止不失尺寸之人，而溺情女子小人，遂至於此。今時士大夫之僕，多有以色而升，以妻而寵。夫上有漁色之主，則下必有烝弑之臣。「清斯濯纓，濁斯濯足」〔三〕，自取之也。是以欲清閨門，必自簡童僕始。

〔一〕漢書六八。

〔二〕原注作「皆光奴」，潘本已誤。

〔三〕孟子離婁上。

嚴分宜之僕永年，號曰鶴坡；張江陵之僕游守禮，號曰楚濱。古詩：昔有霍家奴，姓馮名子都〔一〕。而晉灼引漢語，以爲馮殷，則子都亦字也〔二〕。不但招權納賄，而朝中多贈之詩文，儼然與搢紳爲賓主。名號之輕，文章之辱，至斯而甚。異日媚閹建祠，非此爲之嚆矢乎？

〔一〕詩紀漢四。

〔一一〕晉灼注，見漢書六八霍光傳。

人奴之多，吳中爲甚。史言：「呂不韋家僮萬人，嫪毐家僮數千人。」〔一〕今吳中仕宦之家，有至一二千人者。其專恣暴横，亦惟吳中爲甚。有王者起，當悉免爲良，而徙之以實遠方空虛之地。士大夫之家，所用僕役，並令出貲雇募，如江北之例。鄭康成周禮司厲〔二〕注曰：「今之奴婢，古之罪人也。」風俗通言：「古制本無奴婢，奴婢皆是犯事者。」〔三〕今吳中亦諱其名，謂之家人。則豪横一清，而四鄉之民得以安枕。其爲士大夫者，亦不受制於人，可以勉而爲善。訟簡風淳，其必自此始矣。

〔一〕史記八五呂不韋傳。

〔二〕秋官。

〔三〕風俗通佚文二，見意林四。

閹人

顔氏家訓：「昔者周公一沐三握髮，一飯三吐哺，以接白屋之士，一日所見，七十餘人。

門不停賓，古所貴也。失教之家，閽寺無禮，或以主君寢食，嗔怒，拒客未通，江南深以爲恥。黄門侍郎裴之禮，號善待士，有如此輩，對賓杖之。其門生僮僕，接於他人，折旋俯仰，辭色應對，莫不肅敬，與主無別也。」〔一〕史記：「鄭當時誡門下：客至，無貴賤無留門者。」〔二〕後漢書：「皇甫嵩折節下士，門無留客。」〔三〕而大戴禮武王之門銘曰：「敬遇賓客，貴賤無二。」則古已言之矣。觀夫後漢趙壹之於皇甫規，高彪之於馬融〔四〕，一謁不面，終身不見。爲士大夫者，可不戒哉！

〔一〕顔氏家訓卷上風操篇六。
〔二〕史記一二〇鄭當時傳。
〔三〕後漢書一〇一皇甫嵩傳。
〔四〕趙壹、高彪，均見後漢書百十下文苑傳。

後漢書梁冀傳：「冀、壽共乘輦車，游觀第内，鳴鐘吹管，或連繼日夜。客到門不得通，皆請謝門者，門者累千金。」〔一〕今日所謂門包，殆昉於此。

〔一〕後漢書六四。

田宅

舊唐書：「張嘉貞在定州，所親有勸立田業者。嘉貞曰：『吾忝歷官榮，曾任國相，未死之際，豈憂飢餒。若負譴責，雖富田莊何用？比見朝士，廣占良田，及身殁後，皆爲無賴子弟作酒色之資，甚無謂也。』聞者歎服。」〔一〕此可謂得二疏〔二〕之遺意者。若夫世變日新，人情彌險，有以富厚之名，而反使其後人無立錐之地者，亦不可不慮也。書又言：「馬燧貲貨甲天下，既卒，子暢承舊業，屢爲豪幸邀取。貞元末，中尉曹志廉諷暢令獻田園第宅，順宗復賜暢。中貴人逼取，仍指使施於佛寺，暢不敢悋。晚年財産並盡，身殁之後，諸子無室可居，以至凍餒。今奉誠園亭館，即暢舊第也。」〔三〕白樂天詩：「不見馬家宅，今作奉誠園。」〔四〕元微之詩：「蕭相深誠奉至尊，舊居求作奉誠園。秋來古巷無人埽，樹滿空牆閉戟門。」〔五〕通鑑作「奉成園」，又以爲馬璘之第，並誤。按馬璘傳〔六〕：「天寶中，貴戚勳家，已務奢靡，而垣屋猶存制度。然衛公李靖家廟，已爲嬖臣楊氏馬厩矣。及安史之亂，法度墮弛，内臣戎帥，競務奢豪，亭館第舍，力窮乃止。璘之第，經始中堂，費錢二十萬貫。德宗踐阼，條舉格令，第舍不得踰制，仍詔毁璘中堂，及内官劉忠翼之第，璘之家園，進屬宮司。自後公卿賜宴，多於璘之山池。子弟無行，家財尋盡。」册府元龜：「貞元十八年二月朔，賜群臣會宴於延康里故馬璘池亭。」〔七〕自後每逢令節皆然。則二馬身後事略同。然謂之故馬璘池亭，而不曰奉誠園也。雍録：奉誠園在安邑坊，本馬燧宅，燧子暢獻之。「王鍔家財富於公藏，及薨，有二奴告其子稷，改父遺表，匿所獻家財。憲宗欲遣中使詣東都簡括，以裴度諫而止。稷後爲德州刺史，廣齎金寶僕妾以行。節度使李全略利其貨而圖之，教本州軍作亂，殺稷，納其室女，以伎媵處之。」〔八〕吾見今之大家，以酒色費者居其一，以爭鬩破者居其一，意外之侮奪又居其一，而三桓之子孫微矣。

〔一〕舊唐書九九張嘉貞傳。
〔二〕二疏，漢書七一。
〔三〕舊唐書一三四馬燧傳。
〔四〕白長慶集二傷宅。
〔五〕元長慶集十六奉誠園。
〔六〕舊唐書一五二馬璘傳。
〔七〕册府元龜一一〇宴享門。
〔八〕舊唐書一五一王鍔傳。

三反

今日人情有三反，曰：彌謙彌僞，彌親彌汎，彌奢彌吝。

召殺

巧召殺，忮召殺，吝召殺。

南北風化之失

江南之士，輕薄奢淫，梁、陳諸帝之遺風也。河北之人，鬬很劫殺，安、史諸凶之餘化也。

南北學者之病

「飽食終日，無所用心，難矣哉！」〔一〕今日北方之學者是也。「群居終日，言不及義，好行小慧，難矣哉！」〔二〕今日南方之學者是也。

〔一〕論語陽貨。
〔二〕論語衛靈公。

范文正公

史言：范文正公「先天下之憂而憂，後天下之樂而樂」〔一〕。而文正自作鄠郊友人王君墓表云：「今茲方面，賓客滿坐，鐘鼓在庭，白髮憂邊，對酒鮮樂，豈如圭峰月下，倚高松，聽長笛，欣然忘天下之際乎。」〔二〕馬文淵〔三〕少有大志，及至晚年，猶思建功邊陲。而浪泊西里，見飛鳶跕跕墮水中，終思少游〔四〕之言。古今同此一轍，王荆公詩：「豈愛京師傳谷口，但知鄉里勝壺頭。」〔五〕阮嗣宗詠懷詩所云「寧與燕雀翔，不隨黄鵠飛。黄鵠游四海，中路將安歸」〔六〕者也。若夫知幾之神，處亢之正，聖人當之，亦必有道矣。

〔一〕宋文鑑一四五歐陽修撰神道碑，又見范文正集七岳陽樓記。
〔二〕范文正集十四。
〔三〕馬文淵，援字。後漢書五四。
〔四〕少游，援從弟。
〔五〕王荆公詩集廿六次韻酬朱昌叔。
〔六〕文選廿三。

辛幼安〔一〕

辛幼安詞：「小草舊曾呼遠志，故人今有寄當歸。」此非用姜伯約事也〔二〕。吴志：「太史慈，東萊黄人也，後立功於孫策。曹公聞其名，遺慈書，以篋封之。發省無所道，但貯當歸。」〔三〕幼安久宦南朝，未得大用，晚年多有淪落之感，亦廉頗思用趙人之意爾。觀其與陳同甫酒後之言，不可知其心事哉。

〔一〕辛棄疾，號稼軒。宋史四〇一。
〔二〕三國志四四引孫盛雜記。
〔三〕三國志吴志四太史慈傳。

士大夫晚年之學

南方士大夫晚年多好學佛，北方士大夫晚年多好學僊。夫一生仕宦，投老得閒，正宜進德脩業，以補從前之闕，而知不能及，流於異端。其與求田問舍之輩，行事雖殊，而孳孳爲利之心，則一而已矣。宋史吕大臨傳〔一〕：「富弼致政於家，爲佛氏之學。蒙齋筆談〔二〕：「富鄭公少好道，自言吐納長生之術，信之甚篤，亦時爲燒煉丹竈事。守亳時，迎潁州僧正顒，館於書室，親接弟子禮。」大臨與之書曰：『古者三公無職事，惟有德者居之。内則論道於朝，外則主教於鄉。古之大人當是任者，必將以斯道覺斯民，成己以成物，豈以位之進退、年之盛衰而爲之變哉。今大道未明，人趨異學，不入於莊，則入於釋，疑聖人爲未盡善，輕禮義爲不足學。人倫不明，萬物顦顇，此老成大人惻隱存心之時，以道自任，振起壞俗。若夫移精變氣，務求長年，此山谷避世之士，獨善其身者之所好，豈世之所以望於公者？』弼謝之。」以達尊大老，而受後生之箴規，良不易得也。

〔一〕宋史三四。

〔二〕説略廿二。

唐玄宗開元六年，「河南參軍鄭銑、虢州朱陽縣丞郭僊舟投匭獻詩。敕曰：『觀其文理，是崇道法，至於時用，不切事情，可各從所好。』並罷官，度爲道士」〔一〕。

〔一〕通鑑二一二。

士大夫家容僧尼

册府元龜：唐玄宗開元二年七月戊申，制曰：「如聞百官家多以僧尼、道士爲門徒往還，妻子無所避忌。今江南尚有門徒之稱。或詭託禪觀，妄陳禍福，爭涉左道，深斁大猷。自今

已後，百官不得輒容僧尼、道士等至家。緣吉凶要須設齋，皆於州縣陳牒寺觀，然後依數聽去，仍令御史、金吾明加捉搦。」〔一〕

〔一〕一五九革弊門。

唐制，百官齋日，雖在寺中，不得過僧。張籍寺宿齋詩云：「晚到金光門外寺，寺中新竹隔簾多。齋宫禁與僧相見，院院開門不得過。」〔一〕

〔一〕張司業集七。

金史海陵紀〔一〕：「貞元三年〔二〕，以右〔三〕丞相張浩、平章政事張暉，每見僧法寶，必坐其下，失大臣體，各杖二十。僧法寶妄自尊大，杖二百。」

〔一〕金史五。
〔二〕三月壬子。

〔三〕「右」原作「左」。

貧者事人

「貧者不以貨事人，然未嘗無以自致也，江上之貧女，常先至而埽室布席。」〔一〕「陳平侍里中喪，以先往後罷爲助」〔二〕。古人之風，吾黨所宜勉矣。

〔一〕戰國策秦策二甘茂語。
〔二〕史記六五陳丞相世家。

分居

宋孝建中，中軍府録事參軍周殷啓曰：「今士大夫父母在而兄弟異居〔一〕，計十家而七；庶人父子殊産，八家而五。其甚者乃危亡不相知，飢寒不相恤，忌疾讒害〔二〕，其間不可稱數。宜明其禁，以易其風。」〔三〕當日江左之風，便已如此。魏書裴植傳云：「植雖自州送禄奉母，及贍諸弟，而各別資財，同居異爨，一門數竈，蓋亦染江南之俗也。」〔四〕隋盧思道聘陳，嘲南人詩曰：「共甑分炊飯，同鐺各煮魚。」〔五〕而地理志言：「蜀人敏慧輕急，尤足意錢之戲，小人薄於情禮，父子率多異居。」〔六〕册府元龜：唐肅宗乾元元年四月詔：「百姓中有事親不孝，別籍異財，玷污風俗，虧敗名教，先決六十，配隸磧西。有官品者，禁身聞奏。」〔七〕宋史：「太祖開寶元年六月癸亥詔：荆蜀民，祖父母、父母在者，子孫不得別財異居。」「二年八月丁亥詔：川峽諸州，察民有父母在，而別籍異財者，論死。」〔八〕「太宗淳化元年九月辛巳，禁川峽民父母在出爲贅婿。」〔九〕「真宗大中祥符二年正月戊辰詔：誘人子弟析家産者，令所在擒捕流配。」〔十〕其於教民厚俗之意，可謂深且篤矣。遼史：「聖宗統和元年十一月詔：民有父母在別籍異居者，坐罪。」〔十一〕若劉安世劾章惇，父在別籍異財，絶滅義禮〔十二〕。則史傳書之，以爲正論。馬亮爲御史中丞上言：「父祖未葬，不得別財異居。」李元綱厚德録〔十三〕。乃今之江南猶多此俗，人家兒子娶婦，輒求分異。而老成之士，有謂二女同居，易生嫌競，式好之道，莫如分爨者，豈君子之言與？史記言：「商君治秦，令民有二男以上，不分異者倍其賦。」〔十四〕又言：「秦人家富子壯則出分，家貧子壯則出贅。」〔十五〕以爲國俗之敝。而陸賈家於好時，有五男。出所使越得橐中裝，賣千金，分其子，子二百金，令其生産。陸生常安車駟馬，從歌舞琴瑟侍者十人，寶劍直百金，謂其子曰：『與汝約，過汝，汝給吾人馬酒食，極欲十日而更，所死家得寶劍、車騎、侍從者。』」〔十六〕後人或謂之爲達。至唐姚崇遺令，「以達官身後，子孫失蔭，多至貧寒，斗尺之間，參商是競」，欲倣陸生之意，預爲分定，將以絶其後爭〔十七〕。嗚呼！此衰世之意也。

〔一〕「居」字亭林添，原爲「異計」。

〔二〕「忌」字亭林改，原爲「又」，「疾」字下原有「謗」字。

〔三〕魏書九七島夷劉駿，即宋孝武帝傳。今以宋書八二周朗傳校。通典十四、廣弘明集六皆作「朗」。全宋文四八。

〔四〕魏書七一。

〔五〕盧思道條出太平廣記二四七恢諧門，引談藪，然非宋龐元英談藪也。

〔六〕隋書二九地理志末梁州總論。

〔七〕五九興教化門。

〔八〕均見宋史二太祖紀。

〔九〕宋史五太宗紀。

〔十〕宋史七真宗紀。

〔十一〕遼史十。

〔十二〕宋史三四五劉安世傳。

〔十三〕厚德録三。又宋史二九八馬亮傳。

〔十四〕史記六八商君傳。

〔十五〕漢書四八賈誼治安策語。史記賈誼傳無。

〔十六〕史記九七陸賈傳。

〔十七〕舊唐書九六姚崇傳。

漢桓帝之世，更相濫舉，時人爲之語曰：「舉秀才，不知書；察孝廉，父別居。」見抱朴子〔一〕。當世之俗，猶以分居爲恥。若吳之陳表，「世爲將督，兄脩亡後，表母不肯事脩母，表謂其母曰：『兄不幸早世，表統家事，當奉嫡母。母若能爲表屈情，承順嫡母者，是至願也。母若不能，直當出別居耳。』由是二母感寤雍穆」〔二〕。可以見東漢之流風矣。

〔一〕抱朴子外篇十五審舉篇。樂府詩集八七引此，作後漢書語。

〔二〕三國志吳志十。

陳氏禮書〔一〕言：「周之盛時，宗族之法行，故得以此繫民，而民不散。及秦用商君之法，富民有子則分居，貧民有子則出贅，由是其流及上，雖王公大人，亦莫知有敬宗之道。寖淫後世，習以爲俗。而時君所以統馭之者，特服紀之律而已。間有糾合宗族，一再傳而

不散者，則人異之，以爲義門，豈非名生於不足歟？」〔二〕

〔一〕陳祥道禮書百五十卷，四庫禮類四。有福建及光緒廣州刊本。

〔二〕卷六二有小宗無大宗條。

應劭風俗通曰：「凡兄弟同居，上也；通有無，次也；讓，其下耳。」〔一〕豈非中庸之行，而今人以爲難能者哉？

〔一〕風俗通過譽第四。

五雜俎言：「張公藝〔一〕九世同居，高宗問之，書『忍』字百餘以進。其意美矣，而未盡善也。居家御衆，當令紀綱法度，截然有章，乃可行之永久。若使姑婦勃谿，奴僕放縱，而爲家長者僅含默隱忍而已，此不可一朝居，而況九世乎？善乎浦江鄭氏〔二〕對太祖之言曰：『臣同居無他，惟不聽婦人言耳。』此格論也，雖百世可也。」〔三〕

〔一〕張公藝，舊唐書一八八孝友傳。

〔二〕鄭綺，宋史四五六孝義傳。

〔三〕五雜俎十四事部。全段皆五雜俎語，非據原書何由知之。

唐玄宗天寶元年正月敕：「如聞百姓，有户高丁多，苟爲規避，父母見在，乃别籍異居。宜令州縣勘會，其一家之中有十丁已上者，放兩丁征行賦役；五丁已上，放一丁。即令同籍共居，以敦風教。」〔一〕其賦丁孝假，與免差科。謂應賦之丁，遇父母亡，則免差科，謂之孝假。按此後周太祖所制，若罹凶禮，則不徵其賦者也。可謂得化民之術者矣。

〔一〕會要八五籍帳條。通考十引作三載。

父子異部

三國志言：「冀州俗，父子異部，更相毁譽。」〔一〕今之江浙之間，多有此風，一入門户，父子兄弟，各樹黨援，兩不相下。萬曆以後，三數見之。此其無行誼之尤，所謂「惟弔兹，不于我政人得罪，天惟與我民彝大泯亂」〔二〕者矣。

〔一〕卷一建安十年九月令。

〔二〕尚書康誥。

生日

生日之禮，古人所無。余昔年流寓薊門，生日有致餽者。答書云：「小弁之逐子，始説我辰，哀郢之放臣，乃言初度。」〔一〕顏氏家訓〔二〕曰：「江南風俗，兒生一期，爲制新衣，盥浴裝飾。男則用弓矢紙筆，女則刀尺鍼縷，並加飲食之物，及珍寶服玩，置之兒前，觀其發意所取，以驗貪廉智愚，名之爲試兒。親表聚集，因成宴會。自茲以後，二親若在，每至此日，常有飲食之事。無教之徒，雖已孤露，魏晉間人，以父亡爲孤露。嵇康與山巨源絶交書〔三〕：「少加孤露。」趙彦深〔四〕見母自陳「幼小孤露」。亦謂之「偏露」。唐孟浩然送莫氏甥詩〔五〕：「平生早偏露。」其日皆爲供頓，酣暢聲樂，不知有所感傷。梁孝元年少之時，每八月六日載誕之辰，嘗設齋講。自阮脩容元帝所生母薨後，此事亦絶。」是此禮起於齊梁之間。逮唐宋以後，自天子至於庶人，無不崇飾此日，開筵召客，賦詩稱壽，而於昔人反本樂生之意，去之遠矣。

〔一〕語見文集三與友人辭祝書。小弁，詩小雅；哀郢，屈原九章。

〔二〕卷上風操篇六末。

〔三〕文選四三。嵇康，晉書四九。

〔四〕趙彥深，北齊書三八。

〔五〕浩然集二。

陳思王植

陳思王植，初封臨菑侯，聞魏氏代漢，發服悲哭，文帝恨之。魏志蘇則傳〔一〕。司馬順，字子忠。宣王第五弟通之子，初封習陽亭侯〔二〕。魏志杜恕傳注〔三〕引晉書作「龍陽」。及武帝受禪，歎曰：「事乖唐虞，而假爲禪名。」遂悲泣，由是廢黜，徙武威姑臧縣。雖受罪流放，守意不移而卒。滕王瓚，隋高祖母弟，周宣帝崩，高祖入禁中，將總朝政。瓚聞召不從，曰：「作隨國公，恐不能保，何乃更爲族滅事邪？」〔四〕廣王全昱，全忠之兄。全忠稱帝，與宗戚飲博於宫中。酒酣，全昱忽以投瓊擊盆中迸散，睨帝曰：「朱三，汝本碭山一民，從黄巢爲盜。天子用汝爲四鎮節度使，富貴極矣，奈何一旦滅唐三百年社稷，自稱帝王。行當族滅，奚以博爲？」帝不懌而罷〔五〕。夫天人革命，而中心弗願者，乃在於興代之懿親，其賢於裸將之士、勸進之臣，遠矣。

〔一〕三國志魏志十六蘇則傳，引大意。
〔二〕晉書三七。
〔三〕三國志魏志十六注。
〔四〕隋書四四滕穆王瓚傳。
〔五〕通鑑二六六。

降臣

記言：「孔子射于矍相之圃，賁軍之將、亡國之大夫不入。」〔一〕説苑言：「楚伐陳，陳西門燔，使其降民脩之，孔子過之不軾。」〔二〕戰國策，安陵君言：「先君手受太府之憲，憲之上篇曰：國雖大赦，降城、亡子，不得與焉。」〔三〕注：以城降人及亡人之子〔四〕。下及漢魏，而馬日磾、于禁之流，至於嘔血而終，不敢靦於人世。時之風尚，從可知矣。後世不知此義，而文章之士，多護李陵；智計之家，或稱譙叟〔五〕。此說一行，則國無守臣，人無植節，反顔事讎，行若狗彘，而不之媿也。何怪乎五代之長樂老，序平生以爲榮，滅廉恥而不顧者乎？春秋僖〔六〕十七年：「齊人殲于遂。」穀梁傳曰：「無遂則何以言遂，其猶存遂也。」故王蠋死而田單復齊〔七〕，弘演亡而桓公救衛〔八〕，此足以樹人臣之鵠，而降城亡子不齒於人類者矣。今浙江紹興府，有一種人謂之惰民，世爲賤業，不敢與齊民齒。志云：其先是宋將焦光瓚部曲，以叛宋降金被斥。

〔一〕禮記射義。
〔二〕說苑四立節。
〔三〕國策二五魏策。魏安釐王。
〔四〕國策原注。
〔五〕三國志蜀志十二。譙周勸後主降魏。
〔六〕「僖」原爲「莊」，潘本已誤。
〔七〕史記八二田單傳。

〔八〕弘演，衛懿公臣，見呂氏春秋。

楚漢之際，有鄭君見史記鄭當時傳〔一〕，失其名。嘗事項籍，籍死屬漢。高祖悉令諸籍臣名籍，謂不稱項王，而斥其名。鄭君獨不奉詔，於是盡拜名籍者爲大夫，而逐鄭君。金哀宗之亡，參政張天綱見執於宋，有司令供狀書金主爲虜主。天綱曰：「殺即殺，焉用狀爲？」有司不能屈，聽其所供，天綱但書「故主」而已〔二〕。嗚呼！豈不賢於少事僞朝者乎？

〔一〕史記一二〇。

〔二〕金史一一九。參金史一二七隱逸褚承亮傳。

唐肅宗至德三年〔一〕正月大赦詔：「自開元已來，宰輔之家，不爲逆賊所污者，與子孫一人官。」〔二〕

〔一〕「年」本作「載」。

〔二〕册府元龜八七乾元元年二月條。

本朝

古人謂所事之國爲本朝。魏文欽降吴，表言：「世受魏恩，不能扶翼本朝，抱媿俛仰，靡所自厝。」〔一〕又如吴亡之後，而蔡洪與刺史周浚書，言「吴朝舉賢良」〔二〕是也。顏氏家訓：「先君、先夫人，皆未還建業舊山，旅葬江陵東郭。之推父協，梁湘東王府記室參軍。承聖末，啓求揚都欲營遷厝，蒙詔賜銀百兩，已於揚州小郊，卜地燒塼。值本朝淪没，流離至此。」〔三〕之推仕歷齊、周及隋，而猶稱梁爲「本朝」，蓋臣子之辭，無可移易，而當時上下亦不以爲嫌者矣。

〔一〕三國志魏志二八毌丘儉傳注。
〔二〕晉書九二不載。世説賞譽篇注引洪集，全晉文八一。
〔三〕顏氏家訓卷下終制篇。

舊唐書劉昫撰。昫爲石晉宰相，而其職官志，稱唐曰「皇朝」、曰「皇家」、曰「國家」；經籍志，稱唐曰「我朝」〔一〕。

〔一〕此等稱多承國史舊文。地理志稱「大唐」、「國初」，李吉甫、陸贄傳稱「國朝」，唐臨、徐有功、澤王上金傳稱「今上」，穆宗紀稱「本朝」。

宋胡三省注資治通鑑，書成於元至元時，注中凡稱宋，皆曰「本朝」〔一〕、曰「我宋」，其釋地理皆用宋州縣名。惟一百九十七卷，蓋牟城下，注曰「大元遼陽府路」；遼東城下，注曰「今大元遼陽府」。二百六十八卷，順州下曰：「大元順州，領懷柔、密雲二縣。」二百八十六卷，錦州下曰：「陳元靚曰：『大元於錦州置臨海節度，領永樂、安昌、興城、神水四縣，屬大定府路。』」二百八十八卷，建州下曰：「陳元靚曰：『大元建州領建平、永霸二縣，屬大定府路。』」〔二〕以宋無此地，不得已而書之也。

〔一〕胡注全部稱「本朝」者只二次：一九一、二〇一。

〔二〕此事林廣記乙集卷二之言。

書前代官

陶淵明以宋元嘉四年卒，而顏延之身爲宋臣，乃其作誄，直云「有晉徵士」。真定府龍藏寺碑，隋開皇六年立，其末云：「齊開府長兼行參軍，九門張公禮譔。」〔一〕齊亡入周，周亡入隋，而猶書齊官。韓偓自書裴郡君祭文，書「甲戌歲」，書「前翰林學士承旨、銀青光禄大夫、行尚書户部侍郎、知制誥、昌黎縣開國男、食邑三百户韓偓」。是歲朱氏篡唐已八年，猶書唐官，而不用梁年號。

〔一〕金薤琳琅八。

宋史劉豫傳：「豫改元阜昌，朝奉郎趙俊，書甲子，不書僭年，豫亦無如之何。」〔一〕

〔一〕宋史四七五叛臣傳。

日知録校注卷十四

兄弟不相爲後

商之世，兄終弟及，故十六世而有二十八王。如仲丁、外壬、河亶甲，兄弟三王。陽甲、盤庚、小辛、小乙，兄弟四王。未知其廟制何如。商書言：「七世之廟。」〔一〕賀循謂：「殷世有二祖三宗，若拘七室，則當祭禰而已。」〔二〕徐邈亦云：「若兄弟昭穆者，設兄弟六人爲君，至其後世，當祀不及祖禰。」唐書禮樂志〔三〕：「自憲宗、穆宗、敬宗、文宗四世祔廟，睿、玄、肅、代以次遷。至武宗崩，德宗以次當遷，而於世次爲高祖，禮官始覺其非，以謂兄弟不相爲後，不得爲昭穆，乃議復祔代宗。而議者言，已祧之主，不得復入太廟。禮官舊史〔四〕亦但言禮儀使，不載其名。曰：昔晉元明之世，已遷豫章、潁川。豫章府君，宣帝之曾祖。潁川府君，宣帝之祖。惠帝崩，遷豫章。元帝即位江左，升懷帝，又遷潁川。位雖七室，其實五世。蓋從刁協以兄弟爲世數故也〔五〕。後皆復祔。元帝時，已遷豫章、潁川，尋從温嶠議，復故。明帝崩，又遷潁川。簡文帝立，復故。此故事也。議者又言：廟室有定數，而無後之主，當置別廟。開元初，奉中宗別廟，升睿宗爲第七室〔六〕。禮官曰：「晉武帝時，景文同廟，廟雖六代，其實七主。至元帝、明帝，廟皆十室。故賀循曰：『廟以容主爲限，而無常數也。』〔七〕於是復祔代宗，而以敬宗、文宗、武宗同爲一代。」

〔一〕尚書咸有一德。

〔二〕華恒以爲兄弟可以相繼，藏主於室，不必別立廟，見通典四八。賀循以爲兄弟不合繼位昭穆，應別立廟，見通典五一。晉書十九禮志用宋書十六禮志文。此爲華恒之言，非賀循之言也。全文見通典四八禮八，並全晉文六六。然新唐書禮志已誤爲賀循，見下文。賀循見全晉文八八。

〔三〕新唐書十三。

〔四〕舊唐書廿五禮儀志。

〔五〕晉書十九禮志。

〔六〕新唐書十三禮樂志。

〔七〕此亦華恒文，非賀循文。然則新唐書禮樂志已誤引，不獨亭林也。

何休解公羊傳，文公二年，躋僖公，謂惠公與莊公當同南面西上，隱、桓與閔、僖當同北面西上，據大祫〔一〕如此，則廟中昭穆之序，亦從之而不易矣。

〔一〕祫，合祭也。三年一祫，五年一禘，皆合祭。

鄞萬斯大本之立説，謂「廟制當一準王制之言，太祖而下，其爲父死子繼之常也，則一廟一主，三昭三穆，而不得少。其爲兄弟相繼之變也，則同廟異室，亦三昭三穆，而不得多。觀考工記匠人營國所載，世室明堂皆五室，則知同廟異室，古人或已有通其變者，正不可指爲後人之臆見也」〔二〕。記曰：「協諸義而協則禮，雖先王未之有，可以義起也。」〔三〕然則賀循之論〔三〕，可爲後王之式矣。

〔一〕學禮質疑二兄弟同昭穆條。

〔二〕禮記禮運。

〔三〕此「賀循」亦當作「華恒」。

立叔父

左傳昭十九年，鄭駟偃卒，生絲，弱，其父兄立子瑕。子游叔父駟乞。子産對晉人謂：「私族於謀而立長親。」是叔父繼其兄子。唐宣宗之爲皇太叔〔一〕，蓋昉於此矣。

〔一〕舊唐書十八。

繼兄子爲君

晉元帝大興三年正月乙卯，詔曰：「吾雖上繼世祖，然於懷愍皇帝，皆北面稱臣。今祠太廟，不親執觴酌，而令有司行事，於情理不安。」乃行親獻〔一〕。可謂得春秋之意者矣。

〔一〕晉書十九禮志。

太上皇

秦始皇本紀：「追尊莊襄王爲太上皇。」〔一〕是死而追尊之號，猶周曰太王也。漢則以爲生號，而後代並因之矣。

〔一〕史記六始皇紀，廿六年。

曲禮「已孤暴貴，不爲父作謚」，或舉武王爲難。鄭康成答趙商曰：「周道之基，隆於二王，功德躲之，王迹興焉，不可以一概論也。若夏禹殷湯則不然矣。」〔一〕據此則漢高帝於太上皇尊而不謚，乃爲得禮。其追尊先媪爲昭靈夫人〔二〕，當亦號而非謚也。

〔一〕鄭志中。
〔二〕漢書一高紀，五年。

皇伯考

魏孝莊帝追尊其父彭城武宣王爲文穆皇帝，廟號肅祖，母李妃爲文穆皇后，將遷神主於太廟，以高祖爲伯考。臨淮王彧表諫曰：「漢祖創業，香街有太上之廟。光武中興，南頓立春陵之寢。元帝之於光武，疏爲絶服，猶身奉子道，入繼大宗。高祖之於聖躬，親實猶子，陛下既纂洪緒，豈宜加伯考之名？且漢宣之繼孝昭，斯乃上後叔祖，豈忘宗承考妣，蓋以大義所奪，及金德將興，宣王受寄。自兹而降，世秉盛權。景、文二王，實傾曹氏，故晉武繼文祖宣，於景王有伯考之稱。以今類古，恐或非儔。又臣子一例，義彰舊典，祫禘失序，致譏前經。高祖德溢寰中，道超無外。肅祖雖勳格宇宙，猶曾奉贄稱臣。穆皇后稟德坤元，復將配享乾位。此乃君臣並筵，嫂叔同室，歷觀墳籍，未有其事。」又表言：「爰自上古，迄於下葉，崇尚君親，褒明功懿，乃有皇號，終無帝名。若去帝稱皇，求之古義，少有依準。」不納〔一〕。先朝嘉靖中追崇之典，與此正同。襲典午之稱名，用孝莊之故事，蓋并非張、桂諸臣之初意矣。

〔一〕魏書十八臨淮王彧傳。

除去祖宗廟謚

漢惠帝從叔孫通之言，郡國多置原廟〔一〕。元帝時，貢禹以爲不應古禮。永光四年，下丞相韋玄成等議：「以春秋之義，父不祭於支庶之宅，君不祭於臣僕之家，王不祭於下土諸侯，請勿復修。」奏可。因罷昭靈后、武哀王、昭哀后、衛思后、戾太子、戾后園，皆不奉祠〔二〕。後魏明元貴嬪杜氏，魏郡鄴人，生世祖。及即位，追尊爲穆皇后，配享太廟，又立后廟於鄴。高宗時，相州刺史高閭表修后廟，詔曰：「婦人外成，理無獨祀，陰必配陽，以成天地。未聞有莘之國，立太姒之饗。此乃先皇所立，一時之至感，非經世之遠制，便可罷祀。」〔三〕是古人罷祖宗之廟，而不以爲嫌也。王莽尊元帝廟號高宗，成帝號統宗，平帝號元宗，中興皆去之。後漢和帝號穆宗，安帝號恭宗，順帝號敬宗，桓帝號威宗。桓帝尊母梁貴人曰恭懷皇后，安帝尊祖母宋貴人曰敬隱皇后，順帝尊母李氏曰恭愍皇后〔四〕。獻帝初平元年，左中郎將蔡邕議：「孝和以下，政事多釁，權移臣下。嗣帝殷勤，各欲褒崇至親而已。臣下懦弱，莫能執正。據禮，和、安、順、桓四帝，不宜稱宗；又恭懷、敬隱、恭愍三皇后，並非正嫡，不合稱后。皆請除尊號。」制曰可〔五〕。唐高宗太子弘追謚孝敬皇帝，廟號義宗。開元六年，將作大匠韋湊上言：「準禮不合稱宗。」於是停義宗之號。是古人除祖宗之號而不以爲忌也。後世浮文日盛，有增無損。德宗初立，禮儀使、吏部尚書顔真卿上言：「上元中，政在宮壼，始增祖宗之謚。玄宗末，姦臣竊命，列聖之謚，有加至十一字者。按周之文武，言文不稱武，言武不稱文，豈盛德所不優乎？蓋稱其至者故也。故謚多不爲褒，少不爲貶。今列聖謚號太廣，有踰古制，請自中宗以上，皆從初謚：睿宗曰聖真皇帝，玄宗曰孝明皇帝，肅宗曰孝宣皇帝。以省文尚質，正名敦本。」上命百官集議，儒學之士，皆從真卿議。獨兵部侍郎袁傪，官以兵進，奏言：「陵廟玉册木主，皆已刊勒，不可輕改。」事遂寢。不知陵中玉册所刻，乃初謚也〔六〕。自此宗廟之廣，謚號之繁，沿至本朝，遂成故典，而人臣不敢議矣。

〔一〕漢書四三叔孫通傳。
〔二〕漢書七三韋玄成傳。
〔三〕魏書十三后妃傳。
〔四〕後漢書九獻帝紀，初平元年十一月注。
〔五〕袁宏後漢紀廿五系初平二年，亦見續漢書祭祀志下注引袁山松書載蔡邕議。
〔六〕舊唐書一二八、新唐書一五三，均不載。見通鑑二二〇大曆十四年七月戊辰條。

稱宗之濫，始於王莽之三宗。稱祖之濫，始於曹魏之三祖。唐王彥威所謂「叔世亂象，不可以訓」〔一〕者也。

〔一〕新唐書一六四本傳。舊唐書一五七無此語。

漢人追尊之禮〔一〕

太上皇，高帝父也，皇而不帝。師古曰：皇君也，天子之父，故號曰皇。不預治國，故不言帝也。又引蔡邕曰：不言帝，非天子也。戾太子、悼皇考，孝宣之祖若父也，太子、皇考而不帝。春陵節侯、鬱林太守、鉅鹿都尉、南頓令，光武之高曾若祖父也，侯而不帝，太守、都尉而不帝，君而不帝。此皆漢人近古，而作俑者，定陶共皇一議也。

〔一〕初刻六之二，無注。

謚　法〔一〕

孝宣即位，思戾、悼之名，不爲隱諱，亦無一人更言泉鳩里事，此見漢人醇厚。後代因之，而恩怨相尋，反復之報，中於國家者多矣。

〔一〕初刻六之三。只有前段。

季孫問於榮駕鵝曰：「吾欲爲君謚，使子孫知之。」對曰：「生弗能事，死又惡之，以自信也，將焉用之？」乃止〔一〕。然謚之曰昭，亦但取其習於威儀爾。謚法：容儀恭美曰昭。按周之昭王南征不復，晉昭侯、鄭昭公、宋昭公、蔡昭侯，皆見弑於其臣，是昭非饗國克終之謚也。此外齊、晉、曹、許，皆有昭公，亦無可稱。而周之甘昭公，以罪見殺。至楚昭王、燕昭王、秦昭襄王、漢孝昭帝，始以爲美謚。而唐之昭宗亦見弑。

〔一〕左傳定元年。

追尊子弟

古人主但有追尊其父兄，無尊其子弟者。唯秦文公太子卒，賜謚爲竫公。唐代宗追謚其弟故齊王倓爲承天皇帝〔一〕。

〔一〕唐高宗諡太子弘爲孝敬皇帝。

内禪

左傳：齊景公有疾，立太子州蒲爲君，會諸侯伐鄭〔一〕。史記：趙武靈王傳國於子惠文王，自稱主父〔二〕。此内禪之始。

〔一〕左傳成十年。州蒲，晉厲公名。
〔二〕史記四三。

竹書紀年：夏帝不降五十九年，遜位于弟扃。帝扃十年，帝不降陟〔一〕。然不可考矣。

〔一〕竹書紀年上。

御容

唐玄宗於別殿安置太宗、高宗、睿宗御容，每日侵早具服朝謁。見冊府元龜城門郎獨孤晏奏。此今日奉先殿之所自立也。宗廟之禮，人臣不敢輕議。然竊以爲兩廟二主，非嚴敬之義。蓋唐書所謂王璵緣生事亡，韋彤傳〔一〕。而未察乎神人之道者乎。

〔一〕卷二百儒林。

封國

唐宋以下封國，但取空名，而不有其地。明代〔一〕亦然。然名不可不慎。趙府有江寧王，代府有溧陽王，遼府有句容王，韓府有高淳王。而楊洪封昌平伯，石亨、李偉封武清伯，張輗封文安伯，曹義封豐潤伯，施聚封懷柔伯，金順、羅秉忠封順義伯，谷大亮封永清伯，蔣輪封玉田伯。此皆赤畿縣名，而以爲諸王臣下之封，何也？南齊書：「文惠太子子昭秀，封臨海郡王。通直常侍庾曇隆啓曰：『周定雒邑，天子置畿内之民；漢都咸陽，三輔爲社稷之衛。中晉南遷，事移威弛，近郡名邦，多有國食。宋武創業，依擬古典，神州部内，不復別封。而孝武末年，分樹寵子，苟申私愛，有乖訓準。隆昌之元，特開母弟之貴，竊謂非古。聖明御寓，禮舊爲先，畿内限斷，宜遵昔制，賜茅授土，一出外州。』遂改封昭秀爲巴陵王。」〔二〕當時臨海郡屬揚州王畿故也。豈有以神皋赤縣之名，而加之支庶者乎？

〔一〕「明代」原作「本朝」。
〔二〕卷五十巴陵王昭秀傳。

宋時封國，大小之名，皆有準式。而陸務觀謂曾子開封曲阜縣子，謝任伯封陽夏縣伯，曲阜今仙源縣，陽夏今城父縣，方疏封時，已無此二縣，以爲司封之失職。有明〔一〕則草略殊甚，即郡王封號，而或以府，或以州，或以縣，或以古縣，或但取美名，初無一定之例。名之不正，莫甚於此〔二〕。

〔一〕「有明」原作「本朝」。

〔一一〕「於此」原作「于今代」。

乳母

舊唐書〔一〕：「哀帝天祐二年九月，内出宣旨，妳婆楊氏，可賜號昭儀；妳婆王氏，可封郡夫人；第二妳婆王氏，先帝已封郡夫人，今準楊氏例改封。中書門下奏曰：『臣聞周制宫職，夫人只列三人。漢氏後宫之號，十有四位。元帝特置昭儀，位視丞相，爵比諸侯王。至於列妾，縱稱夫人，亦無裂土割郡之號。以胡組、郭徵卿保養宣帝之功，子孫但受厚賞，而無封爵。後漢順帝封阿母宋氏爲山陽君，則致漢陽地震。安帝封乳母王聖爲野王君，亦致地震京師〔二〕。晉室中興，乳母阿蘇有保元帝之功，賜號保聖君，初非爵邑，但擇美名。至高齊陸令萱，以乾阿妳授封郡君，尋亂制度。中宗神龍元年，封乳母于氏爲平恩郡夫人。景龍四年，封尚食高氏爲蓨國夫人。封爵之失，始自於此。後睿宗下詔，封玄宗乳母蔣氏爲吴國夫人，莫氏爲燕國夫人。歷載以來，寖爲訛弊。伏以陛下重興寶運，再闡丕圖，奉高祖、太宗舊章，行往代賢君故事。今則宣授乳母爲郡夫人，竊意四海九州之内，有功勞安社稷者，得不對室家而慙於所命之爵乎？臣等參詳妳婆楊氏、王氏，雖居濕推燥，並彰保養之勤，而胙土分茅，且異疏封之例。況昭儀内侍燕寢，位列宮嬪，夫人則亞列妃嬙，供奉左右，豈可以嬪御之號，增榮於阿保？揆之典禮，良有乖違。其楊氏望賜號安聖君，王氏望賜號福聖君，第二王氏望賜號康聖君。』從之。」參用册府元龜〔三〕。當國命贅旒、權臣問鼎之日，而執議若此。有明〔四〕自永樂中封乳母馮氏爲保聖賢順夫人。實録：永樂七年三月戊辰，遣官祭乳母保聖賢順夫人馮氏〔五〕。列宗因之，遂爲成例。而奉聖夫人客氏，遂與魏忠賢表裏擅權，甚於漢之王聖矣。

〔一〕卷二十下。
〔二〕豈成理由。
〔三〕卷三八尊乳保門。
〔四〕原作「本朝」。
〔五〕永樂實録六二。

聖節

舊唐書：太宗貞觀二十年十二月癸未，上謂司徒長孫無忌等曰：「今日是朕生日，世俗皆爲歡樂，在朕翻成傷感。今君臨天下，富有四海，而承歡膝下，永不可得，此子路所以有負米之恨也。詩云：『哀哀父母，生我劬勞。』奈何以劬勞之日，更爲宴樂乎？」因泣數行下，左右皆悲〔一〕。其時無所謂聖節也。玄宗開元十七年八月癸亥，「上以降誕日，宴百寮於花萼樓下。百寮表請，以每年八月五日爲千秋節，王公以下獻鏡及承露囊，天下諸州咸令宴樂，休假三日，仍編爲令。從之」。十八年閏六月辛卯，「禮部奏請，千秋節休假三日，及村閭社會竝就千秋節先賽白帝，報田祖，然後坐飲。散之」〔二〕。八月丁亥，「上御花萼樓，以千秋節百官獻賀，賜四品已上金鏡、珠囊、縑彩，五品已下束帛有差。上賦八韻詩，又制秋景詩」〔三〕。此節名、酺宴之所起也〔四〕。杜甫詩：「自罷千秋節，頻傷八月來。」謂此。新唐書禮樂志：「千秋節者，玄宗以八月五日生，因以其日名節，而君臣共爲荒樂。當時流俗多傳其事，以爲盛。其後巨盜起，陷兩京，自此天下用兵不息，而離宮苑囿，遂以荒堙，獨其餘聲遺曲傳人間，聞者爲之悲涼感動。蓋其事適足爲戒，而不足考法，故不復著其詳。」〔五〕肅宗上元二年九月甲申，天成地平節，史不書置節年月〔六〕。上於三殿置道場，以宮人爲佛菩薩，力士爲金剛神王，召大臣膜拜、圍繞。自後相沿以爲故事，命沙門、道士講論於麟德殿。德宗貞元十二年，復命以儒士參之。此齋醮之所起也。冊府元龜：「開元二十三年八月癸巳千秋節，命諸學士及僧道，講論三教同異。」〔七〕則玄宗時先行之。代宗「永泰二年十月，上降誕日，諸道節度使獻金帛器用，珍玩名馬，計二十餘萬。自是歲以爲常」〔八〕。後增至百餘萬。此進獻之所起也。穆宗元和十五年七月乙巳，敕以今月六日是朕載誕之辰，奉迎皇太后於宮中上壽。其日百寮命婦，宜於光順門進名參賀。宰臣以古無降誕受賀之禮，奏罷之〔九〕。韋綬傳：「綬以七月六日是穆宗載誕節，請以是日百官詣光順門賀太后，然後上皇帝壽。從之。宰臣奏：古無生日稱賀之儀。其事遂寢。」〔十〕元稹長慶集，有賀降誕日德音狀〔十一〕。考冊府元龜，次年長慶元年七月庚子，仍行此禮〔十二〕，而史遺之也。又云敬宗寶曆元年六月敕，停此禮。文宗太和七年十月壬辰，「上降誕日，僧徒道士講論於麟德殿。翼日御延英。上謂宰臣曰：『降誕日設齋，相承已久，未可便革。朕雖置齋會，惟對王源中等暫入殿，源中爲翰林學士。至僧道講論，都不臨聽。』宰臣路隨等奏：『誕日齋會，本非中國教法。臣伏見開元十七年張說、源乾曜請以誕日爲千秋節，內外宴樂，以慶昌期，頗爲得禮。』上深然之。宰臣因請以十月十日爲慶成節。從之」。開成二年九月甲申，「詔曰：『慶成節，朕之生辰，天下錫宴，庶同歡泰。不欲屠宰，用表好生。自今會宴蔬食，任陳脯醢，永爲常例。』又敕：『慶成節，宜令京兆尹準上巳重陽例，於曲江會文武百寮，其延英奉觴權停。』」〔十三〕太和九年，浚曲江作紫雲樓，仍許公卿士大夫之家於江頭立亭館。自是武宗爲慶陽節，宣宗爲壽昌節，懿宗爲延慶節，僖宗爲應天節，昭宗爲嘉會節，哀帝爲乾和節。並冊府元龜〔十四〕。然則此禮創於玄、文二宗，成於張說、源乾曜、路隨三人之奏，而後遂編於令甲，傳之百代矣。

〔一〕本紀不載。以上見通鑑一九八。
〔二〕册府作「從之」，此用舊唐書本紀。
〔三〕三段均見舊唐書卷八玄宗紀及册府二誕聖門。
〔四〕起於玄宗。
〔五〕新唐書廿二。
〔六〕乃册府原注。
〔七〕册府二誕聖門作「開元二十三年八月五日千秋節宴群臣」。無講論三教同異。開元二十三年八月甲申朔，癸巳，十日，不合。
〔八〕册府二誕聖門。
〔九〕舊唐書十六。
〔十〕舊唐書一六二。
〔十一〕長慶集三六。
〔十二〕册府二誕聖門。
〔十三〕二段均見舊唐書十七下文宗紀。
〔十四〕册府二誕聖門。

冊府元龜〔一〕載：「開元十七年，尚書左丞相源乾曜、右丞相張説，率文武百官等上表曰：『臣聞聖人出則日月記其初，王澤深則風俗傳其後。故少昊著流虹之感，商湯本玄鳥之命，孟夏有佛生之供，仲春修道祖之籙。追始樂原，其義一也。伏惟開元神武皇帝陛下，二氣合神，九龍浴聖，清明總於玉露，爽朗冠於金天。月惟仲秋，日在端午，常星不見之夜，祥光照室之期，群臣相賀曰：誕聖之辰也，焉可不以爲嘉節乎？比夫曲水禊亭，重陽射圃，五日綵線，七夕粉筵，豈同年而語也。臣等不勝大願，請以八月五日爲千秋節，著之令甲，布於天下，咸令宴樂，休假三日。群臣以是日獻甘露醇酎，上萬歲壽酒，王公戚里進金鏡綬帶，士庶以絲結承露囊，更相遺問，村社將壽酒宴樂，名爲賽白帝，報田神〔二〕。上明玄天，光啓大聖，下彰皇化，垂裕無窮，異域占風，同見美俗。』帝手詔報曰：『凡是節日，或以天氣推移，或因人事表記。八月五日，當朕生辰，感先聖之慶靈，荷皇天之眷命。卿等請爲令節，上獻嘉名，勝地良游，清秋高興，百穀方熟，萬寶以成。自我作古，舉無越禮，朝野同歡，是爲美事。依卿來請，宣付所司。』」路隨奏不録。

〔一〕卷二誕聖門。

〔二〕上文作「田祖」。

太祖實録：「洪武五年八月庚辰，罷天下進賀聖節、冬至表箋。上曰：正旦爲歲之首，天運維新。人君法天出治，臣下進表稱賀，禮亦宜之。生辰、冬至，於文繁矣。昔唐太宗謂生辰是父母劬勞之日，況朕皇考皇妣早逝，每於是日不勝悲悼，忍受天下賀乎？宜皆罷之。」〔一〕自是每聖節之日，齋居素食，不受朝賀。「十三年七月，韓國公李善長等累表上請，然後許之。」〔二〕其年九月乙巳，「上御奉先殿受朝賀，宴群臣於謹身殿，歲以爲常」〔三〕。然而不受獻，不賦詩，不賜酺，不齋醮，則聖諭所云「勉從中制」者也。

〔一〕卷七五。
〔二〕卷一三二。
〔三〕卷一三三。

君喪

世謂漢文帝之喪，以日易月。考之於史，但行於吏民，而未嘗概之臣子也。詔曰：「令到吏民三日釋服。」天子之喪，當齊衰三月，而今以三日，故謂之以日易月也。又曰：「殿中當臨者，旦夕各十五舉音，已下，服大紅十五日，小紅十四日，纖七日，釋服。」〔一〕已下者下棺，謂已葬也。自始崩至於葬，皆衰，及葬已，而大功，而小功，而纖，以示變除之漸。自始崩至於葬，既無定日。劉攽曰：「文帝制此喪服，斷自已葬之後。其未葬之前，則服斬衰。漢諸帝自崩至葬，有百餘日者，未葬則服不除矣。」〔二〕後世遂以日易月，又不通計葬之日，皆大謬也。而已葬之後，變爲輕服，則又三十六日。總而計之，則亦百餘日矣。此所以制其臣子者，未嘗以日易月也。至於臣庶之喪，不爲制禮，而聽其自行，或厚或薄。魏其武安傳言：「欲以禮爲服制，以興太平。」〔三〕是知漢初未立服制。然三年之喪，其能行者，鮮矣。孟子：滕文公定爲三年之喪，父兄百官皆不欲，曰：「吾宗國魯先君莫之行，吾先君亦莫之行也。」〔四〕是喪紀之廢已久。史書所記，公孫弘後母卒，服喪三年。史記本傳〔五〕。哀帝時，河間王良，喪太后三年，爲宗室儀表，益封萬户。漢書本紀〔六〕。原涉父死，行喪冢廬三年，繇是顯名京師。游俠傳〔七〕。銚期父卒，服喪三年。韋彪父母卒，哀毀三年，不出廬寢，服竟，羸瘠骨立。並後漢書本傳〔八〕。鮑昂處喪毀瘠，三年服闋，遂潛於墓次。鮑永傳〔九〕。薛包爲父及後母行六年服，喪過乎哀。劉趙淳于傳〔十〕。此從其厚者矣。翟方進後母終，既葬，三十六日除服，起視事，以爲身備漢相，不敢踰國家之制。漢書本傳〔十一〕。此從其薄者矣。東海王臻及弟蒸鄉侯儉，母卒，皆吐血毀眥，至服練紅，追念初喪父，幼小，哀禮有闕，因復重行喪制。後漢書本傳〔十二〕。袁紹生而父死，弱冠除濮陽長，遭母喪，服竟，又追行父服，凡在冢廬六年。三國志注引英雄記〔十三〕。後漢書同〔十四〕。此失之前而追行於後者矣。薛宣爲丞相，弟修爲臨菑令，後母病死，修去官持服。宣謂修三年服，少能行之者，兄弟相駁不可，修遂竟服。此一門之内而厚薄各從其意者矣。漢書本傳〔十五〕。然而哀帝綏和二年詔，博士弟子，父母死，予寧三年。師古曰：寧謂處家持喪服。漢書本紀〔十六〕。而應劭言：「漢律，不爲親行三年服，不得選舉。」揚雄傳注〔十七〕。是其所以訓之臣庶者，未嘗不以三年爲制也。若夫君喪之禮，自戰國以來，固已久廢，文帝乃特著之爲令，以干百姓之譽，而反以蒙後代無窮之譏。平帝時，王莽令吏六百石以上皆服喪三年〔十八〕。至唐玄宗、肅宗之喪，遂改爲初崩之後，二十七日。唐書崔祐甫傳載常袞之議云：「禮爲君斬衰三年，漢文帝權制三十六日。我太宗文皇帝崩，遺詔亦三十六日。群臣不忍既葬而除，略盡四月。高宗崩，如漢故事。武太后崩亦然。及玄宗、肅宗崩，始變天子喪爲二十七日。」〔十九〕蓋變而逾短，而亦不無追咎夫漢文之作俑矣。

〔一〕詔均見漢書四文帝紀後七年六月條。

〔二〕劉攽説見同上。

〔三〕史記一〇七。

〔四〕孟子滕文公上。

〔五〕史記一一二。

〔六〕漢書十一綏和二年六月條。

〔七〕漢書九二游俠傳。

〔八〕卷五十期傳；五六彪傳。

〔九〕後漢書五四永傳。

〔十〕後漢書六九列傳二九傳序。

〔十一〕漢書八四。

〔十二〕卷七二列傳三二。

〔十三〕魏志六。

〔十四〕卷一〇四上列傳六四上。

〔十五〕漢書八三。此注應移在「修遂竟服」下。

〔十六〕漢書十一。

〔十七〕漢書八七下。

〔十八〕漢書九九上莽傳，元始五年十二月。

〔十九〕新唐書一四二，舊唐書一一九。新、舊參用。

晉書羊祜傳：「文帝崩，祜謂傅玄曰：『三年之喪，雖貴遂服，自天子達漢文除之。今主上天縱至孝，雖奪服，實行喪禮。若因此革漢、魏之薄，而興先王之法，不亦善乎！」玄曰：『漢文以末世淺薄，不能行國君之喪，故因而除之。除之數百年，一旦復古，難行也。』祜曰：『不能使天下如禮，且使人主遂服，不猶善乎？』玄曰：『此爲有父子而無君臣，三綱之道虧矣。』祜乃止。」〔一〕傅玄之言，所謂禦人以口給者也。不能緣人主之孝思，善推其所爲，以立一王之制，而徒以徇流俗之失。未幾而賈后殺姑，劉石〔二〕更帝，豈非詒謀之不裕哉。

〔一〕晉書卅四。

〔二〕原作「五胡」。

後秦姚興，「母虵氏卒，興哀毀過禮，不親庶政。群臣請依漢魏故事，既葬即吉。尚書郎李嵩上疏言：『既葬之後，應素服臨朝，率先天下，仁孝之舉也。』興從之。」〔一〕若傅玄、羊祜之見，其不及姚興之臣遠矣。

〔一〕晉書一一七。

宋神宗崩，范祖禹上疏，論喪服之制曰：「先王制禮，君服同於父，斬衰三年。蓋恐爲人臣者，不以父事其君。自漢以來，不惟人臣無服，人君遂不爲三年之喪。國朝自祖宗以來，外廷雖用易月之制，宫中實行三年服。君服如古典，而臣下猶依漢制，故十二日而小祥，期而又小祥，二十四日而大祥，再期而又大祥。按此唐制，非漢制，范誤。既以日爲之，又以月爲之，此禮之無據者也。古者再期而大祥，中月而禫。禫，祭之名，非服之色。今乃爲之慘服三日，然後禫，此禮之不經者也。服既除，至葬又服之，祔廟後即吉，纔八月，而遽純吉，無所不佩，此又禮之無漸者也。朔望群臣朝服以造殯宫，是以吉服臨喪。人主衰服在上，是以先帝之服，爲人主之私喪。此二者皆禮之所不安也。」〔一〕寧宗小祥，詔群臣服純吉，真德秀爭之曰：「自漢文帝率情變古，惟我孝宗衰服三年，朝衣朝冠，皆以大布。惜當時不并定臣下執喪之禮，此千載無窮之憾。孝宗崩，從臣羅點等議，令群臣易月之後，未釋衰服，惟朝會治事，權用黑帶、公服，時序仍臨慰，至大祥始除。侂胄枋政，始以小祥從吉。且帶不以金，鞓不以紅，佩不以魚，鞍轎不以文繡，此於群臣何損？朝儀何傷？』議遂止。」〔二〕然迄未有能酌三代聖王之遺意，而立爲中制者。

〔一〕宋史一二二禮志。

〔二〕宋史四三七真德秀傳。

楊用修曰：「舜典：『二十有八載，帝乃殂落，百姓如喪考妣，三年。』百姓，有爵命者也。爲君斬衰三年，禮也。四海遏密八音，禮不下庶人，且有農畝服賈力役之事，豈能皆服斬衰，但遏密八音而已。此當時君喪禮制。」〔一〕

〔一〕楊慎升庵全集八七經說。

朱子作君臣服議曰：「古之所謂方喪三年者，蓋曰比方於父母之喪云爾。蓋事親者，親死而致喪三年，情之至，義之盡也。事師者，師死而心喪三年，謂其哀如父母，而無服，情之至，而義有所不得盡者也。事君者，君死而方喪三年，謂其服如父母，而分有親疏，此義之至，而情或有不至於其盡者也。當參度人情，斟酌古今之宜，分別貴賤親疏之等，以爲降殺之節。且以嫁娶一事言之，則宜自一月之外許軍民，三月之外許士吏，復土之後許選人，祔廟之後許承議郎以下，小祥之後許朝請大夫以下，大祥之後許中大夫以下，各借吉三日；其大中大夫以上，則並須禫祭然後行吉禮焉。官卑而差遣職事高者從高，遷官者從

新，貶官者從舊。如此，則亦不悖於古，無害於今，庶乎其可行矣。」〔一〕

〔一〕朱文公集六九雜著。

太倉陸道威世儀嘗創爲君喪五服之圖，其略謂：「嗣君及勳戚大臣斬衰三年，文武臣一品以下斬衰期年，四品以下斬衰九月，七品以下斬衰五月，士庶人斬衰三月。庶君臣之情不至邈焉相絕，而服有降殺，亦不至扞格難行。」〔一〕蓋本朱子之意，而實出於魏孝文所云：「群臣各以親疏貴賤遠近爲除服之差。」〔二〕庶幾稍近於古、易行於今之說。然三代之制，亦未嘗不然。所謂爲君斬衰三年者，諸侯爲天子，卿大夫爲其國君，家臣爲其主。若庶人之爲其國君，但齊衰三月。白虎通曰：「王者崩，京師之民喪三月何？民賤故三月而已。」又曰：「王者崩，臣下服之有先後何？恩有深淺遠近，故制有日月。」〔三〕服問曰：「君爲天子三年，夫人如外宗之爲君也，世子不爲天子服。」注曰：「不服與畿外之民同。」而諸侯之大夫，以時接見乎天子，則繐衰裳、牡麻絰，既葬除之。雜記曰：大夫次於公館以終喪，士練而歸；大夫居廬，士居堊室。此言國君之喪。正義以爲位尊恩重、位卑恩輕之等。檀弓曰：「公之喪，諸達官之長杖。」是其所以別親疏明貴賤者，則固有不同矣。今自天子之外，別無所謂國君，而等威之辨，則未嘗有異於古。苟稱情而制服，使三代之禮復見於今日，而人知尊君親上之義，亦厚俗之一端也。朱子曰：「百官如喪考妣，此其本分。四海遏密八音，以禮論之，則爲過也。爲天子服三年之喪，則是畿内。諸侯之國則不然。禮爲君、爲父，但服斬衰。君謂天子諸侯及大夫之有地者。大夫之邑以大夫爲君，大夫以諸侯爲君，諸侯以天子爲君，各爲其君服斬衰。諸侯之大夫卻爲天子服齊衰三月，禮無二斬故也。民則畿内者，爲天子齊衰三月，畿外無服。公之喪，諸達官之長，杖。達官，謂通於君得奏事者，各以其長。其長杖，其下者不杖可知。問：後世不封建諸侯，天下一統，百姓當爲天子何服？曰：三月。天下服地雖有遠近，聞喪有先後，然亦不過三月。」〔四〕

〔一〕思辨録輯要廿一。
〔二〕魏書一〇八之三禮志。
〔三〕白虎通十喪服篇。
〔四〕朱子語類七八，文字稍異，首句「百官如喪考妣」，「百官」原爲「百姓」。

喪禮主人不得升堂

濟陽張爾岐言：「今人受弔之位，主人伏哭於柩東，賓入門北面而弔，拜畢，主人下堂北面拜賓，相習以爲定位，鮮有知其非者。不知方伏哭柩東時，婦女當在何所乎？女賓至，主人避之否乎？主人避而賓又至，又將何所伏而待乎？既失男女内外之位，又妨主賓拜謝之節。考之士喪禮，主人入坐於牀東，衆主人在其後西面，婦人俠牀東面，此未斂以前主人室中之哭位也。其拜賓，則升降自西階即位，於西階東南面拜之，固已不待賓於堂上矣。及其既斂而殯也，居門外倚廬，唯朝夕哭，乃入門而奠。其入門也，主人堂下直東序西面北上，外兄弟在其南南上，賓繼之北上，門東北面西上，門西北面東上，西方東面北上，主人固不復在堂上矣。所以然者，其時即位於堂，南上者唯婦人，故主人不得升堂也。今主人柩東拜伏之位，正古人主婦之位也。若依周公、孔子之故，未斂以前，則以牀東爲位，既斂而殯，則堂下直東序西面是其位也。主人正位於此，則内外之辨，賓主之儀，無適而不當矣。」〔一〕

〔一〕蒿庵集一。

南史孔〔一〕秀之遺令曰：「世俗〔二〕以僕妾直靈助哭，當緜喪主不能淳至，欲以多聲相亂。魂而有靈，吾當笑之。」

〔一〕「孔」當作「王」，元鈔本、潘本已誤「孔」。南史廿四本傳。南齊書四六不載。全齊文十三。

〔二〕「世俗」原作「世人」。

居喪不弔人

禮：「父母之喪不弔人。」〔一〕情有所專，而不及乎他也。孔子曰：「三年之喪練，不群立，不旅行。君子禮以飾情，三年之喪而弔哭，不亦虛乎？」〔二〕穀梁子曰：「周人有喪，魯人有喪，周人弔，魯人不弔。」〔三〕天子之喪猶可以不弔，而況朋友故人之喪乎？孔氏曰：若有服者，則往哭。或疑末世政重事繁，有喪之人，不能不出，獨廢此禮，有所難行，是亦必待既葬卒哭之後，或庶乎其可耳。

〔一〕禮記雜記。
〔二〕禮記曾子問。
〔三〕定公元年。

像設

古之於喪也，有重；於祔也，有主以依神；於祭也，有尸以象神：而無所謂像也〔一〕。左傳言：「嘗於太公之廟麻嬰爲尸。」〔二〕孟子亦曰弟爲尸。而春秋以後，不聞有尸之事。宋玉招魂，始有「像設君室」之文〔三〕。尸禮廢而像事興，蓋在戰國之時矣。漢文翁成都石室，設孔子坐像，其坐斂蹠向後，屈膝當前，七十二弟子侍於兩旁〔四〕。

〔一〕禮記檀弓。重，主道也。未作主之先，以重代之。

〔二〕左傳襄廿八年。

〔三〕文選三三。

〔四〕文翁，漢書八九循吏。此語不知所出，而韓門綴學引之。

朱子白鹿洞書院，只作禮殿，依開元禮，臨祭設席，不立像〔一〕。

〔一〕朱文公集四六。

正統三年，巡按湖廣監察御史陳祚奏：「南嶽衡山神廟，歲久頹壞，塑像剥落，請重修立，依祭祀山川制度，内築壇壝，外立厨庫，繚以周垣，附以齋室，而去其廟宇塑像。則禮制合經，神祇不瀆。」事下禮部，尚書胡濙以爲「國初更定神號，不除像設，必有明見，難以準行」〔一〕。今按鳳陽縣志言：洪武三年詔：天下城隍，止立神主，稱某府某州某縣城隍之神，前時爵號，一皆革去。未幾，又令城隍神有泥塑像在正中者，以水浸之，泥在正中壁上，卻畫雲山圖；像在兩廊者，泥在兩廊壁上。千載之陋習爲之一變，後人多未之知。嘉靖九年，詔革先師孔子封爵塑像，有司依違，多於殿内添砌一牆，置像於中，以塞明詔。甚矣，愚俗之難曉也。

〔一〕英宗實録四五，八月條。

宋文恪訥國子監碑言：「夫子而下，像不土繪，祀以神主，數百年陋習乃革。」〔一〕是則太祖〔二〕已先定此制，獨未通行天下爾。

〔一〕明文衡六三敕建太學碑。「陋」本作「夷」。

〔二〕「太祖」原作「聖祖」。

從祀〔一〕

周、程、張、朱五子之從祀，定於理宗淳祐元年〔二〕。顏、曾、思、孟四子之配享，定於度宗咸淳三年〔三〕。自此之後，國無異論，士無異習。歷元至明，先王之統亡〔四〕，而先王之道存。理宗之功大矣。宋史贊言：「身當季運，弗獲大效。後世有以理學復古帝王之治者，考論匡直輔翼之功，實自帝始。」〔五〕

〔一〕原作「配享」。

〔二〕宋史四二。

〔三〕宋史四六。

〔四〕原作「歷胡元至于我朝，中國之統亡」。

〔五〕宋史四五理宗紀。

十哲

孟子言：「他日子夏、子張、子游，以有若似聖人，欲以所事孔子事之，彊曾子。曾子曰：『不可。江漢以濯之，秋陽以暴之，皜皜乎，不可尚已。』」〔一〕慈谿黄氏震曰：「門人以有若言行氣象類孔子，而欲以事孔子之禮事之。有若之所學何如也？曾子以孔子自生民以來未之有，非有若之所可繼而止之，而非貶有若也。有若雖不足以比孔子，而孔門之所推尚，一時無及有若可知。咸淳三年，升從祀以補十哲，衆議必有若也，祭酒爲書力詆有若不當升，而升子張。宋史禮志：度宗咸淳三年正月戊申，封顓孫師陳國公，升十哲位〔二〕。不知論語一書，孔子未嘗深許子張。按理宗作顓孫子贊，其末語云：色取行違，作戒後人。似亦不足之辭〔三〕。據孟子此章，則子張正欲事有若者也。陸象山天資高明，指心頓悟，不欲人從事學問，故嘗斥有子孝弟之説爲支離。奈何習其説者不察，而創攻之於千載之下邪。」〔四〕當時之論如此。愚〔五〕按論語首篇即録有子之言者三，而與曾子並稱曰子，門人實欲以二子接孔子之傳者。傳記言，孔子之卒，哀公誄之，有若之喪，悼公弔焉。其爲魯人所重，又可知矣。十哲之祀，允宜釐正。孟子不曰有若似孔子，而曰有若似聖人。史記乃云：「有若狀似孔子。」〔六〕謬甚。

〔一〕孟子滕文公上。

〔二〕宋史一〇五。

〔三〕兩注皆亭林所加。日鈔無。

〔四〕黄氏日鈔三讀孟子。日鈔之言至此止。

〔五〕愚，亭林自謂也。

〔六〕史記六七仲尼弟子列傳。

嘉靖更定從祀

古人每事必祭其始之人：耕之祭先農也，桑之祭先蠶也，學之祭先師也，一也。舊唐書：太宗貞觀二十一年二月壬申詔：「以左丘明、卜子夏、公羊高、穀梁赤、伏勝、高堂生、戴聖、毛萇、孔安國、劉向、鄭衆、杜子春、馬融、盧植、鄭玄、服虔、賈逵、何休、王肅、王弼、杜預、范甯等二十二人，太宗紀無賈逵，止二十一人，今依禮儀志增〔一〕。又按唐六典，祠部名有賈逵〔二〕。然貞觀時未祀七十二弟子，則爲二十二人。開元八年敕：七十二子，並許從祀。則卜子夏已在其中，而先儒止二十一人。六典國子祭酒司業條云：「七十二弟子及先儒二十二賢。」〔三〕則亦誤也。太學，並令配享宣尼廟堂。」〔四〕蓋所以報其傳注之功。代用其書，垂於國胄。自今有事於太學，並令配享宣尼廟堂。」〔四〕蓋所以報其傳注之功。迄乎宋之仁、英，未有改易，可謂得古人敬學尊師之意者矣。神宗元豐七年，始進荀況、揚雄、韓愈三人〔五〕。此三人之書，雖有合於聖人，而無傳注之功，不當祀也。祀之者，爲王安石配享，王雱從祀地也。宋史禮志：「神宗熙寧七年，從晉州州學教授陸長愈言：以孟子同顔子配享殿上，封荀況蘭陵伯、揚雄成都伯、韓愈昌黎伯，並從祀於左丘明等二十二賢之間。」「徽宗政和三年，封王安石舒王，同顔子、孟子配享殿上，安石子雱臨川伯，從祀諸賢之末」〔六〕。此封三人爲增入從祀之始，而不及董仲舒。至元文宗至順元年，方進仲舒從祀〔七〕。理宗寶慶三年，進朱熹。淳祐元年，進周頤、避光廟諱，去「惇」字。張載、程顥、程頤。景定二年，進張栻、呂祖謙。度宗咸淳三年，進邵雍、司馬光〔八〕。以今論之，唯程子之易傳，朱子之四書章句集注、易本義、詩傳及蔡氏之尚書集傳，胡氏之春秋傳，陳氏之禮記集説，是所謂代用其書，垂於國胄者爾。成化三年五月乙卯，太常寺少卿兼翰林院侍讀學士劉定之，請以元儒陳澔以胡安國、蔡沈例從祀。敕下江西，考其行事以聞〔九〕。南軒之論語解，東萊之讀詩記，抑又次之。而太極圖、通書、西銘、正蒙，亦羽翼六經之作也。至有明嘉靖九年，欲以制禮之功，蓋其豐昵之失，而逞私妄議，輒爲出入，殊乖古人之旨〔十〕。去戴聖、劉向、馬融、賈逵、何休、王肅、王弼、杜預，又改鄭衆、盧植、鄭玄、服虔、范甯祀於其鄉。二十二人之中，惟存九人。成化初，劉定之議〔十一〕，以爲左丘明以下經師二十二人，雖其中不無可議，然當世衰道微，火於秦，黄老於漢，佛於魏晉之時，而此二十二人者，守其遺經，轉相付授，講説注釋，各竭其才，以待後之學者，則其爲功，殆亦猶文武成康之子孫，雖衰替微弱，無所振作，尚能保守姬姓之宗祀譜牒，以閱歷春秋戰國，不亡而幸存者也。雖有大過，亦當宥之，況小失乎？又曰：愚〔十二〕竊以爲仲尼，素王也，七十子助其創業者也，二十二經師助其垂統者也。夫以一事之瑕，而廢傳經之祀，則宰我之短喪，冉有之聚斂，亦不當列於十哲乎？棄漢儒保殘守缺之功，而奬末流論性談天之學，於是語録之書，日增月益，而五經之義，委之榛蕪，自明人之議從祀始也。有王者作，其必遵貞觀之制乎？

〔一〕舊唐書二四禮儀志。
〔二〕卷四。
〔三〕卷廿一。
〔四〕舊唐書三太宗紀下。
〔五〕宋史十六神宗紀。
〔六〕二注均見宋史一〇五。
〔七〕元史三四文宗紀。
〔八〕均見宋史一〇五禮志。
〔九〕憲宗實録四三作「六月」。第二「以」字，作「援」字解。
〔十〕世宗實録一一九，十一月。
〔十一〕劉定之，明史一七六，字主靜。
〔十二〕愚，劉定之也。

嘉靖之從祀，進歐陽修者，爲大禮也，出於在上之私意也。進陸九淵者，爲王守仁也，出於在下之私意也。與宋人進荀、揚、韓三子，而安石封舒王配享，同一道也。

成化四年，彭時奏，謂漢晉之時，道統無傳，所幸有專門之師，講誦聖經，以詔學者，斯文賴以不墜。此馬融、范甯諸人雖學行未純，亦不得而廢〔一〕。

〔一〕憲宗實録五四。

祭禮

陸道威〔一〕著思辨録，欲於祭禮之中，而寓立宗之意，謂：「古人最重宗子。然宗子欲統一族衆，無如祭法。文公家禮所載祭禮，雖詳整有法，顧惟宗子而有官爵及富厚者，方得行之，不能通諸貧士。又一歲四合族衆，繁重難舉，無差等隆殺之別。愚意欲倣古族食世降一等之意，定爲宗祭法。歲始則祭始祖，凡五服之外皆與，大宗主之。仲春則祭四代，以高祖爲主，曾祖以下分昭穆居左右，合同高祖之衆，繼高之宗主之。仲夏則祭三代，以曾祖爲主，祖考則分昭穆居左右，合同曾祖之衆，繼曾之宗主之。仲秋則祭二代，以祖爲主，考妣居左昭位，合同祖之衆，繼祖之宗主之。仲冬則祭一代，以考爲主，合同父昆弟，繼禰之宗主之。皆宗子主祭，而其餘子，則獻物以助祭。不惟愛敬各盡，而祖考高曾隆殺有等，一從再從，遠近有别，似於古禮，初無所倍。或曰：高曾祖考，祭則俱祭，古人具有成法，不當隨時加損。答之曰：凡禮皆以義起耳。禮有云：上殺旁殺下殺〔二〕。中庸言：親親之殺。是古人於禮，凡事皆有等殺，况喪禮服制，父母皆服三年，而高祖則齊衰三月，此今律文。是喪禮已有等殺，何獨於祭禮不可行乎？此雖創舉，恐不無補於風教也。」〔三〕

〔一〕陸世儀。

〔二〕禮記喪服小記。

〔三〕思辨録輯要十修齊類。

女巫

周禮，女巫舞雩，但用之旱暵之時〔一〕。使女巫舞旱祭者，崇陰也。禮記檀弓：「歲旱，穆公召縣子而問曰：『吾欲暴巫而奚若？』曰：『天則不雨，而望之愚婦人，無乃已疏乎？』」此用女巫之證也。漢因秦滅學，祠祀用女巫〔二〕。後魏郊天之禮，女巫升壇搖鼓。帝拜，后肅拜〔三〕。杜岐公曰：「道武帝南平姑臧，東下山東，足爲雄武之主。其時用事大臣，崔浩、李順、李孝伯等，多是謀猷之士，少有通儒碩學。所以郊祀上帝，六宮及女巫預焉」〔四〕。魏書高祖紀：「延興二年二月乙巳，詔曰：尼父稟達聖之姿，體生知之量，窮理盡性，道光四海。頃者淮徐未賓，廟隔非所，致令祀典寢頓，禮章殄滅，遂使女巫妖覡，淫進非禮，殺牲歌舞，倡優媟狎，豈所以尊明神、敬聖道者也？自今以後，有祭孔子廟，制用酒脯而已，不聽婦女合雜，以祈非望之福。犯者以違制論。」〔五〕大金國志：「世宗大定二十六年二月詔曰：『曩者邊場多事，南方未賓，致令孔廟頹落，禮典淩遲，女巫雜覡，淫祀違禮。自今有祭孔廟，制用酒醑而已。犯者以違制論。』」〔六〕

〔一〕周禮春官女巫。
〔二〕通典五五吉禮。
〔三〕通典四二郊天。
〔四〕骨巖峰侍香紀略謂：上郊祀天壇，皇太后、皇后皆同往。
〔五〕魏書七上。
〔六〕卷十八。

唐書黎幹傳：「代宗時，爲京兆尹。時大旱，幹造土龍，自與巫覡對舞，彌月不應，又禱孔子廟。帝笑曰：『丘之禱久矣。』使毁土龍。」〔一〕

〔一〕舊唐書一一八無。見新唐書一四五。

日知録校注卷十五

陵

古王者之葬，稱墓而已。左傳曰：「殽有二陵，其南陵，夏后皋之墓也。」〔一〕書傳亦言：「桐宫湯墓。」〔二〕周官冢人：「掌公墓之地。」〔三〕並言墓不言陵。及春秋以降，乃有稱丘者。楚昭王墓，謂之昭丘。趙武靈王墓，謂之靈丘。而吳王闔閭之墓，亦名虎丘。蓋必其因山而高大者，故二三君之外無聞焉。史記趙世家：肅侯十五年，起壽陵〔四〕。秦本紀：惠文王葬公陵，悼武王葬永陵，孝文王葬壽陵〔五〕。始有稱陵者。後漢書東平憲王蒼傳，言園邑之興，始自彊秦〔六〕。通典：襄陵有晉襄公之陵〔七〕。至漢則無帝不稱陵矣。宋施宿會稽志曰：「自先秦古書，帝王墓皆不稱陵，而陵之名實自漢始。」〔八〕非也。

〔一〕僖卅二年。

〔二〕尚書太甲上。
〔三〕春官。
〔四〕卷四三。
〔五〕史記六。
〔六〕後漢書七二。
〔七〕通典一七九州郡。
〔八〕卷六。

墓祭

太甲之書曰：「王徂桐宮，居憂。」此古人廬墓之始。曾子問：「宗子去在他國，庶子無爵而居者，可以祭乎？」孔子曰：「祭哉。」「請問其祭如之何？」孔子曰：「向墓而爲壇，以時祭。若宗子死，告於墓而後祭於家。」此古人祭墓之始。史記周本紀：武王上祭於畢〔一〕。馬融曰：「畢，文王墓地名也。」此緯書之言，不可信。記言古不墓祭，宗子去在他國，事之變也。將祭而爲壇，禮之權也。秦興西戎，宗廟之禮無聞，而特起寢殿於墓側。見漢官儀。宋書禮志：「漢氏諸陵，皆有園寢者，承秦所爲也。說者以爲古前廟後寢，以象人君前有朝後有寢也。廟以藏主，四時祭祀，寢有衣冠、象生之具以薦新。」〔二〕漢之西京已崇此禮。叔孫通傳言：「爲原廟渭北，衣冠月出游之。」〔三〕師古曰：從高帝陵寢出衣冠游於高廟，每月一爲之。韋玄成傳言：「園中各有寢便殿，日祭於寢，月祭於廟，時祭於便殿。寢日四上食，廟歲二十五祠，便殿歲四祠。」〔四〕此皆承秦之制，故黷於祭祀如此。後漢明帝永平元年春正月，「帝率公卿已下朝於原陵，如元會儀」〔五〕。而上陵之禮始興。蔡邕記曰：「昔京師在長安時，其禮不可盡得聞也。光武即世，始葬於此。明帝嗣位踰年，群臣朝正，感先帝不復聞見此禮，乃帥公卿百寮就園陵而創焉。」〔六〕每正月上丁，祀郊廟畢，以次上陵，百官四姓，親家婦女公主，諸王大夫，外國朝者，侍子，郡國計吏會陵。八月飲酎，禮亦如之〔七〕。雒陽諸陵，皆以晦朔、二十四氣、伏臘及四時祠廟，日上飯，太官送用物，園令食監典省其親，陵所宮人隨鼓漏，理被枕，具盥水，陳妝具。貢禹奏言：「武帝取好女數千人，填後宮。及棄天下，昭帝幼弱，霍光專事，不知禮正，皆以後宮女置於園陵，今杜陵有宮人數百。」〔八〕外戚傳：「許后上疏：有杜陵梁美人。」又云：「成帝崩，班倢伃充奉園陵，薨，因葬園中。」〔九〕而張敞書言：「昌邑哀王歌舞者張修等十人無子，又非姬，但良人無官名。王薨當罷歸，太傅豹等擅留，以爲哀王園中人，不當罷。」〔十〕翼奉亦言：「諸侯王園宜出其過制者。」〔十一〕是諸侯王園亦有之矣。是以安帝尊母孝德皇元妃耿氏爲甘陵大貴人，桓帝尊母匽氏爲博園貴人，靈帝尊母董氏爲慎園貴人〔十二〕，皆以陵園爲名。程氏演繁露曰：「魏武置宮人銅雀臺，令月朝十五輒向帳作伎。陸機爲文譏之，不知其來有自矣。」〔十三〕而「十七年正月，明帝當謁原陵，夜夢先帝太后如平生歡。既寤，悲不能寐。即案曆，明旦日吉，遂率百官及故客上陵。其日甘露降於陵樹，帝令百官采取以薦。會畢，帝從席前伏御牀，視太后鏡奩中物，感動悲涕，令易脂澤妝具。左右皆泣，莫能仰視焉」〔十四〕。此特士庶人之孝，而史傳之以爲盛節。故陵之崇，廟之殺也；禮之瀆，敬之衰也。明帝遺詔，無起寢廟，藏主於光烈皇后更衣別室〔十五〕。而七廟之制遂廢。蔡邕以爲「天子事亡如存之意，禮有煩而不可省者」〔十六〕。殆曲爲之説也。魏武帝葬高陵，有司依漢立陵上祭殿。至文帝黄初三年，乃詔曰：「先帝躬履節儉，遺詔省約。子以述父爲孝，臣以繼事爲忠。古不墓祭，皆設於廟。高陵上殿，屋皆毀壞，車馬還厩，衣服藏府，以從先帝儉德之志。」及文帝自作終制，又曰：「壽陵無立寢殿，造園邑。」〔十七〕晉宣王遺令子弟群官，並不得謁陵〔十八〕。猶爲近古。宋書禮志：「晉宣帝遺詔，子弟群官皆不得謁陵。於是景文遵旨。至武帝猶再謁崇陽陵，一謁峻平陵，然遂不敢謁高原陵，至惠帝復止也。逮江左初，元帝崩後，諸公始有謁陵辭陵之事。蓋由眷同友執，率情而舉，非雒京之舊也。成帝時，中宮亦年年拜陵，議者以爲非禮，於是遂止，以爲永制。」〔十九〕晉書王導傳：「自漢魏已來，群臣不拜山陵，導以元帝睠同布衣，匪惟君臣而已。每一崇進，皆就拜不勝哀戚，由是詔百官拜陵，自導始也。」〔二十〕梁武帝、後周明帝，始皆謁陵。唐太宗、玄宗，亦並行之〔二一〕。唐書彭景直傳：「景龍末爲太常博士，時獻、昭、乾三陵皆日祭，景直請罷。不從。」〔二二〕開元二十年敕，寒食上墓，宜編入五禮，永爲恒式〔二三〕。胡三省曰：「唐開元敕，寒食上墓，禮經無文，近代相傳，寖以成俗，宜許上墓，同拜掃禮。蓋但許士庶之家行之，而人君無此禮也。」五代會要言：「後唐莊宗，每年寒食出祭，謂之破散。其後襲而行之。」〔二四〕歐陽公五代史所謂「寒食野祭而焚紙錢」〔二五〕，即謂此也。而陵寢亦有衣冠嬪御之制。杜子美橋陵詩：「宫女晚知曙，祠官朝見星。」韓退之豐陵行曰：「臣聞神道尚清靜，三代舊制存諸書，墓藏廟祭不可亂，欲言非職知何如。」〔二六〕蓋深非之也。若明代〔二七〕之制，無車馬，無宫人，不起居，不進奉，亦庶幾得禮之中者與？

〔一〕卷四。
〔二〕宋書十六。集釋引沈氏曰：「宋書禮志一節，已見續漢書祭祀志。」沈説對。
〔三〕漢書四三。
〔四〕漢書七三。
〔五〕後漢書二，通鑑四四。
〔六〕後漢書十四禮儀志上注。
〔七〕通典五二禮典上陵條。
〔八〕漢書七二。
〔九〕漢書九七下。
〔十〕漢書六三。
〔十一〕漢書七五。
〔十二〕後漢書五安帝紀，七桓帝紀，八靈帝紀。
〔十三〕演繁露四寢廟游衣冠條。陸文見文選六十弔魏武帝文。

〔十四〕册府二八奉先門。通鑑四五。
〔十五〕後漢書二。
〔十六〕後漢書十四禮儀上。
〔十七〕宋書十六禮志。
〔十八〕通典五二。
〔十九〕宋書十五禮志。
〔二十〕晉書六五。
〔二一〕舊唐書二五禮儀志。
〔二二〕新唐書一九九儒學傳。
〔二三〕舊唐書八。
〔二四〕會要三。
〔二五〕五代史語，見十二周世宗紀後論。
〔二六〕昌黎集四。
〔二七〕原作「本朝」。

古人於墓之禮，但有奔喪、去國二事。記曰：「奔喪者，不及殯，先之墓，北面坐哭盡哀。主人之待之也，即位于墓左，婦人墓右，成踊盡哀。」〔一〕又曰：「若除喪而後歸，則之墓，哭成踊，東括髮，袒絰，拜賓成踊，送賓反位，又哭盡哀，遂除於家不哭。」〔二〕又曰：「奔兄弟之喪，先之墓，而後之家，爲位而哭。所知之喪，則哭於宫，而後之墓。」〔三〕又曰：「去國則哭於墓，而後行，反其國則不哭，展墓而入。」〔四〕魯昭公之孫于齊也，與臧孫如墓謀遂行〔五〕。吴延州來季子之於王僚也，復命哭墓〔六〕。是則古人之至於墓，皆有哭泣哀傷之事，而祭者吉禮也。無舍廟而之墓者也。

〔一〕禮記奔喪。
〔二〕禮記奔喪。
〔三〕禮記喪服小記。
〔四〕禮記檀弓下。
〔五〕左傳昭十五年。
〔六〕左傳昭廿七年。延州來季子即季札，食采於延陵、州來二邑。

孟子言：「孔子没，子貢築室於場，獨居三年，然後歸。」〔一〕曲沃衛嵩〔二〕曰：古人爲廟以依神，無廬墓之事。門人既不得奉其廟祀，而但廬於冢上，以盡其情。此亡於禮者之禮也。漢以來，乃有父母終而廬墓者，不知其置神主何地？其奉之墓次歟？是野祭之也。其空置之祠堂歟？是視其體魄反過其神也。而愨者，以此悖先王之禮；僞者，以此博孝子之名。至於今，而此風猶未已也。且孝如曾子，未嘗廬墓，孔子封防，既反而弟子後至。古人豈有廬墓之事哉？

〔一〕孟子滕文公上。

〔二〕潘本作「衛萬」。曲沃志作「蒿」，明末人。年譜康熙二十年條引志亦作「蒿」。詩集五贈衛處士蒿亦作「蒿」，字匪莪。

史記孔子世家：「魯世世相傳，以歲時奉祀孔子冢。史言上冢者，自孔子、留侯二世家始。而諸儒亦講禮鄉飲大射於孔子冢。孔子冢大一頃，故所居堂，弟子內。後世因廟藏孔子衣冠琴車書。」〔一〕夫禮教出於聖人之門，豈有就冢而祭？至鄉飲大射尤不可於冢上行之。蓋孔子教於洙泗之間，所葬之冢，在講堂之後。孔子既殁，弟子即講堂而祀之，且行飲射之禮。太史公不達，以爲祭於冢也。

〔一〕卷四七。

漢人以宗廟之禮，移於陵墓〔一〕。有人臣而告事於陵者，蘇武自匈奴還，詔奉一太牢，謁武帝園廟〔二〕，是也。有上冢而會宗族故人及郡邑之官者，樓護爲諫大夫，使郡國，過齊，上書求上先人冢，因會宗族故人〔三〕；班伯上書，願過故郡，上父祖冢，有詔，太守都尉以下會〔四〕；是也。有上冢而太官爲之供具者，董賢爲侍中駙馬都尉，上冢有會，輒太官爲供〔五〕，是也〔六〕。有贈謚而賜之於墓者，陰興夫人卒，肅宗使五官中郎將，持節即墓賜策，追謚興曰翼侯〔七〕，是也。有人主而臨人臣之墓者，光武至湖陽，幸樊重墓〔八〕；霍峻葬成都，先主率群寮臨會弔祭，因留宿墓上〔九〕，是也。有庶民而祭古賢人之墓者，曹昭東征賦：「蘧氏在城之東南兮，民亦饗其丘墳。」〔十〕文選作「尚」，水經注引此作「饗」。是也。人情所趨，遂成習俗。其流之弊，有如楊倫行喪於恭陵者矣〔十一〕，有如趙宣葬親而不閉埏隧，因居其中，行服二十餘年者矣。陳蕃傳〔十二〕。至乃市賈小民，相聚爲宣陵孝子者數十人，皆除太子舍人〔十三〕，而禮教於斯大壞矣。

〔一〕凡六項。
〔二〕漢書五四。
〔三〕漢書九二游俠傳。

〔四〕漢書一百上叙傳。
〔五〕漢書九三佞幸傳。太官屬少府，主御膳。
〔六〕後漢書四七馮異傳：「異歸家上冢，使太中大夫齎牛酒，令二百里内太守、都尉已下會焉。」
〔七〕後漢書六二陰興傳。
〔八〕後漢書六二樊弘傳。
〔九〕三國志蜀志十一霍峻傳。
〔十〕文選九。水經注八濟水條。
〔十一〕後漢書一〇九上儒林傳。
〔十二〕後漢書九六。
〔十三〕宣陵，桓帝陵。事見後漢書八靈帝紀熹平六年四月條。

招魂之葬，於古未聞。三輔黄圖言：「漢太上皇陵，在櫟陽北原。在東者太上皇，在西者昭靈后。」〔一〕高帝母起兵時死於小黄〔二〕。則疑其始於此矣。晉東海王越柩爲石勒所焚，「妃裴氏渡江，欲招魂葬越。元帝詔有司詳議，博士傅純曰：『聖人制禮，以事緣情。設冢槨以藏形，而事之以凶；立廟祧以安神，而奉之以吉。送形而往，迎精而還，此墓廟之大分，形神之異制也。至於宗廟寢廟，祊祭非一處，所以廣求神之道，而獨不祭於墓，明非神之所處也。今亂形神之别，錯廟墓之宜，違禮失義，莫大於此。』於是下詔不許」〔三〕。

〔一〕卷六。
〔二〕注見史記八正義引漢儀注。
〔三〕晉書五九本傳。

唐高宗顯慶三年十一月，伊麗道行軍副總管蕭嗣業，擒阿史那賀魯至京師，甲午獻於昭陵。總章元年十月，司空李勣破高麗，俘〔一〕高藏男建、男産等至京師，獻於昭陵。許敬宗言：「古者軍凱旋，則飲至於廟，未聞獻馘於陵者。然陛下奉園寢與宗廟等，可行不疑。」〔二〕此亦所謂自我作古者矣。

〔一〕「俘」原作「虜」。
〔二〕册府四三四獻捷門，通鑑二百、二〇一。總章元年後於顯慶三年凡十年。許敬宗言，爲賀魯事而發。

唐時陵寢嘗有鷹犬之奉。玄宗開元二年四月辛未，詔曰：「園陵之地，衣冠所游，凡厥有司，罔不祇事。頃者别致鷹狗，供奉山陵，至於料度，極多費損。昔戒禽荒，既非尋常所用；遠惟龍馭，每以仁愛爲心。彼耕象與耘鳥，且增哀慕；豈飛蒼而走黃，更備畋獵？有乖儀式，無益崇嚴。諸陵所有供奉鷹狗等，並宜即停。」〔一〕

〔一〕册府三十奉先門。

天寶二年八月制曰：「禋祀者，所以展誠敬之心；薦新者，所以申霜露之思。自流火届期，商風改律，載深追遠，感物增懷。且詩著授衣，令存休澣，在於臣子，猶及恩私，恭事園陵，未標典式。自今以後，每至九月一日，薦衣於陵寢，貽範千載，庶展孝思。且仲夏端午，事無典實，傳之淺俗，遂乃移風。況乎以孝道人，因親設教，感游衣於漢紀，成獻報於禮文。宣示庶寮，令知朕意。」〔一〕今關中之俗，有所謂送寒衣者，其遺教也。今俗乃用十月一日。

〔一〕册府三十奉先門。

厚葬

晉書索綝傳：「建興中，盜發漢霸、杜二陵，文帝霸陵，宣帝杜陵。多獲珍寶。帝問綝曰：

『漢陵中物，何乃多邪？』綝對曰：『漢天子即位一年而爲陵。天下貢賦，三分之一供宗廟，一供賓客，一充山陵。武帝享年久長，比崩而茂陵不復容物，其樹皆已可拱。赤眉取陵中物，不能減半，於今猶有朽帛委積，珠玉未盡。此二陵謂霸、杜。是儉者耳，亦百世之誡。』」〔一〕漢書王莽傳：「赤眉發掘園陵，惟霸陵、杜陵完。」〔二〕按史記孝文紀言：「治霸陵皆以瓦器，不得以金銀銅錫爲飾。」〔三〕而劉向諫昌陵疏，亦以孝文薄葬，足爲後王之則〔四〕。然考之張湯傳，則武帝之世，已有盜發孝文園瘞錢者矣〔五〕。蓋自春秋列國以來，厚葬之俗，雖以孝文之明達儉約，且猶不能盡除，而史策所書，未必皆爲實録也。

〔一〕晉書六十。
〔二〕卷九九下。
〔三〕卷十，十七年。
〔四〕漢書三六。
〔五〕漢書五九。

左傳成公二年八月，「宋文公卒，始厚葬。用蜃炭，益車馬，始用殉。重器備，椁有四阿，棺有翰檜。君子謂華元、樂舉，於是乎不臣。臣治煩去惑者也，是以伏死而爭。今二子者，君生，則縱其惑；死，又益其侈。是棄君於惡也，何臣之爲？」

呂氏春秋節喪篇曰：「審知生，聖人之要也。審知死，聖人之極也。知生也者，不以害生，養生之謂也。知死也者，不以害死，安死之謂也。此二者，聖人之所獨決也。凡生於天地之間，其必有死，所不免也。孝子之重其親也，慈親之愛其子也，痛於肌骨，性也。所重所愛，死而棄之溝壑，人之情不忍爲也。故有葬死之義，葬也者，藏也，慈親孝子之所慎也。慎之者，以生人之心慮，以生人之心爲死者慮也。莫如無動，莫如無發。無發無動，莫如無有可利，則此之謂重閉。古之人，有藏於廣野深山而安者矣，非珠玉國寶之謂也。葬不可不藏也。葬淺則狐貍抇之，抇讀曰掘。深則及於水泉，故凡葬必於高陵之上，以避狐貍之患，水泉之濕。此則善矣，而忘姦邪盜賊寇亂之難，豈不惑哉！避之若瞽師之避柱也，避柱而疾觸杙也。狐貍、水泉，姦邪盜賊，寇亂之患，此杙之大者也。慈親孝子避之者，得葬之情矣。善棺槨，所以避螻蟻蛇蟲也。今世俗大亂之主，愈侈其葬，則心非爲乎死者慮也，生者以相矜尚也。侈靡者以爲榮，儉節者以爲陋，不以便死爲故，而徒以生者之誹譽爲務，此非慈親孝子之心也。民之於利也，犯流矢，蹈白刃，涉血盩肝以求之。盩，古「抽」字。野人之無聞者，忍親戚兄弟知交以求利。今無此之危，無此之醜，其爲利甚厚，乘車食肉，澤及子孫，雖聖人猶不能禁，而況於國彌大，家彌富，葬彌厚，含珠鱗施，含珠，口實也；鱗施，施玉於死者之體，若魚鱗也。玩好貨寶，鐘鼎壺濫，以冰置水漿於其中爲濫，取其冷也。轝馬、衣被、戈劍，不可勝數，諸養生之具，無不從者。題湊之室，室，槨也。題湊復累〔一〕。棺槨數襲，積石積炭，以環其外。姦人聞之，傳以相告。上雖以嚴威重罪禁之，猶不可止。且死者彌久，生者彌疏。生者彌疏，則守者彌怠，守者彌怠而葬器如故，其勢固不安矣。」〔二〕安死篇曰：「世之爲丘壟也，其高大若山，其樹之若林，其設闕庭爲宮室，造賓阼也若都邑。以此觀世示富，則可矣；以此爲死，則不可也。夫死其視萬歲，猶一瞚也。瞚，古「瞬」字。人之壽，久之不過百，中壽不過六十。以百與六十爲無窮者之慮，其情必不相當矣。以無窮爲死者之慮，則得之矣。今有人於此爲石銘，置之壟上曰：『此其中之物，具珠玉玩好、財物寶器甚多，不可不抇。抇之必大富，世世乘車食肉。』人必相與笑之，以爲大惑。世之厚葬也，有似於此。自古及今，未有不亡之國也。無不亡之國，是無不抇之墓也。以耳目所聞見，齊、荆、燕嘗亡矣，齊湣王、楚平王、燕王噲。宋、中山已亡矣，趙、魏、韓皆亡矣。作書之時，秦初并三晉〔三〕。其皆故國矣。自此以上者，亡國不可勝數，上猶前也〔四〕。是故大墓，無不抇也，而世皆爭爲之，豈不悲哉！君之不令民，父之不孝子，兄之不悌弟，皆鄉里之所釜䰙者而逐之。䰙、鬲同。史記蔡澤傳：「入韓魏遇奪釜鬲於塗。」〔五〕憚耕稼采薪之勞，不肯官人事，而祈美衣侈食之樂，智巧窮屈，無以爲之。於是乎聚群多之徒，以深山廣澤林藪，扑擊遏奪；又視名丘大墓葬之厚者，求舍便居，以微抇之；日夜不休，必得所利，相與分之。夫有所愛所重，而令姦邪盜賊寇亂之人，卒必辱之，此孝子忠臣親父交友之大事。堯葬於穀林，通樹之。舜葬於紀，市不變其肆。禹葬於會稽，不變人徒。變，動也。言無所興造，不擾民也。是故先王以儉節葬死也，非愛其費也，非惡其勞也，以爲死者慮也。先王之所惡，惟死者之辱也。發則必辱，儉則不發，故先王之葬必儉必合必同。何謂合？何謂同？葬於山林，則合乎山林，葬於陵隰，則同乎陵隰，此之謂愛人。夫愛人者衆，知愛人者寡。故宋未亡而東冢抇，東冢，文公冢也。文公厚葬，故冢被發也。冢在城東，因謂之東冢。齊未亡而莊公冢抇，莊公名購，僖公之父〔六〕。在位六十四年〔七〕。國安寧而猶若此，又況百世之後，而國已亡乎？故孝子忠臣親父交友不可不察於此也。夫愛之而反危之，其此之謂乎？魯季孫有喪，孔子往弔之，入門而左，從客也。主人以璠璵收，此季平子意如之喪也，主人桓子斯也〔八〕。收，斂也〔九〕。孔子徑庭而趨，歷級而上，曰：『以寶玉收，譬之猶暴骸中原也。』言必發抇〔十〕。徑庭歷級，非禮也，雖然，以救過也。」〔十一〕

〔一〕以上五注皆高誘注。

〔二〕卷十孟冬紀二節喪。

〔三〕以上三注皆顧注。

〔四〕高注。

〔五〕史記七九。此顧注。

〔六〕以上高注。

〔七〕顧注。

〔八〕顧注。

〔九〕高注。

〔十〕顧注。

〔十一〕卷十孟冬紀三安死。

前代陵墓

漢高帝十二年十二月詔曰：「秦皇帝、楚隱王、師古曰：陳勝也。魏安釐王、齊愍王、趙悼襄王，皆絶亡後，其與秦皇帝守冢二十家，楚、魏、齊各十家，趙及魏公子無忌師古曰：即信陵君也。各五家，令視其冢，復亡以與他事。」〔一〕魏明帝景初二年五月戊子，詔曰：「昔漢高創業，光武中興，謀除殘暴，功昭四海。而墳陵崩頽，童兒牧豎踐蹋其上，非大魏尊崇所承代之意也。其表高祖、光武陵四面各百步，不得使民耕牧樵采。」〔二〕宋武帝永初元年閏月壬午朔，詔曰：「晉世帝后及藩王諸陵，守衛宜便置格。其名賢先哲，見優前代，或立德著節，或寧亂庇民，墳墓未遠，并宜灑埽。主者具條以聞。」〔三〕南齊明帝建武二年十二月丁酉，詔曰：「舊國都邑，望之悵然。況乃身經南面，負扆宸居，或功濟當時，德章一世，而塋壟欑穢，封樹不修，豈直嗟深牧豎，悲甚信陵而已哉。昔中京淪覆，鼎玉東遷，晉元締構之始，簡文遺詠在民，而松門夷替，埏路榛蕪，雖年代殊往，撫事興懷。晉帝諸陵，悉加修理，并增守衛。」〔四〕梁武帝天監六年，詔曰：「命世興王，嗣賢傳業，聲稱不朽。人代徂遷，二賓以位，三恪義在，時事寖遠，宿草榛蕪，望古興懷，言念愴然。晉、宋、齊三代諸陵，有司勤加守護，勿令細民侵毀。作兵有少，補使充足。前無守視，并可量給。」〔五〕文選載任昉爲卞彬謝修卞忠貞墓啓〔六〕。魏高祖太和二十年五月丙戌，詔：「漢、魏、晉諸帝陵，各禁方百步，不得樵蘇踐藉。」〔七〕孝明熙平元年七月，詔曰：「先賢列聖，道冠生民，仁風盛德，焕乎圖史。暨曆數永終，迹隨物變，陵隧杳靄，鞠爲茂草，古帝諸陵，多見踐藉。可明敕所在，諸有帝王墳陵，四面各五十步，勿聽樵牧。」〔八〕隋煬帝大業二年十二月庚寅，詔曰：「前代帝王，因時創業，君民建國，禮尊南面。而曆運推移，年世永久，丘壟殘毀，樵牧相趨，塋兆堙蕪，封樹莫辨，興言淪滅，有愴於懷。自古以來，帝王陵墓，可給隨近十户，蠲其雜役，以供守視。」〔九〕唐太宗詔見下〔十〕。唐玄宗天寶三載十二月詔：「自古聖帝明王陵墓，有頹毀者，宜令管內量事修葺，仍明立標記，禁其樵采。」〔十一〕古人於異代山陵，必爲之修護若此。陳書淳于量傳：坐就江陰王蕭季卿買梁陵中樹，季卿坐免，量免侍中〔十二〕。

〔一〕漢書一下。

〔二〕三國志魏志三注。冊府一七四修廢。

〔三〕宋書三。

〔四〕南齊書六。

〔五〕梁書三武帝紀下。「天監」誤，應爲「大同」，移前三十三年。全梁文四。

〔六〕文選三九。

〔七〕魏書七下。「踐藉」原作「踐蹋」。

〔八〕魏書九。冊府一七四修廢。

〔九〕隋書三。冊府一七四。

〔十〕注「見下」者，見下文貞觀四年九月詔。

〔十一〕冊府一七四。

〔十二〕陳書十一。

「宋熙寧中，興利之臣建議，前代帝王陵寢，許民請射耕墾。而唐之諸陵，悉見芟削，昭陵喬木，翦伐無遺。」宋史鄧潤甫傳〔一〕。小民何識，自上導之。靡存愛樹之思，但逐樵蘇之利。吁！非一朝之故矣。

〔一〕卷三四三。

金太宗天會二年二月詔：「有盜發遼諸陵者，罪死。」七年二月甲戌詔：「禁醫巫閭山遼代山陵樵采。」〔一〕金史斡魯古孛堇傳：乾州後爲閭陽縣，遼諸陵多在此，禁無所犯〔二〕。獨元之世祖縱楊璉真伽，發宋會稽攢宮不問，此自古所無之大變也〔三〕。元史：「楊璉真伽爲江南釋教總統，發掘故宋趙氏諸陵之在錢塘紹興者，及其大臣冢墓，凡一百一所。」〔四〕

〔一〕金史三。
〔二〕卷七一。
〔三〕元史十三。至元廿二年。
〔四〕卷二〇二釋老傳。

實録〔一〕洪武九年八月己酉，「遣國子生周渭等三十一人，分視歷代帝王陵寢。命百步内，禁人樵牧，設陵户二人守之。有經兵燹而崩摧者，有司督近陵之民，以時封培。每三年一遣使致祭」〔二〕。其後每登極詔書，並有此文，而有司之能留意者鮮矣。

〔一〕「實録」原作「本朝」。

〔二〕太祖實録一〇八。

魏高祖太和十九年九月丁亥，詔曰：「諸有舊墓，銘記見存，昭然爲時人所知者，三公及位從公者，去墓三十步，尚書令、僕九列十五步，黄門五校十步，各不聽墾殖。」〔一〕陳文帝天嘉六年八月丁丑，詔曰：「梁室多故，禍亂相尋，兵甲紛紜，十年不解。不逞之徒，虐流生氣；無賴之屬，暴及徂魂。江左肇基，王者攸宅，金行水位之主，木運火德之君。時更四代，歲逾二百。若其經綸王業，搢紳民望，忠臣孝子，何世無之，而零落山丘，變移陵谷，咸皆翦伐，莫不侵殘。玉杯得於民間，漆簡傳於世載。無復五株之樹，罕見千年之表。自天祚光啓，恭惟揖讓，爰暨朕躬，聿修祖武。雖復旂旗服色，猶行杞宋之封。每車駕巡游，眇瞻河雒之路。故橋山之祀，蘋藻弗虧；驪山之墳，松柏恒守。惟戚藩舊壟，士子故塋，掩殣未周，樵牧猶衆。或親屬流隸，負土無期，子孫冥滅，手植何寄？漢高留連於無忌，宋祖惆帳於子房，丘墓生哀，性靈共惻者也。朕所以興言永日，思慰幽泉。惟前代侯王，自古忠烈，墳冢被發，絶無後者，可簡行修治，墓中樹木，勿得樵采。庶幽顯式暢，稱朕意焉。」〔二〕

〔一〕魏書七下。以上限於帝王，以下三詔並及士庶。
〔二〕陳書三。引文太冗。

唐太宗貞觀四年九月壬午，詔曰：「欽若稽古，緬想往册，英聲茂實，志深褒尚。始兹巡省，眺矚中塗，漢氏諸陵，北阜斯託，寂寥千載，邈而無祀。歷選列辟，遺迹可觀，良宰名卿，清徽不滅。宜令所司，普加研訪。爰自上古，洎於隋室，諸有明王聖帝，盛德寵功，定亂弭災，安民濟物；及賢臣烈士，立言顯行，緯武經文，致君利俗，丘壟可識，瑩兆見在者，各隨所在，條録申奏。每加巡簡，禁絶芻牧，春秋二時，爲之致祭。若有毁壞，即宜修補，務令周盡，以稱朕意。」〔一〕是則不獨前代山陵，即士大夫之丘墓，並爲封禁，亦興王之一事，可爲後法者矣。

〔一〕册府一七四修廢。

停喪

停喪之事，自古所無。自建安離析，永嘉播竄，於是有不得已而停者。常煒言：魏晉之制，祖父未葬者，不聽服官。晉書慕容儁載記〔一〕。而御史中丞劉隗奏：「諸軍敗，亡失父母，未知吉凶者，不得仕進宴樂，皆使心喪。有犯，君子廢，小人戮。」通典〔二〕。生者猶然，況於既殁？是以兖州刺史滕恬爲丁零翟所殺，尸喪不反，恬子羨仕宦不廢，論者嫌之。南史鄭鮮之傳〔三〕。鮮之議引楊臻七年不除喪、三十餘年不關人事。齊高帝時，「烏程令顧昌玄坐父法秀宋泰始中北征，尸骸不反，而昌玄宴樂嬉游，與常人無異，有司請加以清議。」南齊書本紀〔四〕。振武將軍丘冠先爲休留茂所殺，喪尸絶域，不可復尋。世祖特敕，其子雄方敢入仕。河南氏羌傳〔五〕。當江左偏安之日，而猶申此禁，豈有死非戰場，棺非異域，而停久不葬，自同平人，如今之所爲者哉？晉書賀循傳：「爲武康令，俗多厚葬，及有拘忌，回避歲月，停喪不葬者，循皆禁焉。」〔六〕舊唐書顔真卿傳：「時有鄭延祚者，新書朔方令。母卒二十九年，殯僧舍垣地。真卿劾奏之，兄弟終身不齒，天下聳動。」〔七〕册府元龜：後周太祖廣順二年十一月丙午，敕曰：「古者立封樹之制，定喪葬之期，著在經典，是爲名教。洎乎世俗衰薄，風化陵遲，親殁而多闕送終，身後而便爲無主。或羈束於仕宦，或拘忌於陰陽，旅櫬不歸，遺骸何託？但以先王垂訓，孝子因心，非以厚葬爲賢，只以稱家爲禮。埽地而祭，尚可以告虔；負土成墳，所貴乎盡力。宜頒條令，用警因循。庶使九原絶抱恨之魂，千古無不歸之骨。搢紳人士，當體兹懷。應内外文武臣僚幕職州縣官選人等，今後有父母祖父母亡殁，未經遷葬者，其主家之長，不得輒求仕進，所由司亦不得申舉解送。」〔八〕而宋史王子韶以不葬父母貶官，劉昺兄弟以不葬父母奪職。並本傳〔九〕。後之王者，以禮治人，則周祖之詔、魯公之劾，不可不著之甲令。但使未葬其親之子若孫，搢紳不許入官，士人不許赴舉，則天下無不葬之喪矣。

〔一〕晉書一一〇。
〔二〕通典九八禮。
〔三〕「翟」下缺「遼」字。「所殺」，南史三三、宋書六四均作「所没」。文引南史，而注則引宋書六四，南史不載。
〔四〕南史四齊高紀建元三年九月條。原注作南齊書，誤。
〔五〕南齊書五九河南氏羌傳。
〔六〕晉書六八。
〔七〕舊唐書一二八、新唐書一五三。

〔八〕一六〇革弊門。

〔九〕宋史三二九、三五六。

張稷若爾岐采皇甫謐之名，作篤終論〔一〕。其下篇曰：「葬之習於侈也，於是有久而不克葬者。是徒知備物豐儀之爲厚其親，而不知久而不葬之大悖於禮也。先王之制喪禮，始死而襲，襲而斂，三日而殯，殯而治葬具。其葬也，貴賤有時，天子七月，諸侯五月，大夫三月，士踰月。先時而葬者，謂之得葬，後時而葬者，謂之怠喪。其自襲而斂，自斂而殯，自殯而葬，中間皆不治他事，各視其力，日夕拮據，至葬而已。以爲所以計安親體者，必至乎葬而始畢也。襲也，斂也，殯也，皆以期，成乎葬者也。殯則不可不葬，猶之襲則不可不斂，斂則不可不殯，相待而爲始終者也，故不可以他事閒也。今有人親死踰日而不襲，踰旬而不斂，踰月而不殯，苟非狂易喪心之人，必有痛乎其中者矣。至於累年而不葬，則相與安之，何也？殯者必於客位，所以賓之也，父母而賓之，人子之所不忍也。而爲之者，以將葬，故賓之也，所以漸即乎遠也。殯而不葬，是使其親退而不得反於寢，進而不得即於墓，不猶之客而未得歸、歸而未得至者與？非人事之至難安，而人子之大不忍者與？晏子春秋：「生者不得安，命之曰蓄憂；死者不得葬，命之曰蓄哀。」〔二〕喪服小記曰：『久而不葬者，惟主喪者不除。其餘以麻終月數者，除喪則已。』孔氏曰：『久而不葬，謂有事礙，不得依月葬者，則三年冠服，身皆不得祥除。主喪者，謂子爲父，妻爲夫，臣爲君，孫爲祖，父殁持重。皆爲喪主，不得除也。其餘謂期以下至緦也。』劉世明曰：「衆子雖非喪主，亦不得除。」張憑謂：「已嫁之女，猶不得除，天性難可盡奪，疑則從重。」〔三〕孔叢子：『司徒文子問於子思曰：「喪服既除，然後乃葬，則其服何服？」子思曰：「三年之喪，未葬服不變，除何有焉？」』〔四〕司馬温公葬論亦云〔五〕。乃知古之人有不幸有故，不得葬其親者，雖踰三年不除服。其心所痛，在於未葬，以爲與未及三月者同實也。與未及三月者同實，斯不得計時而即吉矣。何也？喪之即吉，始於虞而成於禫。虞之爲禮，起於既葬，送形而往，迎精而反，故爲虞以安之。未葬，則無所爲而虞。不虞則卒哭而祔，皆無所爲而舉。卒哭與祔不得舉，又何爲而可以練？何爲而可以祥且禫？故雖踰三年，與未及三月者同實也。未及三月，而欲舉祥禫之禮，行道之人弗忍矣。喪服小記：「三年而後葬者，必再祭。」注云：「謂練祥也。葬月虞，明月練，又明月祥。」劉世明曰：「禮虞而柱楣翦屏，練而毁廬居堊室，祥而席，禫而牀。今此虞及練祥，雖爲局促，猶追償其事，若在異月，以其本異歲也。練祥之服，變除之宜，宜如其節也。」〔六〕斯其所以可以除而弗除與？斯其所以寧斂形還葬，縣棺而封，而必不敢爲溢望奢求，以至於久而不葬也與？」〔七〕由是言之，則人子之未葬其親者，未可以虞，未可以卒哭也。未可以虞，未可以卒哭，而可以服官乎？反末代之澆風，舉百王之墜制，必有聖人起而行之者。

〔一〕晉皇甫謐有篤終論，見本傳。蒿庵集卷一，有異文。
〔二〕晏子春秋卷二内篇諫下第二。
〔三〕劉世明，全晉文八六。張憑，全晉文一三二。均通典一〇三久喪不葬服議。
〔四〕孔叢子卷上抗志第十。自「其餘」以下至此，與今本蒿庵集異。
〔五〕司馬集七一。
〔六〕通典一〇三久喪不葬服議。
〔七〕蒿庵論至此止。

陳可大〔一〕曰：「以麻終月數者，期以下至緦之親。以主人未葬，不得變葛，故服麻，以至月數足而除，不待主人喪後之除也。然其服猶必收藏，以俟送葬也。」〔二〕夫未葬之喪，期已下至緦之親，且不得變葛，而爲之子者，乃循葬畢之制，而練而祥而禫，是則今〔三〕之人其無父母也久矣。

〔一〕陳澔，元人，有雲莊禮記集説十卷，四庫禮三。

〔二〕雲莊禮記集説卷六喪服小記以麻終月數條。
〔三〕今，亭林。

魏劉仲武，娶毌丘氏，生子正舒、正則。及毌丘儉敗，仲武出其妻，司馬師夷儉三族，故仲武出妻。更娶王氏，生陶。仲武爲毌丘氏立別舍，而不告絶。及毌丘氏卒，正舒求祔葬，陶不許。正舒不釋服，訟於上下，泣血露骨，衰裳綴絡，數十年弗得，以至死亡〔一〕。宋海虞令何子平，母喪去官，哀毀踰禮。屬大明孝武帝年號末，東土饑荒，繼以師旅，八年不得營葬，晝夜號哭，常如袒括之日，冬不衣絮，夏不就清涼，一日以米數合爲粥，不進鹽菜。所居屋敗，不蔽風日，兄子伯興欲爲葺理，子平不肯，曰：「我情事未申，天地一罪人耳，屋何宜覆？」蔡興宗爲會稽太守，甚加矜重，爲營冢壙〔二〕。朱子采入小學善行篇。梁，殷不佞爲武康令，會江陵陷，而母卒，道路隔絶，不得奔赴。四載之中，晝夜號泣。及陳高祖受禪，起爲戎昭將軍，除婁令。至是四兄不齊，始迎喪柩歸葬。不佞居處禮節如始聞喪，若此者又三年〔三〕。唐歐陽通爲中書舍人，丁母憂，以歲凶未葬，四年居廬，不釋服。冬月，家人密以氈絮置所眠席下，通覺，大怒，遽令撤之〔四〕。元孫瑾父喪，停柩四載，衣不解帶〔五〕。此數事可爲不得已而停喪者之法。

〔一〕晉書二十禮志，册府七五一孝門。三國時何以有二名？

〔二〕宋書九一孝義傳，南史七三孝義傳。此引南史。

〔三〕陳書三二孝行傳，南史七四孝義傳。

〔四〕舊唐書一八九上儒學歐陽詢傳，子通。

〔五〕元史一九七孝友傳。

近年亦有一二知禮之士，未克葬而不變服者，而或且譏之曰：「夫飲酒食肉處内，與夫人間之交際往來，一一如平人，而獨不變衣冠，則文存而實亡也。文存而實亡，近於爲名。」然則必并其文而去之，而後爲不近名邪？子貢欲去告朔之餼羊，子曰：「賜也，爾愛其羊，我愛其禮。」嗚呼，夫習之難移久矣。自非大賢，中人之情，鮮不動於外者。聖人爲之弁冕衣裳，佩玉以教恭，衰麻以教孝，介冑以教武，故君子恥服其服，而無其容。使其未葬而不釋衰麻，則其悲哀之心，痛疾之意，必有觸於目而常存者。此子游所謂以故興物，而爲孝子仁人之一助也，奚爲其必去之也。今吳人喪除服，則取冠衰屨杖焚之，服終而未葬，則藏之柩旁，待葬而服。既葬，服以謝弔客，而後除且焚。此亦餼羊之猶存者矣。詩曰：「庶見素韠兮，我心蘊結兮，聊與子如一兮。」〔一〕哀公問曰：「紳委章甫，有益於仁乎？」孔子作色而對曰：「君胡然焉？衰麻苴杖者，志不存乎樂，非耳弗聞，服使然也。」家語〔二〕。後之議禮者，必有能擇於斯者矣。

〔一〕檜風素冠。
〔二〕卷二好生。

又考實録〔一〕「永樂七年七月甲戌，仁孝皇后喪，再期。皇太子以母喪未葬，禫後仍素服視事，至几筵，仍衰服」〔二〕。八年七月乙巳，仁孝皇后忌日，以未葬，禮同大祥〔三〕。十一年二月葬長陵〔四〕。夫天子之子，尚且行之，而謂不可通於士庶人乎？

〔一〕「實録」上原有「本朝」二字。
〔二〕太宗實録六五。
〔三〕太宗實録七一。「乙巳」當作「己巳」，丙寅朔，己巳四日。
〔四〕長陵，永樂陵。太宗實録八九。

侈於殯埋之飾，而民遂至於不葬其親；豐於資送之儀，而民遂至於不舉其女，於是有反本尚質之思。而老氏之書，謂禮爲忠信之薄，而亂之首，則亦過矣。豈知召南之女，迨其謂之。周禮媒氏：凡嫁子娶妻，入幣純帛，無過五兩。而夫子之告子路曰：「斂首足形，還葬而無椁，稱其財，斯之謂禮。」何至如鹽鐵論之云「送死殫家，遣女滿車」〔一〕，齊武帝詔書之云「斑白不婚，露棺累葉」者乎〔二〕？馬融有言：「嫁娶之禮儉，則婚者以時矣。喪祭之禮約，則終者掩藏矣。」〔三〕林放問禮之本，孔子曰：「禮，與其奢也，寧儉。」其正俗之先務乎？宋史孫覺傳：「知福州，閩俗厚於昏喪，其費無藝。覺裁爲中法，使其資裝無得過百千。令下，嫁娶以百數。葬埋之費亦率減什五」〔四〕。元史干文傳傳，「爲婺源知州。婺源之俗，男女昏聘後，富則渝其約，有育其女至老死不嫁者。親喪，貧則不舉，有停其柩累數世不葬者。文傳下車，即召其耆老，使以禮訓告之。閱三月而婚喪俱畢」〔五〕。

〔一〕鹽鐵論國病。
〔二〕南齊書三永明七年詔。
〔三〕馬融語，見袁宏後漢紀十八，陽嘉二年舉敦樸對策。全後漢文十八。
〔四〕卷三四四。
〔五〕卷一八五。

假葬

晉武帝太康中，前太子洗馬郄詵，寄止衛國文學講堂十餘年。母亡，不致喪歸，便於堂北壁外下棺，謂之假葬〔一〕。魏志曹休傳：「年十餘歲，喪父。時天下亂，宗族各散去鄉里，獨與一客擔喪假葬，攜將老母渡江。」〔二〕「假葬」字始見於此。三年即吉，詔用爲征東參軍。論者以爲不合禮。鄭志曰：「趙商問：主喪者不除。今人違離邦族，假葬異國，禮不大備，要亦有反土之意。三年闋矣，可得除否？答曰：葬者送親之終。假葬法，後代巧僞，反可以難禮乎？」〔三〕

〔一〕晉書五二郄詵傳。通典一〇三。

〔二〕卷九。

〔三〕鄭志，鄭玄之孫小同編述。與曹休傳孰先？

改殯

古人改殯之禮，必反於宮寢，不拘即遠之制。齊莊公以襄公二十五年，爲崔杼所弒，葬諸士孫之里。二十八年，崔慶既死，十二月乙亥朔，齊人遷莊公殯於大寢，以其棺尸崔杼于市。二十九年二月癸卯，齊人葬莊公于北郭。夫自郭外之葬，歷三年之久，出而遷之路寢，爲之改殯，不以宮廷爲忌，不以兵死爲嫌，古人送往慎終之禮如此。景公，莊公之弟。漢和帝以梁貴人酷歿，斂葬禮闕，乃改殯於承光宫，追服喪制〔一〕。蓋附身附棺之物，人子所宜自盡。若宋之高宗，於梓宫入境，即承之以槨〔二〕。上以欺其先人，下以欺其百官兆姓，誠千古之罪人矣。

〔一〕後漢書十上竇太后紀。

〔二〕宋史一二二禮志凶禮。

册府元龜載：後唐莊宗同光二年八月，遣宗正少卿李瓊往曹州，簡行哀帝陵寢。三年正月丙申，敕曰：「朕顧惟寡德，獲嗣丕圖，奉先之道常勤，送往之誠靡怠。爰自重興廟社，載展郊禋，旋蕩滌於瑕疵，復涵濡於慶澤。蓋憂勞靜國，曠墜承祧，御朽若驚，涉川爲懼。由是推移歲月，鬱滯情懷。恭念昭宗晏駕之辰，少帝登遐之日，咸罹虺毒，遽殞龍顙。委冠劍於仇讎，託山陵於梟獍，靜惟規制，豈叶度程。存愴結以彌深，固寢興而增惕。虔思改卜，式慰允懷。宜令所司，别選園陵，備禮遷葬，貴雪幽明之恨，以申追慕之心。凡百臣寮，體朕哀感。」雖有是命，以年饑財不足而止〔一〕。

〔一〕卷三一奉先門。

火葬

火葬之俗，盛行於江南，自宋時已有之。宋史：紹興二十七年，監登聞鼓院范同言：「今民俗有所謂火化者，生則奉養之具，惟恐不至，死則燔爇而捐棄之。國朝著令，貧無葬地者，許以官地安葬。河東地狹人衆，雖至親之喪，悉皆焚棄。韓琦鎮并州，以官錢市田數頃，給民安葬，至今爲美談。然則承流宣化，使民不畔於禮法，正守臣之職也。事關風化，理宜禁止，仍飭守臣措置荒閒之地，使貧民得以收葬。」從之〔一〕。景定二年，黄震爲吴縣尉，乞免再起化人亭狀曰〔二〕：「照對本司久例，有行香寺曰通濟，在城外西南一里。本寺久爲焚人空亭，約十間，以罔利。合城愚民悉爲所誘，親死即舉而付之烈燄。餘骸不化，則又舉而投之深淵。哀哉！斯人何辜，而遭此身後之大戮邪！震久切痛心，以人微位下，欲言未發。乃五月六日夜，風雷驟至，獨盡撤其所謂焚人之亭而去之。意者穢氣彰聞，冤魂共訴，皇天震怒，爲絶此根。越明日，據寺僧發覺陳狀，爲之備申使府，蓋亦幸此亭之壞耳。案吏何人，敢受寺僧之囑，行下本司，勒令監造。震竊謂此亭爲焚人之親設也，人之焚其親，不孝之大者也，此亭其可再也哉？　謹案古者小斂大斂，以至殯葬，皆擗踊，爲遷其親之尸而動之也，況可得而火之邪？　舉其尸而畀之火，慘虐之極，無復人道。　雖蚩尤作五虐之法，商紂爲炮烙之刑，皆施之於生前，未至戮之於死後也。　展禽謂夏父弗忌必有殃，既葬，焚煙徹於上，或者天實災之，然謂之殃，則凶可知也。　楚子期欲焚麇之師，子西戒不可，雖敵人之尸，猶有所不忍也〔三〕。　衛侯掘褚師定子之墓，焚之於平莊之上，殆自古以來所無之事〔四〕。　田單守即墨之孤邑，積五年，思出萬死一生之計以激其民，故襲用其毒，誤燕人掘齊墓，燒死人，齊人望之涕泣，怒十倍〔五〕，而齊破燕矣。　然則焚其先人之尸，爲子孫者所痛憤，而不自愛其身，故田單思之五年，出此詭計以誤敵也。　尉佗在粵，聞漢掘燒其先人冢。　陸賈明其不然，與之要約，亦曰：　反則掘燒王先人冢耳，舉至不可聞之事以相恐，非忍爲之也〔六〕。　尹齊爲淮揚都尉，所誅甚多。　及死，仇家欲燒其尸，尸亡去歸葬〔七〕，説者謂其尸飛去。　夫欲燒其尸，仇之深也；　欲燒之而尸亡，是死而有靈，猶知燒之可畏也。　漢廣川王去，淫虐無道，其姬昭信共殺幸姬王昭平、王地餘及從婢三人。　後昭信病，夢昭平等，乃掘其尸，皆燒爲灰，去與昭信旋亦誅死〔八〕。　王莽作焚如之刑，燒陳良等，亦遂誅滅〔九〕。　魏文帝終制略曰：　喪亂已來，漢氏諸陵，無不發掘，至乃燒取玉柙金鏤，骸骨并盡，是焚如之刑也，豈不重痛哉〔十〕！　東海王越亂，晉石勒剖其棺，焚其尸，曰：『亂天下者此人也，吾爲天下報之。』〔十一〕夫越之惡，固宜至此，亦石勒〔十二〕之酷而忍爲此也。王敦叛逆，有司出其尸於瘞，焚其衣冠斬之〔十三〕，所焚猶衣冠耳。惟蘇峻以反誅，焚其骨〔十四〕。楊玄感反，隋亦掘其父素冢，焚其骸骨。慘虐之門既開，因以施之極惡之人。周禮秋官掌戮，凡殺其親者焚之〔十五〕。然非治世法也。隋爲仁壽宮，役夫死道上，楊素焚之，上聞之不悦〔十六〕。夫淫刑如隋文，且不忍焚人，則痛莫甚於焚人者矣。蔣元暉瀆亂宮闈，朱全忠殺而焚之〔十七〕，一死不足以盡其罪也。然殺之者常刑，焚之者非法。非法之虐，且不可施之誅死之罪人，況可施之父母骨肉乎！世之施此於父母骨肉者，又往往拾其遺燼而棄之水，則宋誅太子劭逆黨王鸚鵡、嚴道育，既焚而揚灰於河〔十八〕之故智也，慘益甚矣。而或者乃以焚人爲佛法。然聞佛之説，戒火自焚也。今之焚者戒火邪？人火邪？自焚邪？其子孫邪？佛者外國之法，今吾所處中國邪？外國〔十九〕邪？有識者爲之痛惋久矣。今通濟寺僧，焚人之親以罔利，傷風敗俗，莫此爲甚。天幸廢之，何可興之？欲望台慈矜生民之無知，念死者之何罪，備榜通濟寺，風雷已壞之焚人亭，不許再行起置。其於哀死慎終，實非小補。」〔二十〕然自宋以來，此風日盛，國家雖有漏澤園之設，而地窄人多，不能徧葬，相率焚燒，名曰火葬，習以成俗。謂宜每里給空地若干爲義冢，以待貧民之葬，除其租税，而更爲之嚴禁，焚其親者以不孝罪之。庶乎禮教可興，民俗可厚也。嗚呼，古人於服器之微，猶不敢投之於火，故於重也埋之，於杖也斷而棄之，況敢焚及於尸柩乎？荼毗之教，始於沙門，塞外〔二一〕之風，被於華夏〔二二〕。辛有之適伊川〔二三〕，其亦預見之矣。爲國以禮，後王其念之哉！列子言：秦之西有義渠之國者，其親戚死，聚柴積而焚之，熏則煙上，謂之登遐，然後成爲孝子〔二四〕。荀子言：氐羌之民，其虜也不憂其係纍，而憂其死不焚也〔二五〕。蓋西羌之俗有之。

〔一〕宋史一二五禮志士庶人喪服。

〔二〕黄氏日鈔七十中申明，宋史四三八儒學傳不載此文。宋史三〇三另有一黄震，真宗時人。

〔三〕左傳定五年。

〔四〕左傳哀廿六年。

〔五〕史記八二。

〔六〕史記九七陸賈傳。

〔七〕漢書九十酷吏傳。

〔八〕漢書五三廣川王傳。

〔九〕漢書九九中王莽傳，天鳳元年。

〔十〕三國志魏志二，黄初三年十月。

〔十一〕晉書五九。

〔十二〕原作「夷狄」。

〔十三〕晉書九八。
〔十四〕晉書一百。
〔十五〕兩注皆顧添，非黄氏日鈔原注。
〔十六〕北史四一楊素傳。
〔十七〕五代史一梁紀。
〔十八〕宋書九九元凶劭傳。
〔十九〕兩「外國」原皆作「夷狄」。
〔二十〕黄震狀止此。
〔二一〕「塞外」原作「被髮」。
〔二二〕原作「終於戎翟」。
〔二三〕伊川，見左傳僖廿二年。
〔二四〕卷五湯問篇。
〔二五〕卷十九大略篇。

宋以禮教立國，而不能革火葬之俗，於其亡也，乃有楊璉真伽之事。漏澤園之設，起於蔡京〔一〕，不可以其人而廢其法。

〔一〕徐度却掃篇下，謂漏澤園之設，始於元豐間陳向。

期功喪去官〔一〕

古人於期功之喪，皆棄官持服。通典：「安帝初，長吏多避事棄官。乃令自非父母服，不得去職。」〔二〕考之於書，如韋義以兄順喪去官〔三〕，楊仁以兄喪去官〔四〕，譙玄以弟服去官，戴封以伯父喪去官〔五〕，馬融遭兄子喪自劾歸〔六〕，陳寔以期喪去官〔七〕，賈逵以祖父喪去官〔八〕。又風俗通云：「范滂父，字叔矩，博士徵，以兄憂不行。」〔九〕劉衡碑云：「爲勃海王郎中令，以兄琅玡相憂，即日輕舉。」〔十〕圉令趙君碑云：「司徒楊公辟，以兄憂不至。」〔十一〕則兄喪亦謂之憂也。曹全碑云：「遷右扶風槐里令，遭同産弟憂，棄官。」〔十二〕則弟喪亦謂之憂也。度尚碑云：「除上虞長，以從父憂，去官。」〔十三〕楊著碑云：「遷高陽令，遭從兄沛相憂，篤義忘寵，飄然輕舉。」〔十四〕則從父從兄喪亦謂之憂也。陳重傳云：「舉尤異，當遷爲會稽太守，遭姊憂，去官。」〔十五〕則姊喪亦謂之憂也。古人凡喪皆謂之憂，其父母喪則謂之「丁大憂」。見北史李彪傳〔十六〕。王純碑云：「拜郎，失妹寧歸，遂釋印紱。」〔十七〕晉陶淵明作歸去來辭，自序曰：「尋程氏妹喪於武林，情在駿奔，自免去職。」

則已嫁之妹，猶去官以奔其喪也。晉嵇紹傳：「拜徐州刺史，以長子喪去職。」〔十八〕則子之喪亦可以去官也。後漢末，時人多不行妻服。荀爽引據大義正之，「經典雖不悉變，亦頗有改者」〔十九〕。晉泰始中，楊旌有伯母服未除，而應孝廉舉，博士韓光議以宜貶。又言，天水太守王孔碩舉楊少仲爲孝廉，有期之喪而行，甚致清議〔二十〕。而潘岳悼亡詩曰：「亹亹期月周，戚戚彌相慜。」又曰：「投心遵朝命，揮涕强就車。」〔二一〕是則期喪既周，然後就官之證。今代之人，躁於得官，輕於持服，令晉人見之，猶當恥與爲伍，況三代聖賢之列乎？

〔一〕初刻六之十二，只有前二段，無注。
〔二〕通典八十總論喪期。
〔三〕後漢書五六韋彪族子義。
〔四〕後漢書一〇九下儒林傳。
〔五〕均後漢書一一一獨行傳。
〔六〕後漢書九十上。
〔七〕後漢書九二。
〔八〕三國志魏志十五。後漢書六六另有賈逵。

〔九〕卷五。
〔十〕隸釋十七。
〔十一〕隸釋十一。
〔十二〕金薤琳琅補遺。
〔十三〕隸釋七。
〔十四〕隸釋十一。
〔十五〕後漢書一一一。
〔十六〕北史四十。
〔十七〕隸釋七。
〔十八〕晉書八九。
〔十九〕後漢書九二。
〔二十〕二事均見通典一〇一周喪察舉議。
〔二一〕文選二三。

晉書傅咸傳：「惠帝時，司隸荀愷從兄喪，自表赴哀。詔聽之而未下，愷乃造太傅楊駿。咸奏曰：『死喪之威，兄弟孔懷，同堂亡隕，方在信宿。聖恩矜憫，聽使臨喪，詔旨未下，輒行造謁。急諂媚之敬，無友于之情，宜加顯貶，以隆風教。』」〔一〕張輔傳：「梁州刺史楊欣有姊喪，未經旬，車騎長史韓預彊聘其女爲妻。輔爲中正，貶預以清風俗。」〔二〕劉隗傳：「世子文學王籍之居叔母喪而婚，東閣祭酒顏含在叔父喪嫁女，隗並奏之。廬江太守梁龕，明日當除婦服，今日請客奏伎，丞相長史周顗等三十餘人同會。隗奏曰：『夫嫡妻長子，皆杖居廬，故周景王有三年之喪。既除而宴，春秋猶譏，況龕匹夫，暮宴朝祥，慢服之愆，宜肅喪紀之禮，請免龕官，削侯爵。顗等知龕有喪，吉會非禮，宜各奪俸一月。』從之。」〔三〕謝安傳：「期喪不廢樂，王坦之以書喻之，不從。衣冠效之，遂以成俗，世頗以此譏焉。」〔四〕當日期功之喪，朝廷猶以爲重，是以上挂彈文，下干鄉議。史記魏其武安傳：「丞相語灌夫曰：『吾欲與仲孺過魏其侯，會仲孺有服。』」索隱曰：「服謂期功之服。」〔五〕是則漢時有服不預宴會之證。舊唐書王方慶傳：「奏言：『令：杖期大功喪，未葬不預朝賀，未終喪不預宴會。比來朝官不遵禮法，身有哀容，陪預朝會，手舞足蹈，公違憲章。名教既虧，實玷皇化，伏望申明令式禁斷。』」〔六〕唐時格令，未墜前經。今則有説齊衰而入大夫之門，停殯宫而召親朋之會者。至乃髽踊方聞，矜鞶已飾，敗禮傷教，日異歲深，宜乎板蕩之哀，甚於永嘉之世。嗚呼！有人心者，則宜於此焉變矣。

〔一〕晉書四七。

〔二〕晉書六十。
〔三〕晉書六九。
〔四〕晉書七九。
〔五〕史記一〇七。
〔六〕舊唐書八九。

裴庭裕東觀奏記：「大中朝，有前鄉貢進士楊仁贍，女弟出嫁前進士于瓌。納函之日有期喪，仁贍不易其日。憲司糾論，貶康州參軍，馳驛發遣。」〔一〕册府元龜：「後唐明宗天成二年九月敕：『原州司馬聶嶼，擢從班列，委佐親賢。不守條章，彊買店宅。細詢行止，頗駭聽聞。喪妻未及於半年，別成婚媾，棄母動逾於千里，不奉晨昏。令本處賜死。』」〔二〕唐季五代之時，其法猶重。

〔一〕卷上。
〔二〕卷一五四刑罰門。「二年」原作「三年」。

册府元龜：「唐薛膺爲左補闕。弟齊臨陳，爲飛矢所中卒。膺聞難不及請告，馳馬以

赴。與弟褒、庠，處喪如禮。膺去左補闕，庠去河南縣尉、直弘文館。與褒皆屏居外野，布巾終喪。蹈名教者推之。」〔一〕

〔一〕卷八五二友悌門。

宋史：「王巖叟爲涇州推官，聞弟喪，棄官歸養。」〔一〕呂祖儉監明州倉，將上，會兄祖謙卒。部法半年不上者爲違年，祖儉必欲終期喪，朝廷從之。詔違年者以一年爲限，自祖儉始。」〔二〕然史之所書亦寥寥矣。

〔一〕卷三四二。

〔二〕卷四五五忠義傳。

漢人有以師喪去官者，如延篤、孔昱、後漢書〔一〕。劉焉，蜀志〔二〕。並見於史。而荀淑之卒，李膺時爲尚書，自表師喪〔三〕，則朝廷固已許之矣。其亦「子貢築室於場」，「二三子群居則經」〔四〕之遺意也與？

〔一〕卷九四、九七黨錮。
〔二〕卷一。
〔三〕後漢書九七黨錮傳不載，見九二荀淑傳。
〔四〕孟子滕文公上，禮記檀弓上。

緦喪不得赴舉〔一〕

宋天禧三年正月乙亥，諸路貢舉人郭積等四千三百人，見於崇政殿。時積冒緦喪赴舉，爲同輩所訟。上命典謁詰之，引服。付御史臺劾問，殿三舉，同保人並贖金，殿一舉〔二〕。今制，非三年之喪，皆得赴舉，故士彌躁進，而風俗之厚，不如昔人遠矣。

〔一〕初刻六之十三。
〔二〕宋史八真宗紀，「乙亥」作「癸亥」，「積」作「稹」，載其事不詳。己未朔，癸亥四日，乙亥十六日。

喪娶

春秋文公二年：「冬，公子遂如齊納幣。」公羊傳：「納幣不書，此何以書？譏。何譏爾？喪娶也。娶在三年之外，則何譏乎喪娶？三年之内不圖婚。」何休注曰：「僖公以十二月薨，至此未滿二十五月。又禮：先納采、問名、納吉，乃納幣。此四者皆在三年之内，故云爾。」然則納幣猶譏，而況於昏嫁乎！唐高宗永徽中〔一〕，衡山公主將出降長孫氏，議者以時既公除，合行吉禮。于志寧上疏言：「禮記曰：『女子十五而笄，二十而嫁。有故，二十三而嫁。』鄭玄云：『有故，謂遭喪也。』春秋書魯莊公如齊納幣。杜預云：『母喪未再期而圖婚，二傳不譏失禮，明故也。』此則史策具載，是非歷然，斷在聖情，不待問於臣下。其有議者，云準制，公除之後，須並從吉。漢文帝詔曰：「天下吏民毋禁取婦、嫁女、祠祀、飲酒食肉。」〔二〕此漢文創制，其儀爲天下百姓。至於公主，服是斬衰，縱使服隨例除，無宜情隨例改。心喪之内，方復成婚，非惟違於禮經，亦是人情不可。伏惟陛下，嗣膺寶位，臨統萬方，理宜繼美羲軒，齊芳湯禹，弘獎仁孝之日，敦崇名教之秋，伏願遵高宗之令軌，略孝文之權制。國家於法無虧，公主情禮得畢。」〔三〕於是詔公主待三年服闋然後成禮〔四〕。豈非有國之典，本於天經地義，故守禮之臣，猶得引經而爭者哉。

〔一〕册府五八五奏議門作「永徽元年」。
〔二〕漢書四，後七年六月遺詔。
〔三〕志寧疏止此。
〔四〕引舊唐書七八于志寧傳止此。

晉書載記言：石勒下書禁國人，不聽在喪嫁娶〔一〕。時勒號所部爲國人。金史章宗紀：「承安五年三月戊辰，定妻亡服内昏娶聽離法。七月癸亥，定居祖父母喪昏娶聽離法。」〔二〕僭國閏朝〔三〕猶然，今人〔四〕反不講此。

〔一〕晉書一〇五。
〔二〕金史十一。
〔三〕原作「夷狄之代」。
〔四〕原作「今之華人」。

妃，昏期在邇。不意叔崇陽王孟㷳薨逝，季堧應持服，未敢成昏。上命禮部議，言：『王於崇陽王當服期年。緣崇陽王未薨之先，君命已下，節册到日，合令妃翟氏拜受，候服滿成昏。』從之。」〔一〕正月乙未，遣永康侯徐安等持節册封王妃〔二〕。

實録：「正統十三年四月，『楚王季埱奏弟大冶王季堧擇武昌護衛指揮同知翟政妹爲

〔一〕英宗正統實録一六五。
〔二〕注見實録一六二。

「天順三年十月庚戌，瀋王佶焞奏：父康王存日，擇潞州民李剛女爲弟永年王妃，李磐爲妹長平郡主儀賓。已受封册，未及成昏，而父王薨。今父喪已越大祥，陰陽書謂，明年爲弟妹婚不利，乞允於今年擇日嫁娶。禮部侍郎鄒幹言：『三年之喪，禮之大者，服内成親，律有明禁。今瀋王與郡王、郡主俱父喪未終，乃惑於陰陽之説，而欲廢此喪制，乞行長史司啓王，俾待服闋成禮。』上曰：『是長史不能輔導之罪也，其命巡按御史執問如律。』」〔一〕

〔一〕英宗天順實録三〇八。

「十月癸丑，廣靈王遜焜薨。癸酉，敕靈丘王遜烇曰：『所奏第四子第五子俱鎮國將軍，并女臨城縣主，俱已奏報，欲於本年九月後成婚。且爾兄初喪，正哀戚不暇之時，乃欲爲男女成婚，以廢大禮，是豈所忍爲哉！』不允所奏。」〔一〕

〔一〕英宗天順實録三〇八。

憲廟大婚，在天順八年之七月。雖託之遺詔，而士大夫多以爲非，故南京禮部右侍郎章綸有請待來春之奏〔一〕。

〔一〕憲宗實録七，七月辛酉。

衫帽入見

唐書李訓傳：「文宗召見，訓以衰麤難入禁中。令戎服，號王山人。」〔一〕宋史蔡挺傳：「仁宗欲知契丹事，召對便殿。挺時有父喪，聽以衫帽入。」〔二〕則唐宋有喪者，不敢假公服也。今人干謁官長，輒易青黑，與常人無異，是又李訓之不如乎！

〔一〕舊唐書一六九、新唐書一七九皆有。此引舊書。

〔二〕卷三二八。

奔喪守制

記曰：「奔喪者，自齊衰以下。」〔一〕是古人於期功之喪，無有不奔者。太祖實録：「洪武二十三年閏四月甲戌，除期年奔喪之制。先是，百官聞祖父母、伯叔父母、兄弟喪俱得奔赴。至是吏部言：祖父母、伯叔父母、兄弟皆期年服，若俱令奔喪守制，或一人連遭數喪，或道路數千里，則居官日少，更易繁數，曠官廢事。今後除父母及祖父母承重者丁憂外，其餘期服，不許奔喪。詔從之。」〔二〕此出於一時權宜之政，沿習以來至三百年，遂以不奔喪守制爲禮法之當然，而倍死亡哀，多見於搢紳之士矣。

〔一〕禮記奔喪。

〔二〕卷二〇一。

實録又言：「二十七年四月，署北平按察司事監察御史陳德文奏言：『嫁母劉氏卒，乞奔喪。』許之。德文四歲喪父，家貧，隨母嫁陳氏，後年長歸宗。至是其母卒，時已除奔喪之制，德文懇請甚至，上特憐而許之。」〔一〕是聖祖雖依吏部之奏，而仍通於人子之情，固未嘗執一也。

〔一〕太祖實録二三三，四月戊戌。

三代聖王教化之事，其僅存於今日者，惟服制而已。喪亂以來，浸已廢墜。竊謂父母之喪，自非金革，不得起復，著之國典，人人所知。其祖父母、伯叔父母、兄弟之喪，並依洪武初年之制，許令解官奔赴，姊妹妻子雖期喪不必解官。服滿補職。其他雖持重服而不去官者，唐制：爲嫡子斬衰三年，而不去官〔一〕。及大功以下喪者，京官許以素服朝參，不預慶賀。唐書王方慶傳，見上〔二〕。玄宗開元二十五年十一月丁亥，御史大夫李適之奏：「每當正旦，及緣大禮，應朝官并六品清官，並衣朱衣，六品已下，並許通著袴褶。朔望日文武朝集，使並服袴褶。如有慘故，準式不合著朱衣、袴褶者，其日聽不入朝。」暢當傳：「入公門變服，今期喪已下慘制是也。」〔三〕在外諸司，素服治事，公服之內，仍用麻葛。祭祀宴會，俾佐貳攝之。未任之官，無得謁選。生員但歲考，不赴科舉。庶人之家，不許嫁娶。十五月禫後復故。其有期功喪宴會作樂者，官員罷職，士子黜退，仍書之申明亭，以示清議。庶幾民德歸厚，若夤緣干請之風，亦不待禁而衰止矣。

〔一〕舊唐書二七禮儀志，龍朔二年，隴西郡王博乂等奏。
〔二〕舊唐書八九。新唐書一一六作「王綝」。「見上」者，見上文期功喪去官條也。
〔三〕新唐書二百儒學傳。

洪武十一年二月〔一〕，「廣西布政使臧哲，以母喪去官。上思之，特遣人賜米六十石，鈔二十五錠。自後凡官以父母喪去職而家居者，皆有賜焉」〔二〕。十七年正月，「命吏部凡官員丁憂，已在職五年，廉勤無贓私過犯者，照名秩給半祿終制；在職三年者，給三月全祿。」〔三〕

〔一〕當作「十二月」。

〔二〕太祖實録一二一，十二月戊辰。
〔三〕太祖實録一五九，正月癸亥。

丁憂交代

昔時見有司丁父母憂，聞訃奔喪，不出半月。近議必令交代，方許離任。至有欠庫未補，服闋猶不得歸者。是則錢糧爲重，倫紀爲輕，既乖宰物之方，復失使臣之禮。其弊之由，始於刻削太過。蓋昔者錢糧掌於縣丞，案牘掌於主簿，税課掌於大使，余家有嘉靖年買地文契，皆用税課司印，萬曆後用縣印。爲令者稽其要，而無所與焉。又皆俸足以贍其用，而不取之庫藏，故聞訃遄行，無所留滯，而亦不見有那移侵欠之事。今則州縣之中，錐刀之末，上盡取之。而大吏之誅求，尤苦不給。庫藏罄乏，報以虚文。至於近年，天下無完庫矣。即勒令交代，亦不過應之以虚文。徒滋不孝之官，而無益於國計盈虚之數也。嗚呼！君人者，亦知養廉爲致孝之源乎？

陶侃謂王貢曰：「杜弢爲益州刺史，盜用庫錢，父死不奔喪。卿本佳人，何爲隨之也？天下安有白頭賊乎？」貢遂來降，而弢敗走〔一〕。今日居官之輩，大半皆如杜弢。然如此之人，作賊亦不能成也。

〔一〕晉書六六。

史言：梁高祖丁文皇帝高祖父丹陽尹順之憂時，爲齊隨王鎮西諮議參軍，在荆鎮。髣髴奉問，便投劍星馳，不復寢食，倍道前行，憤風驚浪，不暫停止。及居帝位，立七廟，月中再過，每至展拜，常涕泗滂沱，哀動左右〔一〕。然則明王孝治天下，而不遺小國之臣，必有使之各盡其情者矣。

〔一〕梁書三，太清三年十一月。

「洪武八年八月戊辰，詔百官，聞父母喪者，不待報許即去官。時北平按察司僉事呂本言：『近制，士大夫出仕在外，聞父母之喪，必待移文原籍審覈，俟其還報，然後奔喪。臣竊以爲中外官吏去鄉或一二千里，或且萬里，及其文移往復，近者彌月，遠者半年，使爲人子者，銜哀待報，比還家則殯葬已畢。豈惟莫覩父母容體，雖棺柩亦有不及見者。揆之子情，深可憐憫。臣請自今官吏若遇親喪，許令其家屬陳於官，移文任所，令其奔赴，然後覈實。庶人子得盡送終之禮，而朝廷孝理之道彰矣。』上然之，故有是命。」〔一〕

〔一〕太祖實録一百。七月。

武官丁憂

晉書言：「姚興下書將帥，遭大喪，非在疆埸險要之所，皆聽奔赴。及期乃從王役。」〔一〕宋岳飛乞終母喪，以張憲攝軍事，步歸廬山〔二〕。元史言：成宗詔：軍官除邊遠出征，其餘遇祖父母、父母喪，依民官例，立限奔赴〔三〕。然則今制武官不丁憂，非一道同倫之義也。國史言：「洪武二十八年，蘭州衛指揮僉事徐遵等，以父及祖母病卒，奏乞扶柩歸葬鄉里。廷議勿許，上特可之。」〔四〕豈非求忠臣必於孝子之門者邪？

〔一〕晉書一一七。

〔二〕宋史三六五。

〔三〕卷二十，大德六年正月。
〔四〕太祖實録二四六，廿九年八月丁亥，非廿八年。

居喪飲酒

唐憲宗元和九年四月癸未，京兆府奏：故法曹陸賡男慎餘，與兄博文，居喪，衣華服，過坊市飲酒食肉。詔各決四十，慎餘流循州，博文遞歸本貫。册府元龜〔一〕。十二年四月辛丑，駙馬都尉于季友，坐居嫡母喪，與進士劉師服宴飲，季友削官爵，笞四十，忠州安置。師服笞四十，配流連州。于頔以不能訓子，削階。舊唐書本紀〔二〕。以禮坊民，而法行於貴戚，此唐室之所以復振也。

〔一〕卷一五三明罰門。
〔二〕卷十五。

姚興時，有給事黄門侍郎古成詵，每以天下是非爲己任。京兆韋高慕阮籍之爲人，居母喪，彈琴飲酒。詵聞而泣曰：「吾當私刃斬之，以崇風教。」遂持劍求高，高懼而逃匿，終身不敢見〔一〕。僭亂之國〔二〕，猶有此人。

〔一〕晉書一一七。

〔二〕原作「氐羌之朝」。

匿喪

後唐明宗天成三年閏八月，「滑州掌書記孟昇，匿母憂。大理寺斷流。奉敕：『朕以允從人望，嗣守帝圖，政必究於化源，道每先於德本。貴持國法，以正人倫。孟昇身被儒冠，職居賓幕，比資籌畫，以贊盤維。而乃都昧操修，但貪榮禄，匿母喪而不舉，爲人子以何堪？瀆污時風，敗傷名教，五刑是重，十惡難寬。將復投荒，無如去世，可賜自盡。』其觀察使、判官、録事參軍，失於糾察，各有殿罰」〔一〕。

〔一〕册府一五四明罰門。

國恤宴飲

春秋傳言，吳公子札「自衛如晉，將宿于戚。衛大夫孫文子邑。聞鐘聲焉，曰：『異哉！夫子獲罪於君，以在此。文子以戚叛。懼猶不足，而又何樂？夫子之在此，猶燕之巢於幕上。君又在殯，獻公卒未葬。而可以樂乎？』遂去之。文子聞之，終身不聽琴瑟」〔一〕。漢魏以下，有山陵未成而宴飲者。漢書元后傳：「司隸校尉解光奏：曲陽侯王根，骨肉至親，社稷大臣，先帝山陵未成，公聘取故掖庭女樂五官殷嚴、王飛君等，置酒歌舞，無人臣禮，大不敬不道。以根嘗建社稷之策，遣就國。其兄子成都侯〔二〕況免爲庶人，歸故郡。」〔三〕魏書甄楷傳：「除秘書郎。世宗崩未葬，楷與河南尹丞張普惠等飲戲，免官。」〔四〕是也。有國喪未期而宴飲者。晉書鍾雅傳：「拜尚書左丞，奏言：肅祖明皇帝，棄背萬國，尚未期月，聖主縞素，百寮慘愴。尚書梅陶，無大臣忠慕之節，家庭侈靡，聲伎紛葩，絲竹之音，流聞衢路。宜加放黜，以整王憲。」〔五〕是也。時穆后臨朝，特原不問，然百僚憚之。有國忌而宴飲者。舊唐書德宗紀：「貞元十二年五月丁巳，駙馬都尉郭曖、王士平及曖弟晪、暄，坐代宗忌日宴飲，貶官歸第。」〔六〕是也。此皆故事之宜舉行者。禮者，君子大柄，可聽其頹弛而不問乎？

〔一〕襄公廿九年。

〔二〕「其兄子成都侯」爲顧所添。引書添字法。不能不添。

〔三〕漢書九八。

〔四〕魏書六八。

〔五〕晉書七十。

〔六〕舊唐書十三。

宋朝家法

宋世典常不立，政事叢脞，一代之制，殊不足言。然其過於前人者數事：如人君宫中自行三年之喪，一也。外言不入于梱，二也。未及末命，即立族子爲皇嗣，三也。不殺大臣及言事官，四也。此皆漢唐之所不及，故得繼世享國至三百餘年。若其職官、軍旅、食貨之制，冗雜無紀，後之爲國者，並當取以爲戒。

日知録校注卷十六

明經〔一〕

今人但以貢生爲明經，非也。唐制有六科：一曰秀才，二曰明經，三曰進士，四曰明法，五曰書，六曰算〔二〕。大唐新語：隋煬帝置明經、進士二科。國家因隋制，增置秀才、明法、明字、明算，并前爲六科〔三〕。當時以詩賦取者謂之進士，金史移剌履傳：進士之科，隋大業中始試以策，唐初因之。高宗時，雜以箴、銘、賦、詩，至文宗始專用賦〔四〕。以經義取者謂之明經。葉石林避暑録話：唐制取士，用進士、明經二科。本朝初唯用進士，其罷明經，不知自何時。仁宗患進士詩賦浮淺，不本經術，嘉祐三年，始復明經科〔五〕。今罷詩賦而用經義，則今之進士，乃唐之明經也。

〔一〕初刻五之一，無注。

〔二〕舊唐書四三職官禮部。通典十五選舉。

〔三〕卷十鼇革門。

〔四〕金史九五。

〔五〕避暑録話卷上。

唐時入仕之數，明經最多。考試之法，令其全寫注疏，謂之帖括。議者病其不能通經。權文公謂：「注疏猶可以質驗。不者，儻有司率情，上下其手，既失其末，又不得其本，則蕩然矣。」〔一〕今之學者，并注疏而不觀，殆於本末俱喪。然則今之進士，又不如唐之明經也乎？

〔一〕權載之集四一答柳福州書。

秀才〔一〕

舊唐書杜正倫傳：「正倫，隋仁壽中，與兄正玄、正藏，俱以秀才擢第。唐〔二〕代舉秀才止十餘人，正倫一家有三秀才，甚爲當時稱美。」〔三〕唐登科記：武德至永徽，每年進士或至二十餘人，而秀才止一人二人〔四〕。舊唐書職官志則云：「秀才有唐已來無其人。」〔五〕杜氏通典云：「初秀才科第〔六〕最高，試方略策五條，有上上、上中、上下、中上凡四等。貞觀中，有舉而不第者，坐其州長，由是廢絶。」〔七〕新唐書：高宗永徽二年始停秀才科〔八〕。士人所趨嚮，惟明經、進士二科而已。顯慶初，黄門侍郎劉祥道奏言：「國家富有四海，于今已四十年，百姓官寮，未有秀才之舉，未必今人之不如昔，將薦賢之道未至，豈使方稱多士，遂缺斯人？請六品以下，爰及山谷，特降綸言，更審搜訪。」〔九〕唐人之於秀才，其重如此。「秀才」字出史記賈生傳：「年十八，以能誦詩屬書聞於郡中，吴廷尉爲河南守，聞其秀才。」〔十〕而儒林傳，公孫弘等之議，則曰：「有秀才異等，輒以名聞。」〔十一〕此「秀才」之名所起。玄宗御撰六典言：「凡貢舉人有博識高才，强學待問，無失俊選者爲秀才。通二經已上者爲明經。明閑時務，精熟一經者爲進士。」張昌齡傳：「本州欲以秀才舉之，昌齡以時廢此科已久，固辭，乃充進士貢舉及第。」〔十二〕是則秀才之名，乃舉進士者之所不敢當也。冊府元龜：「開元二十四年已後，復有秀才舉。其時以進士漸難，而秀才本科，無貼經及雜文之限，反易於進士。主司以其科廢久，不欲收奬，應者多落之，三十年來無登第者。至天寶初，禮部侍郎韋陟始奏請，有堪此舉者，乃令長官特考，其常年舉送者竝停。」〔十三〕冊府元龜又言：「代宗朝楊綰爲禮部侍郎，請制五經秀才科，事寢不行。」〔十四〕而舊唐書儒學傳，馮伉大曆初登五經秀才科〔十五〕，則是嘗行之而旋廢耳〔十六〕。又文苑英華判目有云：「鄉舉進士至省求試秀才，考功不聽，求訴不已。」趙岊判曰：「文藝小善，進士之能，訪對不休，秀才之目。」〔十七〕文選，任昉爲蕭楊州作薦士表：「訪對不休，質疑斯在。」〔十八〕是又進士求試秀才而不可得也。今以生員而冒呼此名，何也？容齋三筆謂：秀才之名，自宋、魏以後，實爲貢舉科目之最，而今世俗以爲相輕之稱〔十九〕。

〔一〕初刻五之二，只有前段，注只有一節，十四字。

〔二〕「唐」當作「隋」，新唐書一〇六作「隋世重秀才」。潘本已誤「唐」。

〔三〕舊唐書七十。

〔四〕通考二九選舉。

〔五〕舊唐書四二。

〔六〕原作「等」。

〔七〕通典十五選舉。

〔八〕新唐書四四選舉志。

〔九〕舊唐書八一。

〔十〕史記八四。

〔十一〕史記一二一儒林傳序。

〔十二〕舊唐書一九〇文苑傳。

〔十三〕册府六三九條制門。

〔十四〕册府六四〇條制門。

〔十五〕舊唐書一八九下。

〔十六〕初刻注只十四字，云：「楊綰爲相，請置五經秀才科，不果行。」

〔十七〕文苑英華卷五一四判。

〔十八〕文選三八。

〔十九〕容齋三筆卷二。

明〔一〕初嘗舉秀才。洪武十五年徵至秀才數千人。如太祖實録：洪武四年四月辛丑，以秀才丁士梅爲蘇州府知府，童權爲揚州府知府，俱賜冠帶〔二〕。十年二月丙辰，以秀才徐尊生爲翰林應奉〔三〕。十五年八月丁酉，以秀才曾泰爲户部尚書〔四〕。是也。亦嘗舉孝廉。洪武十八年十二月丙午〔五〕。洪武二十年二月己丑，以孝廉李德爲應天府尹〔六〕。是也。此辟舉之名，非所施於科目之士。今俗謂生員爲秀才，舉人爲孝廉，非也。

〔一〕「明」原作「國」。

〔二〕太祖實録六四。

〔三〕太祖實録一一一。

〔四〕太祖實録一四七。

〔五〕太祖實録一七六。

〔六〕太祖實録一八〇。

舉人〔一〕

舉人者，舉到之人。北齊書鮮于世榮傳：「以本官判尚書省右僕射事，與吏部尚書袁聿修在尚書省簡試舉人。」〔二〕舊唐書高宗紀：顯慶四年二月乙亥，上親策試舉人，凡九百人〔三〕。調露元年十二月甲寅，臨軒試應岳牧舉人〔四〕。是也。登科則除官，不復謂之舉人，而不第則須再舉。太祖實録：「許瑗，饒之樂平人，至正中兩以易經舉于鄉，皆第一，會試不第。」贛州府志曰：「鄉舉在宋爲漕試，謂之發解，第階之解送南宮會試耳。試不第者，須再試，未階以入仕也。及累舉不第，然後有推恩焉，謂之特奏名，不復繫諸鄉舉矣。元時亦然。至國朝始定爲入仕之途，則一代之新制也。按宋時亦有不須再試而送南宮者，謂之免解進士。」〔五〕澠水燕談：「仁宗籍田時，許開封國學舉人陪位，因得免解。」〔六〕不若今人以舉人爲一定之名也。進士乃諸科目中之一科，而傳中有言舉進士者，有言舉進士不第者，孟浩然應進士不第，杜甫天寶初應進士不第，唐衢應進士久而不第，温庭筠大中初應進士，累年不第，吴筠舉進士不第，皇甫鎮舉進士，二十三上不中第〔七〕。五代史亦然。敬翔乾符中舉進士不中〔八〕。鄭遨唐昭宗時舉進士不中〔九〕，李振常舉進士，咸通、乾符中連不中〔十〕。鄭珏舉進士數不中。司空頲唐僖宗時舉進士不中〔十一〕。馮玉少舉進士不中〔十二〕。李鏻少舉進士累不中，賈緯少舉進士不中〔十三〕。但云舉進士，則第不第未可知之辭，不若今人已登科而後謂之進士也。宋徽宗宣和六年，禮部試進士至萬五千人，是年賜第八百五人〔十四〕。自本人言之，謂之舉進士〔十五〕；自朝廷言之，謂之舉人。「唐文宗開成三年五月丁巳朔，敕禮部貢院，進士舉人，歲限放三十人及第。」〔十六〕進士舉人者，謂舉進士之人也〔十七〕。進士即是舉人。不若今人以鄉試榜謂之舉人，會試榜謂之進士也。

〔一〕初刻五之三，只有前段。

〔二〕北齊書四一。初刻則引舊唐書楊綰傳。

〔三〕舊唐書四。

〔四〕舊唐書五。

〔五〕卷三十。

〔六〕澠水燕談録一帝德。初刻無此注。

〔七〕孟、杜、温均見舊唐書一九〇文苑下，唐衢一六〇，吳筠一九二隱逸。皇甫鎮見通鑑二五三，廣明元年末。

〔八〕敬翔，新五代史二一。

〔九〕鄭遨，新五代史三四一行傳。

〔十〕李振常，新五代史四三。

〔十一〕鄭珏、司空頲均見新五代史五四。

〔十二〕馮玉，新五代史五六。

〔十三〕李鏻、賈緯，新五代史五七。初刻注無「皇甫鎮」以下。

〔十四〕宋史一五五選舉志。初刻無此注。

〔十五〕初刻此下有注十五字，云：「右補闕薛謙光疏言：『俗號舉人爲覓舉。』」

〔十六〕舊唐書十七下文宗紀。

〔十七〕初刻無此注。

永樂六年六月，翰林院庶吉士沈升上言：「近年各布政司、按察司不體朝廷求賢之盛心，苟圖虛譽，有稍能行文、大義未通者，皆領鄉薦，冒名貢士。及至會試下第，其中文字稍優者，得除教官，其下者，亦得升之國監。以致天下士子，競懷僥倖，不務實學。」〔一〕洪熙元年十一月，四川雙流縣知縣孔友諒上言：「乞將前此下第舉人，通計其數，設法清理。」〔二〕是明〔三〕初纔開舉人之塗，而其弊即已如此。然下第舉人，猶令入監讀書三年，許以省親，未有使之游蕩於人間者。正統十四年，存省京儲始放回原籍。其放肆無恥者，游說干謁，靡所不爲。已見於成化十四年禮部之奏〔四〕。至於末年，則挾制官府，武斷鄉曲。

於是崇禎中，命巡按御史考察所屬舉人，間有黜革，而風俗之壞，已不可復返矣。

〔一〕太宗實録五六，六月丁亥。
〔二〕宣宗實録十一，十一月甲寅。
〔三〕原作「國」。
〔四〕成化實録一七七，四月癸丑。

進士〔一〕

進士即舉人中之一科。其試於禮部者，人人皆可謂之進士。唐人未第稱進士，已及第則稱前進士。雍録引唐人詩云：「曾題名處添前字。」〔二〕通鑑：「建州進士葉京嘗預宣武軍宴，識監軍之面。既而及第，在長安與同年出游，遇之於塗，馬上相揖。因之謗議諠然，遂沈廢終身。」〔三〕是未及第而稱進士也。試畢放榜，其合格者曰賜進士及第，後又廣之曰賜進士出身，賜同進士出身，然後謂之登科。所以異於同試之人者，在乎賜及第，賜出身，而不在乎進士也。宋政和三年五月乙酉，臣僚言：「陛下罷進士，立三舍之法，今賜承議郎徐禋進士出身，於名實未正，乞改賜同上舍出身。」從之。」〔四〕

〔一〕初刻五之四，無注。
〔二〕雍録十。
〔三〕通鑑二五〇。
〔四〕宋史二七下本紀不載。見山堂考索後集卷二七。

科目〔一〕

唐制，取士之科有秀才，有明經，有進士，有俊士，有明法，有明字，有明算，有一史，有三史，有開元禮，有道舉，有童子。而明經之别，有五經，有三經，有二經，有學究一經，有三禮，有三傳，有史科。此歲舉之常選也。其天子自詔曰制舉。唐書選舉志〔二〕。如姚崇下筆成章，張九齡道侔伊吕之類〔三〕，見於史者凡五十餘科，困學紀聞：唐制舉之名，多有八十有六〔四〕。故謂之科目。宋王安石始罷諸科〔五〕。今代止進士一科，則有科而無目矣。猶沿其名，謂之科目，非也。

〔一〕初刻五之五。

〔二〕新唐書四四選舉志。

〔三〕姚崇，舊唐書九六。張九齡，新唐書一二六。

〔四〕困學紀聞十四。

〔五〕宋史一五五選舉。初刻注只有王安石一節。

王維楨欲於科舉之外，倣漢唐舊制，更設數科，以收天下之奇士。不知進士偏重之弊，積二三百年，非大破成格，雖有他材，亦無繇進用矣。

制科

唐制，天子自詔曰制舉，所以待非常之才。唐志曰：「所謂制舉者，其來遠矣。自漢以來，天子常稱制詔，道其所欲問而親策之。唐興，世崇儒學，雖其時君賢愚好惡不同，而樂善求賢之意，未始少怠。故自京師，外至州縣，有司常選之士，以時而舉。而天子又自詔，四方德行才能文學之士，或高蹈幽隱，與其不能自達者，下至軍謀將略，翹關拔山，絶藝奇伎，莫不兼取。其爲名目，隨其人主臨時所欲。而列爲定科者，如賢良方正、直言極諫，博通墳典、達於教化，軍謀宏遠、堪任將率，詳明政術、可以理人之類，其名最著。而天子巡狩行幸，封禪太山梁父，往往會見行在，其所以待之之禮甚優。而宏材偉論非常之人，亦時出於其間，不爲無得也。」〔一〕

〔一〕新唐書四四選舉志。

宋初承周顯德之制，設三科，不限前資、見任職官，黄衣草澤，竝許應詔。景德增爲六科。熙寧以後，屢罷屢復〔一〕。宋人謂之大科。葉祖洽傳：太宗歲設大科〔二〕。邵氏聞見録：富韓公初游場屋，穆伯長謂之曰：進士不足以盡子之才，當以大科名世〔三〕。今以殿試進士，亦謬謂之制科。

〔一〕宋史一五六選舉。
〔二〕宋史三五四傳論。
〔三〕邵氏聞見録前録九。

宋徐度卻埽編〔一〕曰：「國朝制科，初因唐制，有賢良方正、能直言極諫，經學優深、可爲師法，詳明吏理、達於教化，凡三科。應内外職官，前資見任，黄衣草澤人，竝許諸州及本司解送上吏部，對御試策一道，限三千字以上。咸平中又詔，文臣於内外幕職州縣官及草澤中，舉賢良方正各一人。景德中又詔：置賢良方正、能直言極諫，博通墳典、達於教化，才識兼茂、明於體用，武足安邊、洞明韜略、運籌決勝，軍謀宏遠、材任邊寄，詳明吏理、達於從政等六科。天聖七年，復詔：應内外京朝官，不帶臺省館閣職事，不曾犯贓罪，及私罪情理輕者，竝許少卿、監以上奏舉，或自進狀，乞應前六科。仍先進所業策論十卷，卷五道，候到，下兩省看詳。如詞理優長，堪應制科，具名聞奏，差官考試論六首，合格，即御試策一道。又置高蹈丘園、沈淪草澤、茂才異等三科。應草澤及貢舉人，非工商雜類者，竝許本處轉運司、逐州長吏奏舉，或於本貫投狀乞應。州縣體量，有行止別無玷犯者，即納所業策論十卷，卷五道看詳。詞理稍優，即上轉運司，審察鄉里名譽，於部内選有文學官，再看詳。實有文行可稱者，即以文卷送禮部，委主判官看詳，選詞理優長者，具名聞奏。餘如賢良方正等六科，熙寧中悉罷之，而令進士廷試罷三題，而試策一道。建炎間詔復賢良方正一科，然未有應詔者。」

〔一〕卷下國朝制科條，至末。引文太長。

高宗立博學宏辭科，凡十二題：制、誥、詔、表、露布、檄、箴、銘、記、贊、頌、序内，雜出六題，分爲三場，每場體制，一古一今。南渡以後，得人爲盛，多至卿相翰苑者〔一〕。今之第二場，詔、誥、表三題内科一道，亦是略倣此意。而苟簡濫劣，至於全無典故，不知平仄者，亦皆中式，則專重初場之過〔二〕也。

〔一〕宋史一五六選舉。

〔二〕原作「上無能文之主故」。

甲科〔一〕

杜氏通典：「按令文科第，秀才與明經同爲四等，進士與明法同爲二等。然秀才之科久廢，而明經雖有甲乙丙丁四科，進士有甲乙二科，自武德以來，明經惟有丙丁第，進士惟乙科而已。」〔二〕舊唐書玄宗紀：開元九年四月甲戌，上親策試應制舉人於含元殿，敕曰：

「近無甲科，朕將存其上第。」〔三〕楊綰傳：「天寶十三載，玄宗御勤政樓試舉人，登甲科者三人，綰爲之首，超授右拾遺。」〔四〕其登乙科者三十餘人。册府元龜〔五〕。杜甫哀蘇源明詩曰：「制可題未乾，乙科已大闐。」〔六〕然則今之進士而概稱甲科，非也。

〔一〕初刻五之六，只有前後二段，無注。
〔二〕通典十五選舉。
〔三〕舊唐書八。
〔四〕舊唐書一一九。
〔五〕册府元龜六四三考試門。
〔六〕八哀詩之六。

隋書李德林傳：「楊遵彦銓衡深慎，選舉秀才，擢第罕有甲科。德林射策五條，考皆爲上。」〔一〕是則北齊之世，即已多無甲科者矣。

〔一〕隋書四二。

甲乙丙科始見漢書儒林傳：「平帝時，歲課博士弟子，甲科四十人爲郎中，乙科二十人爲太子舍人，丙科四十人補文學掌故。」〔一〕蕭望之傳，以射策甲科爲郎〔二〕。匡衡傳，數射策不中，至九，乃中丙科。褚先生補史記〔三〕。

〔一〕漢書八八傳序。
〔二〕漢書七八。
〔三〕卷九六。匡衡事不見漢書八一本傳，而見史記九六褚先生補傳。初刻無此注。

十八房〔一〕

今制，會試用考試官二員總裁。同考試官十八員，分閱五經，謂之十八房。宋史：各房分經始於理宗紹定二年〔二〕。嘉靖末年，詩五房，易、書各四房，春秋、禮記各二房，止十七房。萬曆庚辰、癸未二科〔三〕，以易卷多添一房，減書一房，仍止十七房。至丙戌〔四〕，書、易卷竝多，仍復書爲四房，始爲十八房。至丙辰〔五〕，又添易、詩各一房，爲二十房。天啓乙丑〔六〕，易、詩仍各五房，書三房，春秋、禮記各一房，爲十五房〔七〕。崇禎戊辰〔八〕，復爲二十房。辛未〔九〕，易、詩仍各五房，爲十八房。癸未〔十〕，復爲二十房。今人概稱爲十八房云。

〔一〕初刻五之七，只有後一段。
〔二〕宋史一五六選舉。
〔三〕八年庚辰，十一年癸未。
〔四〕十四年。
〔五〕四四年。
〔六〕五年。
〔七〕熹宗實録五一，五年二月甲申。
〔八〕元年。
〔九〕四年。
〔十〕十六年。

戒庵漫筆〔一〕曰：江陰李詡著。「余少時學舉子業，竝無刻本窗稿，有書賈在利考朋友家往來，抄得燈窗下課數十篇，每篇謄寫二三十紙，到余家塾，揀其幾篇，每篇酬錢，或二文或三文。憶荊川唐順之中會元，其稿亦是無錫門人蔡瀛與一姻家同刻。方山薛應旂中會魁，其三試卷，余爲從臾其常熟門人錢夢玉，以東湖書院活板印行，未聞有坊間板。今滿目皆坊刻矣，亦世風華實之一驗也。」愚按弘治六年會試，同考官靳文僖批已有「自板刻時文行，學者往往記誦，鮮以講究爲事」之語。則彼時已有刻文，但不多耳〔二〕。楊子常彝曰：「十八房之刻，自萬曆壬辰〔三〕鈎玄録始。旁有批點，自王房仲士驌選程墨始。至乙卯〔四〕以後，而坊刻有四種：曰程墨，則三場主司及士子之文；曰房稿，則十八房進士之作；曰行卷，則舉人之作；曰社稿，則諸生會課之作。至一科房稿之刻，有數百部，皆出於蘇杭，而中原北方之賈人，市買以去。天下之人，惟知此物可以取科名，享富貴，此之謂學問，此之謂士人，而他書一切不觀。昔丘文莊當天順、成化之盛，去宋元未遠，已謂士子有登名前列，不知史册名目、朝代先後、字書偏旁者。舉天下而惟十八房之讀，讀之三年五年，而一幸登第，則無知之童子，儼然與公卿相揖讓，而文武之道，棄如弁髦。宋史：理宗朝，姦弊愈滋。有司命題苟簡，或執偏見臆説，或發策用事訛舛。所取之士既不精，數年之後，復俾之主文，是非顛倒逾甚。時謂之謬種流傳〔五〕。嗟乎！八股盛而六經微，十八房興而廿一史廢！昔閔子馬以原伯魯之不説學，而卜周之衰〔六〕。余少時見有一二好學者，欲通旁經而涉古書，則父師交相譙呵，以爲必不得顓業於帖括，而將爲坎軻不利之人，豈非所謂「大人患失而惑」者與〔七〕？陸氏曰：大人懼違衆而失位，心志惑亂，故徇流俗之説，而亦曰：「可以無學。」若乃國之盛衰，時之治亂，則亦可知也已。

〔一〕戒庵漫筆卷八。時藝坊刻。
〔二〕初刻無此注。
〔三〕二十年。
〔四〕四十三年。
〔五〕宋史一五六選舉。初刻無此注。
〔六〕左傳昭十八年。
〔七〕左傳昭十八年。

經義論策〔一〕

今之經義論策，其名雖正，而最便於空疏不學之人。唐宋用詩賦，雖曰雕蟲小技，而非通知古今之人不能作。今之經義，始於宋熙寧中王安石所立之法，命呂惠卿、王雱等爲之。宋史：「神宗熙寧四年二月丁巳朔，罷詩賦及明經諸科，以經義論策試進士。命中書撰大義式頒行。」〔二〕元祐八年三月庚子，中書省言：「進士御試答策，多係在外準備之文，工拙不甚相遠，難於考較。祖宗舊制，御試進士賦、詩、論三題，施行已遠，前後得人不少。況今朝廷見行文字，多係聲律對偶，非學問該洽，不能成章，請行祖宗三題舊法。」詔來年御試，將詩賦舉人復試三題，經義舉人且令試策，此後全試三題〔三〕，是當時即以經義爲在外準備之文矣。宋史徐禧傳：「神宗見其所上策曰：禧言朝廷用經術變士，十已八九，然竊襲人之語，不求心通者相半。此言是也。」〔四〕陳後山談叢言：「荆公經義行，舉子專誦王氏章句而不解義。荆公悔之曰：『本欲變學究爲秀才，不謂變秀才爲學究也。』」〔五〕豈知數百年之後，并學究而非其本質乎？此法不變，則人才日至於消耗，學術日至於荒陋〔六〕，而五帝三王以來之天下，將不知其所終矣〔七〕。

〔一〕初刻五之八，只有前段，無注，又一段此本無。
〔二〕宋史十五神宗紀。
〔三〕略見宋史十八哲宗紀。超案：與長編四八二全同。
〔四〕宋史三三四。
〔五〕後山集廿一談叢一。
〔六〕初刻作「中國日至於衰弱」。潘刻改。
〔七〕初刻此段後有一段：「楊文貞言：洪武四年、十七年開科，及十八年會試，猶循元制，作經疑。至二十一年，始定今三場之制。今之經義，又不如經疑多矣。」

趙鼎言：「安石設虛無之學，敗壞人才。」〔一〕陳公輔亦謂安石使學者不治春秋，不讀史、漢，而習其所爲三經新義，皆穿鑿破碎無用之空言也〔二〕。若今之所謂時文，既非經傳，復非子史，展轉相承，皆杜譔無根之語。前輩時文，無字不有出處。今但令士子作文，自注出處，無根之語，不得入文，自當擺指而退矣。金史：明昌元年，令舉人程文所用故事，可自注出處〔三〕。以是科名所得十人之中，其八九皆爲白徒，而一舉於鄉，即以營求關説爲治生之計。於是在州里，則無人非勢豪，適四方，則無地非游客，而欲求天下之安寧，斯民之淳厚，豈非卻行而求及前人者哉？

〔一〕宋史三〇六。

〔二〕宋史三七九。

〔三〕金史五一。

太祖實録：洪武三年八月，京師及各行省開鄉試，初場四書疑問，本經義及四書義各一道，元制：有四書疑、本經疑。洪武三年〔一〕開科，以大學「古之欲明明德於天下者」二節、孟子「道在邇而求諸遠」一節合爲一題，問二書所言平天下大指同異。此即宋時之法。第二場論一道，第三場策一道。中式者，後十日復以五事試之，曰騎、射、書、算、律。騎觀其馳驅便捷，射觀其中之多寡，書通於六義，算通於九法，律觀其決斷。詔文有曰：朕特設科舉以起懷才抱德之士，務在經明行修，博通古今，文質得中，名實相稱。其中選者，朕將親策于廷，觀其學識，第其高下，而任之以官〔一〕。伏讀此制，真所謂求實用之士者矣。至十七年，命禮部頒行科舉成式，第一場四書義三道，經義四道，未能者，許各減一道。第二場論一道，詔、誥、表內科一道，判語五條。第三場經史策五道〔二〕。文辭增而實事廢。蓋與初詔求賢之法稍有不同，而行之二百餘年，非所以善述祖宗之意也。二十五年二月甲子，儒學生員兼習射與書算，俟其科貢兼考之〔四〕。後廢不行。

宣德四年九月乙卯，北京國子監助教王仙言：近年生員止記誦文字，以備科貢，其於字學算法，略不曉習。改入國監，歷事諸司，字畫纚拙，算數不通，何以居官涖政？乞令天下儒學生員，兼習書算。上從之〔五〕。

〔一〕「洪武」上原有「本朝」二字。

〔二〕實録五五。

〔三〕實録一六〇，三月戊戌。

〔四〕實録二一六。

〔五〕宣德實録五六。

四書疑，猶唐人之判語，設爲疑事問之，以觀其學識也。四書義，猶今人之判語，不過得之記誦而已。苟學識之可取，則劉蕡之對，止於一篇已足。蓋一代之人才，徒以記誦之多，書寫之速，而取其長，則七篇不足爲難，而有併作五經二十三篇，如崇禎七年之顔茂猷者，奉旨特賜中式，及殿試第二甲第二名，賜進士出身。亦何裨於經術，何施於國用哉？

實録言：「洪武十四年六月丙辰，詔於國子諸生中，選才學優等、聰明俊偉之士，得三十七人，命之博極群書，講明道德經濟之學，以期大用，稱之曰老秀才。累賜羅綺襲衣巾鞾，禮遇甚厚。」〔一〕後來庶吉士之制，實本於此。是則聖祖所望於諸生者，固不僅以帖括之文，而惜乎大臣無通經之士，使一代籲俊之典，但止於斯，可歎也。

〔一〕太祖實録一三七。

永樂二十二年十月丁卯，仁廟諭大學士楊士奇等曰：「朝廷所重安百姓，而百姓不得蒙福者，繇牧守匪人。牧守匪人，繇學校失教，故歲貢中，愚不肖十率七八。古事不通，道理不明，此豈可任安民之寄。」〔二〕當日貢舉之行，不過四十年，而其弊已如此。乃護局之臣，猶託之祖制而相持不變乎？

〔一〕仁宗洪熙實録三下。

三場

明〔一〕初三場之制，雖有先後，而無重輕。乃士子之精力，多專於一經，略於考古。主司閲卷，復護初場所中之卷，而不深求其二三場。夫昔之所謂三場，非下帷十年，讀書千卷，不能有此三場也。今則務於捷得，不過於四書一經之中，擬題一二百道，竊取他人之文記之。入場之日，抄謄一過，便可僥倖中式，而本經之全文，有不讀者矣。率天下而爲欲速成之童子，學問由此而衰，心術由此而壞。宋嘉祐中，知諫院歐陽修上言〔二〕：「今之舉人，以二千人爲率，請寬其日限，而先試以策而考之。擇其文辭鄙惡者，文意顛倒重雜者，不識題者，不知故實略而不對所問者，誤引事跡者，雖能成文而理識乖誕者，雜犯舊格不考式者，凡此七等之人先去之，計二千人可去五六百。以其留者，次試以論，又如前法而考之，又可去其二三百。其留而試詩賦者，不過千人矣。於千人而選五百，少而易考，不至勞昏，考而精當，則盡善矣。縱使考之不精，亦當不至大濫。蓋其節抄剽盜之人，皆以先策論去之矣。比及詩賦，皆是已經策論，粗有學問理識，不至乖誕之人。縱使詩賦不工，亦可以中選矣〔三〕。如此，可使童年新學，全不曉事之人，無由而進。」今之有天下者，不能復兩漢舉士之法，不得已而以言取人，則文忠之論，亦似可取。蓋救今日之弊，莫急乎去節抄剽盜之人。而七等在所先去，則闒劣之徒，無所僥倖，而至者漸少，科場亦自此而清也。

〔一〕「明」原作「國」。

〔二〕歐公集奏議八論更改貢舉事件劄子。並見通考三一選舉考。皆作「慶曆四年」，時歐公適知諫院。嘉祐後慶曆十五年。

〔三〕超案：集釋在此引「錢氏曰」一段。援庵批注：「將歐公之文横腰截斷，此不檢史源之過也。」

擬題

今日科場之病，莫甚乎擬題。且以經文言之，初場試所習本經義四道，而本經之中，場屋可出之題，不過數十。富家巨族，延請名士，館於家塾，將此數十題各撰一篇，計篇酬價，令其子弟及僮奴之俊慧者，記誦熟習。入場命題，十符八九，即以所記之文抄謄上卷，較之風簷結構，難易迥殊。四書亦然。發榜之後，此曹便爲貴人，年少貌美者多得館選。天下之士靡然從風，而本經亦可以不讀矣。予聞昔年五經之中，惟春秋止記題目，然亦須兼讀四傳。又聞嘉靖以前，學臣命禮記題，有出喪服以試士子之能記否者。百年以來，喪服等篇皆删去不讀。今則并檀弓不讀矣。書則删去五子之歌、湯誓、盤庚、西伯戡黎、微子、金縢、顧命、康王之誥、文侯之命等篇不讀。詩則删去淫風、變雅不讀。易則删去訟、否、剥、遯、明夷、睽、蹇、困、旅等卦不讀，止記其可以出題之篇，及此數十題之文而已。「讀論惟取一篇，披莊不過盈尺」。隋書崔賾傳〔一〕。因陋就寡，赴速邀時。舊唐書薛謙光傳〔二〕。昔人所須十年而成者，以一年畢之。昔人所待一年而習者，以一月畢之。成於勦襲，得於假倩，卒而問其所未讀之經，有茫然不知爲何書者。故愚以爲八股之害，等於焚書，而敗壞人材，有甚於咸陽之郊所坑者，但四百六十餘人也。請更其法，凡四書、五經之文，皆問疑義，使之以一經而通之於五經。又一經之中亦各有疑義，如易之鄭、王，詩之毛、鄭，春秋之三傳，以及唐宋諸儒不同之説，四書、五經皆依此發問。漢人所謂發策決科者，正是如此。其對者，必如朱子所云：「通貫經文，條舉衆説，而斷以己意。」〔三〕宋史劉恕傳：「舉進士，詔能講經義者別奏名，應召者才數十人。恕以春秋、禮記對，先列注疏，方引先儒異説，末乃斷以己意。凡二十問，所對皆然。」〔四〕其所出之題，不限盛衰治亂，宋文鑑載：張庭堅自靖人自獻于先王經義一篇〔五〕。使人不得意擬，而其文必出於場中之所作，則士之通經與否，可得而知，其能文與否，亦可得而驗矣。又不然，則姑用唐宋賦韻之法，猶可以杜節抄剽盜之弊。蓋題可擬，而韻不可必，文之工拙，猶其所自作，必不至以他人之文，抄謄一過，而中式者矣。其表題專出唐宋，策題兼問古今，如王梅溪〔六〕集中所載。人自不得不讀通鑑矣。夫舉業之文，昔人所鄙斥而以爲無益於經學者也，今猶不出於本人之手焉，何其愈下也哉！

〔一〕隋書七七隱逸。
〔二〕舊唐書一〇一。
〔三〕宋史一五六選舉志。朱熹禮議。
〔四〕宋史四四四文苑。
〔五〕文鑑一一一經義。語見商書微子。
〔六〕王十朋。

讀書不通五經者，必不能通一經，不當分經試士。且如唐宋之世，尚有以老、莊諸書命題，如卮言日出賦，至相率扣殿檻乞示者。今不過五經，益以三禮、三傳，亦不過九經而已。此而不習，何名爲士？宋史：「馮元授江陰尉時，詔流内銓以明經者補學官，元自薦通五

經。謝泌笑曰：『古人治一經而至皓首，子尚少，能盡通邪？』對曰：『達者一以貫之。』更問疑義，辨析無滯。」〔一〕

〔一〕宋史二九四。

石林燕語：「熙寧以前，以詩賦取士，學者無不先徧讀五經。余見前輩，雖無科名人，亦多能雜舉五經。蓋自幼學時習之，故終老不忘。自改經術，人之教子者，往往便以一經授之，他經縱讀，亦不能精。其教之者，亦未必皆通五經，故雖經書正文，亦多遺誤。」〔一〕若今人問答之間〔二〕，稱其人所習爲「貴經」，自稱爲「敝經」，尤可笑也。

〔一〕石林燕語卷八。稗海本。
〔二〕今，亭林語。

科場之法，欲其難，不欲其易。使更其法，而予之以難，則覬倖之人少。少一覬倖之人，則少一營求患得之人，而士類可漸以清。抑士子之知其難也，而攻苦之日多。多一攻苦之人，則少一群居終日言不及義之人，而士習可漸以正矣。

墨子言：「今若有一諸侯於此，爲政其國家也，曰：凡我國能射御之士，我將賞貴之，不能射御之士，我將罪賤之。問於若國之士，孰喜孰懼？我以爲必能射御之士喜，不能射御之士懼。曰：凡我國之忠信之士，我將賞貴之，不忠信之士，我將罪賤之。問於若國之士，孰喜孰懼？我以爲必忠信之士喜，不忠信之士懼。」〔一〕今〔二〕若責士子以兼通九經，記通鑑歷代之史，而曰若此者中，不若此者黜。我以爲必好學能文之士喜，而不學無文之士懼也。然則爲不可之説，以撓吾法者，皆不學無文之人也，人主可以無聽也。

〔一〕墨子卷二尚賢下。

〔二〕今，亭林語。

今日欲革科舉之弊，必先示以讀書學問之法，暫停考試數年，而後行之，然後可以得人。晉元帝從孔坦之議，聽孝廉申至七年乃試。胡三省注：「緩爲之期曰申。」〔一〕古之人有行之者。

〔一〕正文引通鑑九十晉大興元年十一月條。但此所引胡注，另見一百二十七卷末宋元嘉三十年七月條。

題切時事

考試題目，多有規切時事，亦虞帝予違汝弼之遺意也。宋史張洞傳：「試開封進士賦題曰：『孝慈則忠』，時方議濮安懿王稱皇事。英宗曰：『張洞意諷朕。』宰相韓琦進曰：『言之者無罪，聞之者足以戒。』上意解。」〔一〕古之人君，近則盡官師之規，遠則通鄉校之論。此義立，而爭諫之塗廣矣。

〔一〕宋史二九九。

天啓四年，應天鄉試題，「今夫弈之爲數」一節〔一〕，以魏忠賢始用事也。浙江鄉試題，「君之視臣如手足，則臣視君如腹心」，以杖殺工部郎萬燝也。七年江西鄉試題，「皜皜乎不可尚已」，其年監生陸萬齡請以忠賢建祠國學也。萬齡疏，以忠賢芟除奸黨爲誅少正卯，定三朝要典爲作春秋，請上特製碑文，并祠其父於後室，以比於啓聖。崇禎三年，應天鄉試題，「舉直錯諸枉，能使枉者直」，以媚奄諸臣，初定逆案也。此皆可以開帝聰而持國是者。時當季葉，而泗水、鶴鳴之義猶存於士大夫，可以想見先朝之遺化。若崇禎九年，應天鄉試春秋題，「宋公入曹，以曹伯陽歸」〔二〕，以公孫彊比陳啓新，是以曹伯陽比皇上，非所宜言，大不敬。天啓七年順天鄉試，書經題，「我二人共貞」，以周公比魏忠賢，則又無將之漸，亦見之彈文者也。

〔一〕天啓實録四三，六月戊戌。

〔二〕懷宗實録九，二月乙酉，略。

景泰初，也先〔一〕奉上皇至邊，邊臣不納。雖有社稷爲重之説，然當時朝論，即有以奉迎之緩爲譏者。順天鄉試題，「所謂平天下在治其國者」一節〔二〕，蓋有諷意。

〔一〕「也先」原作「虜」。

〔二〕英宗實録一九三景泰附録，景泰元年六月丙戌。

試文格式

經義之文，流俗謂之八股，蓋始於成化以後。股者，對偶之名也。天順以前，經義之文，不過敷演傳注，或對或散，初無定式，其單句題亦甚少。成化二十三年會試，「樂天者保天下」文，起講先提三句，即講「樂天」四股，中間過接四句，復講「保天下」四股，復收四句，再作大結。弘治九年會試，「責難於君謂之恭」文，起講先提三句，即講「責難於君」四股，中間過接二句，復講「謂之恭」四股，復收二句，再作大結。每四股之中，一反一正，一虛一實，一淺一深。亦有聯屬二句四句爲對，排比十數對成篇，而不止於八股者。其兩扇立格，謂題本兩對，文亦兩大對。則每扇之中，各有四股。其次第之法，亦復如之。故今人相傳謂之八股。若長題則不拘此。嘉靖以後，文體日變，而問之儒生，皆不知八股之何謂矣。孟子曰：「大匠誨人，必以規矩。」〔一〕今之爲時文者，豈必裂規偭矩矣乎？

〔一〕孟子告子上。

發端二句或三四句，謂之破題，大抵對句爲多，此宋人相傳之格。本之唐人賦格。下中其意，作四五句，謂之承題。然後提出夫子曾子、子思、孟子皆然。爲何而發此言，謂之原起。至萬曆中，破止二句，承止三句，不用原起，篇末敷演聖人言畢，自攄所見，或數十字，或百餘字，謂之大結。明〔一〕初之制，可及本朝時事。以後功令益密，恐有藉以自衒者，但許言前代，不及本朝。至萬曆中，大結止三四句。於是國家之事，罔始罔終，在位之臣，畏首畏尾，其象已見於應舉之文矣。

〔一〕「明」原作「國」。

試録文字之體。首行曰第一場，頂格寫。次行曰四書，下一格。次行題目又下一格。五經及二三場皆然。至試文，則不能再下，仍提起頂格，此題目所以下二格也。若歲考之卷，則首行曰四書，頂格寫。次行題目止下一格。經論亦然。須知自古以來，書籍文字，首行無不頂格寫者。後來學政，苟且成風，士子試卷，省卻四書各經字，竟從題目寫起，依大場之式，概下二格。聖經反下，自作反高，於理爲不通，然日用而不知，亦已久矣〔一〕。又其異者，沿此之例，不論古今詩文，概以下二格爲題。萬曆以後，坊刻盛行，每題之文，必注其人之名於下。而刻古書者，亦化而同之。如題曰「周鄭交質」，下二格，其行末書「左丘明」。題曰「伯夷列傳」，下二格，其行末書「司馬遷」。變歷代相傳之古書，以肖時文之面貌，使古人見之，當爲絶倒。

〔一〕日知録元本題目低二格，今本題目低一格，蓋因此條所論而改。始自潘本，黄本因之。

程文

自宋以來，以取中士子所作之文，謂之程文。金史：「承安五年詔，考試詞賦官，各作程文一道，示爲舉人之式，試後赴省藏之。」〔一〕至本朝，先亦用士子程文刻録，後多主司所作，遂又分士子所作之文，别謂之墨卷。

〔一〕金史十一章宗紀，又五一選舉志。

文章無定格，立一格而後爲文，其文不足言矣。唐之取士以賦，而賦之末流，最爲冗濫。宋之取士以論策，而論策之弊，亦復如之。明〔一〕之取士以經義，而經義之不成文，又有甚於前代者，皆以程文格式爲之，故日趨而下。鼂、董、公孫之對，所以獨出千古者，以其無程文格式也。欲振今日之文，在毋拘之以格式，而俊異之才出矣。

〔一〕「明」原作「本朝」。

判〔一〕

舉子第二場作判五條，猶用唐時銓試之遺意。至於近年，士不讀律，止鈔録舊本，入場時每人止記一律，或吏或户，記得五條，場中即可互換。中式之卷，大半雷同，最爲可笑。通典：「選人條例，其倩人暗判，人間謂之判羅，此最無恥。請牓示以懲之。」〔二〕後唐明宗「天成三年，中書奏：吏部南曹關今年及第進士内三禮劉瑩等五人，所試判語皆同，勘狀稱晚逼試期，偶拾得判草寫淨，實不知判語不合一般者。敕：貢院擢科，考詳所業；南曹試判，激勸爲官。劉瑩等既不攻文，只合直書其事，豈得相傳稾草，侮瀆公場，宜令所司落下放罪。」〔三〕宋史太祖紀：開寶六年八月丁酉，泗州推官侯濟，坐試判假手，杖除名〔四〕。夫以五代偏安喪亂之餘，尚令科罪，今以堂堂一統作人之盛，而士子公然互換，至一二百年，目爲通弊，不行覺察，傳之後代，其不爲笑談乎！

〔一〕初刻五之十，無注。
〔二〕通典十七選舉雜議論中。
〔三〕五代會要廿二雜處置條，作「長興元年十一月」。册府六三三銓選部條制門，作「長興元年十月」。天成在長興前四年。
〔四〕宋史三。

試判起於唐高宗時。初吏部選才，將親其人，覆其吏事，始取州縣案牘疑議，試其斷割而觀其能否。後日月寖久，選人猥多，案牘淺近，不足爲難，乃采經籍古義，假設甲乙，令其判斷。既而來者益衆，而通經正籍，又不足以爲問，乃徵僻書曲學隱伏之義問之，惟懼人之能知也。佳者登於科第，謂之入等，其甚拙者，謂之藍縷，各有升降。選人有格限未至而能試文三篇，謂之宏詞。試判三條，謂之拔萃，亦曰超絶，詞美者得不拘限而授職〔一〕。今國朝〔二〕之制，以吏部選人之法，而施之貢舉，欲使一經之士，皆通吏事，其意甚美，又不用假設甲乙，止據律文，尤爲正大得體。但以五尺之童能强記者，旬日之力，便可盡答而無難，亦何以定人才之高下哉！蓋此法止可施於選人引試俄頃之間，而不可行之通場廣衆竟日之久。宜乎各記一曹，互相倒换。朝廷之制，有名行而實廢者，此類是矣。必不得已而用此制，其如通典所云：「問以時事疑獄，令約律文斷決。」〔三〕不乖經義者乎？

〔一〕通典十五選舉。

〔二〕今，亭林。「國朝」上原空一格，潘本始連之。

〔三〕通典十七趙匡舉選議選人條例。

經文字體〔一〕

生員冒濫之弊，至今日而極。求其省記四書本經全文，百中無一；更求通曉六書，字合正體者，千中無一也。簡汰之法，是亦非難。但分爲二場，第一場令暗寫四書一千字，經一千字，脱誤本文，及字不遵式者，貼出除名；第二場乃考其文義，則矍相之射，僅有存者矣。或曰：「此末節也，豈足爲才士累？」夫周官教國子以六藝，射、御之後，繼以六書。而漢世試書九千字以上，乃得爲史。以周官童子之課，而責之成人，漢世掾史之長，而求之秀士，猶且不能，則退之隴畝，其何辭之有？北齊策孝秀於朝堂，對字有脱誤者，呼起立席後。書迹濫劣者，飲墨水一升。文理孟浪者，奪席脱容刀〔二〕。僭霸之君，尚立此制，以全盛之朝，求才之主，而不思除弊之方，課實之效，與天下因循於溷濁之中，以是爲順人情而已。權文公有言：「常情爲習所勝，避患安時，俾躬處休，以至老死，自爲得計，豈復有揣摩古今風俗，整齊教化根本，原始要終，長轡遠馭者邪？」〔三〕古今一揆，可勝慨息。

〔一〕初刻五之十一。

〔二〕通典十四選舉，原文「秀孝各以班草對」，「對」字屬上。

〔三〕權載之集四一答柳福州書。

史學〔一〕

唐穆宗長慶三年二月，諫議大夫殷侑言：「司馬遷、班固、范曄三史爲書，勸善懲惡，亞於六經。比來史學廢絶，至有身處班列，而朝廷舊章莫能知者。」於是立三史科及三傳科〔二〕。通典：「舉人條例：其史書，史記爲一史，漢書爲一史，後漢書并劉昭所注志爲一史，三國志爲一史，晉書爲一史，李延壽南史爲一史，北史爲一史。習南史者，兼通宋、齊志，習北史者，通後魏、隋書志。自宋以後，史書煩碎冗長，請但問政理成敗所因，及其人物損益關於當代者，其餘一切不問。國朝自高祖以下，及睿宗實録，并貞觀政要，共爲一史。」〔三〕朱子亦嘗議分年試士，以左傳、國語、史記、兩漢爲一科，三國、晉書、南北史爲一科，新舊唐書、五代史爲一科，時務、律曆、地理爲一科〔四〕。今史學廢絶，又甚唐時。若能依此法舉之，十年之間，可得通達政體之士，未必無益於國家也。

〔一〕初刻五之九，止有前段，無注。

〔二〕奏見册府六四〇貢舉部條制門及唐會要七六三傳三史條。事見舊唐書十六穆宗紀、新唐書四四選舉志。

〔三〕通典十七，澤州刺史趙匡舉選議所擬舉人條例之一條。

〔四〕朱文公集六九學校貢舉私議，又見通考三二選舉考淳熙十四年條。

宋孝宗淳熙十一年十月，太常博士倪思言：「舉人輕視史學。今之論史者，獨取漢唐混一之事，三國、六朝、五代，以爲非盛世，而恥談之。然其進取之得失，守禦之當否，籌策之疏密，區處兵民之方，形勢成敗之迹，俾加討究，有補國家。請諭春官，凡課試命題，雜出諸史，無所拘忌。考覈之際，稍以論策爲重，毋止以初場定去留。」從之〔一〕。

〔一〕宋史一五六選舉。

史言：薛昂爲大司成，寡學術，士子有用史記、西漢語，輒黜之。在哲宗時，嘗請罷史學，哲宗斥爲俗佞〔一〕。吁！何近世俗佞之多乎？

〔一〕宋史三五二。

日知録校注卷十七

生員額數

生員猶曰官員，有定額謂之員。唐書儒學傳：「國學始置生七十二員，取三品以上子弟若孫爲之；太學百四十員，取五品以上；四門學百三十員，取七品以上。郡縣三等，上郡學置生六十員，中、下以十爲差；上縣學置生四十員，中、下亦以十爲差。」〔一〕此生員之名所始，而明〔二〕制亦略倣之。

〔一〕新唐書一九八儒學傳序。下文第十二段，舊唐書亦單稱唐書。中式額數條，舊書又稱舊唐書。

〔二〕「明」原作「本朝」。

明〔一〕初諸生無不廩食於學。會典言：「洪武初，令在京府學六十人，在外府學四十人，州學三十人，縣學二十人，日給廩膳，聽於民間選補，仍免其差徭二丁。」正統六年閏十一月乙未，以直隸保安州臨邊民少，減儒學訓導一員，生員併爲兩齋，歲貢依縣學例〔二〕。其後以多才之地，許令增廣，亦不過三人五人而已。踵而漸多，於是宣德元年定爲之額，如廩生之數。其後又有軍民子弟俊秀待補增廣之名。大明會典：正統十二年奏：准常額之外，軍民子弟願入學者，提調教官考選俊秀待補增廣員缺，一體考送應試。按實録，此從鳳陽府知府楊瓚之言。先是廩增額外之生，止謂之入學寄名。此則準其待缺補充增廣生矣〔三〕。久之乃號曰附學，無常額，而學校自此濫矣。異時每學生員不過數十人，故考試易精，課程易密。而洪武二十四年七月庚子，詔：「歲貢生員不中，其廩食五年者，罰爲吏；不及五年者，遣還讀書。次年復不中者，雖未及五年，亦罰爲吏。」〔四〕二十七年十月庚辰，詔：「生員食廩十年，學無成效者，罰爲吏。」〔五〕成化初，禮部奏準革去附學生員，四年五月庚申旨下〔六〕。已而不果行，成化元年，「大藤峽用兵，始令兩廣考試不中生員，廩膳納米五十石，增廣納米三十石，免其充吏，放回寧家」〔七〕。其年，保定等府水災，復依此例，廩膳納米六十石，增廣四十石〔八〕。以後餉軍賑饑，率依此例。至五年二月，「提調直隸學校、監察御史陳煒奏請免其充吏，竟發爲民。奉旨準行，仍追其所食廩米」〔九〕。而教官提調官，亦各有罰。取之如彼其少，課之如此其嚴，豈有如後日之濫且惰者乎？今人於取進士用三場，動言遵祖制，而於此獨不肯申明祖制。舉一世而爲姑息之政，僥倖之人，是可歎也。

〔一〕「明」原作「國」。
〔二〕英宗實録八六。乙亥日。甲子朔，無乙未。
〔三〕英宗實録一五一三月癸酉條。
〔四〕太祖實録二一〇。
〔五〕太祖實録二三五。
〔六〕憲宗實録五四。
〔七〕憲宗實録十三，正月。
〔八〕憲宗實録二二，十月。
〔九〕憲宗實録六三。

宣德三年三月戊戌，行在禮部尚書胡濙奉旨，令各處巡按御史同布政司、按察司，并提調官、教官，將生員公同考試。食廩膳七年以上，學無成效者，發充吏；六年以下，追還所給廩米，黜爲民〔一〕。至宣德七年奏，天下生員三萬有奇〔二〕。其時即已病生員之濫，而尚未有提學官之設，是以煩特旨而會多官也。

〔一〕宣宗實録四十。

〔二〕宣宗實録九六，十月。

正統元年五月壬辰，始設提調學校〔一〕官，每處添按察司官一員，南北御史各一員〔二〕。十年四月，廣東左參議楊信民奏：「自設提調學校官以來，監臨上司，嫌於侵職，巡歷所至，置之不問。如廣東諸處，阻江隔海，提學官不過歲一至而已。雖曰職掌，徒爲文具。乞罷之便。」事下禮部，尚書胡濙言：「布、按二司所至處，自應提督考較。府州縣提調正官，每月朔望，宜照例詣學考其勤惰。今因設提學官，乃彼此推諉，是非設官之過，乃曠職之咎也。」得旨申飭，仍令巡按御史糾舉提學官之不職者〔三〕。十三年七月丙戌，山西絳縣儒學署訓導事，舉人張幹請罷提督學校御史僉事等官。部議從之，上不允〔四〕。景泰元年四月壬午，翰林院編修周洪謨，請裁革各處提學官〔五〕。天順五年十一月庚申，復設提督學校官〔六〕。其條例曰：「生員食廩六年以上，不諳文理者，悉發充吏。增廣生入學六年以上，不諳文理者，罷黜爲民當差。」又曰：「生員有闕，即於本處官員軍民之家，選考端重俊秀子弟補充。」〔七〕當時生員有闕方補。今充吏之法不行，而新進附生，乃有六年未滿免黜之例，蓋繇此而推之也。

〔一〕「校」原避諱作「效」。
〔二〕英宗實録十七。
〔三〕英宗實録一二八。

〔四〕英宗實録一六八。

〔五〕英宗實録一九一景泰附録。

〔六〕英宗實録三三四。

〔七〕英宗實録三三六，天順六年正月。

李吉甫在中唐之世，疾吏員太廣，謂「繇漢至隋，未有多於今者。天下常以勞苦之人三，奉坐待衣食之人七」〔一〕。而今則遐陬下邑，亦有生員百人，即未至擾官害民，而已爲遊手之徒，足稱五蠹之一矣。有國者，苟知俊士之效賒，而遊手之患切，其有不亟爲之所乎？

〔一〕新唐書一四六。

其中之劣惡者，一爲諸生，即思把持上官，侵噬百姓，聚黨成群，投牒呼譟。正統十四年六月丙辰，「詔生員事犯黜退者，輕罪充吏，免追廪米；若犯受贓姦盜，冒籍科舉，挾妓飲酒，居喪娶妻妾等罪者，南、北直隷發充兩京國子監膳夫，各布政司發充鄰近儒學齋夫、膳夫，滿日，原籍爲民示警，廪膳仍追廪米。」〔一〕至崇禎之末，開門迎賊者生員，縛官投僞者生員，幾於魏博之牙軍、成都之突將矣。故十六年殿試策問有曰：「秀孝間汙潢池。」時舉人亦有從賊者，故云。嗚呼！養士而不精，其效乃至於此。

〔一〕英宗實録一七九。

景泰四年四月己酉，右少監武艮、禮部右侍郎兼左春坊左庶子鄒幹等奏：「臨清縣學生員伍銘等，願納米八百石，乞入監讀書。今山東等處正缺糧儲，宜允其請。」從之，并詔各布政司及直隸府州縣學生員，能出米八百石於臨清、東昌、徐州三處賑濟，願入監讀書者聽〔一〕。此一時之秕政，遂循之二百年。

〔一〕英宗實録二二八景泰附録。

五月庚申，令生員納米入監者，比前例減三百石〔一〕。

〔一〕英宗實録二二九景泰附録。

河南開封府儒學教授黄鑾奏：「納粟拜官，皆衰世之政乃有之，未聞以納粟爲貢士者。臣恐書之史册，將取後世作俑之譏。」部議，倉廩稍實，即爲停罷〔一〕。

〔一〕英宗實録二三一景泰附録，七月庚辰。

八月癸巳，「禮部奏：『邇因濟寧、徐州饑，權宜拯濟，令生員輸米五百石，入監讀書。雖云權宜，實壞士習，請弛其令，庶生徒以學行相勵。』從之」〔一〕。

〔一〕英宗實録二三二景泰附録。

正統以後，京官多爲其子陳情，乞恩送監讀書者，此太學之始壞。天順五年十月，令生員納馬廿匹〔一〕，補監生。

〔一〕英宗實録三三三作「七匹」。

唐書載〔一〕：尚書左丞賈至議曰：「夫先王之道消，則小人之道長；小人之道長，則亂臣賊子生焉。臣弑其君，子弑其父，非一朝一夕之故，其所由來者漸矣。漸者何？謂忠信之陵頽，恥尚之失所，末學之馳騁，儒道之不舉，四者皆取士之失也。近代趨仕，靡然向風，致使禄山一呼，而四海震蕩，思明再亂，而十年不復。向使禮讓之教弘，仁義之道著，則忠臣孝子，比屋可封，逆節不得而萌，人心不得而摇矣。觀三代之選士任賢，皆考實行，故能風化淳一，運祚長遠。秦坑儒士，二代而亡。漢興，雜三代之政，弘四科之舉，西京始振經術之學，東都終持名節之行。至有近戚竊位，强臣擅權，弱主外立，母后專政，而社稷不隕，終彼四百，豈非興學行道，扇化於鄉里哉！厥後文章道弊，尚於浮侈，取士異術，苟濟一時。自魏至隋，四百餘載，三光分景，九州阻域，竊號僭位，德義不修，是以子孫速顛，享國咸促。國家革魏、晉、梁、隋之弊，承夏、殷、周、漢之業，四隩既宅，九州攸同，覆燾亭育，合德天地。安有捨皇王舉士之道，縱亂代取人之術，此公卿大夫之辱也。」是則科舉之弊，必至於躁競，而躁競之歸，馴至於亂賊。自唐迄今，同斯一轍。有天下者，誠思風俗爲人才之本，而以教化爲先，庶乎德行修而賢才出矣。

〔一〕代宗寶應二年。新唐書一一九傳無，舊唐書一九〇中文苑傳有，而詳略不同。略者可云亭林删節，詳者何由而來？舊唐書無選舉志，新唐書四四選舉志更略，通考二九選舉考引亦略。英華七六五、文粹廿八、册府六四〇皆載全文。亭林所據者當係册府，然何以稱「唐書載」也？會要七六所引更略。

明〔一〕初，有以儒士而入科場者，謂之儒士科舉。景泰間陳循奏：臣原籍吉安府，自生員之外，儒士報科舉者，往往一縣至有二三百人。

〔一〕「明」原作「國」。

中式額數

今人論科舉，多以廣額爲盛，不知前代乃以減數爲美談，著之於史。舊唐書王丘傳：「開元初，遷考功員外郎。貢舉舊以考功員外郎主之。開元二十四年，始改用禮部侍郎〔一〕。杜甫詩：「忤下考功第。」〔二〕先是，考功舉人，請託大行，取士頗濫，每年至數百人。此通計諸科之數。丘一切覈其實材，登科者僅滿百人。議者以爲自則天已後，凡數十年，無如丘者。」〔三〕嚴挺之傳：「開元中爲考功員外郎，典舉二年，人稱平允，登科者頓減二分之一。」〔四〕陸贄傳：「知貢舉，一歲選士纔十四五，此進士登第之數。數年之内，居臺省清近者十餘人。」〔五〕此皆因減而精，昔人之所稱善。今人爲此，不但獲刻薄之名，而又坐失門生百數十人，雖至愚者不爲矣。

〔一〕新唐書四四選舉志。
〔二〕北遊詩。
〔三〕舊唐書一〇〇。
〔四〕舊唐書九九，新唐書一二九。
〔五〕舊唐書一三九，新唐書一五七。

高鍇傳：「爲禮部侍郎，凡掌貢部三年，每歲登第者四十人。開成三年敕曰：進士每歲四十人，其數過多，則乖精選，官途填委，要窒其源，宜改每歲限放三十人，如不登其數亦聽。」〔一〕文宗之識，豈不優於宋太宗乎？賈餗傳：「太和中，三典禮闈，所選士共止七十五人。」〔二〕

〔一〕舊唐書一六八，新唐書一七七。
〔二〕舊唐書一六九。

齊王融爲武帝作策秀才文曰：「今農戰不修，文儒是競。」〔一〕宋自太宗太平興國二年，賜進士諸科五百人，遽令釋褐，而二〔二〕年進士至萬二百六十人。淳化二年，至萬七千三百人。見曾鞏文集〔三〕。於是一代風流，無不趨於科第。葉適作制科論，謂士人猥多，無甚於今世〔四〕。此雖足以弘文教之盛，而士習之偷，亦自此始矣。呂氏家塾記言：「今士人所聚多處，風俗便不好。」魯哀公用莊子之言，號於國中曰：「無其道而爲其服者，其罪死。」五日而魯國無敢儒服者，獨有一丈夫儒服而立乎公門，公召而問以國事，千轉萬變而不窮。莊子曰：「以魯國而儒者一人耳，可謂多乎！」〔五〕記曰：「垂緌五寸，惰遊之士也。」〔六〕今將求儒者之人，而適得惰遊之士，此其説在乎楚葉公之好畫龍而不好真龍也〔七〕。

〔一〕南齊書四七、南史二一均無。見文選卅六。第五首。永明十一年。

〔二〕「二」應作「八」。

〔三〕元豐類稿四九貢舉。

〔四〕水心集三。

〔五〕莊子田子方。

〔六〕禮記玉藻。

〔七〕新序雜事第五。

永樂十年二月，會試天下舉人。上諭考官楊士奇、金幼孜曰：「數科取士頗多，不免玉石雜進，今取毋過百人。」〔一〕

〔一〕太宗實録八一。

正統五年十二月，始增會試中式額爲百五十人，應天府鄉試百人。他處皆量增之〔一〕。

〔一〕英宗實録七四。

天順七年，有監察御史朱賢上言，欲多收進士，以備任使。上惡其干譽，下錦衣衛獄，降四川忠州花林水驛驛丞〔一〕。

〔一〕英宗實録三五八。

通場下第

册府元龜：「唐天寶十載九月辛卯，上御勤政樓，試懷才抱器舉人。丙申敕曰：『朕祇膺寶歷，殷鑑遠圖，慮草澤之遺賢，降弓旌於屢辟。是以三紀於兹，群材輻湊。或一言可紀，必適輪轅；一善可經，每加奬進。庶六合之内，靡然同風，四科之門，咸能一貫。何兹意之緬邈，而增修之寂寥。今者舉人，深乖宿望。朕之所問，必正經史，卿等所答，咸皆少通。朕以獨鑑未周，必資僉議，爰命朝賢三事，精加詳擇。咸以爲闕於聚學，莫可登科。其懷材抱器舉人，並放更習學。其有不對策羅嘉茂，既是白丁，宜於劍南效力。全不答所問崔慎感、劉灣等，勤爲本郡充學生之數，勿許東西。其所舉官，各量貶殿，以示懲誡。』」〔一〕是通場皆下第也。然玄宗不因是而廢此科，且黜落之舉人，猶稱爲「卿等」，既無峻切之文，亦不爲姑息之政，斯得之矣。

〔一〕册府元龜六四三考試門。

御試黜落

宋史仁宗紀：「嘉祐二年三月，賜禮部奏名進士、諸科及第出身八百七十七人，親試舉人免黜落始此。」〔一〕此仁宗末年姑息之政。詒謀録〔二〕曰：「舊制，殿試皆有黜落。臨時取旨，或三人取一，或二人取一，或三人取二。故有累經省試取中，而擯棄於殿試者。自張元以積忿降元昊，爲中國患，朝廷始囚其家屬，未幾復縱之。於是群臣建議，歸咎於殿試〔三〕。嘉祐二年，詔進士與殿試者皆不黜落。是一畔逆之士子〔四〕，爲天下後世士子無窮之利也。」阮漢聞言，以張元而罷殿試之黜落，則懲黄巢之亂，將天下士子無一不登第而後可。

〔一〕宋史十二。

〔二〕王林，南宋初人，著宋朝燕翼詒謀録五卷。四庫著録雜史類。歷代小史本一卷，作詒謀録。百川學海、學津討原本五卷。此見卷五殿試士人不黜落條。容齋三筆十一，亦有記張元事。

〔三〕「殿試」下原有「黜落」二字。

〔四〕「士子」原作「賊子」。

殿舉

「宋初，約周顯德之制，定貢舉條法，及殿罰之式。進士文理紕繆殿五舉。今謂之罰科。諸科初場十否，不通者謂之否。殿五舉；第二、第三場十否，殿三舉；第一場至第三場九否，並殿一舉。殿舉之數，朱書於試卷，送中書門下。」〔一〕今之科場，有去取而無勸懲，故不才之人得以旅進，而言此者，世必以爲刻薄矣。

〔一〕宋史一五五選舉志。

英宗實録：「宣德十年九月，令天下歲貢生員，從行在翰林院考試中式者，送南北國子監讀書；不中者，發原籍住廩肄業，以待復試；再不中者，發充吏。提調教官如例責狀。」〔一〕今歲貢廷試，亦無黜落，設科取士，大抵爲恩澤之塗矣。

〔一〕實録九。

進士得人

唐書選舉志〔一〕：「衆科之目，進士尤爲貴，其得人亦最爲盛焉。文宗好學嗜古，鄭覃以經術位宰相，深嫉進士浮薄，屢請罷之。」公主傳：「德宗女魏國公主下嫁王士平，得罪貶賀州司户參軍。門下客蔡南史、獨孤申叔，爲主作團雪散雪辭。帝聞怒，捕南史等逐之，幾廢進士科。」〔二〕唐語林：「進士、舉人，各樹名甲。開成、會昌中語曰：鄭、楊、段、薛，炙手可熱。」〔三〕武宗即位，宰相李德裕尤惡進士，謂朝廷選官，須公卿子弟爲之。何者？少習其業，自熟朝廷事，臺閣之儀，不教而自成；寒士縱有出人之才，固不能閑習也。德裕之論偏異蓋如此。然進士科，當唐之晚節，尤爲浮薄，世所共患也。」

〔一〕新唐書四四。節引至末。
〔二〕新唐書八三。
〔三〕唐語林卷四企羨門。

金史言：「取士之法，其來不一。至於唐宋，進士盛焉。當時士君子之進，不繇是塗，則自以爲慊。苦簟反。此繇時君之好尚，故人心之趨向然也。」〔一〕

〔一〕卷五一選舉志。

宋馬永卿〔一〕言：「本朝取士之路多矣，得人之盛，無如進士，至有一榜得宰相數人者，其間名臣，不可勝數，此進士得人之明效也。或曰不然，以本朝崇尚進士，故天下英才皆入此科，若云非此科不得人，則失之矣。唐開元以前，未嘗尚進士科，故天下名士雜出他塗。開元以後始尊崇之，故當時名士中此科者，十常七八。以此卜之，可以見矣。」

〔一〕馬永卿，字大年，揚州人，有記元城語録三卷、嬾真子五卷，均見四庫雜家五。蓋劉安世弟子也。此文見嬾真子卷三。

餘姚黄宗羲作明夷待訪録，其取士篇〔一〕曰：「古之取士也寬，其用士也嚴。今之取士也嚴，其用士也寬。古者鄉舉里選，士之有賢能者，不患於不知。降而唐宋，其科目不一，士不得與於此，尚可轉而從事於彼，是其取之之寬也。王制：命鄉論秀士，升之司徒曰選士；司徒論選士之秀者，升之學曰俊士；大樂正論造士之秀者，升之司馬曰進士；司馬論進士之賢者，以告於王，而定其論。論定然後官之，任官然後爵之，位定然後禄之。唐之士及第者，未便解褐入仕，吏部又復試之。詳下條。宋雖登第入仕，然亦止簿尉令録，榜首纔得丞判。是其用之之嚴也。寬於取則無遺才，嚴於用則無倖進。今也不然，其取士止有科舉一塗，雖使豪傑之士，若屈原、董仲舒、司馬相如、揚雄之徒，舍是亦無繇而進，取之不謂嚴乎哉？一日苟得，上之列於侍從，下亦置之郡縣。即其黜落而爲鄉貢者，終身不復取解，授之以官，用之又何其寬也。嚴於取，則豪傑之老死丘壑者多矣；寬於用，此在位者多不得其人也。流俗之人徒見二百年以來之功名氣節一二出於其中，遂以爲科法已善，不必他求。不知科第之内，既聚此十百萬人，不應功名氣節之士，獨不得入，則是功名氣節之士之得科第，非科第之能得功名氣節之士也。假使探籌較其長短而取之，行之數百年，則功名氣節之士，亦自有出於探籌之中者，寧可謂探籌爲取士之善法邪？究竟功名氣節人物，不及漢唐遠甚，徒使庸妄之輩，充塞天下，豈天之不生才哉？則取之之法非也。我故寬取士之塗，有科舉，有薦舉，有太學，有任子，有郡縣佐，其法以諸生掌六曹。有辟召，有絶學，有上書，而用之之嚴附見焉。」〔二〕

〔一〕取士下篇。

〔二〕取士下篇至此止。

明〔一〕初薦辟之法既廢，而科舉之中，尤重進士。神宗以來，遂有定例，州縣印官，以上中爲進士缺，中下爲舉人缺，最下乃爲貢生缺。舉、貢歷官，雖至方面，非廣西雲貴不以處之。以此爲銓曹一定之格。間有一二舉、貢，受知於上，拔爲卿貳大僚，則必盡力攻之，使至於得罪譴逐，且殺之而後已。於是不繇進士出身之人，遂不得不投門户以自庇。資格與朋黨，二者牢不可破，而國事大壞矣。至於翰林之官，又以清華自處，而鄙夷外曹。崇禎中，天子忽用推知考授編檢〔二〕，而衆口交譁，有「適從何來，遽集於此」之誚〔三〕。唐武儒衡語〔四〕。嗚呼！科第不與資格期，而資格之局成；資格不與朋黨期，而朋黨之形立。防微慮始，有國者，其爲變通之計乎？

〔一〕「明」原作「國」。

〔二〕「天子」原作「先帝」，「編檢」原避諱作「編簡」。

〔三〕烈皇小識卷五。
〔四〕舊唐書一五八武儒衡傳。

大臣子弟

人主設取士之科，以待寒畯，誠不宜使大臣子弟得與其間，以示寵遇之私；而大臣亦不當使其子弟與寒士競進。魏孝文時，于烈爲光禄勳卿，其子登引例求進，烈上表請黜落。孝文以爲有識之言〔一〕。雖武夫猶知此義也。唐之中葉，朝政漸非，然一有此事，尚招物議。長慶元年，禮部侍郎錢徽知貢舉，中書舍人李宗閔子婿蘇巢，右補闕楊汝士弟殷士皆及第，爲段文昌所奏，指擿牓内鄭朗等十四人，謂之子弟。穆宗乃内出題目重試，落朗等十人，貶徽江州刺史，宗閔劍州刺史，汝士開江令〔二〕。舊唐書〔三〕。會昌四年，權知貢舉左僕射王起奏：所放進士，有江陵節度使崔元式甥鄭朴，東都留守牛僧儒女婿源重，故相竇易直子絾，監察御史楊收弟嚴，試文合格，物議以子弟非之。敕遣户部侍郎、翰林學士白敏中覆試，落下三人，唯放楊嚴一人。册府元龜〔四〕。唐書楊嚴傳〔五〕又有楊知至，共五人。大中元年，禮部侍郎魏扶奏：臣今年所放進士三十三人，其封彦卿、崔琢、鄭延休等三人，實有詞藝，爲時所稱，皆以父兄見居重任，不敢選取。詔令翰林學士承旨、户部侍郎韋琮考覆，敕放及第。舊唐書〔六〕。大中末，令狐綯罷相。其子滈應進士舉，在父未罷相前，拔文解及第。諫議大夫崔瑄論滈干撓主司，侮弄文法，請下御史臺推勘。疏留中不出。舊唐書令狐綯子滈傳：「大中十三年，綯罷相爲河中節度使，爲其子滈乞應進士舉，許之。登第三十人，有鄭羲者，故户部尚書澣之孫；裴弘餘，故相休之子；魏簹，故相扶之子，及滈，皆大臣子弟。諫議大夫崔瑄論滈權在一門，勢傾天下，及綯罷相作鎮之日，便令滈納卷貢闈，豈可以父在樞衡，獨撓文柄。請下御史臺按問。奏疏不下。」〔七〕册府元龜載起居郎張雲疏，言綯方出鎮，滈便策名，放榜宣麻，相去二十三日〔八〕。後梁開平三年五月，「敕禮部所放進士薛鈞，是左司侍郎薛廷珪男，方持省轄，固合避嫌，宜令所司落下」〔九〕。宋開寶元年，權知貢舉王祐，擢進士合格者十人，陶穀子邴，名在第六。翼日穀入謝，上謂侍臣曰：「聞穀不能訓子，邴安得登第？」乃命中書覆試，邴復登第。因下詔，自今舉人，凡關食禄之家，禮部具聞覆試。山堂考索〔十〕。至太宗以後，科額日廣，登用亦驟，而上下斤斤猶守此格。有人主示公而不取者。雍熙二年，宰相李昉之子宗諤，參政吕蒙正之弟蒙亨，監鐵使王明之子扶，度支使許仲宣之子待問，舉進士試皆入等。上曰：「此竝世家，與孤寒競進，縱以藝升，人亦謂朕有私。」遂罷之，是也。山堂考索〔十一〕。有人臣守法而自罷者。唐義問用舉者召試秘閣，父介引嫌罷之，是也。宋史〔十二〕。有子弟恬退而不就者。韓維嘗以進士薦禮部，父億任執政，不就廷試。仁宗患搢紳奔競，諭近臣曰：「恬靜守道者旌擢，則躁求者自當知愧。」於是宰相文彥博等言：「維好古嗜學，安於靜退，乞加甄録。」召試學士院，辭不赴，除國子監主簿，是也。山堂考索〔十三〕。舊唐書言：王蕘苦學善屬文，以季父鐸作相，避嫌不就科試〔十四〕。而趙屼爲御史，上疏言：「治平以前，大臣不敢援置親黨於要塗，子弟多處筦庫，甚者不使應科舉。自安石柄國，持內舉不避親之說，始以子雱列侍從，繇是循習爲常。今宜杜絶其源。」宋史〔十五〕。以此爲防，猶有若秦檜子熺、孫塤，試進士皆爲第一者。清波雜志：「紹聖丁丑，章持魁南省，時有詩云：『何處難忘酒，南宮放榜時。有才如杜牧，無勢似章持。不取通經士，先收執政兒。此時無一盞，何以展愁眉。』」〔十六〕至於有明〔十七〕，此法不講。又入仕之塗雖不限出身，然非進士一科，不能躋於貴顯，於是宦游子弟，攘臂而就功名。三百年來，惟聞一山陰王文端，名家屏，萬曆中輔臣。子中解元，不令赴會試者。唐宋之風，蕩然無存。然則寬入仕之塗，而厲科名之禁，不可不加之意也。

〔一〕魏書三一。
〔二〕通鑑二四一穆宗紀，三月。舊唐書分載於一六八錢徽、一七八李宗閔、一七六楊汝士傳。
〔三〕卷十六穆宗紀亦略載之。
〔四〕卷六四四考試門。
〔五〕舊唐書一七七。

〔六〕舊唐書一八下。
〔七〕舊唐書一七二。
〔八〕册府元龜六五一貢舉部謬濫門。
〔九〕亦見册府六五一謬濫門。
〔十〕考索後集卅六貢舉類引長編。
〔十一〕後集卅六士門貢舉類。
〔十二〕卷三一六。
〔十三〕考索後集卅六貢舉類。
〔十四〕舊唐書一六四。
〔十五〕卷三一六。
〔十六〕清波雜志卷四章持及第條。
〔十七〕「有明」原作「國朝」。

天寶二年，是時海内晏平，選人萬計，命吏部侍郎宋遥、苗晉卿考之。「遥與晉卿，苟媚朝廷，又無廉潔之操，取舍偷濫，甚爲當時所醜。有張奭者，御史中丞倚之子，不辨菽麥，假手爲判，特升甲科。會下第者嘗爲薊令，以其事白於范陽節度使安禄山。禄山恩寵崇盛，謁請無時，因具奏之。帝乃大集登科人，御花蕚樓親試，升第者十無一二焉。奭手持試紙，竟日不下一字，時謂之曳白。帝大怒，遂貶遥爲武當太守，晉卿爲安康太守，復貶倚爲淮陽太守。詔曰：『庭闈之間，不能訓子，選調之際，乃以託人。』士子皆以爲戲笑，或託於詩賦諷刺。考判官禮部郎中裴朏、起居舍人張烜、監察御史宋昱、左拾遺孟朝，皆貶官嶺外」〔一〕。

〔一〕册府元龜六三八銓選部謬濫門。此事亦略見舊唐書一一三苗晉卿傳。

石林燕語〔一〕曰：「國初貢舉法未備，公卿子弟多艱於進取，蓋恐其請托也。范杲，魯公〔二〕之兄子，見知陶穀、竇儀，皆待以甲科。會有言世禄之家不當與寒畯爭科名者，遂不敢就試。李内翰宗諤已過省，以文正〔三〕爲相，因唱名，辭疾不敢入，亦被黜。文正罷相，方再登科。天禧後立法，有官人試不中者，皆科私罪，仍限以兩舉。慶曆以來，條令日備，有官人仍别立額，於是進取者始自如矣。」

〔一〕石林燕語五。
〔二〕范質。

〔三〕李昉，謚文貞，後避諱作「文正」。

謝在杭五雜組曰：「宋初進士科，法制稍密，執政子弟多以嫌不令舉進士，有過省而不敢就殿試者。慶曆中，王伯庸爲編排官，其内弟劉原父廷試第一，以嫌自列，降爲第二。今制，惟知貢舉典試者，宗族不得入，其它諸親不禁也。執政子弟擢上第者，相望不絶，顧其公私何如耳？楊用修作狀頭，天下不以爲私，與江陵諸子異矣。萬曆癸未，蘇工部濬入闈，取李相公廷機爲首卷。二公少同筆硯，至相善也，然蘇取之不以爲嫌，李魁天下而人無間言，公也。庚戌之役，湯庶子賓尹，素知韓太史敬，拔之高等，而其後議論蠭起，座主門生，皆坐褫職。夫韓之才誠高，而湯之取未爲失人，但心跡難明，卒至兩敗，亦可惜也。然科場之法，自是日益多端矣。」〔一〕景泰七年，大學士王文、陳循，以其子鄉試不中，至具奏訟冤，爲皆準令會試〔二〕。

〔一〕五雜組十四事部。
〔二〕英宗實録二七〇景泰附録，九月。

北卷〔一〕

今制科場分南卷、北卷、中卷，實録：洪熙元年八月乙卯，行在禮部奏定科舉取士之額，南士取十之六，北士取十之四。後又令南北各退五卷爲中卷。景泰二年會試，禮部奏準，取士不分南北。户科給事中李侃等謂北人拙於文辭，向日定爲南北之分，不可改。禮部言：「鄉舉里選之法，不可行矣。取士若不以文，考官將何所據？且北方中士，人才所生，以古言之，大聖如周公、孔子，大賢如顏、曾、思、孟，皆非南人。以今言之，如靖遠伯王驥、左都御史王翱、王文，皆永樂間不分南北所取進士。今豈可預謂北無其人？侃等所言，不允。」〔二〕四年會試，命仍分南、北、中卷。此調停之術，而非造就之方。夫北人，自宋時即云京東西、河北、河東、陝西五路舉人，拙於文辭聲律。王氏揮塵録〔三〕曰：「國初，每歲放榜，取士極少。安德裕作魁日，九人而已。蓋天下未混一也。至太宗朝浸多，所得率江南之秀〔四〕。其後又别立分數，考較五路舉人，以北人拙於辭令，故優取。熙寧二年，廷試罷三題，專以策取士，非雜犯不復黜，然五路舉人尤爲疏略。黄道夫榜，傳臚至第四甲党鎛卷子，神宗大笑曰：『此人何繇過省？』知舉舒信道對以五路人用分數取末名過省，上命降作第五甲末。」況又更金元之亂，文學一事，不及南人久矣。今南人教小學，先令屬對，猶是唐宋以來相傳舊法。北人全不爲此，故求其習比偶、調平仄者，千室之邑，幾無一二人。而八股之外，一無所通者，比比也。愚幼時，四書本經俱讀全注，後見庸師窳生，欲速其成，多爲删抹，而北方則有全不讀者。王槐野與鄭少潭提學書言：關中士不讀朱注，不看大全、性理、通鑑諸書。當嘉靖之時已如此〔五〕。欲令如前代之人，參伍諸家之注疏而通其得失，固數百年不得一人，且不知十三經注疏爲何物也。間有一二五經刻本，亦多脱文誤字，而人亦不能辨。此古書善本，絶不至於北方，而蔡虚齋、林次崖諸經學訓詁之儒，皆出於南方也。故今日北方有二患，一曰地荒，二曰人荒。非大有爲之君作而新之，不免於「無田甫田，維莠驕驕」〔六〕之歎也。

〔一〕初刻五之十二，只有前段。

〔二〕英宗實録二〇一景泰附録。二月。

〔三〕前録三。

〔四〕此與南唐是否有關？

〔五〕初刻僅有此注。

〔六〕詩齊風甫田。

漢成帝元延元年七月，詔内郡國舉方正能直言極諫者各一人，北邊二十二郡，舉勇猛知兵法者各一人〔一〕。此古人因地取才，而不限以一科之法也。宋敏求嘗建言：「河北、陝西、河東士子，性朴茂，而辭藻不工，故登第者少。請令轉運使擇薦有行藝材武者特官之，使人材參用，而士有可進之路。」〔二〕其亦漢人之意也與？

〔一〕漢書十成帝紀。
〔二〕宋史二九一。

糊名

國家設科之意，本以求才。今之立法，則專以防姦爲主，如彌封、謄録一切之制是也。考之唐初，吏部試選人皆糊名，令學士考判。武后以爲非委任之方，罷之。此則糊名已用之選人，而未嘗用之貢舉。貞元中，陸贄知貢舉，訪士之有才行者於翰林學士梁肅。肅曰：「崔群雖少年，他日必至公輔。」果如其言。册府元龜〔一〕。唐書本傳：「贄知貢舉，時崔元翰、梁肅文藝冠時。贄輸心於肅，肅與元翰推薦藝實之士。一歲選士纔十四五，數年之内，居臺省清近者十餘人。」〔二〕太和初，禮部侍郎崔郾試進士，東都吳武陵出杜牧所賦阿房宮辭，請以第一人處之。武陵傳〔三〕。此知其賢而進之也。張昌齡舉進士，與王公治齊名，皆爲考功員外郎王師旦所絀。太宗問其故，對曰：「昌齡等華而少實，其文浮靡，非令器也。取之則後生勸慕，亂陛下風雅。」帝然之〔四〕。溫庭筠苦心硯席，尤長於詩賦。初舉進士，至京師，人士翕然推重。然士行塵雜，不修邊幅，能逐絃吹之音，爲側豔之詞。公卿家無賴子弟裴誠、令狐滈之徒，相與蒱飲，酣醉終日，繇是累年不第。本傳〔五〕。羅隱有詩名，尤長於詠史，然多譏諷，以故不中第。冊府元龜〔六〕。此知其不可而退之也。宋史陳彭年傳言：「景德中，彭年與晁迥同知貢舉，請令有司詳定考試條式。真宗命彭年與戚綸參定，多革舊制，專務防閑。其所取者，不復選擇文行，止較一日之藝。雖杜絶請託，然置甲等者，或非人望。」〔七〕文獻通考略同〔八〕。宋白傳言：「初，陳彭年舉進士，輕俊喜謗主司。白知貢舉，惡其爲人，黜落之，彭年憾焉。後居近侍，爲貢舉條例，多所關防，蓋爲白設也。」〔九〕山堂考索同。蓋昔之取士，雖程其一日之文，亦參之以平生之行，而鄉評士論，一皆達於朝廷。李諮傳：「舉進士，真宗聞其至孝，擢第三人。」〔十〕當時尚未糊名。陸游老學庵筆記：「本朝進士，初亦如唐制，兼採時望。真廟時，周安惠公起建糊名法，一切以程文爲去留。」〔十一〕故王旦傳言：「翰林學士陳彭年呈政府科場條目，旦投之地曰：『内翰得官幾日，乃欲隔截天下進士。』彭年皇恐而退。」〔十二〕畫墁録言：「彭年子彥博守汀州，以贓敗，杖脊流海島；其孫逵兄弟發彭年冢，取金帶分貨抵罪。」〔十三〕而范仲淹、蘇頌之議，並欲罷彌封、謄録之法，使有司先考其素行，以漸復兩漢選舉之舊。本傳〔十四〕。夫以彭年一人之私，而遵之爲數百年之成法，無怪乎繁文日密，而人材日衰。後之人主，非有重門洞開之心胸，不能起而更張之矣。

〔一〕八四三知人門。
〔二〕舊唐書一三九。
〔三〕新唐書二〇三。
〔四〕新唐書二〇一文藝上。
〔五〕舊唐書一九〇下文苑傳。
〔六〕八四一文章門。
〔七〕宋史二八七。
〔八〕卷三〇選舉。
〔九〕宋史四三九文苑傳一。
〔十〕宋史二九二。
〔十一〕陸游老學庵筆記卷五。
〔十二〕宋史二八二。
〔十三〕畫墁録卷一。
〔十四〕宋史三四〇蘇頌傳，又三一四范仲淹傳，請罷糊名。

册府元龜：「唐憲宗元和二年十二月敕，自今以後，州府所送進士，如迹涉疏狂，兼虧禮教，或曾爲官司科罰，或曾任州府小吏，一事不合入清流者，雖薄有詞藝，並不得申送。

如舉送以後事發，長吏停見任，及已停替者殿二年，本試官及司功官並貶降。」〔一〕是進一不肖之人，考試之官，皆有責焉。今則藉口於糊名，而曰：吾衡其文，無繇知其人也。是教之崇敗行之人，而代爲之逭其罪也。

〔一〕册府元龜六四〇條制門。

容齋四筆〔一〕曰：「唐世科舉之柄，顓付之主司，仍不糊名。又有交朋之厚者，爲之薦達，謂之通牓。故其取人也，畏於譏議，多公而審。亦或脅於權勢，或撓於親故，或累於子弟，皆常情所不能免者。若賢者臨之則不然，未引試之前，其去取高下，固已定於胸中矣。韓文公與祠部陸員外書〔二〕曰：『執事之與司貢士者相知誠深矣。彼之所望於執事，執事之所以待乎彼者，可謂至而無間矣。彼之職在乎得人，執事之志在乎進賢。如得其人而授之，所謂兩得。愈之知者有侯喜、侯雲長、劉述古、韋群玉，摭言作「紓」〔三〕。此四子皆可以當首薦，而極論者期於有成而後止可也。沈杞、張苰、登科記作「弘」。尉遲汾、李紳、張後餘、李翊皆出群之才，與之足以收人望，而得才實，主司廣求焉，則以告之可也。往者，陸相公司貢士，愈時幸在得中，貞元八年，陸贄知舉，賈稜等二十二人登第，公與焉〔四〕。所與及第者，皆赫然有聲。原其所以，亦繇梁補闕肅、王郎中礎佐之。梁舉八人，無有失者，其餘則王皆與謀焉。陸相待王與梁如此不疑也，至今以爲美談。』〔五〕此書在集中，不注歲月。按摭言云：貞元十八年，權德輿主文，陸傪員外通牓，韓文公薦十人於傪。權公凡三牓，共放六人，餘不出五年内皆捷〔六〕。以登科記考之，貞元十八年，德輿以中書舍人知舉，放進士二十三人，尉遲汾、侯雲長、韋紓、沈杞、李翊登第。十九年以禮部侍郎放二十人，侯喜登第。永貞元年放二十九人，劉述古登第。通三牓共七十二人，而韓所薦者預其七。元和元年，崔邠下放李紳，三年又放張後餘、張弘，皆與摭言合。」

〔一〕卷五韓文公薦士條。至末。
〔二〕陸傪。
〔三〕唐摭言八。二注乃容齋四筆原注。
〔四〕此注乃昌黎集孫氏注，應作「二十三人」。孫汝聽，眉山人。
〔五〕昌黎集十七。
〔六〕摭言八通牓條。

搜　索

舊唐書李揆傳〔一〕：「乾元初，兼禮部侍郎，言主司取士，多不考實，徒峻其隄防，索其書策，殊不知藝不至者，居文史之囿，亦不能擒辭，深昧求賢之意也。及試進士，請於庭中設五經、諸史及切韻本於牀，引貢生謂之曰：大國選士，但務得才，經籍在此，請恣尋檢〔二〕。」

〔一〕舊唐書一二六。

〔二〕「檢」原避諱作「簡」。

舒元輿傳：「舉進士，見有司鉤校〔一〕苛切，因上書言：『自古貢士，未有輕於此者。且宰相公卿繇此出，而有司以隸人待之，羅棘遮截，疑其爲奸，非所以求忠直也。』」〔二〕李戡傳：「年二十，明六經，就禮部試，吏唱名乃入。戡恥之，明日徑返江東，隱陽羨里。」〔三〕又言〔四〕，國朝校試，窮微探隱，無所不至，士至露頂跣足以赴科場，此先輩所以有投槧而出者。然狡僞之風，所在而有，試者愈嚴而犯者愈衆。桁楊之辱，不足以盡辜。如主司真具別鑑，雖懷藏滿篋，亦復何益？故搜索之法，祇足以濟主司之所短，不足以顯才士之所長也。

〔一〕「校」原避諱作「較」。下同。
〔二〕舊唐書一六九不載，見新唐書一七九。全文見文粹二六上論貢士書。
〔三〕新唐書七八宗室傳。
〔四〕「言」字似衍文，以下當是亭林之言也。

今日考試之弊，在乎求才之道不足，而防姦之法有餘。洪武五年正月癸丑，上諭禮部臣曰：「近代以來，舉人不中程式，爲有司所黜者，多不省己自修，以圖再進。往往摭拾主司細故，謗毀以逞私忿，禮讓廉恥之風不立。今後有此者罪之。」〔一〕萬曆末，謝肇淛言：「上之防士，如防姦偷〔二〕；而旁觀之伺主司，如伺寇盜。」宋元祐初，御史中丞劉摯上言：「治天下者，遇人以君子長者之道，則下必有君子長者之行應於上。若以小人遇之，彼將以小人自爲矣。況以此行於學校〔三〕之間乎？」〔四〕誠能反今日之弊，而以教化爲先，賢才得而治具張，不難致也。

〔一〕太祖實録七一。

〔二〕「姦偷」原作「夷虜」。

〔三〕「校」原避諱作「較」。

〔四〕宋史三四〇。

金史〔一〕：「泰和元年，省臣奏：搜簡之法雖嚴，至於解髮袒衣，索及耳鼻，殊失待士之禮。移剌履傳：「初舉進士，惡搜簡煩瑣去之。」〔二〕蓋世宗初年。故大定二十九年，已嘗依前故事，使就沐浴，官置衣爲之更之，既可防濫，且不虧禮。從之。」

〔一〕卷五一選舉志。

〔二〕金史九五。

朱子論學校科舉之弊，謂：「上以盜賊待士，士亦以盜賊自處。鼓譟迫脅，非盜賊而何？」〔一〕嗟夫！三代之制，不可見矣，漢唐之事，豈難倣而行之者乎？

〔一〕朱子語類一〇九取士門。

座主門生〔一〕

貢舉之士，以有司爲座主，而自稱門生。自中唐以後，遂有朋黨之禍。「座主」字，見令狐峘傳〔二〕。張籍寄蘇州白使君詩：「登第早年同座主。」〔三〕楊嗣復傳：「領貢舉時，父於陵自雒入朝，乃率門生出迎，置酒第中。於陵坐堂上，嗣復與諸生坐兩序。始於陵在考功，擢浙東觀察使，李師稷及第時亦在焉。人謂楊氏上下門生。」〔四〕「會昌三年十二月二十二日，中書覆奏：奉宣旨，不欲令及第進士呼有司爲座主，兼題名局席等，條疏進來者。伏以國家設文學之科，求真正之士，所宜行崇風俗，義本君親，然後升於朝廷，必爲國器。豈可懷賞拔之私惠，忘教化之根源，自謂門生，遂爲朋比。所以時風浸壞，臣節何施，樹黨背公，靡不由此。按韓文公送牛堪序：「吾未嘗聞有登第於有司而進謝其門者。」〔五〕則元和、長慶之間，士風猶不至此。臣等議，今日以後，進士及第，任一度參見有司，向後不得聚集參謁。于有司宅置宴，其曲江大會朝官，及題名局席，並望勒停。新唐書：「初，舉人既及第，綴行通名詣主司第謝。其制，序立西堦下，北上東向，主人席東堦下西向。諸生拜，主司答拜，乃敘齒謝恩，遂升階，與公卿觀者皆坐。酒數行，乃赴期集。又有曲江會題名席。」〔六〕李肇國史補：「既捷，列名于慈恩寺塔，謂之題名。大燕于曲江亭子，謂之曲江會。」〔七〕奉敕宜依。」〔八〕

〔一〕初刻五之十三，只有一、三段。
〔二〕舊唐書一四九。
〔三〕張司業集六。
〔四〕新唐書一七四。
〔五〕昌黎集二十。
〔六〕新唐書四四選舉志。
〔七〕國史補下。初刻注僅有國史補一節。
〔八〕唐詩紀事五五王起條。此下元鈔本另行，潘刻誤連上。

後唐長興元年六月，中書門下奏：「時論以貢舉官爲恩門，及以登第爲門生。門生者，門弟子也。顔、閔、游、夏等，並受仲尼之訓，即是師門。大朝所命春官，不曾教誨舉子，是國家貢士，非宗伯門徒。今後及第人不得呼春官爲恩門、師門，及自稱門生。」〔一〕宋太祖建隆三年九月丙辰，詔及第舉人不得拜知舉官子弟，及目爲恩門、師門，并自稱門生〔二〕。劉克莊跋陸放翁帖云：「余大父著作，爲京教，考浙漕試，明年，考省試。吕成公卷子皆出本房。家藏大父與成公往還真蹟，大父則云：『上覆伯恭兄。』成公則云：『拜覆著作丈。』時猶未呼座主作先生也。」〔三〕尋其言，蓋宋末已有「先生」之稱。而至於有明，則遂公然謂之「座師」，謂之「門生」。乃其朋黨之禍，亦不減於唐時矣。王元美觚不觚録謂：「嘉靖以前，門生稱座主，不過曰先生而已。至分宜當國，始稱『老翁』，其厚者稱『夫子』，此後門生俱曰『老師』。」〔四〕五雜俎言：「國朝惟霍文敏韜不拜主司，亦不受人作門生。」〔五〕

〔一〕册府元龜六四二條例門。
〔二〕通考三〇選舉。
〔三〕後村集一〇二跋放翁與曹元伯帖。
〔四〕寶顏堂秘笈。
〔五〕五雜俎卷十四事部。

唐時風俗之敝，楊復恭至謂昭宗爲門生天子〔一〕。

〔一〕舊唐書一八四宦官，新唐書二〇八宦者。

唐崔祐甫議〔一〕，以爲：「自漢徐孺子，於故舉主之喪，徒步千里而行一祭，厚則厚矣，其於傳繼非可也，歷代莫之非也。後漢書樊儵傳言：「郡國舉孝廉，率取年少能報恩者。」〔二〕當時即有此説。近日張荆州九齡，又刻石而美之。於是後來之受舉爲參佐者，報恩之分，往往過當。或撓我王憲，捨其親戚之罪負，舉其不令子孫以竊名位，背公死黨，兹或近之。時論從而與之，通人又不救，遂往而不返。」宋陳瑩中言：「使王氏之門有負恩之士，則漢之宗社不至於亡。」其言可感。夫參佐之於舉主，猶蒙顧盼之恩，被話言之獎，陶鎔成就，或資其力，昔人且有黨比之譏。若科場取士，祇憑所試之文，未識其名，何有師生之分？至於市權撓法，取賄酬恩，枝蔓糾連，根柢磐互，官方爲之濁亂，士習爲之頽靡，其與漢人篤交念故之誼，抑何遠哉？

〔一〕唐文粹四二廣喪朋友議。

〔二〕後漢書六二。此段注，初刻均無。

風俗通〔一〕記：「弘農太守吴匡，爲司空黄瓊所舉。班詔勸耕，道於澠池，聞瓊薨，即發喪制服，上病，載輂車還府。論之曰：剖符守境，勸民耕桑，肆省冤疑，和解仇怨，國之大事，所當勤恤。而猥顧私恩，傲狠自遂。若宫車晏駕，何以過兹？論者不察，而歸之厚。司空袁周陽舉荀慈明有道，太尉鄧伯條舉訾孟直方正。二公薨，皆制齊衰。漢書荀爽傳〔二〕：「司空袁逢舉有道，不應。及逢卒，爽制服三年。當世往往化以爲俗。」邵寶議之曰：「師喪以心，而舉主服三年，可乎？」〔三〕若此類者非一。然荀、訾通儒，於義足責。魏景元元年，傅玄舉將僕射陳公薨，以諮時賢。光禄鄭小同云：「宜準禮而以情義斷之，服吊服加麻可也，三月除之。」宋庾蔚之以此論爲允〔四〕。或舉者名位斥落，子孫無繼，多不親至。」〔五〕然則隆情繇乎顯閥，薄報在乎衰門，此又私恩之一變，古今同慨者矣。

〔一〕卷三徵禮。
〔二〕後漢書九二。「後」字似不能省。
〔三〕邵議不見學史，疑出簡端録。
〔四〕通典九九秀孝爲舉將服議。
〔五〕風俗通至此止。

後漢書〔一〕：「周景爲河内太守，好賢愛士。每至歲時，延請舉吏，入止後堂，與共宴會。如此數四乃遺之，贈送什物，無不充備。既而選其父兄子弟，事相優異。魏志衛臻傳〔二〕：「夏侯惇爲陳留太守，舉臻計吏，命婦出宴。臻以爲末世之俗，非禮之正。」先是，司徒韓演在河南，志在無私，舉吏當行，一辭而已，恩亦不及其家。曰：『我舉若可矣，豈可令偏積一門。』」〔三〕是二公者，在人情雖有厚薄之殊，而意趣則有公私之别矣。

〔一〕卷七五周景傳。
〔二〕魏志二二。
〔三〕周景傳至此止。

記言：「趙文子所舉於晉國管庫之士，七十有餘家，生不交利，死不屬其子焉。」〔一〕嗚呼！吾見今之舉士者，交利而已，屬子而已。

〔一〕禮記檀弓下。

舉主制服

雜記曰：「孔子曰：管仲遇盜，取二人焉。上以爲公臣，曰：其所與游辟也，可人也。管仲死，桓公使爲之服。宦於大夫者之爲之服也，自管仲始也，有君命焉爾也。」〔一〕此雖前仕管氏，亦以舉主而服之。然孔子以爲有君命則可，蓋亦有所不盡然之辭。

同 年〔一〕

〔一〕禮記雜記下。

今人以同舉爲同年。「唐憲宗問李絳曰：『人於同年固有情乎？』對曰：『同年乃九州四海之人，偶同科第，或登科然後相識，情於何有？』」〔二〕然穆宗欲誅皇甫鎛，而宰相令狐楚、蕭俛以同年進士保護之矣〔三〕。按漢人已有之。後漢書李固傳云：「有同歲生，得罪於冀。」〔四〕風俗通云：「南陽五世公爲廣漢太守，與司徒長史段遼叔同歲。」又云：「與東萊太守蔡伯起同歲。」又云：「蕭令吳斌與司徒韓演同歲。」〔五〕三國志魏武帝紀〔六〕云：「公與韓遂父同歲孝廉。」魏武故事載公令曰：「顧視同歲中，年有五十，未名爲老。」〔七〕漢敦煌長史武班碑云：「金鄉長河間高陽史恢等，追惟昔日，同歲郎署孝廉。」〔八〕柳敏碑云：「縣長同歲，犍爲屬國趙臺公。」〔九〕晉書陶侃傳：「侃與陳敏同郡，又同歲舉吏。」〔十〕其云同歲，蓋即今之同年也。惟吳志周瑜傳言：「堅子策與瑜同年。」步騭傳言：「與廣陵衛旌同年。」〔十一〕此當是年齒之年。私恩結而公義衰，非一世之故矣。

〔一〕初刻五之十四。
〔二〕通鑑二三八元和七年正月條。
〔三〕通鑑二四一元和十五年正月條。初刻自「唐憲宗」至此作「以此論交，殊爲淺陋」。
〔四〕後漢書九三。
〔五〕風俗通卷四過譽。
〔六〕三國志卷一初平十六年九月條。
〔七〕初刻全段無注。
〔八〕金石萃編八。
〔九〕隸釋八。
〔十〕晉書六六。
〔十一〕三國志吳志卷九、卷七。

先輩

先輩，乃同試而先得第者之稱。程氏演繁露〔一〕曰：「通典：『魏文帝黄初五年，立太學於雒陽，時慕學者始詣太學爲門人，滿一〔二〕歲試通一經者稱弟子，不通一經罷遣。弟子滿二歲，試通二經者補文學掌故，不通者聽從後輩試，試通二經亦得補掌故。滿三歲〔三〕試通三經者擢高第，爲太子舍人。不第者隨後輩復試，試通亦爲太子舍人。舍人滿二歲，試通四經者擢高第，爲郎中，不通者隨後輩復試，試通亦爲郎中。郎中滿二歲能通五經者擢高第，隨才叙用，不通者隨後輩復試，試通亦叙用。』〔四〕故唐世舉人，呼已第者爲先輩，繇此也。」韋莊集有題云癸丑年下第獻新先輩〔五〕。北夢瑣言：「王凝知貢舉，謂人曰：某叨忝文柄，今年榜帖，全爲司空先輩一人而已。」〔六〕今考吳志闞澤傳言：「州里先輩，丹陽唐固，修身積學。」〔七〕薛綜傳言：「零陵賴恭先輩，仁謹不曉時事。」〔八〕晉書羅憲傳言：「侍宴華林園，詔問蜀大臣子弟，復問先輩，宜時叙用者。憲薦蜀人常忌、杜軫等。」〔九〕是先輩之稱，果起於三國之時。而唐李肇國史補，謂「互相推敬，謂之先輩」〔十〕。此又後人之濫矣。演繁露又謂：「唐人已第者，其自目曰前進士，亦倣此也。猶曰早第進士，而其輩行在先也。」〔十一〕澠水燕談録：「蘇德祥，漢相禹珪之子，建隆四年進士第一人。登第初還鄉里，太守置宴作樂，伶人致語曰：昔年隨侍，嘗爲宰相郎君；今日登科，又是狀元先輩。」〔十二〕

〔一〕卷一先輩前進士條。程注明引通典五三，但略。今所引乃顧據通典加入，然亦有錯漏。潘本誤同。

〔二〕原作「二」。

〔三〕原作「掌故滿二歲」。

〔四〕以上引通典五三禮太學條，文字稍異，下句繁露語。
〔五〕浣花集八。
〔六〕瑣言三。
〔七〕吳志八。
〔八〕吳志八。
〔九〕晉書五七。
〔十〕國史補卷下。
〔十一〕演繁露一先輩前進士條。
〔十二〕澠水燕談録六貢舉條。

鄭氏詩采薇〔一〕箋曰：「今薇生矣，先輩可以行也。」是亦漢末人語。

〔一〕小雅鹿鳴之什。

出身授官〔一〕

史言開元以後，四海晏清，士無賢不肖，恥不以文章達。其應詔而舉者，多則二千人，少猶不減千人，所收百纔有一。文獻通考：「唐時所放進士，每歲不過二三十人。」〔二〕册府元龜：「貞元十八年五月，敕自今已後，每年考試所收人，明經不得過一百人，進士不得過二十人。如無其人，不必要滿此數。」〔三〕太和元年、二年、三年，每年恩賜及第四十人〔四〕。二年正月，禮部奏，請每年進士以三十人爲限，從之〔五〕。士之及第者，未便解褐入仕，尚有試吏部一關。韓文公三試於吏部無成，則十年猶布衣，且有出身二十年不獲禄者。東萊吕氏曰：「唐時進士登第者，尚未釋褐，或是爲人所論薦，或再應皆中，或藩方辟舉，然後始得釋褐。」〔六〕册府元龜：「唐文宗語宰臣曰：『凡進士及第，有方鎮奏請判官者，第一任未經作州縣官莫依，但第一任曾作州縣官，即第二任依奏。』」〔七〕自宋太宗太平興國二年，上初即位，思振淹滯，賜進士諸科出身者五百餘人〔八〕。石林燕語：「是年進士特取一百九人，自是連放五牓，通取八百一人。」〔九〕皆先賜緑袍鞾笏，賜宴開寶寺，第一第二等進士及九經授將作監丞、大理評事、通判諸州，其餘皆優等注擬。寵章殊異，歷代未有也。薛居正等言：「取人太多，用人太驟。」不聽。陸游南唐書言：「馮延魯子僎，韓熙載知貢舉，放及第，覆試被黜。後與其弟侃、儀、价、伉入宋，繼取名第。」〔十〕蓋南唐及第止於三人、五人，而宋及第至百餘人也。此太宗初一天下，欲以得士之盛，跨越前代，榮觀史册。宋史：「王禹偁上疏言：『太祖之世，每歲進士不過三十人，經學五十人，重以諸侯不得奏辟，士大夫罕有資廕，故有終身不獲一第，没齒不獲一官。太宗毓德王藩，覩其如此，臨御之後，不求備於取人，舍短用長，拔十得五。在位將逾二紀，登第殆近萬人，雖有俊傑之才，亦多容易而得。』」〔十一〕而不知僥倖之心，欲速之習，中於士人者，且數百年而不可返矣。又考通典舉人條例：「四經出身，授緊縣尉；判入第三等，授望縣尉。五經出身，授望縣尉；判入第三等，授畿縣尉。進士與四經同資。」〔十二〕是唐時明經進士，初除不過縣尉。宋史：「進士、明經，入望州判司，次畿簿尉。」〔十三〕文獻通考：「開寶八年，王嗣宗爲狀元，止授秦州司理參軍。太平興國以後，始授將作監丞、大理評事、通判諸州。」〔十四〕當時以爲異數。至今代，則一入詞林，更不外補。謝肇淛曰：「國朝進士一入史館，即與六卿抗禮，二十年間，便可躋卿相。清華之選，百職莫敢望焉。」〔十五〕唐宋之代，出爲郡守，入爲兩制，未嘗有此格也。二甲之除，猶爲部屬。崇浮長惰，職此之繇。所以一第之後，盡棄其學，而以營陞納賄爲事者，以其得之淺而貴之驟也。其於唐人舉士之初制，失之遠矣。

〔一〕初刻五之十五，只有第二及末段。

〔二〕文獻通考二九。

〔三〕册府元龜六四〇條制門。

〔四〕册府元龜六四一條制門，「太和」應作「開成」。

〔五〕册府元龜六四一條制門，「正月」作「五月」。並見舊唐書十七下文宗紀，「二年」作「三年」。

〔六〕通考三二選舉。

〔七〕册府元龜三一四謀猷門。

〔八〕通考三〇選舉。

〔九〕石林燕語五。

〔十〕南唐書十一馮延魯傳。

〔十一〕宋史二九三王禹偁傳。

〔十二〕通典十七。

〔十三〕宋史一五八。

〔十四〕通考三〇選舉。本書明引通考極少。

〔十五〕五雜俎十五事部。

儒林公議言：「太宗臨軒放牓，三五名以前，皆出貳郡符，遷擢榮速。陳堯叟、王曾初中第即登朝領太史之職，賜以朱紱。爾後狀元登第者，不十餘年，皆望柄用，人亦以是爲當得之也。每殿廷臚傳第一，則公卿以下，無不聳觀，雖至尊亦注視焉。自崇政殿出東華門，傳呼甚寵，觀者擁塞通衢。」〔一〕今代狀元及第之榮，一甲翰林之授，權輿於是矣。又言：「雒陽人尹洙，豪士也。嘗曰：『狀元及第，雖使將兵數十萬，恢復幽、薊，逐出彊寇〔二〕，凱歌勞還，獻捷太廟，其榮無以加焉。』」〔三〕宋之務虛文而忘實事，即太宗有以開之矣。

〔一〕儒林公議卷上。

〔二〕「寇」原作「胡」。

〔三〕亦儒林公議上。

宋初用人之弊有二：進士釋褐，不試吏部，一也。獻文得旨，召試除官，二也。今銜文之塗已革，而入官之選尚輕，二者之弊，其一尚存。似宜仍用唐制。用八股之人才，而使之理煩治衆，此夫子所謂賊夫人之子也。

恩科

宋時有所謂特奏名者。開寶三年三月庚戌，詔禮部閲進士及十五舉嘗終場者，得司馬浦等一百六人，賜本科出身〔一〕。特奏名恩例自此始，謂之恩科。咸平三年，遂至九百餘人。士人恃此，因循不學。故天聖之詔曰：「狃于寬恩，遂隳素業，苟簡成風，甚可恥也。」〔二〕而元祐初，知貢舉蘇軾、孔文仲言：「今特奏者已及四百五十人，又許例外遞減一舉，則當復增數百人。此曹垂老，别無所望，布在州縣，惟務黷貨以爲歸計。前後恩科命官幾千人矣，何有一人能自奮厲，有聞於時？而殘民敗官者，不可勝數，以此知其無益有損。

議者不過謂宜廣恩澤，不知吏部以有限之官，待無窮之吏；户部以有限之財，禄無用之人，而所至州縣，舉罷其害。乃即位之初，有此過舉，謂之恩澤，非臣所識也。」〔三〕當日之論如此。金史：「章宗大定二十九年，敕今後凡五次御簾進士，可一試而不黜落，止以文之高下定其次，謂之恩榜。」〔四〕語不云乎：「及其老也，戒之在得。」〔五〕故有杖鄉之制，以尊高年；致仕之節，以養廉恥。若以賓王謁帝之榮，爲閔老酬勞之具，恐所益於儒林者小，而所傷於風俗者多。養陋識於泥塗，快羶情於升斗。豈有趙孟之禮絳人，穆公之思黄髮〔六〕，足以裨君德而持國是者乎？況五十不從力政，六十不與服戎，豈可使齗齗於闕里之旁，攘攘於橋門之下？宜著爲令，凡中式舉人，年至六十者，賜第罷歸，居家授徒；不中式者，不許再上。不但減百千黷貨之人，亦可以勸二三有恥之士。孝宗淳熙七年五月庚辰，詔特奏名年六十人，毋注縣尉〔七〕。元史：至正三年三月，監察御史成遵等，請用終場下第舉人充學正、山長〔八〕。

〔一〕宋史二太祖紀。
〔二〕宋史一五五選舉志。
〔三〕宋史一五五選舉志。
〔四〕金史五二選舉志。
〔五〕論語季氏。

〔六〕「趙孟」二句，言當「禮」以賢，不得以老也。非故事。

〔七〕宋史三五孝宗紀。

〔八〕元史四一順帝紀。

漢獻帝初平四年，詔曰：「今耆儒年踰六十，去離本土，營求糧資，不得專業。結童入學，皓首空歸，長委農野，永絶榮望，朕甚愍焉。其依科罷者，聽爲太子舍人。」〔一〕唐昭宗天復元年赦文，令中書門下選擇新及第進士中有久在名場，才沾科級，年齒已高者，不拘常例，各授一官。於是禮部侍郎杜德祥奏，揀到新及第進士陳光問年六十九，曹松年五十四，王希羽年七十三，劉象年七十，柯崇年六十四，鄭希顔年五十九。詔：光問、松、希羽，可秘書省正字，象、崇、希顔，可太子較書〔二〕。此皆前代季朝之政，當喪亂之後，以此慰寒畯而收物情，非平世之典也。

〔一〕後漢書九。

〔二〕容齋三筆七唐昭宗恤録儒士條。

實録：「宣德二年六月己卯，行在禮部尚書胡濙奏：『北京國子監生，及見撥各衙門歷事者，請令六部尚書、都察院都御史、通政使司、大理寺、翰林院各堂上官、六科給事中，公同監官揀選。凡年五十五以上，及殘疾貌陋不堪者，皆罷爲民。』上從之。」〔一〕凡斥去一千九十五人。其南京國子監生亦準此例。次年即奉旨澄汰天下生員。別見後廣額條下〔二〕。三年四月丙辰，行在吏部尚書蹇義奏：「揀擇吏員年五十以上，及人物鄙猥，不諳文移者，皆罷爲民。」〔三〕四年九月甲寅，放南北兩京國子監生年五十五以上，及殘疾者二百五十三人，還鄉爲民〔四〕。九年九月戊寅，行在禮部奏：「取天下生員年四十五以上者考試，其中者入國子監讀書，不中者罷歸爲民。」〔五〕宣廟精勤吏治，一時澄清之效如此。後人不知，即知之，亦不肯言矣。

〔一〕宣宗實録二八。
〔二〕廣額條即本卷卷首生員額數條，「後」應作「前」。
〔三〕宣宗實録四一。
〔四〕宣宗實録五八。
〔五〕宣宗實録一一二。

年齒

記曰：「四十曰彊而仕，七十曰老而傳。」〔一〕是人生服官之日不過三十年。漢順帝陽嘉元年，用左雄之言，令孝廉年不滿四十，不得察舉，皆先詣公府，諸生試家法，儒有一家之學，故稱家法〔二〕。文吏課牋〔三〕奏。宋文帝元嘉中，限年三十而仕〔四〕，梁武帝天監四年令，九流常選年未三十，不通一經，不得解褐〔五〕。今則突而弁兮，已厠銀黄之列；死期將至，尚留金紫之班。何補官常，徒隳士習。宜定爲中制，二十方許應試，三十方許服官，年至六十，見任官聽其自請致仕，實録：洪武十三年二月戊辰，「命文武官年六十以上者，皆聽致仕，給以誥敕」〔六〕。無官之人，一切勒停。是雖蚤於古記之十年，要亦不過三十年而已。三十年之中，復有三年大憂及期喪不得補選之日。則其人在仕路之日少，而居林下之日多，可以消名利之心，而息營競之俗。

〔一〕禮記曲禮上。
〔二〕後漢書九一左雄傳。注，章懷注也。

〔三〕「牋」，潘本作「膀」，誤。
〔四〕通典十四選舉。
〔五〕梁書二。
〔六〕太祖實録一三〇。

洪熙元年四月庚戌，鄭府審理正俞廷輔言：「近年賓興之士，率記誦虚文，求其實才，十無二三。或有年纔二十者，未嘗學問，一旦挂名科目，而使之臨政治民，職事廢隳，民受其弊。自今各處鄉試，宜令有司先行審訪，務得博古通今，行止端重，年過二十五者，許令入試。」上雖嘉納，而未果行〔一〕。今則積習相沿，二三百載，青雲之路，跬步可階，五尺之童，便思奔競，欲以成人材而厚風俗，難矣。宋李伯玉請罷童子科〔二〕。意亦同此。

〔一〕仁宗實録九下。
〔二〕宋史四二四。

教官

漢成帝陽朔二年，詔曰：「古之立太學，將以傳先王之業，流化於天下也。儒林之官，四海淵源，宜皆明於古今，温古知新，通達國體，故謂之博士。否則學者無述焉，爲下所輕，非所以尊道德也。丞相、御史，其與中二千石、二千石雜舉可充博士位者，使卓然可觀。」〔一〕

〔一〕漢書十本紀。

元仁宗時，方以科舉取士，虞集上議曰：「師道立則善人多。周子通書。今天下學官，猥以資格授，彊加之諸生之上，而名之曰師，有司弗信也，生徒弗信也。如此而望師道之立，能乎？今莫若使守令求經明行修，爲成德之君子者，身師尊之，以教於其郡邑。其次則求夫操履近正而不爲詭異駭俗者；確守先儒經義師説，而不敢妄爲奇論者；衆所敬服而非鄉願之徒者。其次則取鄉貢至京師罷歸者。當今之世，欲求成德之人，如上一言者，或不可遽得。若其次之三言，則十室之邑，必有忠信，亦未至乏才也。而徒用其又次之一言，則亦不過以資格授之，而耄鄙之夫，遂以學官爲餬口之地。教訓之員，名存而實廢矣。」〔一〕

〔一〕元史一八一虞集傳。

明〔一〕初教職多由儒士薦舉。景泰二年，始准會試不中式舉人考授〔二〕。

〔一〕「明」原作「國」。
〔二〕英宗實録二〇二景泰附録。三月。

天順三年十二月庚申，「建安縣老人賀煬言：『朝廷建學立師，將以陶鎔士類。奈何郡邑學校，師儒之官，真材實學者百無二三。虚糜廩禄，猥瑣貪饕，需求百計，而受業解惑，莫措一辭。師範如此，雖有英才美質，何由而成？至於生徒之中，亦往往玩愒歲年，佻達城闕，待次循資，濫升監學。侵尋老耋，授以一官，但知爲身家之謀，豈復有功名之念？是則朝廷始也聚群鴞而飲啖，終也縱群狼以牧人。苟不嚴行考選，則人材日陋，士習日下矣。』上是其言，命巡按御史同布、按二司分巡官，照提調學校例考之」〔一〕。

〔一〕英宗實録三一〇。

太倉陸世儀言：「今世天子以師傅之官爲虚銜，而不知執經問道；郡縣以簿書期會爲能事，而不知尊賢敬老；學校之師，以庸鄙充數，而不知教養之法；黨塾之師，以時文章句爲教，而不知聖賢之道。儇捷者謂之才能，方正者謂之迂樸。蓋師道至於今而賤極矣。即欲束修自厲，人誰與之？如此而欲望人才之多，天下之治，不可得矣。」又言：「凡官皆當有品級，惟教官不當有品級，亦不得謂之官。蓋教官者，師也。師在天下則尊於天下，在一國則尊於一國，在一鄉則尊於一鄉，無常職亦無定品，惟德是視。若使之有品級，則僕僕亟拜，非尊師之禮矣。至其冠服，亦不可同於職官，當別製爲古冠服，如深衣幅巾，及忠靖巾之類，仍以鄉、國、天下爲等。庶師道日尊，儒風日振，而聖人之徒出矣。」〔一〕按宋史，黃祖舜言：「抱道懷德之士，多不應科目，老於韋布。乞訪其學行修明，孝友純篤者，縣薦之州，州延之庠序，以表率多士。其卓行尤異者，州以名聞。是亦鄉舉里選之意。」〔二〕松江府志言：「洪武初，楊孟載爲松江府學教授，與丘克莊、全希賢同官。當時分教，有司得自延聘，皆極州里之選。後竝至大官。」〔三〕而朱子亦云，須是罷堂除及注授教官，請本州鄉先生爲之。年未四十，不得任教官。昔人之論，即已及此。

〔一〕思辨録輯要二十。

〔二〕宋史三八六。

〔三〕注亦思辨録輯要引。

孟縣志〔一〕曰：縣人張淑譽撰。「高皇帝定天下，詔府衛州縣各立學，置師一人或二人，必擇經明行修者署之。有能舉其職而最書於朝者，或擢爲國子祭酒，及翰林侍從之職。英宗以後，始著爲令，府五人，州四人，縣三人，例録天下歲貢之士爲之，間有繇舉人、進士除授者。而其至也，州縣長官及監司之臨者，率以簿書升斗之吏視之，而不復崇以體貌。是以其望易狎而其氣易衰。即有一二能誦法孔子，以師道聞而得薦擢者，亦不過授以州縣之吏而止。其取之也太濫，其待之也太卑，而其録之也太輕，無怪乎教術之不興，而人才之難就矣。」

〔一〕山西平定州。

士風之薄，始於納卷就試；師道之亡，始於赴部候選。梁武帝所謂「驅迫廉撝，奬成澆競」者也〔一〕。有天下者，能反此二事，斯可以養士而興賢矣。

〔一〕梁書一。

武學

山堂考索言：「武學置於慶曆三年，阮逸爲武學諭，未幾省去。熙寧復置，選知兵書者判武學，置直講，如國子監。」〔一〕靖康之變，不聞武學有禦侮者〔二〕。實録〔三〕：正統六年五月，從成國公朱勇等奏，以兩京多勳衛子弟，乃立武學，設教授訓導，如京府儒學之制〔四〕。景泰五年正月丙寅，南京守備、寧遠侯任禮請革武學，不允〔五〕。景泰間廢武學。天順八年十一月丙辰復設京衛武學〔六〕。已而武生漸多，常至欺公撓法。正德中，錢寧已嗾武學生朱大周上疏劾楊一清矣。崇禎四年，南京武學生吳國麟等毆御史郭維經，掌都察院張延登奏黜。是則不惟不收其用，而反貽之害。

〔一〕山堂考索後集廿九士門武學類，此概括引之。「諭」原作「教授」，「熙寧」下原有「五年」。
〔二〕「靖康」二句原文無，蓋亭林語。
〔三〕「實録」原作「國朝」。
〔四〕見英宗實録七九。

〔五〕英宗實録二三七景泰附録。
〔六〕天順八年十一月條見憲宗實録十一。

太祖實録〔一〕：洪武二十年七月，「禮部請如前代故事，立武學，用武舉，仍祀太公，建昭烈武成王廟。上曰：太公，周之臣，若以王祀之，則與周天子竝矣。加之非號，必不享也。至於建武學，用武舉，是分文武爲二塗，輕天下無全才矣。古之學者，文武兼備，故措之於用，無所不宜，豈謂文武異科，各求專習者乎？太公但從祀帝王廟，去武成王號，罷其舊廟。」於是勳戚子孫襲爵者，習禮肄業於國子監；被選尚主者，用儀制主事一人教習。實録：「洪武三十一年二月庚辰，命吏部設學於虎踞關，選儒士十人，教故武臣子弟之養於錦衣衛者。」〔二〕成化中，太監汪直遂請武舉設科，鄉試、會試、殿試，悉如進士恩例。不果行。文事武備，統歸於一。嗚呼！純矣。

〔一〕卷一八三。
〔二〕卷二五六。

宋劉敞與吳九書曰：「昔三代之王，建辟雍、成均，以敦教化者。危冠縫掖之人，居則有序，其術詩、書、禮、樂，其志文、行、忠、信，是以無鄙倍之色、鬭爭之聲。猶懼其末也，故賤詐謀，爵人以德，褒人以義，軌度其信，壹以待人。故曰：勇則害上，不登於明堂；民知所底，而無貳心。是以其教不肅而成，其政不嚴而治，未聞夫武學之科也。夫縵胡之纓，短後之衣，瞋目而語難，按劍而疾眡者，此所謂勇力之人也。將教之以術，而動之以利，其可得不爲其容乎？爲其容，可得無變其俗乎？而況建博士之職，廣弟子之員，吾恐雖有智者，未能善其後矣。夫戰國之時，天下競於馳鶩，於是乎有縱横之師，技擊之學，以相殘也。雖私議巷説，有司不及，然風俗猶以是薄，禍亂猶以是長。學者之所甚疾，仁人之所憂而辯也。若之何其效之？且足下預其議而不能救與？吾所甚惑也。」〔一〕

〔一〕公是集四三書啓。

因勳衛子弟，不得已而立武學，仍宜以孔子爲先師，如前代國學祀周公，唐開元改爲孔子〔一〕。周公尚不祀于學，而況太公乎？成化五年，掌武學國子監監丞閻禹錫言：「古者廟必有學，受成獻馘於中，欲其先禮義而後勇力也。今本學見有空堂數楹，乞敕所司改爲文廟。」可謂得禮之意。

〔一〕新唐書一五禮樂志。

雜流〔一〕

唐時，凡九流百家之士，竝附諸國學，而授之以經。六典：「國子祭酒、司業之職，掌邦國儒學訓導之政令。有六學焉：一曰國子，二曰太學，三曰四門，四曰律學，五曰書學，六曰算學。」〔二〕天寶九載置廣文館，凡七學〔三〕。歐陽詹貞元十四年記曰：「我國家春享先師後，更日，命太學博士清河張公講禮記。束修既行，筵肆乃設。公就几北坐南面，直講抗牘，南坐北面。大司成端委居于東，小司成率屬列于西，國子師長序公侯子孫自其館，太學長序卿大夫子孫自其館，四門師長序八方俊造自其館，廣文師長序天下秀彦自其館，其餘法家、墨家、書家、算家，術業以明，亦自其館。没階雲來，即席鱗差，攢弁如星，連襟成帷。」〔四〕觀此可見當日養士之制寬，而教士之權一，是以人才盛而藝術修，經學廣而師儒重。今則一切擯諸橋門之外，而其人亦自棄，不復名其業。於是道器兩亡，而行能兼廢。世教之日衰，有繇然也。

〔一〕初刻五之十六。

〔二〕六典二一。

〔三〕舊唐書九。

〔四〕唐文粹七七太學張博士講禮記記。

通經爲吏

漢武帝從公孫弘之議，下至郡太守卒史，皆用通一藝以上者〔一〕。唐高宗總章初，詔諸司令史考滿者，限試一經。昔王粲作儒吏論，以爲先王博陳其教，輔和民性，使刀筆之吏皆服雅訓，竹帛之儒亦通文法〔二〕。故漢文翁爲蜀郡守，選郡縣小吏開敏有材者張叔等十餘人，親自飭厲，遣詣京師，受業博士〔三〕。後漢欒巴爲桂陽太守，雖幹吏卑末，皆課令習讀，程試殿最，隨能升授〔四〕。吳顧邵爲豫章太守，小吏資質佳者，輒令就學，擇其先進，擢置右職〔五〕。而梁任昉有厲吏人講學詩〔六〕。然則昔之爲吏者，皆曾執經問業之徒，心術正而名節修，其舞文以害政者寡矣。宋文恪訥言：「天下未有舍儒而可以爲吏者。」

〔一〕漢書八八儒林傳序。

〔二〕藝文類聚五二，御覽六一三。
〔三〕漢書八九循吏。
〔四〕後漢書八七。
〔五〕三國志吴志七。
〔六〕藝文類聚五五。

東京之盛，自期門羽林之士，悉令通孝經章句〔一〕。貞觀之時，自屯營飛騎，亦給博士，使授以經。有能通經者，聽得貢舉〔二〕。小人學道，則易使也，豈不然乎？

〔一〕後漢書一〇九上儒林傳序。
〔二〕新唐書四四選舉志。

周官太宰：「乃施典于邦國，而陳其殷，置其輔。」〔一〕後鄭氏曰：「殷，衆也，謂衆士也。輔，府史庶人在官者。」夫庶人在官而名之曰輔，先王不敢以厮役遇其人也。重其人則人知自重矣。歐陽公集古録晉南鄉太守碑陰〔二〕，官屬何其多邪？蓋通從史而盡列之。當時猶於其間取士人，故吏亦清修，其勢然爾。

〔一〕周禮天官。

〔二〕文忠集一三七集古録四。

元史順帝紀，至正六年四月，命左右二司六部吏屬，於午後講習經史〔一〕。其時朝綱已弛，人心將變，雖有此令，而實無其益，是以太祖實録言：「科舉初設，上重其事，凡民間俊秀子弟，皆得預選。惟吏胥心術已壞，不許應試。」〔二〕洪武四年七月丁卯。又詔：「凡選舉毋録吏卒之徒。」〔三〕二十三年八月壬申。唐書選舉志，言嘗爲州縣小吏，雖藝文可采，勿舉〔四〕。劉晏傳：嘗言士有爵禄，則名重於利；吏無榮進，則利重於名〔五〕。英宗實録：大理寺少卿張固嘗建論，吏員鮮有不急於利者，不宜用爲郡守。朝廷是其言，著爲令。然而嘗與群臣言：「元初有憲官疾，吏往候之。憲官起，扶杖而行，因以杖授吏，吏拱手卻立不受，憲官悟其意。他日見吏謝之。吏曰：『某爲屬吏，非公家僮，不敢避勞，慮傷理體。』」〔六〕五年二月壬午。是則此輩中未嘗無正直之人，顧上所以陶鎔成就之者何如爾。

〔一〕元史四一。

〔二〕卷六七。
〔三〕太祖實録二〇三。
〔四〕新唐書四四。
〔五〕新唐書一四九。
〔六〕太祖實録七二。

陸子靜嘗言：「古者無流品之分，而賢不肖之辨嚴；後世有流品之分，而賢不肖之辨略。」〔一〕能於分别之中，而寓作成之意，庶乎其得之矣。

〔一〕宋史四三四本傳。

大明會典：洪武二十六年，定凡舉人出身，第一甲第一名從六品，第二名、第三名正七品，賜進士及第；第二甲從七品，賜進士出身；第三甲正八品，賜同進士出身。而一品衙門提控，正七品出身；二品衙門都吏，從七品出身；一品二品衙門掾史、典吏，二品衙門令史，正八品出身。其與進士不甚相遠也。後乃立格，以限其所至，而吏員之與科第，高下天淵矣。故國初之制，謂之三塗竝用，薦舉一塗也，天順二年十二月庚辰，詔罷舉保經明行修及賢良方正，以言者謂其奔競冗濫，無裨實用也〔一〕。進士監生一塗也，吏員一塗也。或以科與貢爲二塗，非也。

從考試而得者，總謂之一塗。

〔一〕英宗實録二九八。

永樂七年，車駕在北京，命兵部尚書署吏部事方賓，簡南京御史之才者召來。賓奏御史張循理等二十八人可用。上問其出身，賓言循理等二十四人，繇進士、監生；洪秉等四人，由吏。上曰：「用人雖不專一塗，然御史國之司直，必有學識，達治體，廉正不阿，乃可任之。若刀筆吏，知利不知義，知刻薄不知大體，用之任風紀，使人輕視朝廷。」遂黜秉等爲序班，諭自今御史勿復用吏〔一〕。流品自此分矣。

〔一〕太宗實録六四，六月。

宣德三年三月丙戌敕諭：吏部往時選用嚴慎，吏員授官者少。比年吏典考滿，歲以千計，不分賢否，一概録用。廉能幾何，貪鄙塞路，其可不精擇乎〔一〕？

〔一〕宣宗實録三九。

蘇州況鍾，松江黄子威，二郡守竝有賢名，而徐晞、萬祺皆累官至尚書。

日知録校注卷十八〔一〕

〔一〕十八卷二十三條，潘本删李贄、鍾惺二條。

秘書國史

漢時天子所藏之書，皆令人臣得觀之。故劉歆謂：「外則有太常太史博士之藏，内則有延閣廣内秘室之府。」〔二〕而司馬遷爲太史令，紬石室金匱之書〔三〕。劉向、揚雄校書天禄閣〔四〕。揚雄答劉歆書，自言爲郎之歲，詔賜筆墨錢六萬，得觀書於石渠〔五〕。班斿進讀群書，上器其能，賜以秘書之副〔六〕。東京則班固、傅毅爲蘭臺令史，竝典校書〔七〕。曹褒於東觀撰次禮事〔八〕。而安帝永初中，詔謁者劉珍及博士議郎四府掾史五十餘人，詣東觀校定五經、諸子傳記〔九〕。竇章之被薦，黄香之受詔，亦得至焉。竇章傳：「是時學者稱東觀爲老氏藏室，道家蓬萊山。太僕鄧康遂薦章入東觀爲校書郎。」黄香傳：「初除郎中，肅宗詔香詣東觀讀所未嘗見書。」〔九〕晉、宋以下，此典不廢。左思、王儉、張纘之流，咸讀秘書，載之史傳。晉左思爲三都賦，自以所見不博，求爲秘書郎中〔十〕。南齊王儉遷秘書丞，依七略撰七志四十卷。永明三年，於儉宅開學士館，悉以四部書充儉家〔十一〕。梁張纘爲秘書郎，秘書郎有四員，宋、齊以來，爲甲族起家之選，待次入補，其居職例數十百日便遷。纘固求不徙，欲徧觀閣內圖籍〔十二〕。而柳世隆至借給二千卷。南齊柳世隆，性愛涉獵，啓太祖借秘閣書，上給二千卷〔十三〕。唐則魏徵、虞世南、岑文本、褚遂良、顏師古皆爲秘書監，選五品以上子孫工書者手書繕寫，藏於內庫〔十四〕。而玄宗命弘文館學士元行沖，通撰古今書目，名爲群書四録〔十五〕。以陽城之好學，至求爲集賢院吏，乃得讀之。陽城好學，貧不能得書，求爲吏，隸集賢院，竊院中書讀之，六年，無所不通〔十六〕。竇威爲秘書郎，秩滿當遷，固守不調，十餘歲，其學業益廣〔十七〕。段成式爲秘書省校書郎，秘閣書籍，披閱皆徧〔十八〕。宋有史館、昭文館、集賢院，謂之三館。太宗別建崇文院，中爲秘閣，藏三館真本書籍萬餘卷，置直閣校理。仁宗復命繕寫校勘，以參知政事一人領之。書成，藏於太清樓〔十九〕。而范仲淹等嘗爲提舉。且求書之詔，無代不下，故民間之書，得上之天子，而天子之書，亦往往傳之士大夫。自洪武平元，所收多南宋以來舊本，藏之秘府，垂三百年，無人得見。而昔時取士，一史三史之科，又皆停廢，天下之士於是乎不知古。司馬遷之史記，班固之漢書，干寶之晉書，柳芳之唐曆，吳兢之唐春秋，李燾之宋長編，竝以當時流布。至於會要、日曆之類，南渡以來，士大夫家亦多有之，未嘗禁止。今則實録之進，焚草於太液池，藏真於皇史宬，在朝之臣，非預纂修，皆不得見，而野史家傳，遂得以孤行於世，天下之士於是乎不知今。是雖以夫子之聖，起於今世，學夏、殷禮而無從，學周禮而又無從也，況其下焉者乎！豈非密於禁史，而疏於作人，工於藏書，而拙於敷教者邪？遂使帷囊同毀，空聞七略之名；冢壁皆殘，不覩六經之字。嗚呼悕矣。

〔一〕漢書三十藝文志序注，如淳引七略。
〔二〕史記一三〇太史公自序。
〔三〕漢書八七揚雄傳贊。
〔四〕古文苑十。
〔五〕斿見漢書一〇〇叙傳。
〔六〕班固，後漢書七十上；傅毅，一〇〇上文苑傳。
〔七〕曹褒，後漢書六五。
〔八〕後漢書五安帝紀永初四年。劉珍，一〇〇上文苑傳。
〔九〕竇章，後漢書五三。黄香，一〇〇上文苑傳。
〔十〕晉書九二文苑傳。
〔十一〕南史二二。
〔十二〕梁書三四。
〔十三〕南齊書二四。

〔十四〕新唐書五七藝文志序。
〔十五〕舊唐書一〇二。
〔十六〕舊唐書一九二隱逸；新唐書一九四卓行。此引新唐書。
〔十七〕舊唐書六一。
〔十八〕舊唐書一六七。
〔十九〕宋史二〇二藝文志序。

十三經注疏

自漢以來，儒者相傳，但言五經。而唐時立之學官，則云九經者，三禮、三傳，分而習之，故爲九也。其刻石國子學，則云九經，并孝經、論語、爾雅。宋時程、朱諸大儒出，始取禮記中之大學、中庸，及進孟子以配論語，謂之四書。本朝因之，而十三經之名始立。其先儒釋經之書，或曰傳，或曰箋，或曰解，或曰學，今通謂之注。書則孔安國傳，詩則毛萇傳，鄭玄箋，周禮、儀禮、禮記則鄭玄注，公羊則何休學，孟子則趙岐注，皆漢人。易則王弼注，魏人。繫辭韓康伯注，晉人。論語則何晏集解，魏人。左氏則杜預注，爾雅則郭璞注，穀梁則范甯集解，皆晉人。孝經則唐明皇御注。其後儒辨釋之書名曰正義，今通謂之疏。

舊唐書儒學傳：「太宗以經籍去聖久遠，文字多訛謬，詔前中書侍郎顔師古，考定五經，頒於天下。又以儒學多門，章句繁雜，詔國子祭酒孔穎達，與諸儒撰定五經義疏，凡一百七十卷，名曰五經正義，令天下傳習。」〔一〕高宗紀：「永徽四年三月壬子朔，頒孔穎達五經正義於天下。每年明經，令依此考試。」〔二〕時但有易、書、詩、禮記、左氏春秋五經。永徽中賈公彦始撰周禮、儀禮義疏〔三〕。宋史李至傳〔四〕：「判國子監，上言：『五經書既〔五〕已板行，惟二傳、二禮、孝經、論語、爾雅七經疏未修，望令直講崔頤正、孫奭、崔偓佺等，重加讐校，以備刊刻。』從之。」今所行者，穀梁唐楊士勛疏。孝經、論語、爾雅，宋邢昺疏。孟子孫奭疏。唯公羊疏不著人名，或云唐徐彦撰。 今人但知五經正義爲孔穎達作，不知非一人之書也。新唐書穎達本傳〔六〕云：「初，穎達與顔師古、司馬才章、王恭、王琰受詔撰五經義訓百餘篇，其中不能無謬冗。博士馬嘉運駁正其失，詔更令裁定，未就。永徽二年，詔中書門下與國子三館博士、弘文館學士考正之。於是尚書左僕射于志寧、右僕射張行成、侍中高季輔就加增損，書始布下。」

〔一〕舊唐書一八九上，序。

〔二〕舊唐書四。

〔三〕賈公彦，舊唐書一八九上儒學傳。

〔四〕宋史二六六。

〔五〕「疏」誤「既」，潘本已誤。

〔六〕新唐書一九八儒學上。此處唐書用「新」字。

監本二十一史

宋時止有十七史，今則并宋、遼、金、元四史爲二十一史。但遼、金二史向無刻本，南北齊、梁、陳、周書，人間傳者亦罕，故前人引書多用南、北史及通鑑，而不及諸書，亦不復采遼、金者，以行世之本少也。嘉靖初，南京國子監祭酒張邦奇等請校刻史書，欲差官購索民間古本，部議恐滋煩擾，上命將監中十七史舊板考對修補，仍取廣東宋史板付監，遼、金二史無板者，購求善本翻刻。十一年七月成，祭酒林文俊等表進。至萬曆中，北監又刻十三經、二十一史，其板視南稍工，而士大夫遂家有其書。歷代之事迹，粲然於人間矣。然校勘不精，訛舛彌甚，且有不知而妄改者。偶舉一二，如魏書崔孝芬傳〔一〕：「李彪謂崔挺曰：『比見賢子謁帝，旨諭殊優，今當爲群拜紀。』」此三國志陳群傳中事，陳群字長文，紀之子。時魯國孔融高才倨傲，年在紀、群之間，先與紀友，後與群交，更爲紀拜。古人用此事者非一。北史陸卬傳，邢邵向與卬父子彰交，及見印機悟博學，乃謂子彰曰：以卿老蜯，遂出明珠，意欲爲群拜紀〔二〕。非爲隱僻。今所刻北史改云：「今當爲絶群耳。」不知紀、群之爲名，而改「紀」爲「絶」，又倒其文，此已可笑〔三〕。南、北板同。又如晉書華譚傳末云：「始淮南袁甫字公胄，亦好學，與譚齊名。」〔四〕今本誤於「始」字絶句，左方跳行，添列一袁甫名題，而再以「淮」字起行〔五〕。南、北板同。齊王冏傳末云：「鄭方者字子回。」〔六〕此姓鄭名方，即上文所云南陽處士鄭方，露版極諫，而別叙其人與書，及冏答書於後耳。今乃跳行，添列一「鄭方者」三字名題。北板無「者」。唐書李敬玄傳〔七〕末附玄弟元素，今以「敬玄」屬上文，而「弟元素」跳行〔八〕，此不適足以彰太學之無人，而貽後來之姍笑乎。惟馮夢禎爲南祭酒，手較三國志，猶不免誤，終勝他本。十三經中，儀禮脱誤尤多。士昏禮，脱「婿授綏姆辭曰，未教不足與爲禮也」一節十四字。賴有長安石經據以補此一節，而其注疏遂亡。鄉射禮，脱「士鹿中翿旌以獲」七字。士虞禮，脱「哭止告事畢賓出」七字。特牲饋食禮，脱「舉觶者祭卒觶拜長者答拜」十一字。少牢饋食禮，脱「以授尸坐取簞興」七字。此則秦火之所未亡而亡於監刻矣。至於歷官任滿，必刻一書，以充餽遺，此亦甚雅。而鹵莽就工，殊不堪讀。陸文裕深金臺紀聞〔九〕曰：「元時州縣皆有學田，所入謂之學租，以供師生廩餼，餘則刻書。工大者合數處爲之，故讐校刻畫，頗有精者。洪武初悉收上國學，今南監十七史諸書，地里、歲月、勘較〔十〕、工役竝存，可識也。今學既無田，不復刻書，而有司間或刻之，然祇以供餽贐之用，其不工反出坊本下，工者不數見也。」昔時入覲之官，其餽遺一書一帕而已，謂之書帕。自萬曆以後改用白金。聞之宋元刻書，皆在書院，山長主之，通儒訂之。主書院者，謂之山長。宋史理宗紀：「何基婺州教授，兼麗澤書院山長。徐璣建寧府教授，兼建安書院山長。」〔十一〕學者則互相易而傳布之。故書院之刻有三善焉：山長無事而勤於校讎，一也。不惜費而工精，二也。板不貯官而易印行，三也。有右文之主出焉，其復此非難也，而書之已爲劣生刊改者，不可得而正矣。是故信而好古，則舊本不可無存；多聞闕疑，則群書亦當竝訂。此非後之君子之責而誰任哉？

〔一〕魏書五七。

〔二〕陳群，魏志廿二。陸卬，北齊書三五、北史二八。

〔三〕不得其解則妄改。

〔四〕晉書五二。

〔五〕勾段亦殊不易。殿本、百衲本已無「始」字。惟百衲本目作小字，殿本目作大字。

〔六〕晉書五九。

〔七〕舊唐書八一，新唐書一〇六。

〔八〕殿本不誤。

〔九〕金臺紀聞卷一。寶顔堂秘笈續集。秘笈有正、續、廣、普、彙及眉公雜著，共六集。

〔十〕潘本漏「勘」字。

〔十一〕宋史四五理宗紀景定四年條。「山長」二字有更早於此者乎？

舊唐書病其事之遺闕，新唐書病其文之晦澀，當兼二書刻之爲二十二史，如宋魏諸國，既各有書，而復有南史、北史，是其例也。

張參五經文字

唐人以説文、字林試士〔一〕。其時去古未遠，開元以前，未改經文之日。唐書經籍志〔二〕：「天寶三載，詔集賢學士衛包，改古文尚書從今文。」篆籀之學，童而習之。今西安府所存唐睿宗書景龍觀鐘，猶帶篆分遺法。至於宋人，其去古益遠，而爲説日以鑿矣。大曆中，張參作五經文字，據説文、字林刊正謬失，甚有功於學者。開成中，唐玄度增補，復作九經字樣，石刻在關中，今西安府學。向無板本，間有殘缺，無别本可證。近代有好事者刻九經補字，并屬諸生補此書之闕，以意爲之。乃不知此書特五經之文，非經所有者不載，而妄添經外之字，并及字書中泛博之訓。予至關中洗刷元石，其有一二可識者，顯與所補不同，乃知近日學者之不肯闕疑而妄作如此。

〔一〕新唐書四四選舉志。
〔二〕新唐書五七藝文志書類注。此云經籍志，誤。

别字

後漢書儒林傳：「讖書非聖人所作，其中多近鄙别字。」〔一〕近鄙者，猶今俗用之字；别字者，本當爲此字，而誤爲彼字也。今人謂之白字，乃「别」音之轉。

〔一〕後漢書一〇九上儒林尹敏傳。

山東人刻金石録〔一〕，於李易安後序「紹興二年玄黓歲壯月朔」。不知壯月之出於爾雅，八月爲壯〔二〕。而改爲「牡丹」。凡萬曆以來所刻之書，多「牡丹」之類也〔三〕。

〔一〕趙明誠金石録。
〔二〕爾雅釋天。
〔三〕此段潘本誤隷於上條後。

三朝要典

宋史蹇序辰傳〔一〕：「紹聖中爲起居郎、中書舍人，同修國史。疏言：朝廷前日正司馬光等奸惡，明其罪罰，以告中外。惟變亂典刑，改廢法度，訕讟宗廟，睥睨兩宫，觀事考言，實狀彰著。然踪迹深秘，包藏禍心，相去八年之間，蓋已不可究質。其章疏案牘，散在有司，若不彙輯而存〔二〕之，歲久必致淪失。願悉討奸臣所言所行，選官編類，人爲一帙，置之二府，以示天下後世大戒。遂命序辰及徐鐸編類。由是搢紳之禍，無一得免〔三〕者。」天啓中纂輯三朝要典，正用序辰之法。

〔一〕宋史三二九。

〔二〕原作「藏」。
〔三〕原作「脱」。

門户之人，其立言之指，各有所借，章奏之文，互有是非。作史者兩收而竝存之，則後之君子，如執鏡以炤物，無所逃其形矣。褊心之輩，謬加筆削，於此之黨，則存其是者去其非者；於彼之黨，則存其非者去其是者。於是言者之情隱，而單辭得以勝之。且如要典一書，其言未必盡非，而其意别有所爲。繼此之爲書者猶是也。此國論之所以未平，而百世之下，難乎其信史也。崇禎〔一〕帝批講官李明睿之疏曰：「纂修實録之法，惟在據事直書，則是非互見。」大哉王言，其萬世作史之準繩乎！

〔一〕「崇禎」原作「先」。

密疏

唐武宗會昌元年十二月，中書門下奏：「宰臣及公卿論事，行與不行，須有明據。或奏請允愜，必見褒稱，或所論乖僻，因有懲責。在藩鎮上表，必有批答。居要官啓事，自有記注。竝須昭然在人耳目。或取舍存於堂案，或與奪形於詔敕。前代史書，所載奏議，罔不由此，近〔一〕見實録多載密疏，言不彰於朝聽，事不顯於當時，得自其家，未足爲信。今後實録所載章奏，竝須朝廷共知者，方得紀述，密疏竝請不載。如此則理必可法，人皆向公，愛憎之志不行，褒貶之言必信。」從之〔二〕。此雖出於李德裕之私心，然其言不爲無理。自萬曆末年，章疏一切留中，抄傳但憑閣揭。天啓以來，讒慝弘多，嘖言彌甚。予嘗親見大臣之子，追改其父之疏草而刻之，以欺其人者〔三〕。欲使蓋棺之後，重爲奪筆之文，逭遺議於後人，侈先見於前事，其爲誣罔，甚於唐時。故志之於書，俾作史之君子詳察而嚴斥之也。

〔一〕近，指會昌時。
〔二〕舊唐書十八上。
〔三〕家集、家譜不盡可信。

貼黄〔一〕

章奏之冗濫，至萬曆、天啓之間而極。至一疏而薦數十人，累二三千言不止，皆枝蔓之辭。崇禎〔一〕帝英年御宇，厲精圖治，省覽之勤，批答之速，近朝未有。乃數月之後，頗亦厭之，命内閣爲貼黄之式，崇禎元年三月〔三〕。即令本官自撮疏中大要，不過百字，黏附牘尾，以便省覽。此貼黄之所由起也。

〔一〕即昌黎所謂提要鈎玄。

〔二〕「崇禎」原作「先」。

〔三〕應爲元年二月。

宋葉夢得石林燕語曰：「唐制，降敕有所更改，以紙貼之，謂之貼黄。蓋敕書用黄紙，則貼者亦黄紙也。今奏狀劄子皆白紙，有意所未盡，揭其要處，以黄紙别書於後，乃謂之貼黄，蓋失之矣。其表章略舉事目，與日月道里，見於前及封皮者，又謂之引黄。」〔一〕

〔一〕石林燕語三。今，是葉自稱。

記注

古之人君，左史記事，右史記言，所以防過失而示後王〔一〕。記注之職，其來尚矣。唐太宗通曉古典，尤重其事。「蘇冕言：貞觀中，每日朝退後，太宗與宰臣參議政事，即令起居郎一人執簡記録。由是貞觀注記政事，稱爲畢備。及高宗朝會，端拱無言，有司惟奏辭見二事。其後許敬宗、李義甫用權，多妄論奏，恐史官直書其短，遂奏令隨仗便出，不得備聞機務，因爲故事。」〔二〕

〔一〕禮記玉藻。

〔二〕册府元龜五六〇記注門。

舊唐書姚璹傳：「長壽二年，遷文昌左丞、同鳳閣鸞臺平章事。自永徽以後，左右史惟得對仗承旨，仗下後，謀議皆不預聞。璹以爲帝王謨訓，不可遂無紀述。若不宣自宰相，史官無從得書，乃表請仗下所言軍國政要，宰相一人專知撰録，號爲時政記，每月封送史

館。辛相之撰時政記，自璹始也。」〔一〕

〔一〕舊唐書一八九、新唐書一〇二，及册府元龜五六〇。

四書五經大全

自朱子作大學中庸章句、或問，論語孟子集注之後，黄氏榦，字直卿，號勉齋先生。有論語通釋。而采語録附於朱子章句之下，則始自真氏，德秀，字希元，號西山先生。名曰集義，止大學一書。祝氏洙，字宗道。乃倣而足之，爲四書附録。後有蔡氏模，字仲覺，號覺軒先生。四書集疏，趙氏順孫，號格庵先生。四書纂疏，吴氏真子，號克齋先生。四書集成。昔之論者，病其泛濫。於是陳氏櫟，字壽翁，號定宇先生。作四書發明，胡氏炳文，字仲虎，號雲峰先生。作四書通，而定宇之門人倪氏士毅，字仲弘，號道川先生。合二書爲一，頗有删正，名曰四書輯釋。有汪克寬序，至正丙戌〔一〕。自永樂中，命儒臣纂修四書大全，頒之學官，而諸書皆廢〔二〕。

〔一〕經義考。

〔一一〕實録一〇五，十五年三月條。

倪氏輯釋，今見於劉用章剡所刻四書通義中。永樂中所纂四書大全，特小有增删，其詳其簡，或多不如倪氏。大學中庸或問則全不異，而間有舛誤。大學格致章或問「是亦不待七十子喪，而大義已乖矣」。輯釋引漢書劉歆移太常書〔一〕，有曰：及夫子没而微言絶，七十子終而大義乖。又孔子家語後序中亦有此二句。大全則去其所引劉歆書，但云出家語後序，則失其本矣。中庸九經章或問引賈捐之對元帝語，輯釋引漢書本傳，文曰：「夫後宮盛色，則賢者隱微；佞臣用事，則諍臣杜口。而文帝不行。」〔二〕此捐之之言，謂文帝不聽後宮幸臣之請爾。大全則改云：「元帝不行。」既不知古書，又不辨語氣。至春秋大全，則全襲元人汪克寬胡傳纂疏，字德輔，隱居不仕，以十年之功爲此書。但改其中「愚按」二字爲「汪氏曰」，及添「廬陵李氏」等一二條而已。詩經大全則全襲元人劉瑾詩傳通釋，此書與胡傳纂疏，予今竝有之。而改其中「愚按」二字爲「安成劉氏曰」，其三經〔三〕後人皆不見舊書，亦未必不因前人也。當日儒臣奉旨修四書五經大全，頒餐錢，給筆札，書成之日，賜金遷秩，所費於國家者不知凡幾。將謂此書既成，可以章一代教學之功，啓百世儒林之緒。而僅取已成之書，抄謄一過，上欺朝廷，下誑士子〔四〕。唐宋之時，有是事乎？豈非骨鯁之臣，已空於建文之代，而制義初行，一時人士盡棄宋元以來所傳之實學，上下相蒙，以饗禄利，而莫之問也。嗚呼！經學之廢，實自此始。後之君子，欲掃而更之，亦難乎其爲力矣〔五〕。

〔一〕漢書三六劉歆傳。

〔二〕漢書六四下賈捐之傳。

〔三〕三經，易、書、禮記。

〔四〕官書多如此。

〔五〕其後何嘗不掃而更之，正不必長吁短歎也。

書傳會選

洪武二十七年四月丙戌，「詔徵儒臣定正宋儒蔡氏書傳。上以蔡氏書傳日月五星運行，與朱子詩傳不同，及其他注説與番陽鄒季友所論間亦有未安者，遂詔徵天下儒臣定正之」〔一〕。命翰林院學士劉三吾等總其事。凡蔡氏傳得者存之，失者正之，又采諸家之説，足其未備。九月癸丑書成，賜名書傳會選，命禮部頒行天下〔二〕。今按此書，若堯典，謂「天左旋，日月五星違天而右轉」。陳氏祥道。高宗肜日，謂「祖庚繹于高宗之廟」。金氏履祥。西伯戡黎，謂「是武王」。金氏。洛誥「惟周公誕保，文武受命惟七年」，謂周公輔成王之七年，張氏〔三〕。陳氏櫟。皆不易之論。又如禹貢「厥賦貞」，主蘇氏軾，謂「賦與田正相當」。「涇屬渭汭」，主孔傳，「水北曰汭」。太甲「自周有終」，主金氏，謂「周當作君」。多方「不克，開于民之麗」，主葉氏〔四〕。陳氏櫟謂「古者治獄，以附罪爲麗」。皆可從。然所采既博，亦或失當。如金縢「周公居東」，謂「孔氏以爲東征」，非是。至洛誥又取東征之説，自相牴牾。每傳之下，繫以經文，及傳、音釋，於字音、字體、字義，辯之甚詳。其傳中用古人姓字，古書名目，必具出處，兼亦考證典故。蓋宋元以來，諸儒之規模猶在。而其爲此書者，皆自幼爲務本之學，非由八股發身之人，故所著之書，雖不及先儒，而尚有功於後學。至永樂中修尚書大全，不惟删去異説，并音釋亦不存矣。愚嘗謂自宋之末造以至有明之初年，經術人材，於斯爲盛。自八股行，而古學棄；大全出，而經説亡；十族誅，而臣節變。洪武、永樂之間，亦世道升降之一會矣。

〔一〕太祖實録二三二。

〔二〕太祖實録二三四，九月。

〔三〕「張氏」下空一格，潘本同。

〔四〕「葉氏」下，潘本亦空一字。

内典

古之聖人，所以教人之説，其行在孝弟忠信，其職在灑埽應對進退，其文在詩、書、禮、易、春秋，其用之身，在出處、去就、交際，其施之天下，在政令、教化、刑罰。雖其和順積中，而英華發外，樂記。亦有體用之分，然竝無用心於内之説。自老莊之學行於戰國之時，而外義者告子也，外天下外物外生者莊子也。於是高明之士，厭薄詩書，以爲此先王所以治天下之糟粕。而佛氏晚入中國，其所言清淨慈悲之説，適有以動乎世人之慕嚮者，六朝諸君子從而好之。由清淨自在之説而極之，以至於不生不死，入於涅槃，則楊氏之爲我也。由慈悲利物之説而極之，以至於普度衆生，超拔苦海，則墨氏之兼愛也。天下之言不歸楊，則歸墨，而佛氏乃兼之矣〔一〕。其傳寖盛〔二〕，後之學者遂謂其書爲内典。「内典」字見册府元龜引唐會要：「開成二年二月，王彦進準宣索内典目録十二卷。」〔三〕推其立言之旨，不將内釋而外吾儒乎？夫内釋而外吾儒，此自緇流之語，豈得士人亦云爾乎？

〔一〕「由清淨」至此，潘本無，集釋本從沈氏校本增。

〔二〕「其傳寖盛」四字，潘本增。

〔三〕册府元龜五二崇釋氏門。「王彦」，據舊唐書十七下開成二年正、二、九月各條，應作「王彦威」，册府漏「威」字。梁元帝有内典博要百卷。今釋藏有大唐内典録。新唐書五九藝文志道家類附釋氏書，有内典博要三十卷、大唐貞觀内典録十卷。

黄氏日鈔〔一〕云：「論語曾子三省章集注，載尹氏曰：『曾子守約，故動必求諸身。』語意已足矣。又載謝氏曰：『諸子之學，皆出於聖人，其後愈遠而愈失其真。獨曾子之學，專用心於内，故傳之無弊。』夫心所以具衆理而應萬事，正其心者，正欲施之治國平天下，孔門未有專用心於内之説也。用心於内，近世禪學之説耳。象山陸氏因謂曾子之學是裏面出來，其學不傳；諸子是外面入去。今傳於世者，皆外入之學，非孔子之真。遂於論語之外，自謂得不傳之學，凡皆源於謝氏之説也。」〔二〕後有朱子，當於集注中去此一條。

〔一〕黄氏日鈔卷二。

〔二〕以上見黄氏日鈔。

褚少孫補滑稽傳，以傳記、雜説爲外家〔一〕，是以六經爲内也。東漢儒者，則以七緯爲内學，六經爲外學。後漢書方術傳：「自是習爲内學。」注：「内學謂圖讖之書也，其事秘密，故稱内。」〔一〕逸民傳：「博通内外圖典。」〔二〕魏志管寧傳：「張竦學兼内外。」〔四〕舉圖讖之文，一歸之性與天道，不可得聞。後漢書桓譚傳：「天道性命，聖人所難言也。自子貢以下，不可得聞。指謂讖記。」〔五〕而今百世之下，曉然皆悟其非。今之所謂内學，則又不在圖讖之書，而移之釋氏矣。

〔一〕史記一二六。
〔二〕後漢書一一二上，序。
〔三〕後漢書一一三法真傳。
〔四〕三國志魏志十一。
〔五〕後漢書五八上。

心學

黄氏日鈔〔一〕解尚書「人心惟危，道心惟微，惟精惟一，允執厥中」一章曰：「此章本堯命舜之辭，舜申之以命禹，而加詳焉耳。堯之命舜曰：『允執厥中』，今舜加『危微精一』之語於『允執厥中』之上，所以使之審擇而能執中者也。此訓之之辭也，皆主於堯之『執中』一語而發也。堯之命舜曰：『四海困窮，天禄永終。』今舜加『無稽之言勿聽，以至敬修其可願』，於『天禄永終』之上，又所以警切之，使勿至於困窮而永終者也。此戒之之辭也，皆主於堯之『永終』二語而發也。『執中』之訓正説也，『永終』之戒反説也。蓋舜以昔所得於堯之訓戒，并其平日所嘗用力而自得之者，盡以命禹，使知所以執中而不至於永終耳，豈爲言心設哉。近世喜言心學，舍全章本旨，而獨論人心道心，甚者單摭『道心』二字，而直謂即心是道，蓋陷於禪學，而不自知其去堯、舜、禹授受天下之本旨遠矣。蔡九峰之作書傳，述朱子之言，曰：『古之聖人將以天下與人，未嘗不以治之之法而并傳之。』可謂深得此章之本旨。九峰雖亦以是明帝王之心，而心者，治國平天下之本，其説固理之正也。其後進此書傳於朝者，乃因以三聖傳心爲説。世之學者，遂指此書十六字爲傳心之要，而禪學者借以爲據依矣。愚按〔二〕，心不待傳也，流行天地間，貫徹古今，而無不同者，理也。理具於吾心，而驗於事物。心者，所以統宗此理，而别白其是非。人之賢否，事之得失，天下之治亂，皆於此乎判。此聖人所以致察於危微精一之間，而相傳以執中之道，使無一事之不合於理，而無有過不及之偏者也。禪學〔三〕以理爲障，而獨指其心，曰不立文字，單傳心印〔四〕。聖賢之學，自一心而達之天下國家之用，無非至理之流行，明白洞達，人人所同，歷千載而

無間者。何傳之云俗説浸淫，雖賢者或不能不襲用其語，故僭書其所見如此。」〔五〕

〔一〕黄氏日鈔五讀尚書。
〔二〕此「愚按」亦日鈔之言，而集釋置方東樹之言以斷之，何邪？（超案：「愚按」前集釋插方東樹語。）
〔三〕鈔本此下有「原於莊、列滑稽戲劇，肆無忌憚之語。懼理之形彼醜謬，而凡聖賢經傳之言理者皆害己之具也，故」等語。
〔四〕鈔本此下有「此蓋不欲言理，爲此遁辭，付之不可究詰云爾」。
〔五〕日鈔卷五之言至此止。

中庸章句引程子之言曰：「此篇乃孔門傳授心法。」亦是借用釋氏之言，不無可酌。論語一書，言心者三，曰「七十而從心所欲，不踰矩」。曰「回也其心三月不違仁」。曰「飽食終日無所用心」〔一〕。乃「操則存，舍則亡」之訓，門人未之記，而獨見於孟子。夫未學聖人之操心，而驟語夫從心，此即所謂飽食終日，無所用心，而旦晝之所爲，有梏亡之者矣。

〔一〕論語爲政、雍也、陽貨。

唐仁卿名伯元，澄海人，萬曆甲戌進士，官至吏部文選司郎中〔一〕。答人書曰：「自新學興而名家著，其冒焉以居之者不少，然其言學也則心而已矣。元聞古有學道，不聞學心；古有好學，不聞好心。『心學』二字，六經孔孟所不道。今之言學者，蓋謂心即道也，而元不解也。何也？危微之旨在也，雖上聖而不敢言也。今人多怪元言學而遺心，孰若執事責以不學之易了，而元亦可以無辭於執事。子曰『有能一日用其力於仁矣乎』，又曰『一日克己復禮』，又曰『終日乾乾，行事也』，元未能也。孔門諸子日月至焉，夫子猶未許其好學，而況乎日至未能也，謂之不學可也。但未知執事所謂學者，果仁邪？禮邪？事邪？抑心之謂邪？外仁、外禮、外事以言心，雖執事亦知其不可。執事之意，必謂仁與禮與事即心也，用力於仁，用力於心也，復禮，復心也，行事，行心也。則元之不解猶昨也，謂之不學可也。」又曰〔二〕：「孳孳爲善者心，孳孳爲利者亦未必非心。危哉心乎，判吉凶，別人禽，雖大聖猶必防乎其防，而敢言心學乎？心學者，以心爲學也。以心爲學，是以心爲性也。心能具性，而不能使心即性也。是故求放心則是，求心則非；求心則非，求於心則是。我所病乎心學者，爲其求心也。心果待求，必非與我同類；心果可學，則以禮制心、以仁存心之言，毋乃爲心障與？」衛嵩〔三〕曰：「從心不踰矩，孔子至七十時，方敢以此自信。而今之學者，未可與立，而欲語從心。率天下之人而禍仁義，必斯言也。」

〔一〕明史二八二儒林傳有傳。

〔二〕以上兩「又曰」是仁卿原文，此「又曰」是亭林所加。

〔三〕小腆紀傳五三有衛蒿，字匪莪，初名麟貞，字瑞鳴，曲沃人。以母喪易今名字，與傅山相友善，即此人。卷七梁惠王條末注亦作「衛嵩」，誤。潘本此字獨不誤。黄本刊誤云：「『嵩』，諸本并誤『蒿』，今改。」所謂以不誤爲誤也，奈何！

論語「仁者安仁」〔一〕，集注謝氏曰：「仁者心無内外、遠近、精粗之間，非有所存，而自不亡，非有所理，而自不亂。」此皆莊、列之言，非吾儒之學。太甲曰：「顧諟天之明命。」子曰：「回之爲人也，擇乎中庸。得一善，則拳拳服膺而弗失之矣。」〔二〕故曰：「操則存，舍則亡。」〔三〕不待存而自不亡者，何人哉？

〔一〕里仁。

〔二〕禮記中庸。

〔三〕孟子告子上。

舉業

林文恪材福州府志曰：「余好問長老前輩時事。或爲余言林尚默名誌，閩縣人，永樂壬辰進士，鄉試、會試皆第一，殿試一甲第二名。方游鄉序，爲弟子員，即自負其才當冠海内士云。然考其時試諸生者，則楊文貞、金文靖二公也〔一〕。夫尚默當時所習特舉子業耳，而楊、金二學士皆文章宿老，蔚爲儒宗，尚默乃能必之二公若合符節，何哉？當是時也，學出於一，上以是取之，下以是習之，譬作車者，不出門而知適四方之合轍也。正德末，異説者起，以利誘後生，使從其學，毁儒先，詆傳注，殆不啻弁髦矣。由是學者倀倀然莫知所從。欲從其舊説，則恐或主新説；從其新説，則又不忍遽棄傳注也。己不能自必，況於人乎？嗚呼！士之懷瑾握瑜，範馳驅而不遇者，可勝道哉！是故射無定鵠，則羿不能巧；學無定論，則游夏不能工。欲道德一，風俗同，其必自大人不倡游言始。」

〔一〕楊士奇、金幼孜。

又曰：「近日講學之輩，彌近理而大亂真。士附其門者，皆取榮名。於是一唱百和，如伐木者呼『邪許』。然徐而叩之，不過徼捷徑於終南，而其中實莫之能省也。」

東鄉艾南英皇明今文待序曰：「嗚呼！制舉業中，始爲禪之說者，誰與？原其始，蓋由一二聰明才辯之徒，厭先儒敬義誠明、窮理格物之說，樂簡便而畏繩束，其端肇於宋南渡之季，而慈湖楊氏之書爲最著。國初功令嚴密，匪程、朱之言弗遵也。蓋至摘取良知之說，而士稍異學矣。然予觀其書，不過師友講論、立教明宗而已，未嘗以入制舉業也。其徒龍谿、王畿。緒山，錢德洪。闡明其師之說，而又過焉。亦未嘗以入制舉業也。龍谿之舉業不傳，陽明、緒山，班班可考矣。衡較其文，持詳矜重，若未始肆然欲自異於朱氏之學者。然則今之爲此者，誰爲之始與？吾姑爲隱其姓名，而又詳乙注其文，使學者知以宗門之糟粕，爲舉業之俑者，自斯人始。萬曆丁丑科楊起元。嗚呼！降而爲傳燈，於彼教初說，其淺深相去已遠矣，又況附會以援儒入墨之輩，其鄙陋可勝道哉。今其大旨，不過曰耳自天聰，目自天明，猶告子曰『生之謂性』而已。及其厭窮理格物之迂而去之，猶告子曰『不得於言，勿求於心』而已。任其所之而冥行焉，未有不流於小人之無忌憚者。此中庸所以言性不言心，孟子所以言心而必原之性，大學所以言心而必曰正其心。吾將有所論著，而姑言其概如此，學者可以廢然返矣。」

又曰：「嘉靖中，姚江之書雖盛行於世，而士子舉業，尚謹守程、朱，無敢以禪竄聖者。自興化、華亭兩執政〔一〕尊王氏學，於是隆慶戊辰論語程義，首開宗門，破題見下，是年主考李春芳，興化縣人。此後浸淫無所底止。科試文字，大半剽竊王氏門人之言，陰詆程、朱。」

〔一〕興化，李春芳，明史一九三。華亭，徐階，明史二一三。

坊刻中，有僞作羅倫致知在格物一篇，其破題曰：「良知者，廓於學者也。」按羅文毅中成化二年進士，當時士無異學。使果有此文，則良知之説，始於彝正，不始於伯安矣。況前人作破亦無此體。舊日文字破題，或二句或三句，必盡題意。嘉靖八年，主司變體，創爲輕佻之格。「孔子聖之時者也」，程文破云：「聖人者，立大中者也。」試録一出，士論譁然。以其爲先朝名臣而借之耳〔一〕。

〔一〕證僞之一法。

破題用莊子

五經無「真」字〔一〕，始見於老、莊之書。老子曰：「其中有精，其精甚真。」〔二〕莊子漁父篇：「孔子愀然曰：敢問何謂真？客曰：真者精誠之至也。」荀子「真積力久」〔三〕亦是此意。黄庭經曰：「積精累氣以爲真。」〔四〕大宗師篇曰：「而已反其真，而我猶爲人猗？」列子曰：「精神離形，各歸其真，故謂之鬼。鬼，歸也，歸其真宅。」〔五〕漢書楊王孫傳曰：「死者終生之化，而物之歸者也。歸者得至，化者得變，是物各反其真也。」〔六〕説文曰：「真，僊人變形登天也。」〔七〕徐氏繫傳曰：「真者仙也，化也，从匕，匕即化也，反人爲亡，从目从乚，入其所乘也。」〔八〕人老則近於死，故「老」字从匕。死則反其真，故「真」字亦从匕。以生爲寄，以死爲歸，於是有真人、真君、真宰之名。秦始皇曰：「吾慕真人。」自謂真人，不稱朕〔九〕。魏太武改元太平真君〔十〕。而唐玄宗詔以四子之書，謂之「真經」〔十一〕，皆本乎此也。後世相傳，乃遂與假爲對。李斯上秦王書：「夫擊甕叩缻，彈筝搏髀而歌呼嗚嗚，快耳目者，真秦之聲也。」〔十二〕韓信請爲假王，高帝曰：「大丈夫定諸侯，即爲真王耳，何以假爲？」〔十三〕又更東垣曰真定。竇融上光武書曰：「豈可背真舊之主，事姦僞之人。」〔十四〕而與老、莊之言真，亦微異其指矣。今謂「真」，古曰「實」。今謂「假」，古曰「僞」。左傳襄十八年，使乘車者，左實右僞，以旆先輿，曳柴而從之。假王猶假君、假相國，唐人謂之借職是也。今人之所謂假，亦非。宋諱「玄」，以「真」代之，故廟號曰真宗，「玄武」七宿改爲「真武」，「玄冥」改爲「真冥」，「玄枵」改爲「真枵」。崇文總目謂太玄經爲「太真」〔十五〕，則猶未離其本也。隆慶二年會試，爲主考者厭五經而喜老、莊，黜舊聞而崇新學，首題論語，「子曰由誨汝知之乎」一節，其程文破云：聖人教賢者以真知，在不昧其心而已。莊子大宗師篇：「且有真人，而後有真知。」列子仲尼篇：「無樂無知，是真樂真知。」始明以莊子之言入之文字。自此五十年間，舉業所用，無非釋、老之書。彗星埽北斗、文昌，而御河之水變爲赤血矣。崇禎時，始申舊日之禁，而士大夫皆幼讀時文，習染已久，不經之字，摇筆輒來。正如康崑崙所受鄰舍女巫之邪聲，非十年不近樂器，未可得而絶也〔十六〕。雖然，以周元公道學之宗，而其爲書，猶有所謂「無極之真」者，吾又何責乎今之人哉。羅氏困知記〔十七〕謂：「無極之真，二五之精妙，合而凝太極。與陰陽五行非二物也，不當言合。」又言：「通書未嘗一語及無極。」

〔一〕十三經亦無「真」字，有十三經不二字。

〔二〕老子上篇廿一章。

〔三〕荀子勸學第一。

〔四〕黄庭經五七修真十書。

〔五〕列子卷一天瑞第一。

〔六〕漢書六七。

〔七〕説文八上匕部。

〔八〕説文繫傳十五。

〔九〕史記六始皇本紀卅五年。
〔十〕魏書四下。
〔十一〕舊唐書九天寶元年二月條。
〔十二〕史記八七李斯傳。
〔十三〕史記九二，漢書三四。
〔十四〕後漢書五三竇融傳。
〔十五〕崇文總目三儒家類。
〔十六〕康崑崙見樂府雜録，類函樂部引之，且注：崑崙不近樂器十數年，使忘其本領，然後可教。莊嚴寺段師善本語。
〔十七〕羅欽順困知記。

孟子言：「所不慮而知者，其良知也。」〔一〕下文明指是愛親敬長。若夫因嚴以教敬，因親以教愛，則必待學而知之者矣。今之學者，明用孟子之良知，暗用莊子之真知。

〔一〕孟子盡心上。

科場禁約

萬曆三十年三月〔一〕，禮部尚書馮琦〔二〕上言：「頃者皇上納都給事中張問達之言，正李贄惑世誣民之罪，盡焚其所著書，其崇正闢邪，甚盛舉也。臣竊惟國家以經術取士，自五經、四書、二十一史、通鑑、性理諸書而外，不列於學官。而經書傳注，又以宋儒所訂者爲準。此即古人罷黜百家、獨尊孔氏之旨。自人文向盛，士習寖漓，始而厭薄平常，稍趨纖靡；纖靡不已，漸騖新奇；新奇不已，漸趨詭僻。始猶附諸子以立幟，今且尊二氏以操戈，背棄孔、孟，非毁程、朱，惟南華、西竺之語，是宗是競。以實爲空，以空爲實，以名教爲桎梏，以紀綱爲贅疣，以放言高論爲神奇，以蕩軼規矩掃滅是非廉恥爲廣大。取佛書言心言性略相近者，竄入聖言；取聖經有空字無字者，强同於禪教。語道既爲踳駮，論文又不成章。世道潰於狂瀾，經學幾爲榛莽。臣請坊間一切新説曲議，令地方官雜燒之。生員有引用佛書一句者，廩生停廩一月，增附不許幫補，三句以上降黜。中式墨卷引用佛書一句者，勒停一科，不許會試，多者黜革。二十八年禮科，摘湖廣舉人董以修四書義有「無去無住，出世住世」語，罰停五科。伏乞天語申飭，斷在必行。自古有仙佛之世，聖學必不明，世運必不盛。即能實詣其極，亦與國家無益，何況襲咳唾之餘，以自蓋其名利之迹者乎？ 夫道術之分久矣。 自西晉以來，於吾道之外，別爲二氏。 自南宋以來，於吾道之中，自分兩岐。 又其後則取釋氏之精蘊，而陰附於吾道之內。如陳白沙、王陽明。 又其後，則尊釋氏之名法，而顯出於吾道之外。如李贄之徒〔三〕。 非聖主執中建極，群工一德同風，世運之流，未知所届。」上曰：「祖宗維世立教，尊尚孔子，明經取士，表章宋儒。 近日學者不但非毀宋儒，漸至詆譏孔子，掃滅是非，蕩棄行檢，復安得節義忠孝之士爲朝廷用？ 覽卿等奏，深於世教有裨，可開列條欵奏來。 仙佛原是異術，宜在山林獨修，有好尚者，任其解官自便。」〔四〕自此稍爲釐正，然而舊染既深，不能盡滌。又在位之人，多以護惜士子科名爲陰德，亦不甚摘發也。 至於末年，詭僻彌甚。

〔一〕「三月」潘本作「□月」。
〔二〕馮琦有經濟類編百卷，四庫類書二。
〔三〕二注潘本無，黃汝成從沈校補。
〔四〕神宗實録三七〇，有詔無疏。

新學之興，人皆土苴六經，因而不讀傳注。 崇禎三年浙江鄉試題，「又用明俊民用章」。

上文歲月日時無易，傳曰：「不失其時也。」第三名龔廣生文，誤以爲曆家一日十二時之時，而取冠本經，刻爲程文。九年，應天鄉試題，「王請大之」至「文王一怒而安天下之民」，内有「以遏徂莒」，注曰：莒，詩作「旅」，衆也。謂密人侵阮、徂、共之衆也。第二十三名周天一文，誤以爲春秋「莒人」之「莒」，亦得中式，部科不聞磨勘。詔令之不行至此。

朱子晚年定論

宋史陸九淵傳：「初，九淵嘗與朱熹會鵝湖論辯所學，多不合。及熹守南康，九淵訪之，熹與至白鹿洞，九淵爲講『君子小人喻義利』一章，聽者至有泣下，熹以爲切中學者隱微深痼之病。至於無極而太極之辯，則貽書往來，論難不置焉。」〔一〕

〔一〕宋史四三四儒林。

王文成守仁所輯朱子晚年定論，今之學者多信之，不知當時羅文莊欽順已嘗與之書而辯之矣〔一〕。其書曰：「詳朱子定論之編，蓋以其中歲以前，所見未真，及晚年始克有悟，乃於其論學書牘三數十卷之内，摘此三十餘條，其意皆主於向裏者，以爲得於既悟之餘，而斷其爲定論。斯其所擇，宜亦精矣，第不知所謂晚年者，斷以何年爲定？偶考得何叔京〔二〕氏卒於淳熙乙未，時朱子年方四十有六，後二年丁酉，而論孟集注、或問始成。今有取於答何書者四通，以爲晚年定論；至於集注、或問，則以爲中年未定之説。竊恐考之欠詳，而立論之太果也〔三〕。又所取答黄直卿〔四〕一書，監本止云此是向來差誤，别無『定本』二字，今所編增此二字，而序中又變『定』字爲『舊』字，却未詳『本』字所指。朱子有答吕東萊一書，嘗及定本之説，然非指集注、或問也。凡此愚皆不能無疑，顧猶未足深論。竊以執事天資絶世，而日新不已，向來恍若有悟之後，自以爲證諸五經四子，沛然若決江河而放諸海，又以爲精明的確，洞然無復可疑，某固信其非虚語也。然又以爲獨於朱子之説，有相牴牾，揆之於理，容有是邪？他説固未敢請，嘗讀朱子文集，其第三十二卷，皆與張南軒答問書，内第四書亦自以爲其於實體，似益精明。因復取凡聖賢之書，以及近世諸老先生之遺語，讀而驗之，則又無一不合。蓋平日所疑而未白者，今皆不待安排，往往自見灑落處，與執事之所自序者，無一語不相似也。書中發其所見，不爲不明，而卷末一書，提綱振領，尤爲詳盡。竊以爲千聖相傳之心學，殆無以出此矣。不知何故獨不爲執事所取，無亦偶然也邪？若以此二書爲然，則論孟集注、學庸章句、或問，不容别有一般道理。如其以爲未合，則是執事精明之見，決與朱子異矣。凡此三十餘條者，不過姑取之以證成高論，而所謂先得我心之所同然者，安知不有毫釐之不同者爲祟於其間，以成牴牾之大隙哉！又執事於朱子之後，特推草廬吳氏，以爲見之尤真，而取其一説，以附三十餘條之後。竊以草廬晚年所見，端的與否，良未易知。蓋吾儒昭昭之云，釋氏亦每言之，毫釐之差，正在於此。即草廬所見，果有合於吾之所謂昭昭者，安知非其四十年間鑽研文義之效，殆所謂真積力久，而豁然貫通者也。蓋雖以明道先生之高明純粹，又蚤獲親炙於濂溪，以發其吟風弄月之趣，亦必反求諸六經而後得之。但其所禀鄰於生知，聞一以知十，與他人極力於鑽研者不同耳。又安得以前日之鑽研文義爲非，而以墮此科臼爲悔。夫得魚忘筌、得兔忘蹄，出莊子〔五〕，「蹄」古「罤」字通，兔罝也。可也。矜魚兔之獲，而反追咎筌蹄，以爲多事，其可乎哉？」〔六〕東莞陳建作學蔀通辯，取朱子年譜、行狀、文集、語類，及與陸氏兄弟往來書札，逐年編輯，而爲之辯曰：「朱、陸早同晚異之實，二家譜集具載甚明。黄氏日鈔曰：「朱子答陸子壽書，反復論喪祭之禮。答陸子美書，辯詰太極、西銘，至再而止。答陸子靜書，辯詰尤切，條其理有未明而不能盡人言者凡七，終又隨條注釋，斥其空疏杜撰。且云如曰未然，各尊所聞、各行所知可矣。書亦於此而止。」〔七〕近世東山趙汸對江右六君子策乃云，朱子答項平父書，有去短集長之言，此特朱子謙己誨人之辭，未嘗教人爲陸氏之學也。豈鵝湖之論，至是而有合邪？使其合并於晚歲，則其微言精義必有契焉。而子靜則既往矣，此朱、陸早異晚同之説所萌芽也。程篁墩敏政因之乃著道一編，分朱、陸異同爲三節：始焉如冰炭之相反，中焉則疑信之相半，終焉若輔車之相依。朱、陸早異晚同之説，於是乎成矣。王陽明因之，遂有朱子晚年定論之録，專取朱子議論與象山合者，與道一編輔車之説，正相唱和矣。凡此皆顛倒早晚，以彌縫陸學，而不顧矯誣朱子、誑誤後學之深。故今編年以辯，而二家早晚之實、近儒顛倒之弊，舉昭然矣。」〔八〕又曰：「朱子有朱子之定論，象山有象山之定論，不可强同。專務虚静，完養精神，此象山之定論也。主敬涵養，以立其本；讀書窮理，以致其知；身體力行，以踐其實；三者交修並盡，此朱子之定論也。乃或專言涵養，或專言窮理，或止言力行，則朱子因人之教，因病之藥也。今乃指專言涵養者爲定論，以附合於象山，其誣朱子甚矣。」〔九〕又曰：「趙東山所云，蓋求朱、陸生前無可同之實，而没後乃臆料其後會之必同，本欲安排早異晚同，乃至説成生異死同，可笑可笑。按子静卒後，朱子與詹元善書，謂其説頗行於江湖間，損賢者之志，而益愚者之過，不知此禍何時而已。蓋已逆知後人宗陸氏者之弊。而東山輩不考此書，强欲附會之以爲同，何邪？如此豈不適所以彰朱、陸平生之未嘗同，適自彰其牽合欺人之弊？奈何近世咸信之而莫能察也。昔裴延齡掩有爲無，指無爲有，以欺人主。陸宣公謂其愚弄朝廷，甚於趙高指鹿爲馬。今篁墩輩分明掩有爲無，指無爲有，以欺弄後學，豈非吾道中之延齡哉？」〔十〕又曰：「昔韓絳、吕惠卿代王安石執政，時號絳爲傳法沙門，惠卿爲護法善神。愚謂近日繼陸學而興者，王陽明是傳法沙門，程篁墩則護法善神也。」〔十一〕此書於朱、陸二家同異，考之極爲精詳，而世人不知，但知其有皇明通紀。又不知通紀乃梁文康儲之弟億所作，而託名於清瀾也。宛平孫承澤〔十二〕謂：「陽明所編，其意欲借朱子以攻朱子。且吾夫子以天縱之聖，不以生知自居，而曰好古敏求，曰多聞多見，曰博文約禮，至老删述不休，猶欲假年學易。朱子一生效法孔子，進學必在致知，涵養必在主敬，德性在是，問學在是。如謬以朱子爲支離，爲晚悔，則是吾夫子所謂好古敏求，多聞多見，博文約禮，皆早年之支離，必如無言、無知、無能，爲晚年自悔之定論也。以此觀之，則晚年定論之刻，真爲陽明舞文之書矣。」蓋自弘治、正德之際，天下之士，厭常喜新，風氣之變，已有所自來。而文成以絶世之資，倡其新説，鼓動海内。文成與胡端敏世寧，鄉試同年。一日謂端敏公曰：「公人傑也，第少講學。」端敏答曰：「某何敢望公，但恨公多講學耳。」嘉靖以後，從王氏而詆朱子者，始接踵於人間。而王尚書世貞發策，謂「今之學者偶有所窺，則欲盡發先儒之説，而出其上；不學則借一貫之言，以文其陋；無行則逃之性命之鄉，以使人不可詰」。此三言者盡當日之情事矣。故王門高第爲泰州、王艮。龍溪王畿二人。泰州之學，一傳而爲顔山農，均。再傳而爲羅近溪、汝芳。趙大洲；貞吉。龍溪之學，一傳而爲何心隱，本名梁汝元。再傳而爲李卓吾、贄。陶石簣。望齡。昔范武子論王弼、何晏二人之罪「深於桀紂。以爲一世之患輕，歷代之害重；自喪之惡小，迷衆之罪大」〔十三〕。而蘇子瞻謂：「李斯亂天下，至於焚書坑儒，皆出於其師荀卿高談異論，而不顧者也。」〔十四〕困知之記，學蔀之編，固今日中流之砥柱矣。

〔一〕明儒學案十八云：「羅洪先，謚文恭。」誤，羅洪先亦謚文莊，非注不可。原書見困知記附録與王陽明書。四庫提要儒家存目三孫承澤考正晚年定論，提要謂：「晚年定論初出之時，羅洪先致書守仁，辨何叔京、黄直卿二書，已極明晰」云云。提要蓋誤以洪先爲欽順也。欽順弘治六年進士，明史二八二。洪先嘉靖八年進士，明史二八三，後三十六年。陽明嘉靖七年卒，年五十七。

〔二〕何叔京，名鎬。

〔三〕言滿天下，無過甚難，斷章取義，每易附會。

〔四〕黄直卿，名榦，號勉齋。

〔五〕莊子外物。

〔六〕羅書至此。

〔七〕黄氏日鈔三四讀諸儒書。

〔八〕見學蔀通辨提綱。

〔九〕亦見通辨提綱。

〔十〕通辨前編卷中辨二。

〔十一〕通辨續編卷下辨九。

〔十二〕孫承澤著考正晚年定論二卷，見四庫儒家存目三。

〔十三〕晉書七五范甯傳，王弼何晏論。

〔十四〕東坡集二荀卿論。

姑蘇志言：「姚榮國廣孝著書一卷，名曰道餘録，專詆程、朱。實録本傳，言廣孝著道餘録，詆訕先儒，爲君子所鄙。少師亡後，其友張洪謂人曰：『少師於我厚，今死矣，無以報之，但每見道餘録，輒爲焚棄。』」〔一〕少師之才，不下於文成，而不能行其説者，少師當道德一、風俗同之日，而文成在世衰道微、邪説又作之時也。

〔一〕姑蘇志六十卷，王鏊纂，正德元年。四庫本。

嘉靖二年，會試發策，考試官蔣文定冕、石文介珤。謂朱、陸之論，終以不合，而今之學者，顧欲强而同之，豈樂彼之徑便，而欲陰詆吾朱子之學與？究其用心，其與何澹、陳賈輩亦豈大相遠與？至筆之簡册，公肆詆訾，以求售其私見。禮官舉祖宗朝故事，燔其書而禁斥之，得無不可乎！成祖實録：「永樂二年，鄱陽人朱季友詣闕獻所著書，詆毁宋儒。上怒，遣行人押赴饒州，會司府縣官杖之，盡焚其所著書〔一〕。當日在朝之臣，有能持此論者，涓涓不塞，終爲江河。有世道之責者，可無履霜堅冰之慮。

〔一〕成祖實録三十。七月。

以一人而易天下，其流風至於百有餘年之久者，古有之矣：王夷甫之清談，王介甫之新説。宋史，林之奇言：「昔人以王、何清談之罪，甚於桀紂。本朝靖康禍亂，考其端倪，王氏實負王、何之責。」〔一〕其在於今，則王伯安之良知是也。孟子曰：「天下之生久矣，一治一亂。」撥亂世反之正，豈不在於後賢乎！

〔一〕宋史四三三儒林傳。

學蔀通辯又曰：「佛教入中國，常有夷狄之禍。今日士大夫尚禪、尚陸，使禪佛之魂駸駸復返，可爲世道之憂。嗚呼！辛有之適伊川，其豫見於百年之後者矣，後之論者，當與陶弘景之詩同録。」隋書五行志：「梁天監中，茅山隱士陶弘景爲五言詩曰：『夷甫任散誕，平叔坐談空。不意昭陽

殿，忽作單于宮。』及大同之季，公卿唯以談玄爲務，侯景作亂，遂居昭陽殿。」〔一〕

〔一〕此段據鈔本補。

李贄〔一〕

神宗實録〔二〕：「萬曆三十年閏二月乙卯，禮科給事中張問達疏劾李贄：『壯歲爲官，晚年削髮，近又刻藏書、焚書、卓吾大德等書，流行海内，惑亂人心。以吕不韋、李園爲智謀，以李斯爲才力，以馮道爲吏隱，以卓文君爲善擇佳耦，以秦始皇爲千古一帝，以孔子之是非爲不足據，狂誕悖戾，不可不燬。尤可恨者，寄居麻城〔三〕，肆行不簡，與無良輩游庵院，挾妓女，白晝同浴，勾引士人妻女，入庵講法，至有攜衾枕而宿者，一境如狂。又作觀音問一書，所謂觀音者，皆士人妻女也。後生小子喜其猖狂放肆，相率煽惑，至於明劫人財，强摟人婦，同於禽獸，而不之恤。邇來縉紳士大夫，亦有誦呪念佛，奉僧膜拜，手持數珠，以爲律戒，室懸妙像，以爲皈依，不知遵孔子家法，而溺意於禪教沙門者，往往出矣。近聞贄且移至通州。通州距都下四十里，倘一入都門，招致蠱惑，又爲麻城之續。望敕禮部檄行通州地方官，將李贄解發原籍治罪。仍檄行兩畿及各布政司，將贄刊行諸書，并搜簡其家未刻者，盡行燒燬，無令貽禍後生，世道幸甚。』得旨：『李贄敢倡亂道，惑世誣民，便令廠衛、五城嚴拏治罪。其書籍已刻未刻，令所在官司，盡搜燒燬，不許存留。如有徒黨曲庇私藏，該科道及各有司訪奏治罪。』已而贄逮至，懼罪不食死。」愚按，自古以來，小人之無忌憚，而敢於叛聖人者，莫甚於李贄。然雖奉嚴旨，而其書之行於人間自若也〔四〕。謝在杭五雜俎〔五〕言：「李贄先仕，官至太守。而後削髮爲僧，又不居山寺，而遨遊四方，以干權貴，人多畏其口而善待之。擁傳出入，髡首坐肩輿，張黄蓋，前後呵殿。郡縣有司，莫敢與均茵伏〔六〕。無何入京師，以罪下獄死。此亦近于人妖者矣。」閩人持論之公如此〔七〕。

〔一〕李贄、鍾惺二條，潘本無。

〔二〕實録三六九。

〔三〕麻城，湖北黄州。

〔四〕此下鈔本正文尚有數十字：「昔晉虞預論阮籍，比之伊川被髮，所以胡虜徧於中國，以爲過衰周之時。試觀今日之事，髡頭也，手持數珠也，男婦賓旅同土牀而宿也，有一非贄之所爲者乎？蓋天將使斯人有裂冠左衽之禍，而豫見其形者乎？殆亦五行志所謂人痾者矣。」

〔五〕五雜俎八人部，此引至「人妖者矣」句止。

〔六〕茵伏，出史記一二三周陽由傳，見韻府。

〔七〕此下鈔本正文尚有數十字：「然推其作俑之繇，所以敢於詆毁聖賢而自標宗旨者，皆出於陽明、龍溪禪悟之學。後之君子，悲神州之陸沈，憤五胡之竊據而不能不追求於王，何也？」

天啓五年九月，四川道御史王雅量疏：奉旨：李贄諸書，怪誕不經，命巡視衙門焚毁，不許坊間發賣，仍通行禁止。而士大夫多喜其書，往往收藏，至今未滅。

鍾惺

鍾惺字伯敬，景陵人，萬曆庚戌進士。天啓初，任福建提學副使，大通關節，丁父憂去職，尚挾姬妾游武夷山，而後即路。巡撫南居益疏劾有云：「百度踰閑，五經掃地。化子衿爲錢樹，桃李堪羞；登駔儈於皋比，門牆成市。公然棄名教而不顧，甚至承親諱而冶游，疑爲病狂喪心，詎止文人無行。」辛酉福建提學僉事，癸亥丁憂，甲子京察。坐是沈廢于家，乃選歷代之詩，名曰詩歸，其書盛行於世。已而評左傳，評史記，評毛詩，好行小慧，自立新説，天下之士靡然從之，而論者遂忘其不孝貪污之罪，且列之爲文人矣。錢氏〔一〕謂：「古人之于經傳，敬之如神明，尊之如師保，誰敢僭而加之評騭？評騭之多，自近代始，而莫甚于越之孫氏、楚之鍾氏。孫之評書也，于大禹謨則譏其文之排偶；其評詩也，于車攻則譏其選徒囂囂非有聞無聲之義。尼父之删述，彼將操金椎以控之，又何怪乎孟堅之史、昭明之選，詆訶如蒙童，而揮斥如徒隸乎。鍾之評左傳也，它不具論，以克段一傳言之，『公入而賦，姜出而賦』，句也，『大隧之中』凡四句，其所賦之詩也，鍾誤以『大隧之中』爲句斷，而以『融融洩洩』爲序事之語，遂抹之曰俗筆。句讀之不析，文理之不通，儼然丹黃甲乙，衡加于經傳，是之謂非聖者無法，是之謂侮聖人之言。而世方奉爲金科玉條，遞相師述，學術日頗，而人心日壞，其禍有不可勝言者。」孫氏名鑛，今世所傳孫月峰者是也。余聞閩人言，學臣之鬻諸生，自伯敬始。當時之學臣，其于伯敬固當如荼肆之陸鴻漸，奉爲利市之神，又何怪讀其所選之詩，以爲風、騷再作者耶？其罪雖不及李贄，然亦敗壞天下之一人。

〔一〕原作「錢尚書謙益文集」。

舉業至于抄佛書，講學至于會男女，考試至于鬻生員，此皆一代之大變，不在王莽、安禄山、劉豫之下，故書其事于五經諸書之後。嗚呼！「四維不張，國乃滅亡。」管子已先言之矣。

竊書

漢人好以自作之書而托爲古人，張霸百二尚書、衛宏詩序之類是也。晉以下人則有以他人之書而竊爲己作，郭象莊子注、何法盛晉中興書之類是也。若有明一代之人，其所著書，無非竊盜而已。

世説曰：「初注莊子者數十家，莫能究其旨要。向秀於舊注外爲解義，妙析奇致，大暢玄風。唯秋水、至樂二篇未竟，而秀卒。秀子幼，義遂零落，然猶有别本。郭象者，爲人薄行，有儁才，見秀義不傳於世，遂竊以爲己注，乃自注秋水、至樂二篇，又易馬蹄一篇，其餘衆篇，或定點文句而已。後秀義别本出，故今有向、郭二莊。」〔一〕今代之人，但有薄行，而無儁才，不能通作者之意，其盗竊所成之書，必不如元本，名爲鈍賊何辭！

〔一〕世説新語上卷下文學篇。

舊唐書：「姚班嘗以其曾祖察所撰漢書訓纂，多爲後之注漢書者隱没名字，將爲己説，班乃撰漢書紹訓四十卷，以發明舊義，行於代。」〔一〕吾讀有明弘治以後經解之書，皆隱没古人名字，將爲己説者也〔二〕。

〔一〕「班」應作「斑」，宋諱缺末筆。舊唐書八九。

〔二〕集釋本此下加亭林鈔書自序一段，見亭林文集卷二。超案：在「凡今人之學，必不及古人也」上，援庵有批語：「必不及古人句有語病。」

勘書

凡勘書必用能讀書之人。偶見焦氏易林舊刻，有曰「環緒倚鉏」，乃「環堵」之誤。注云：「緒」疑當作「珮」。「井堙水刊」，乃「木刊」之誤。注云：「刊」疑當作「利」〔一〕，失之遠矣。幸其出於前人，雖不讀書，而猶遵守本文，不敢輒改。苟如近世之人，據臆改之，則文益晦，義益舛，而傳之後日，雖有善讀者，亦茫然無可尋求矣。然則今之坊刻，不擇其人而委之讎勘，豈不爲大害乎！

〔一〕見易林三。不改本文而識己之疑，最是善法。

梁簡文帝長安道詩：「金椎抵長樂，複道向宜春。」〔一〕是用漢書賈山傳：「隱以金椎，樹以青松，爲馳道之麗，至於此。」〔二〕三輔决録：「長安十二門，三塗洞開，隱以金椎，周以林木，左出右入，爲往來之徑。」水經注同〔三〕。今誤作「金槌」，而又改爲「椎輪」〔四〕。唐閻朝隱送金城公主適西蕃詩：「還將貴公主，嫁與傉檀王。」〔五〕是用晉書載記「河西王禿髮傉檀」〔六〕。今誤作「槈檀」，而又改爲「褥氈」。比於「金根車」之改「金銀」，而又甚焉者矣。

〔一〕樂府二三。
〔二〕賈山至言，漢書五一。
〔三〕水經注十九渭水條。
〔四〕惡近似。
〔五〕全唐詩。
〔六〕晉書一二六。

莊子：「嬰兒生無石師而能言。」〔一〕一本作「所師」。蓋魏晉以後，寫書多有作草者，故以「所」而訛「石」也。

〔一〕莊子外物第廿六。

改書

東坡志林曰：「近世人輕以意改書。鄙淺之人好惡多同，故從而和之者衆，遂使古書日就訛舛，深可忿疾。孔子曰：『吾猶及史之闕文也。』自予少時，見前輩皆不敢輕改書，故蜀本大字書皆善本。」〔一〕

〔一〕東坡志林五。

漢書藝文志〔一〕曰：「古者〔二〕，書必同文，不知則闕，問諸故老。至於衰世，是非無正，人用其私。故孔子曰：『吾猶及史之闕文也，今亡矣夫。』蓋傷其寖不正。」是知穿鑿之弊，自漢已然，故有行賂改蘭臺漆書，以合其私者矣。

〔一〕漢書三十。
〔二〕「者」原作「制」。

萬曆間人，多好改竄古書。人心之邪，風氣之變，自此而始。且如駱賓王爲徐敬業討武氏檄〔一〕，本出舊唐書，其曰「僞臨朝武氏者」，敬業起兵在光宅元年九月，武氏但臨朝而未革命也。近刻古文，改作「僞周武氏」〔二〕，不察檄中所云，「包藏禍心，睥睨神器」，乃是未篡之時，故有是言。越六年，天授元年九月，始改國號曰周〔三〕。其時廢中宗爲廬陵王，而立相王爲皇帝，故曰「君之愛子，幽之於别宫」也。不知其人，不論其世，而輒改其文，繆種流傳，至今未已。又近日盛行詩歸〔四〕一書，尤爲妄誕。魏文帝短歌行：「長吟永歎，思我聖考。」〔五〕聖考謂其父武帝也，改爲「聖老」，評之曰：「聖老字奇。」舊唐書李泌對肅宗言：「天后有四子，長曰太子弘，監國而仁明孝悌。天后方圖稱制，乃鴆殺之，以雍王賢爲太子。賢自知不免，與二弟日侍於父母之側，不敢明言，乃作黄臺瓜辭，令樂工歌之，冀天后悟而哀愍。其辭曰：『種瓜黄臺下，瓜熟子離離。一摘使瓜好，再摘使瓜稀，三摘猶尚可，四摘抱蔓歸。』而太子賢終爲天后所逐，死於黔中。」〔六〕其言四摘者，以況四子也，以爲非四之所能盡，而改爲「摘絶」〔七〕。此皆不考古而肆臆之説。豈非小人而無忌憚者哉？

〔一〕徐敬業，兩唐書均附李勣傳，作李姓。
〔二〕舊唐書六七李敬業傳、文粹三〇上，及駱賓王集十，均作「僞周武氏」。妄改古書。
〔三〕新唐書本紀四。
〔四〕詩歸，見前鍾惺條。
〔五〕樂府詩集三十。
〔六〕李泌對見鄴侯外傳，歷代小史卷廿七。兩唐書泌傳無是語，而載於舊唐書一一六、新唐書八二承天皇帝倓傳，又見通鑑二二〇至德二載九月條。此引舊唐書，略有改易。
〔七〕詩歸改也。

易林

易林，疑是東漢以後人撰，而託之焦延壽者。延壽在昭宣之世，漢書京房傳曰：「延壽以好學得幸梁王，王共其資用，令極意學。學既成，爲郡史察舉，補小黄令。」〔一〕按此梁敬王定國也，以昭帝始元二年嗣，四十年薨，當元帝之初元三年。其時左氏未立學官，今易林引左氏語甚多。又往往用漢書中事，如曰「彭離濟東，遷之上庸」，事在武帝元鼎元年；曰「長城既立，四夷賓服，交和結好，昭君是福」，事在元帝竟寧元年；曰「火入井口，陽芒生角，犯歷天門，窺見太微，登上玉牀」，似用李尋傳語；曰「新作初陵，踰陷難登」，似用成帝起昌陵事；又曰「劉季發怒，命滅子嬰」，又曰「大蛇當路，使季畏懼」，則又非漢人所宜言也〔二〕。

〔一〕漢書七五。

〔二〕易林各語見升之夬、萃之益、鼎之臨、明夷之咸、蠱之賁、損之比。以書中詞句考本書著作之年。

日知録校注卷十九

文須有益於天下

文之不可絶於天地間者，曰明道也，紀政事也，察民隱也，樂道人之善也。若此者有益於天下，有益於將來，多一篇多一篇之益矣。若夫怪力亂神之事，無稽之言，勦襲之説，諛佞之文，若此者有損於己，無益於人，多一篇多一篇之損矣〔一〕。

〔一〕此下集釋録亭林文集四與人書一段。

文不貴多

二漢文人，所著絶少。史於其傳末，每云所著凡若干篇，惟董仲舒至百三十篇〔一〕，而其餘不過五六十篇，或十數篇，或三四篇。史之録其數，蓋稱之，非少之也。乃今人著作，則以多爲富。夫多則必不能工，即工，亦必不皆有用於世，其不傳宜矣。

〔一〕漢書五六本傳及三十藝文志儒家，皆作百二十三篇。

西京尚辭賦，故漢書藝文志所載，止詩、賦二家。其諸有名文人，陸賈賦止三篇，賈誼賦止七篇，枚乘賦止九篇，司馬相如賦止二十九篇，兒寬賦止二篇，司馬遷賦止八篇，王褒賦止十六篇，揚雄賦止十二篇，而後最多者則淮南王賦八十二篇，枚皋賦百二十篇。而于枚皋傳〔一〕云：「皋爲文疾，受詔輒成，故所賦者多。司馬相如善爲文而遲，故所作少，而善于皋〔二〕。皋賦辭中，自言爲賦不如相如。其文骫骳曲隨，其事皆得其意，頗詼笑不甚閑靡。凡可讀者，不二十篇。其尤嫚戲不可讀者，尚數十篇。」是辭賦多而不必善也。東漢多碑誄、書序、論難之文，又其時崇重經術，復多訓詁。凡傳中録其篇數者四十九人，其中多者，如曹褒、應劭、劉陶、蔡邕、荀爽、王逸各百餘篇。少者，盧植六篇，黄香五篇，劉騊駼、崔烈、曹衆、曹朔各四篇，桓彬三篇。而于鄭玄傳云：「玄依論語作鄭志八篇，所注諸經百餘萬言，通人頗譏其繁。」〔三〕是解經多而不必善也。

〔一〕漢書五一。
〔二〕貴精不貴多之説也。
〔三〕後漢書六五。

秦延君〔一〕説堯典篇目，兩字之説，十餘萬言，但説「曰若稽古」三萬言。桓譚新論。此顔之推家訓所謂鄴下諺云：「博士買驢，書券三紙，未有驢字」者也〔二〕。陸游詩：「文辭博士書驢券，職事參軍判馬曹。」〔三〕

〔一〕漢書三十藝文志六藝總論，師古注引桓譚新論作「秦近君」；八八儒林張山拊傳作「秦恭延君」，名恭。文心雕龍論説篇作「君延」。王伯厚漢志考證已辨之。
〔二〕勉學篇第八。
〔三〕劍南詩稿十八，七言律讀書。時淳熙十四年丁未，放翁六三。馬曹事出晉書八十王徽之傳。

文以少而盛，以多而衰。以二漢言之，東都之文多于西京，而文衰矣。以三代言之，春秋以降之文多于六經，而文衰矣〔一〕。如惠施五車〔二〕，其書竟無一篇傳者。記曰：「天下無道，則

言有枝葉。」〔三〕

〔一〕是説不盡然，時代不同也。
〔二〕惠施五車，見莊子天下。
〔三〕禮記表記作「辭有枝葉」。

隋志載古人文集，西京惟劉向六卷，揚雄、劉歆各五卷，爲至多矣，他不過一卷二卷。而江左梁簡文帝至八十五卷，元帝至五十二卷，沈約至一百一卷〔一〕。所謂雖多亦奚以爲？

〔一〕隋書三五經籍志。

著書之難

子書自孟、荀之外，如老、莊、管、商、申、韓，皆自成一家言。至呂氏春秋、淮南子則不能自成，故取諸子之言，彙而爲書，此子書之一變也。今人書集一一盡出其手，必不能多，大抵如呂覽、淮南之類耳。其必古人之所未及就，後世之所不可無，而後爲之，庶乎其傳也與？

宋人書如司馬温公資治通鑑，馬貴與文獻通考，皆以一生精力成之，遂爲後世不可無之書，而其中小有舛漏，尚亦不免。若後人之書，愈多而愈舛漏，愈速而愈不傳，所以然者，其視成書太易，而急於求名故也。

伊川先生晚年作易傳成，門人請授。先生曰：「更俟學有所進。」子不云乎，忘身之老也，不知年數之不足也，俛焉日有孳孳，斃而後已。」

直言

張子有云：「民吾同胞，今日之民，吾與達而在上位者之所共也。救民以事，此達而在上位者之責也；救民以言，此亦窮而在下位者之責也。」〔一〕

〔一〕西銘。

天下有道，則庶人不議。然則政教風俗苟非盡善，即許庶人之議矣。故盤庚之誥曰：「無或敢伏小人之攸箴，而國有大疑，卜諸庶民之從逆。」〔一〕子產不毀鄉校〔二〕，漢文止輦受言〔三〕，皆以此也。唐之中世，此意猶存。魯山令元德秀，遣樂工數人連袂歌于蔿，玄宗爲之感動〔四〕。白居易爲盩厔尉，作樂府及詩百餘篇，規諷時事，流聞禁中，憲宗召入翰林〔五〕。亦近於陳列國之風，聽輿人之誦者矣。

〔一〕尚書洪範。
〔二〕左傳襄卅一年。
〔三〕漢書四九爰盎傳。
〔四〕新唐書一九四。「數人」原作「數十人」。
〔五〕舊唐書一六六。

詩之爲教，雖主於温柔敦厚〔一〕，然亦有直斥其人而不諱者。如曰：「赫赫師尹，不平謂何。」〔二〕如曰：「赫赫宗周，褒姒烕之。」〔三〕如曰：「皇父卿士，番維司徒，家伯冢宰，仲允膳夫，聚子内史，蹶惟趣馬，楀惟師氏，豔妻煽方處。」〔四〕如曰：「伊誰云從，維暴之云。」〔五〕則皆直斥其官族名字，古人不以爲嫌也。楚辭離騷：「余以蘭爲可恃兮，羌無實而容長」，王逸章句謂：「懷王少弟司馬子蘭。」「椒專佞以慢慆兮」，章句謂：「楚大夫子椒。」洪興祖補注：「古今人表有令尹子椒。」如杜甫麗人行：「賜名大國虢與秦，慎莫近前丞相嗔。」近於十月之交，詩人之義矣。

〔一〕經解。
〔二〕詩小雅節南山。
〔三〕詩小雅正月。
〔四〕詩小雅十月之交。
〔五〕詩小雅彼何人斯。

孔稚珪北山移文〔一〕，明斥周顒。劉孝標廣絶交論〔二〕，陰譏到溉。袁楚客規魏元忠，有十失之書〔三〕。韓退之諷陽城，作爭臣之論〔四〕。此皆古人風俗之厚。

〔一〕文選四三。
〔二〕文選五五。
〔三〕新唐書一二二魏元忠傳。

〔四〕韓集十四雜著。

立言不爲一時

天下之事，有言在一時，而其效見於數十百年之後者。魏志：「司馬朗有復井田之議，謂往者以民各有累世之業，難中奪之。今承大亂之後，民人分散，土業無主，皆爲公田，宜及此時復之。」〔一〕當世未之行也。及拓跋氏之有中原，令户絶者墟宅桑榆，盡爲公田以給授，而口分世業之制，自此而起。迄於隋、唐守之〔二〕。魏書：「武定之初，私鑄濫惡。齊文襄王議，稱錢一文，重五銖者，聽入市用。天下州鎮郡縣之市，各置二稱，懸於市門，若重不五銖，或雖重五銖而雜鉛鑞，並不聽用。」〔三〕當世未之行也。及隋文帝之有天下，更鑄新錢，文曰「五銖」，重如其文。置樣於關，不如樣者没官銷毁之〔四〕。而開通元寶之式，自此而準，至宋時猶倣之。

〔一〕三國志魏志十五。

〔二〕通典一食貨。

〔三〕魏書一一〇食貨志。參日知録十一五銖錢條。

〔四〕隋書二四食貨志。

唐書〔一〕：「李叔明爲劍南節度使，上疏言道佛之弊。請本道定寺爲三等，觀爲二等，上寺留僧二十一，上觀道士十四，每等降殺以七，皆擇有行者，餘還爲民。德宗善之，以爲可行之天下。詔下尚書省議，已而罷之。」至武宗會昌五年，「併省天下寺觀，敕上都、東都兩街，各留二寺，每寺留僧三十人。天下節度、觀察使治所，及同、華、商、汝州，各留一寺，分爲三等：上等留僧二十人，中等留十人，下等五人。凡毁寺四千六百餘區，歸俗僧尼二十六萬五百人，大秦穆護祆僧二千餘人。」〔二〕而有明〔三〕洪武中亦稍行其法。元史：「京師恃東南運糧，竭民力以航不測。泰定中，虞集建言，京東數千里，北極遼海，南濱青齊，萑葦之場，海潮日至，淤爲沃壤。用浙人之法，築堤捍水爲田，聽富民欲得官者，合其衆而授以地。能以萬夫耕者，授以萬夫之田，爲萬夫長，千夫、百夫亦如之。三年視其成，以地之高下定爲徵額。五年有積畜，命以官，就所儲給以禄。十年佩之符印，得以傳子孫，如軍官之法。如此可以寬東南之運，以紓民力，而游手之徒皆有所歸。事不果行。」〔四〕及順帝至正中，海運不至，從丞相脱脱言，乃立分司農司於江南，召募能種水田及修築圍堰之人，各一千名爲農師，歲乃大稔〔五〕。至今水田遺利，猶有存者，而戚將軍繼光復修之薊鎮，是皆立議之人所不及見。而窮則變，變則通，通則久，天下之理固不出乎此也。孔子言行夏之時，固不以望之魯之定、哀，周之景、敬也，而獨以告顔淵。及漢武帝太初之元，幾三百年矣，而遂行之。孔子之告顔淵，告漢武也。孟子之欲用齊也，曰：「以齊王猶反手也，若滕則不可用也。」而告文公之言，亦未嘗貶於齊、梁，曰：「有王者起，必來取法，是爲王者師也。」嗚呼！天下之事，有其識者，不必遭其時；而當其時者，或無其識。然則開物之功，立言之用，其可少哉。

〔一〕新唐書一四七。舊唐書一二二無。此不稱「新」，下文作文潤筆條稱「新」，何也？
〔二〕舊唐書十八武宗紀、新唐書五二食貨志參用。又通鑑二四八，七月。
〔三〕「有明」原作「本朝」。
〔四〕元史一八一虞集傳。
〔五〕元史四三順帝紀至正十三年及一三八脱脱傳。

朱子作詩傳〔一〕，至於秦黄鳥之篇，謂「其初特出於戎翟之俗，而無明王賢伯以討其罪，於是習以爲常，則雖以穆公之賢而不免。論其事者，亦徒閔三良之不幸，而歎秦之衰。

至於王政不綱，諸侯擅命，殺人不忌，至於如此，則莫知其爲非也。」歷代相沿，至先朝〔二〕英廟始革千古之弊。伏讀正統四年六月乙酉書與祥符王有爝曰：「周王薨逝，深切痛悼。其存日嘗奏，葬擇近地，從儉約，以省民力。自妃夫人以下，不必從死。年少有父母者，各遺歸其家。」〔三〕周憲王諱有燉，所著有誠齋集。憲王雖有此命，及薨，妃鞏氏竟自經以殉，謚貞烈，以一品禮葬之。蓋上御極之初，即有感於憲王之奏，而亦朱子詩傳有以發其天聰也。嗚呼，仁哉〔四〕！

〔一〕詩集傳八卷。

〔二〕「先朝」原作「我朝」。

〔三〕英宗實録五六。

〔四〕集釋此下附亭林文集四與人書十八。

文人之多

唐宋以下，何文人之多也！固有不識經術，不通古今，而自命爲文人者矣。韓文公符讀書城南詩曰：「文章豈不貴，經訓乃菑畬。潢潦無根源，朝滿夕已除。人不通古今，馬牛而襟裾。行身陷不義，况望多名譽。」〔一〕而宋劉摯之訓子孫，每曰：「士當以器識爲先，一號爲文人，無足觀矣。」〔二〕然則以文人名於世，焉足重哉？此揚子雲所謂「摭我華而不食我實」者也〔三〕。黄魯直言：「數十年來，先生君子，但用文章提獎後生，故華而不實。」〔四〕本朝嘉靖以來，亦有此風，而陸文裕深所記劉文靖健告吉士之言，空同李夢陽大以爲不平矣。見停驂録〔五〕。

〔一〕昌黎詩集六。
〔二〕宋史三四〇。
〔三〕法言問明篇六。
〔四〕黄文節公全集，四庫別集十八，與洪氏四甥書第五書。光緒甲午義寧州署刻本。
〔五〕停驂録李憲副條。安得全書皆有此等原注。

宋史言：「歐陽永叔與學者言，未嘗及文章，惟談吏事，謂文章止於潤身，政事可以及物。」〔一〕

〔一〕宋史三一九歐陽修傳。集釋此下附亭林文集四與友人書八。

巧言

詩云：「巧言如簧，顔之厚矣。」〔一〕而孔子亦曰：「巧言令色，鮮矣仁。」〔二〕又曰：「巧言亂德。」〔三〕夫巧言不但言語，凡今人所作詩、賦、碑、狀足以悦人之文，皆巧言之類也。不能不足以爲通人，夫惟能之而不爲，乃天下之大勇也。故夫子以「剛毅木訥爲近仁」〔四〕。學者所用力之途，在此不在彼矣。

〔一〕詩小雅巧言。
〔二〕論語學而。
〔三〕論語衛靈公。
〔四〕論語子路。

天下不仁之人有二：一爲好犯上好作亂之人，一爲巧言令色之人。自幼而不孫弟，以至於弑父與君，皆好犯上好作亂之推也。自脅肩諂笑，未同而言，以至於苟患失之，無所不至，皆巧言令色之推也。然而二者之人，常相因以立於世。有王莽之篡弑，則必有揚雄之美新；有曹操之禪代，則必有潘勗之九錫〔一〕。世説言：潘元茂作魏公册命，人謂與訓誥同風。是故亂之所由生也，犯上者爲之魁，巧言者爲之輔。故大禹謂之巧言令色孔壬，而與驩兜、有苗，同爲一類〔二〕。甚哉，其可畏也。穆王作冏命曰：「無以巧言令色，便辟側媚。」然則學者宜如之何？必先之以孝弟，以消其悖逆陵暴之心，繼之以忠信，以去其便辟側媚之習，使一言一動皆出於其本心，而不使不仁者加乎其身，夫然後可以修身而治國矣。記者於論語之首，而列有子、曾子之言，所以補夫子平日所未及。其間次序，亦不爲無意。

〔一〕潘勗字元茂，三國志魏志廿一附衛覬傳。

〔二〕尚書皋陶謨。

世言魏忠賢初不知書，而口含天憲，則有一二文人代爲之。後漢書言梁冀裁能書計，其誣奏太尉李固時，扶風馬融爲冀章草〔一〕。唐書言李林甫自無學術，僅能秉筆，而郭慎微、苑咸，文士之闒茸者，代爲題尺〔二〕。又言高駢上書，肆爲醜悖，脅邀天子，而吳人顧雲以文辭緣澤其姦〔三〕。宋史言章惇用事，嘗曰：「元祐初，司馬光作相，用蘇軾掌制，所以能鼓動四方。」乃使林希典書命，逞毒於元祐諸臣〔四〕。嗚呼，何代無文人？有國者，不可不深惟華實之辨也。

〔一〕後漢書六四梁冀傳，九十上馬融傳。
〔二〕舊唐書一〇六李林甫傳。
〔三〕新唐書二二四下叛臣高駢傳。
〔四〕宋史三四三林希傳。

文辭欺人

古來以文辭欺人者，莫若謝靈運，次則王維。靈運身爲元勳之後，襲封國公。宋氏革命，不能與徐廣、陶潛爲林泉之侶。既爲宋臣，又與廬陵王義真欵密。至元嘉之際，累遷侍中，自以名流應參時政，文帝惟以文義接之，以致觖望。又上書勸伐河北，至屢嬰罪劾，興兵拒捕。乃作詩曰：「韓亡子房奮，秦帝魯連恥，本自江海人，忠義動君子。」及其臨刑，又作詩曰：「龔勝無餘生，李業有終盡。」〔一〕若謂欲效忠於晉者，何先後之矛盾乎！史臣書之以逆，不爲苟矣。王維爲給事中，安禄山陷兩都，拘于普施寺，迫以僞署。禄山宴其徒於凝碧池，維作詩曰：「萬户傷心生野煙，百官何日再朝天，秋槐葉落空宫裏，凝碧池頭奏管絃。」賊平下獄，或以詩聞於行在，其弟刑部侍郎縉請削官以贖兄罪，肅宗乃特宥之，責授太子中允〔二〕。襄王僭號，逼李拯爲翰林學士。拯既汙僞署，心不自安。時朱玫秉政，百揆無叙，拯嘗朝退，駐馬國門，爲詩曰：「紫宸朝罷綴鵷鸞，丹鳳樓前立馬看，惟有終南山色在，晴明依舊滿長安。」吟已涕下。及王行瑜殺朱玫，襄王出奔，拯爲亂兵所殺〔三〕。二人之詩同也，一死一不死，而文墨交游之士，多護王維。如杜甫謂之「高人王右丞」〔四〕，天下有高人而仕賊者乎？今有顛沛之餘，投身異姓，至擯斥不容而後發爲忠憤之論，與夫名汙僞籍，而自託乃心比于康樂、右丞之輩〔五〕，吾見其愈下矣。

〔一〕宋書六七。靈運嘗求入蓮社，遠公以其心雜，止之。見佛祖統紀二七。

〔二〕舊唐書一九〇下文苑傳。

〔三〕亦見舊唐書一九〇下文苑傳。

〔四〕杜甫詩集解悶十二首之八。

〔五〕貳臣傳諸人。

末世人情彌巧，文而不慙，固有朝賦采薇之篇，而夕有捧檄之喜者〔一〕。苟以其言取之，則車載魯連，斗量王蠋矣。曰是不然，世有知言者出焉，則其人之真僞即以其言辨之，而卒莫能逃也。黍離之大夫，始而摇摇，中而如噎，既而如醉，無可奈何，而付之蒼天者，真也。汨羅之宗臣，言之重，辭之複，心煩意亂，而其詞不能以次者，真也。栗里之徵士，淡然若忘於世，而感憤之懷，有時不能自止，而微見其情者，真也。其汲汲於自表暴而爲言者，僞也。易曰：「將叛者其辭慙，中心疑者其辭枝，失其守者其辭屈。」〔二〕詩曰：「盜言孔甘，亂是用餤。」〔三〕夫鏡情僞，屏盜言，君子之道，興王之事，莫先乎此。

〔一〕「有捧檄之喜」，原作「赴僞廷之舉」，潘本改。潘蓋自慚形穢矣。

〔二〕易繫辭下。

〔三〕詩小雅巧言。

修辭

典謨、爻象，此二帝三王之言也。論語、孝經，此夫子之言也。文章在是，性與天道，亦不外乎是。故曰：「有德者必有言。」〔一〕善乎游定夫〔二〕之言曰：「不能文章，而欲聞性與天道，譬猶築數仞之牆，而浮埃聚沫以爲基，無是理矣。」後之君子，於下學之初，即談性道，乃以文章爲小技，而不必用力。然則夫子不曰「其旨遠，其辭文」〔三〕乎？不曰「言之無文，行而不遠」〔四〕乎？曾子曰：「出辭氣，斯遠鄙倍矣。」〔五〕嘗見今講學先生，從語録入門者，多不善於修辭。或乃反子貢之言以譏之曰：「夫子之言性與天道，可得而聞；夫子之文章，不可得而聞也。」〔六〕

〔一〕論語憲問。
〔二〕游酢。
〔三〕易繫辭下。
〔四〕左傳襄廿五年。
〔五〕論語泰伯。
〔六〕論語公冶長。

楊用修曰：「文，道也，詩，言也，語録出而文與道判矣，詩話出而詩與言離矣。」

自嘉靖以後，人知語録之不文，於是王元美〔一〕之劄記，范介儒〔二〕之膚語，上規子雲，下法文中，雖所得有淺深之不同，然可謂知言者矣。

〔一〕王世貞。
〔二〕范守己。

文人摹倣之病

近代文章之病，全在摹倣。即使逼肖古人，已非極詣，況遺其神理，而得其皮毛者乎？且古人作文，時有利鈍，梁簡文與湘東王書〔一〕云：「今人有效謝康樂〔二〕、裴鴻臚〔三〕文者。學謝則不屆其精華，但得其冗長；師裴則蔑棄其所長，惟得其所短。」宋蘇子瞻云：「今人學杜甫詩，得其粗俗而已。」葉水心言：慶曆、嘉祐以來，天下以杜甫爲師，始黜唐人之學，謂之江西宗派〔四〕。金元裕之詩云：「少陵自有連城璧，爭奈微之識碔砆。」〔五〕夫文章一道，猶儒者之末事，乃欲如陸士衡所謂「謝朝華於已披，啓夕秀於未振」〔六〕者，今且未見其人，進此而窺著述之林，益難之矣。

〔一〕梁書四九文學上庾肩吾傳。
〔二〕謝靈運。
〔三〕裴松之。宋元嘉三年分遣大使巡行天下，松之使湘州。
〔四〕水心先生集十二徐斯遠文集序。
〔五〕元遺山集十一論詩三十首之十。
〔六〕文選十七文賦。

效楚辭者，必不如楚辭；效七發者，必不如七發。蓋其意中先有一人在前，既恐失之，而其筆力復不能自遂。此壽陵餘子學步邯鄲之説也〔一〕。

〔一〕莊子秋水。

洪氏容齋隨筆曰：「枚乘作七發，創意造端，麗辭腴旨，上薄騷些，故爲可喜。其後繼之者，如傅毅七激，張衡七辯，崔駰七依，馬融七廣，曹植七啓，王粲七釋，張協七命之類，規倣太切，了無新意。傅玄又集之以爲七林，使人讀未終篇，往往棄之几格。柳子厚晉問乃用其體，而超然别立機杼，激越清壯，漢、晉諸文士之弊，於是一洗矣。東方朔答客難，自是文中傑出。揚雄擬之爲解嘲，尚有馳騁自得之妙。至於崔駰達旨，班固賓戲，張衡應閒，皆章摹句寫，其病與七林同。及韓退之進學解出，於是一洗矣。」〔二〕其言甚當。然此以辭之工拙論爾，若其意，則總不能出於古人範圍之外也。

〔二〕容齋隨筆卷七七發條。

如揚雄擬易，而作太玄；王莽依周書，而作大誥，皆心勞而日拙者矣。世説：「王隱論揚雄太玄雖妙，非益也。古人謂之屋下架屋。」〔一〕

〔一〕世説卷上之下文學門注庾仲初作揚都賦條。

曲禮之訓：「毋勦説，毋雷同。」此古人立言之本。

文章繁簡

韓文公作樊宗師墓銘曰：「維古于辭必己出，降而不能乃剽賊，後皆指前公相襲，從漢迄今用一律。」〔一〕此極中今人之病。若宗師之文，則懲時人之失，而又失之者也。如絳守居園池記，以「東西」二字平常，而改爲「甲辛」，殆類吳人之呼庚癸者矣〔二〕。作書須注，此自秦漢以前可耳；若今日作書，而非注不可解，則是求簡而得繁，兩失之矣。子曰：「辭達而已矣。」〔三〕胡纘宗修安慶府志，書正德中劉七事，大書曰：「七年閏五月，賊七來寇江境。」而分注於賊七之下曰：「姓劉氏。」舉以示人，無不笑之。不知近日之學爲秦漢文者，皆「賊七」之類也。

〔一〕昌黎集三四。
〔二〕輟耕録十二。
〔三〕論語衛靈公。

辭主乎達，不論其繁與簡也。繁簡之論興，而文亡矣。史記之繁處，必勝於漢書之簡處。容齋隨筆論衛青傳封三校尉語〔一〕。史記勝漢書處，正不獨此。新唐書之簡也，不簡於事，而簡於文，其所以病也。

〔一〕容齋隨筆卷一文章繁簡有常條。

時子因陳子而以告孟子，陳子以時子之言告孟子〔一〕，此不須重見，而意已明。「齊人有一妻一妾而處室者，其良人出，則必饜酒肉而後反。其妻問所與飲食者，則盡富貴也。其妻告其妾曰：『良人出，則必饜酒肉而後反，問其與飲食者，盡富貴也，而未嘗有顯者來。吾將瞷良人之所之也。』」〔二〕「有饋生魚於鄭子產，子產使校人畜之池。校人烹之，反命曰：『始舍之，圉圉焉，少則洋洋焉，悠然而逝。』子產曰：『得其所哉？得其所哉！』校人出，曰：『孰謂子產智，予既烹而食之，曰得其所哉，得其所哉。』」〔三〕此必須重疊而情事乃盡，此孟子文章之妙。使入新唐書，於齊人則必曰：「其妻疑而瞷之」，於子產則必曰：「校人出而笑之」，兩言而已矣。是故辭主乎達，不主乎簡。劉器之〔四〕曰：「新唐書叙事，好簡略其辭，故其事多鬱而不明，此作史之病也。且文章豈有繁簡邪？昔人之論，謂如風行水上，自然成文。若不出於自然，而有意於繁簡，則失之矣。」〔五〕當日進新唐書表〔六〕云：「其事則增於前，其文則省於舊。」新唐書所以不及古人者，其病正在此兩句也。

〔一〕孟子公孫丑下。
〔二〕孟子離婁下。
〔三〕孟子萬章上。

〔四〕劉安世。
〔五〕元城語録下。
〔六〕新唐書卷首曾公亮上表。

黄氏日鈔〔一〕言：「蘇子由古史改史記，多有不當。如樗里子傳，史記曰：『母韓女也，樗里子滑稽多智。』〔二〕古史曰：『母韓女也，滑稽多智。』似以母爲滑稽矣。然則『樗里子』三字其可省乎？甘茂傳，史記曰：『甘茂者下蔡人也，事下蔡史舉學百家之説。』〔三〕古史曰：『下蔡史舉學百家之説。』似史舉自學百家矣，然則『事』之一字，其可省乎？」〔四〕以是知文不可以省字爲工，字而可省，太史公省之久矣。

〔一〕黄氏日鈔五一雜史樗里子甘茂傳。
〔二〕史記七一。
〔三〕史記七一。
〔四〕黄氏日鈔五一之文至此止。

文人求古之病

後周書柳虯傳：「時人論文體有今古之異，虯以爲時有今古，非文有今古。」〔一〕此至當之論。夫今之不能爲二漢，猶二漢之不能爲尚書、左氏。乃勦取史、漢中文法以爲古，甚者獵其一二字句，用之於文，殊爲不稱。元阿魯圖進宋史表曰：「且辭之繁簡以事，而文之今古以時。」〔二〕蓋用柳虯之語。

〔一〕後周書三八。
〔二〕歐陽圭齋文集十三。

以今日之地爲不古，而借古地名；以今日之官爲不古，而借古官名；舍今日恒用之字，而借古字之通用者：皆文人所以自蓋其俚淺也。

唐書：「鄭餘慶奏議，類用古語，如『仰給縣官馬萬蹄』，有司不曉何等語，人訾其不適時。」〔一〕

〔一〕舊唐書一五八，新唐書一六五。原文已爲新所改，此引新。

宋陸務觀跋前漢通用古字韻〔一〕曰：「古人讀書多，故作文時偶用一二古字，初不以爲工，亦自不知孰爲古孰爲今也。近時乃或鈔掇史、漢中字入文辭中，自謂工妙，不知有笑之者。偶見此書，爲之太息，書以爲後生戒。」〔二〕

〔一〕「韻」下應有「編」字。

〔二〕渭南文集廿八，又放翁題跋三，津逮本。

元陶宗儀輟耕録曰：「凡書官銜俱當從實，如廉訪使、總管之類，若改之曰監司、太守，是亂其官制，久遠莫可考矣。」〔一〕

〔一〕輟耕録五碑誌書法。

何孟春餘冬序録〔一〕曰：「今人稱人姓必易以世望，稱官必用前代職名，稱府州縣必用前代郡邑名，欲以爲異，不知文字間著此，何益於工拙？此不惟於理無取，且於事復有礙矣。李姓者稱隴西公，杜曰京兆，王曰琅邪，鄭曰滎陽，以一姓之望而概衆人可乎？此其失自唐末五季間孫光憲輩始。北夢瑣言，稱馮涓爲長樂公〔二〕；冷齋夜話，稱陶穀爲五柳公；類以昔人之號而概同姓，尤是可鄙。官職郡邑之建置，代有沿革，今必用前代名號而稱之，後將何所考焉？此所謂於理無取，而事復有礙者也。」〔三〕

〔一〕卷四六考古。
〔二〕北夢瑣言三。
〔三〕餘冬序録語止此。

于慎行筆麈〔一〕曰：「史、漢文字之佳，本自有在，非謂其官名地名之古也。今人慕其文之雅，往往取其官名地名以施於今，此應爲古人笑也。史、漢之文，如欲復古，何不以三代官名，施於當日，而但記其實邪？文之雅俗，固不在此，徒混淆失實，無以示遠，大家不爲也。予〔二〕素不工文辭，無所模擬，至於名義之微，則不敢苟。尋常小作，或有遷就，金石之文，斷不敢於官名地名，以古易今。前輩名家，亦多如此。」〔三〕

〔一〕筆麈卷八詩文。

〔二〕予，于慎行自謂也。

〔三〕筆麈語止此。

古人集中無冗複

古人之文，不特一篇之中無冗複也，一集之中亦無冗複。且如稱人之善，見于祭文，則不復見于誌；見于誌，則不復見于他文。後之人讀其全集，可以互見也。又有互見于他人之文者，如歐陽公作尹師魯誌，不言近日古文自師魯始，以爲范公祭文已言之，可以互見，不必重出。蓋歐陽公自信己與范公之文並可傳於後世也，亦可以見古人之重愛其言也。

劉夢得作柳子厚文集序〔一〕曰：「凡子厚名氏，與仕與年，暨行己之大方，有退之之誌若祭文在。」又可見古人不必其文之出於己也。

〔一〕柳河東集序。

書不當兩序

會試録、鄉試録，主考試官序其首，副主考序其後，職也。凡書亦猶是矣。且如國初時，府州縣志書成，必推其鄉先生之齒尊而有文者序之，不，則官于其府州縣者也。請者必當其人，其人亦必自審其無可讓而後爲之。官于是者，其文優，其於是書也有功，則不讓于鄉矣。鄉之先生，其文優，其于是書也有功，則官不敢作矣。義取于獨斷，則有自爲之，而不讓于鄉與官矣。凡此者所謂職也，故其序止一篇。或别有發明，則爲後序。亦有但紀歲月而無序者。今則有兩序矣，有累三四序而不止者矣。兩序非體也，不當其人非職也。世之君子不學，而好多言也。

凡書有所發明，序可也；無所發明，但紀成書之歲月可也。人之患在好爲人序。

唐杜牧答莊充書曰：「自古序其文者，皆後世宗師其人而爲之。今吾與足下竝生今世，欲序足下未已之文，固不可也。」〔一〕讀此言，今之好爲人序者，可以止矣。

〔一〕樊川文集十三。

婁堅重刻元氏長慶集序曰：「序者，叙所以作之指也。蓋始於子夏之序詩。其後劉向以校書爲職，每一編成，即有序，最爲雅馴矣。左思賦三都成，自以名不甚著，求序於皇甫謐。自是綴文之士，多有託於人以傳者，皆汲汲於名，而惟恐人之不吾知也。至於其傳既久，刻本之存者，或漫漶不可讀，有繕寫而重刻之，則人復序之，是宜叙所以刻之意可也。而今之述者，非追論昔賢，妄爲優劣之辨，即過稱好事，多設游揚之辭。皆我所不取也。」讀此言，今之好爲古人文集序者，可以止矣。

古人不爲人立傳

列傳之名，始於太史公，蓋史體也。不當作史之職，無爲人立傳者，故有碑、有誌、有狀而無傳〔一〕。梁任昉文章緣起，言傳始於東方朔作非有先生傳。是以寓言而謂之傳。韓文公集中傳三篇，太學生何蕃、圬者王承福、毛穎〔二〕。又有下邳侯革華傳，是僞作。柳子厚集中傳六篇：宋清、郭橐駝、童區寄、梓人、李赤、蝜蝂〔三〕。何蕃僅採其一事，而謂之傳。王承福之輩皆微者，而謂之傳。毛穎、李赤、蝜蝂，則戲耳，而謂之傳，蓋比於稗官之屬耳。若段太尉則不曰傳，曰逸事狀〔四〕。子厚之不敢傳段太尉，以不當史任也。自宋以後，乃有爲人立傳者，侵史官之職矣。

〔一〕傳類。
〔二〕卷十二、十四、卌六。
〔三〕卷十七。
〔四〕柳子厚集八。

太平御覽書目，列古人別傳數十種。謂之別傳，所以別於史家。

誌狀不可妄作

誌狀在文章家爲史之流，上之史官，傳之後人，爲史之本。史以記事，亦以載言，故不讀其人一生所著之文，不可以作；其人生而在公卿大臣之位者，不悉一朝之大事，不可以作；其人生而在曹署之位者，不悉一司之掌故，不可以作；其人生而在監司守令之位者，不悉一方之地形土俗，因革利病，不可以作。今之人未通乎此，而妄爲人作誌，史家又不考而承用之，是以牴牾不合。子曰：「蓋有不知而作之者。」〔一〕其謂是與？

〔一〕論語述而。

名臣碩德之子孫，不必皆讀父書；讀父書者，不必能通有司掌故。若夫爲人作誌者，必一時文苑名士，乃不能詳究，而曰子孫之狀云爾，吾則因之。夫大臣家可有不識字之子孫，而文章家不可有不通今之宗匠，乃欲使籍談、伯魯〔一〕之流，爲文人任其過。嗟乎！若是則盡天下而文人矣。

〔一〕籍談，晉臣。昭公十五年，介荀躒如周葬穆后，景王譏其數典忘祖。原伯魯，周臣，昭公十八年會葬於曹，閔子馬譏其不學將落。

作文潤筆

蔡伯喈集中，爲時貴碑誄之作甚多，如胡廣、陳寔各三碑，橋玄、楊賜、胡碩各二碑，至於袁滿來年十五，胡根年七歲，皆爲之作碑。自非利其潤筆，不至爲此。史傳以其名重，隱而不言耳。文人受賕，豈獨韓退之諛墓金哉。李商隱記齊魯二生曰：劉乂持韓退之金數斤去，曰：「此諛墓中人所得爾，不若與劉君爲壽。」愈不能止〔一〕。今此事載唐書。

〔一〕義山襍記，亦見新唐書一七六劉乂傳。

王楙野客叢書曰：「作文受謝，非起於晉宋。觀陳皇后失寵於漢武帝，别在長門宮，聞司馬相如天下工爲文，奉黄金百斤爲文君取酒，相如因爲文，以悟主上，皇后復得幸。此風西漢已然。」〔一〕按陳皇后無復幸之事，此文〔二〕蓋後人擬作，然亦漢人之筆也。

〔一〕卷七作文受謝條。

〔二〕指長門賦。

杜甫作八哀詩，李邕一篇曰：「干謁滿其門，碑版照四裔。豐屋珊瑚鉤，麒麟織成罽。紫騮隨劍几，義取無虚歲。」邕本傳〔一〕：「長於碑頌，人奉金帛請其文，前後所受鉅萬計。」劉禹錫祭韓愈文曰：「公鼎侯碑，志隧表阡，一字之價，輦金如山。」〔二〕可謂發露真贓者矣。侯鯖録〔三〕：

「唐王仲舒爲郎中，與馬逢友善，每責逢云：『貧不可堪，何不尋碑誌相救？』逢笑曰：『適見人家走馬呼醫，立可待也。』」此雖戲言，當時風俗可見矣。昔揚子雲猶不肯受賈人之錢，載之法言，而杜乃謂之義取，則又不若唐寅之直以爲利也。戒庵漫筆言：「唐子畏有一巨册，自録所作文，簿面題曰『利市』。」〔四〕今市肆帳簿多題此二字。

〔一〕新唐書二〇二文藝傳。

〔二〕劉夢得外集十。

〔三〕卷六。

〔四〕卷一文士潤筆條。

新唐書韋貫之傳，言裴均子持萬縑請撰先銘，答曰：「吾寧餓死，豈能爲是。」〔一〕今之賣文爲活者，可以媿矣。

〔一〕新唐書一六九末，舊唐書一五八無。

司空圖傳言：「隱居中條山，王重榮父子雅重之，數餽遺弗受。嘗爲作碑，贈絹數千。

圖置虞鄉，市人得取之，一日盡。」〔一〕既不有其贈，而受之何居，不得已也，是又其次也。

〔一〕新唐書一九四卓行傳。

文非其人

元史：「姚燧以文就正於許衡，衡戒之曰：『弓矢爲物，以待盜也。使盜得之，亦將待人。文章固發聞士子之利器，然先有能一世之名，將何以應人之見役者哉？非其人而與之，與非其人而拒之，均罪也。非周身斯世之道也。』」〔一〕吾觀前代「馬融懲於鄧氏，不敢復違忤勢家，遂爲梁冀草奏李固，又作大將軍西第頌，以此頗爲正直所羞」〔二〕。徐廣爲祠部郎時，會稽王世子元顯録尚書，欲使百僚致敬，臺内使廣立議，由是内外竝執下官禮，廣常爲愧恨〔三〕。陸游晚年再出，爲韓侂胄撰南園閲古泉記，見譏清議。朱文公嘗言其能太高，迹太近，恐爲有力者所牽挽，不得全其晚節〔四〕。是皆非其人而與之者也。夫禍患之來，輕於恥辱，必不得已，與其與也寧拒。至乃儉德含章，其用有先乎此者，則又貴知微之君子矣。

〔一〕元史一七四。
〔二〕後漢書九十上馬融傳。
〔三〕宋書五五。
〔四〕宋史三九五陸游傳。

少年未達，投知求見之文，亦不可輕作。韓昌黎集有上京兆尹李實書〔一〕曰：「愈來京師於今十五年，所見公卿大臣不可勝數，皆能守官奉職，無過失而已。未見有赤心事上，憂國如家〔二〕如閣下者。今年以來，不雨者百有餘日，種不入土，野無青草，而盜賊不敢起，穀價不敢貴，百坊百二十司，六軍二十四縣之人，皆若閣下親臨其家。老姦宿贓，銷縮摧沮，魂亡魄喪，影滅跡絶，非閣下條理鎮服，布宣天子威德，其何能及此？」至其爲順宗實録，書貶京兆尹李實爲通州長史〔三〕，則曰：「實諂事李齊運，驟遷至京兆尹，恃寵强愎，不顧文法。是時春夏旱〔四〕，京畿乏食，實一不以介意，方務聚斂徵求，以給進奉。每奏對，輒曰：『今年雖旱，而穀甚好。』由是租稅皆不免，人窮至壞屋賣瓦木，貸麥苗以應官。陵轢公卿已下，隨喜怒誣奏遷黜，朝廷畏忌之。嘗有詔免畿内逋租，實不行用詔書，徵之如初〔五〕。勇於殺害，人吏不聊生。至譴，市里讙呼，皆袖瓦礫遮道伺之，實由間道獲免。」與前所上之書，迥若天淵矣。鶴林玉露摘此爲疑〔六〕。豈非少年未達，投知求見之文，而不自覺其失言者邪？後之君子可以爲戒。

〔一〕韓昌黎集十五。貞元十九年，愈年卅六，不得謂年少。

〔二〕「如家」二字，鶴林玉露無。

〔三〕順宗實録卷一貞元廿一年二月條。

〔四〕「文法」，鶴林玉露作「邦法」；「春夏旱」作「大旱」。

〔五〕「人窮」至「應官」，「已下」至「如初」，皆鶴林玉露所無。

〔六〕見鶴林玉露八，稗海本。

假設之辭

古人爲賦，多假設之辭，序述往事，以爲點綴，不必一一符同也。子虛、亡是公、烏有先生之文，已肇始於相如矣〔一〕。後之作者，實祖此意。謝莊月賦：「陳王初喪應、劉，端憂多暇。」又曰：「抽毫進牘，以命仲宣。」〔二〕按王粲以建安二十一年從征吳，二十二年春，道病卒〔三〕，徐、陳、應、劉，一時俱逝，亦是歲也。至明帝太和六年，植封陳王〔四〕。豈可掎摭史傳，以議此賦之不合哉？ 庾信枯樹賦〔五〕，既言殷仲文出爲東陽太守，乃復有桓大司馬，亦同此例。仲文爲桓玄侍中，桓大司馬則玄之父温也〔六〕。此乃因殷仲文有「此樹婆娑」之言，桓元子有「木猶如此」之歎，遂使二事湊合成文。而長門賦〔七〕所云陳皇后復得幸者，亦本無其事。俳諧之文，不當與之莊論矣。長門賦，乃後人託名之作。相如以元狩五年卒，安得言孝武皇帝哉？

〔一〕文選七子虛賦。
〔二〕文選十三。
〔三〕三國志魏志廿一王粲傳。
〔四〕三國志魏志十九陳思王植傳。
〔五〕庾子山集。
〔六〕晉書九九。
〔七〕文選十六。

陳后復幸之云，正如馬融長笛賦〔一〕所謂「屈平適樂國，介推還受祿」也。

〔一〕文選十八。

古文〔一〕未正之隱

陸機辨亡論〔二〕，其稱晉軍，上篇謂之「王師」，下篇謂之「彊寇」。

〔一〕目作「古人」。

〔二〕文選五三。

文信國指南録，序中「北」字皆「鹵」字也〔一〕。後人不知其意，不能改之。謝皋羽西臺慟哭記，本當云「文信公」，而謬云「顔魯公」，本當云「季宋」，而云「季漢」〔二〕。凡此皆有待於後人之改正者也。胡身之注通鑑，至二百八十卷石敬瑭以山後十六州賂契丹之事，而云：「自是之後，遼滅晉，金破宋。」〔三〕其下闕文一行〔四〕，謂蒙古滅金取宋，一統天下，而諱之不書，此有待於後人之補完者也。漢人言：「春秋所貶損大人當世君臣有威權勢力者，其事皆見於書。」漢書藝文志〔五〕。故定、哀之間多微辭矣，況於易姓改物，制有華夏〔六〕者乎？孟子〔七〕曰：「不知其人可乎？」是以論其世也，習其讀而不知，無爲貴君子矣。

〔一〕指南録一。「鹵」原作「虜」。
〔二〕西臺慟哭記一，説郛本。
〔三〕天福元年七月條「此天意也」句下。
〔四〕闕十六字。
〔五〕漢書三十。「皆見於書」原文爲「皆形於傳」。
〔六〕「華夏」原作「中華」。
〔七〕孟子萬章下。

鄭所南心史〔一〕書文丞相事，言公自序本末，未有稱彼〔二〕曰「大國」、曰「丞相」，又自稱「天祥」，皆非公本語。舊本皆直斥彼〔三〕酋名。然則今之集本，或皆傳書者所改。

〔一〕心史卷下。
〔二〕「彼」原作「賊」。
〔三〕「彼」原作「虜」。

金史紇石烈牙吾塔傳：「北中亦遣唐慶等往來議和。」〔一〕完顏合達傳：「北中大臣，以與地圖指示之。」〔二〕完顏賽不傳：「按春自北中逃回。」〔三〕「北中」二字不成文，蓋「鹵中」也〔四〕，修史者仍金人之辭未改。

〔一〕金史一一一。
〔二〕金史一一二。
〔三〕金史一一三。
〔四〕「鹵」原作「虜」。

晉書劉元海、石季龍，作史者自避唐諱。後之引書者，多不知而襲之〔一〕，惟通鑑並改從本名。

〔一〕引書襲之是也，著書則不必襲之。

日知録校注卷二十

非三公不得稱公

公羊傳曰：「天子三公稱公，王者之後稱公。」〔一〕天子三公稱公，周公、召公、畢公、毛公、蘇公是也。王者之後稱公，宋公是也。杜氏通典曰：「周制，非二王之後，列國諸侯，其爵無至公者。春秋有虞公、州公，或因殷之舊爵，或嘗爲天子之官，子孫因其號耳，非周之典制也。」〔二〕東遷而後，列國諸侯皆僭稱公。夫子作春秋而筆之於書，則或公或否，生不公，葬則公之。列國不公，魯則公之。於是天子之事，與人臣之禮，並見於書，而天下之大法昭矣。漢之西都，有七相五公，西都賦李善注：「公，御史大夫、將軍，通稱也。」〔三〕按後漢書：獻帝謂御史大夫郗慮曰：「郗公，天下寧有是邪？」〔四〕是御史大夫得稱公也。而光武則置三公。續漢百官志：「太尉公一人，司徒公一人，司空公一人。」〔五〕史家之文，如鄧公禹、吳公漢、伏公湛、宋公弘、第五公倫、牟公融、袁公安、李公固、陳公寵、橋公玄、劉公寵、崔公烈、胡公廣、王公龔、楊公彪、荀公爽、皇甫公嵩、董公卓、曹公操，非其在三公之位，則無有書公者。三國志，若漢之諸葛公亮、魏之司馬公懿、吳之張公昭、顧公雍、陸公遜；晉書，若衛公瓘、張公華、王公導、庾公亮、陶公侃、謝公安、桓公温、劉公裕之類；非其在三公之位，則無有書公者。史至於唐，而書公不必皆尊官。洎乎今日誌狀之文，人人得稱之矣。吁！何其濫與！何其僞與〔六〕！若鄭端簡〔七〕名臣記，至無人不稱公，非史體矣。

〔一〕公羊傳隱五年。
〔二〕通典三六職官秩品條。
〔三〕文選一。
〔四〕後漢書十下伏皇后紀，郗慮無傳。
〔五〕後漢書三四百官一。
〔六〕古今自不同，無所謂濫僞。亭林蓋因當時太監稱公而發此論，凡二千言。
〔七〕鄭曉。

大雅古公亶父箋曰：「諸侯之臣，稱君曰公。」〔一〕白虎通曰：「臣子於其國中，皆褒其君爲公。」〔二〕詩曰：「乃命魯公，俾侯于東。」〔三〕公者，魯人之稱；侯者，周室之爵。

〔一〕大雅文王之什。
〔二〕白虎通卷一號條。「臣子」上原有「伯子男」。
〔三〕詩魯頌閟宮。

秦誓：公曰：「嗟我士，聽無譁。」夫秦誓之書公，與春秋之書秦伯，不已異乎？曰：春秋以道名分，五等之爵，班之天子，不容僭差。若秦誓，本國之書，孔子因其舊文而已。「公之媚子，從公于狩。」〔一〕亦秦人之詩也。

〔一〕詩秦風駟驖。

平王以後，諸侯通稱爲公，則有不必專於本國者矣。碩人之詩曰：「譚公維私。」〔一〕左傳鄭莊公之言曰：「無寧茲許公復奉其社稷。」〔二〕

〔一〕詩衛風碩人。
〔二〕左傳隱十一年，公會齊侯、鄭伯伐許。

周之盛時，亦有群公之稱，見於康王之誥，及詩之雲漢〔一〕。此猶五等之君，春秋書之，通曰諸侯也。

〔一〕詩大雅。

左傳自王卿而外，無書公者，惟楚有之。其君已僭爲王，則臣亦僭爲公。宣十一年，所謂「諸侯縣公，皆慶寡人」者也。漢書「沛公」注孟康曰：「楚舊僭稱王，其縣宰爲公。」〔一〕淮南子「魯陽公」注：楚之縣公也。楚僭號稱王，其守縣大夫皆稱公〔二〕。傳中如葉公、析公、申公、鄖公、蔡公、息公、商公、期思公〔三〕，竝邊中國；白公，邊吳。蓋尊其名以重邊邑。呂氏春秋：「楚又有卑梁公。」〔四〕戰國策：楚人有宛公、新城公。而秦有麃公，索隱曰：「蓋麃邑公，史失其姓名。」楚漢之際，有滕公、戚公、柘公、薛公、郯公、蕭公、陳公、魏公、留公、方與公。高祖初稱沛公，太上皇父稱豐公，皆楚之遺名。左傳，齊亦有邢公、棠公。此縣公之公也。御史監郡者，亦稱監公。見曹相國世家〔五〕。

〔一〕漢書一上。
〔二〕淮南子六覽冥訓。

〔三〕左傳定五年、襄十六年、定四年、文十年。
〔四〕吕氏春秋十六先識覽六察微篇。
〔五〕此段言縣公。

有失其名而公之者〔一〕。史記秦始皇紀侯公，項羽紀樅公、侯公，高祖紀單父人吕公，新城三老董公，孝文紀太倉令淳于公，天官書甘公，封禪書申公、齊人丁公，曹相國世家膠西蓋公，留侯世家東園公、夏黄公，穰侯傳其客宋公，信陵君傳毛公、薛公，賈生傳河南守吴公，張敖傳中大夫泄公，黥布傳故楚令尹薛公，季布傳母弟丁公，鼂錯傳謁者僕射鄧公，鄭當時傳下邽翟公，酷吏傳河東守勝屠公，貨殖傳朱公、任公。漢書高帝紀終公，藝文志蔡公、毛公、樂人竇公、黄公、毛公、皇公，張耳陳餘傳范陽令徐公、甘公，劉歆傳魯國桓公、趙國貫公，周昌傳趙人方與公，武五子傳瑕丘江公，王褒傳九江被公，于定國傳其父于公，翟方進傳方進父翟公，儒林傳免中徐公、博士江公、食子公、淄州任公、皓星公，游俠傳故人吕公、茂陵守令尹公。皆失其名而公之，若鄭君、盧生之比。本朝實録於孝慈高皇后之父，亦不知其名，謂之馬公。是史之闕文，非正書也。史記高帝紀「吕公」注，崔浩云：「史失其名，但舉姓而言公。」漢書高帝紀注，應劭曰：「樅公者，不知其名，故曰公。」注家發其例於此，餘竝不注〔二〕。

〔一〕自此段以後，不啻將本題「非三公不得稱公」之例推翻。

〔二〕記載之重要如此。一時失記，則後人永不能知，如漢高母劉媪且不知其本姓也。

太史公者，司馬遷稱其父談，故尊而公之也。

有尊老而公之者。戰國策，孟嘗君問：「馮公有親乎？」〔一〕史記，文帝謂馮唐：「公奈何衆辱我？」〔二〕是也。漢書溝洫志：「趙中大夫白公。」師古曰：「蓋相呼尊老之稱。」〔三〕項籍傳：「南公。」服虔曰：「南方之老人也。」〔四〕眭弘傳：「東平嬴公。」師古曰：「長老之號。」〔五〕元后傳：「元城建公。」服虔曰：「年老者也。」〔六〕吴志程普傳：「普最年長，時人皆呼程公。」〔七〕方言：「凡尊老，周、晉、秦、隴謂之公。」晉書樂志：「項伯語項莊曰：『公莫。』古人相呼曰公。」〔八〕

〔一〕戰國策十一齊策一。

〔二〕史記一〇二馮唐傳。

〔三〕漢書二九。

〔四〕漢書卅一。

〔五〕漢書七五。

〔六〕漢書九八。
〔七〕吳志十。
〔八〕晉書二三。公莫舞，曲名，琴操有公莫渡河曲。

漢書何武傳：「號爲煩碎，不稱賢公。」〔一〕後漢書李固傳：「京師咸歎曰：『是復爲李公矣。』」宦者傳：「种暠爲司徒，告賓客曰：『今身爲公，乃曹常侍力焉。』」〔二〕魏志王粲傳：「蔡邕聞粲在門，倒屣迎之曰：『此王公孫也。』」〔三〕晉書陳騫傳：「對父矯曰：『主上明聖，大人大臣，今若不合意，不過不作公耳。』」魏舒傳：「夜聞人問寢者爲誰，曰：『魏公舒。』舒自知當爲公矣。」陸曄傳：「從兄機每稱之曰：『我家世不乏公矣。』」王猛傳：「父老曰：『王公何緣拜也。』」〔四〕北史鄭述祖傳：「少時在鄉，單馬出行，忽有騎者數百，見述祖皆下馬曰：『公在此。』」〔五〕陶淵明孟長史傳：「從父太常夔嘗問光祿大夫劉耽：『孟君若在，當已作公否？』答云：『此本是三司人。』」〔六〕是知南北朝以前人語，必三公方得稱公也。周書姚僧垣傳〔七〕：「宣帝嘗從容謂僧垣曰：『嘗聞先帝呼公爲姚公，有之乎？』對曰：『臣曲荷殊私，實如聖旨。』帝曰：『此是尚齒之辭，非爲貴爵之號，朕當爲公建國開家，爲子孫永業。』乃封長壽縣公，邑一千户。」〔八〕

〔一〕漢書八六。

〔二〕後漢書九三、一〇八。

〔三〕三國志魏志二一。

〔四〕晉書三五、四一、七七、一一四。

〔五〕北史三五。

〔六〕陶淵明集五。

〔七〕周書四七。

〔八〕此段又回復到三公方得稱公。此是一篇「公」字索引。

孔融告高密縣，爲鄭玄特立一鄉，曰鄭公鄉。以爲公者仁德之正號，不必三事大夫〔一〕。此是曲說。據其所引，皆史失其名之公。而太史公，又父子之辭也。戰國策：陳軫將之魏，其子陳應止其公之行〔二〕。史記留侯世家：吾惟豎子固不足遣，乃公自行耳〔三〕。此皆謂父爲公。宋書顏延之傳〔四〕：「何偃路中遥呼延之曰『顏公』。延之答曰：『身非三公之位，又非田舍之公，又非君家阿公，何以見呼爲公？』」北齊書徐之才傳〔五〕：「鄭道育嘗戲之才爲師公，之才曰：『既爲汝師，又爲汝公，在三之義，頓居其兩。』」〔六〕

〔一〕三國魏志十二。
〔二〕戰國策廿二魏策。
〔三〕史記五五。
〔四〕宋書七三無，見南史三四本傳。
〔五〕北齊書三三。
〔六〕國語七晉語：「民生於生，事之如一，唯其所在，則致死焉。」韋昭解：「在君父爲君父，在師爲師。」此段又例外。

陸雲作祖、父誄，曰吳丞相陸公誄，曰：「維赤烏八年二月粤乙卯，吳故使持節郢州牧、左都護丞相、江陵郡侯陸公薨。」曰故散騎常侍陸府君誄，曰：「維太康五年夏四月丙申，晉故散騎常侍吳郡陸君卒。」〔一〕王沈祭其父曰：「孝子沈敢昭告烈考東郡君。」〔二〕張説作其父贈丹州刺史先府君墓誌，每稱必曰「君」〔三〕。然則雖己之先人，亦不一概稱公，古人之謹於分也〔四〕。

〔一〕陸士龍集五。
〔二〕通典一〇二。
〔三〕張説文集二十。

〔四〕此無聊之辨。

史記鼂錯傳：錯父從潁川來，謂錯曰：「上初即位，公爲政用事，侵削諸侯，人口議多怨公者。」〔一〕是以父而呼子爲公〔二〕。徐孚遠曰：「御史大夫，三公也。錯父呼錯爲公，蓋以官稱之。」

〔一〕史記一〇一。

〔二〕父呼子爲公。

沙門亦有稱公者〔一〕，必以其名冠之。深公，法深也；林公，道林也；遠公，惠遠也；生公，道生也；猷公，道猷也；隆公，慧隆也；誌公，寶誌也；澄公，佛圖澄也；安公，道安也；什公，鳩摩羅什也〔二〕。當時之人，嫌於直斥其名，故加一「公」字。古沙門皆稱名。世說言〔三〕：「安、汰吐珠玉於前，斌、亮振金聲於後。」〔四〕皆名也。梁陳以下，僧乃有字，而人相與字之，字之則不復公之矣。

〔一〕此又是自破其例。
〔二〕道生、道猷皆宋僧；慧隆，南齊僧，與誌公應置於末。
〔三〕應爲高僧傳七。
〔四〕道安、法汰，僧傳五；曇斌、慧亮，僧傳七。

宋史：豐稷駁宋用臣謚議〔一〕曰：「凡稱公者，須耆宿大臣，及鄉黨有德之士。」然則今之宦豎而稱公〔二〕，亦不可出於士大夫之口。孫升談圃：「有朝士在中書稱李憲字〔三〕，荆公厲聲叱之曰：『是何人！』即出爲監當。」〔四〕

〔一〕宋史三二一豐稷傳不載，見四六七宦者傳。
〔二〕史記始皇本紀末，二世謂宦者曰：「公何不蚤告我？」
〔三〕李憲，字子範。宋史四六八宦者傳，仕神宗朝。此稱其字，非稱爲公也。
〔四〕語見孫公談圃卷下，學津本。四庫小説一。

古人不以甲子名歲

爾雅疏曰：「甲至癸爲十日，日爲陽；寅至丑爲十二辰，辰爲陰。」〔一〕此二十二名，古人用以紀日，不以紀歲。歲則自有閼逢至昭陽十名爲歲陽，攝提格至赤奮若十二名爲歲名。周禮〔二〕：「硩蔟氏：十日、十有二辰、十有二月、十有二歲之號。」注：「日謂從甲至癸，辰謂從子至亥，月謂從陬至荼，歲謂從攝提格至赤奮若。」後人謂甲子歲、癸亥歲，非古也。自漢以前，初不假借。史記曆書：「太初元年，年名焉即「閼」字逢攝提格，月名畢聚，日得甲子，夜半朔旦冬至。」〔三〕其辨晰如此。若呂氏春秋序意篇：「維秦八年，歲在涒灘，秋甲子朔。」〔四〕賈誼鵩賦：「單閼之歲兮，四月孟夏。庚子日斜兮，服集予舍。」〔五〕許氏説文後叙：「粵在永元，困頓之年，孟陬之月，朔日甲子。」〔六〕亦皆用歲陽歲名，不與日同之證。漢書郊祀歌：「天馬徠，執徐時。」〔七〕謂武帝太初四年，歲在庚辰，兵誅大宛也。資治通鑑周紀一：「起著雍攝提格，盡玄黓困敦」，亦用古法。自經學日衰，人趨簡便，乃以甲子至癸亥代之。子曰：「觚不觚。」〔八〕此之謂矣〔九〕。

〔一〕爾雅疏六釋天。宋邢昺疏。
〔二〕周禮秋官。
〔三〕史記二六。
〔四〕呂氏春秋十二季冬紀六序意篇。

〔五〕文選十三。

〔六〕説文十五下。和帝永元十二年庚子，西曆一〇〇年。

〔七〕漢書廿二禮樂志。

〔八〕論語雍也。

〔九〕此自然之趨勢，無所謂「觚不觚」。

宋劉恕通鑑外紀目録序曰：「庖犧前後，逮周厲王，疑年茫昧，借日名甲子以紀之。」是則歲之稱甲子也，借也。何始乎？自亡新始也。王莽下書，言始建國五年，「歲在壽星，填在明堂，倉龍癸酉，德在中宮」〔一〕。又言「天鳳七年，歲在大梁，倉龍庚辰」。「厥明年，歲在實沈，倉龍辛巳」〔二〕。隋書律曆志：王莽銅權銘曰「歲在大梁，龍集戊辰」，又曰「龍在己巳，歲次實沈」〔三〕是也。自此，後漢書張純傳言：「攝提之歲，蒼龍甲寅。」〔四〕朱穆傳言：「明年丁亥之歲。」〔五〕荀悦漢紀言：「漢元年實乙未也。」〔六〕曹娥碑亦云：「元嘉元年，青龍在辛卯。」〔七〕蜀郡造橋碑云：「維延熹龍在甲辰。」〔八〕而張角訛言：「蒼天已死，黄天當立，歲在甲子，天下大吉。」以白土書京城寺門及州郡官府，皆作甲子字」矣〔九〕。

〔一〕漢書九九中，始建國五年癸酉。填，星名，音鎮。

〔二〕漢書九九中。天鳳七年庚辰，龍亦星名。
〔三〕隋書十六。初始元年戊辰，始建國元年己巳。
〔四〕後漢書六五。
〔五〕後漢書七三。
〔六〕漢紀二。
〔七〕曹娥，後漢書有傳。碑見古文苑十九，邯鄲淳撰，蔡邕稱爲「絶妙好辭」。
〔八〕隸釋十五。
〔九〕後漢書列傳六一皇甫嵩傳。

以甲子名歲，雖自東漢以下，然其時制詔、章奏、符檄之文，皆未嘗正用之。其稱歲必曰元年、二年，其稱日乃用甲子、乙丑，如己亥格、庚戌制、壬午兵之類，皆日也。宋書武帝紀，有「癸卯梓材，庚子皮毛」〔一〕。亦皆下詔之日。惟晉書王廙上疏，言：「臣以壬申歲見用爲鄱陽内史。」〔二〕按懷帝以永嘉五年辛未爲劉聰所執，愍帝以建興元年癸酉即位，中間一年無主，故言壬申歲也。後代之人，無大故而效之，非也。李暠上表，亦云：「臣去乙巳歲。」〔三〕暠當時改元庚子，不用晉年號。晉書中以甲子名歲者，僅此兩見。

〔一〕宋書二義熙八年十一月條。
〔二〕晉書七六王廙傳。
〔三〕晉書八七涼武昭王傳。

自三國鼎立，天光分曜而後，文人多舍年號而稱甲子。魏程曉贈傅休奕詩：「龍集甲子，四時成歲。」〔一〕晉張華感婚賦：「方今歲在己巳，將次四仲。」〔二〕陸機愍懷太子誄：「龍集庚戌，日月改度。」〔三〕陶潛祭從帝敬遠文：「歲在辛亥，月惟仲秋。」自祭文：「歲維丁卯，律中無射。」〔四〕後周庾信哀江南賦：「粵以戊辰之年，建亥之月。」〔五〕而梁陶隱居真誥，亦書「己卯歲」。至杜預左傳集解後序，則追言魏哀王二十年，太歲在壬戌矣〔六〕。吳後主國山封禪文：「旃蒙協洽之歲，月次陬訾之舍，日惟重光大淵獻。」〔七〕日當言辛亥，而冒用歲陽歲名，則又失之。

〔一〕藝文類聚五，作「晉程曉」。曉見魏志程昱傳。此詩見類聚卌一贈答類，作「魏程曉」。
〔二〕初學記十四。
〔三〕類聚十六。
〔四〕陶潛本集八。
〔五〕類聚三四人部。

〔六〕左傳集解後序一頁。

〔七〕金石文鈔二。

晉惠帝時，廬江杜嵩作壬子春秋。壬子元康二年，賈后弒楊太后于金墉城之歲。

唐人有以豫書而不稱年號者。舊唐書禮儀志〔一〕曰：「請以開元二十七年己卯四月禘，至辛巳年十月祫，至甲申年四月又禘，至丙戌年十月又祫，至己丑年四月又禘，至辛卯年十月又祫。」其辛巳以下，不言開元某年。又博古圖載唐鑑銘曰：「武德五年歲次壬午，八月十五日甲子，揚州總管府造青銅鏡一面，充癸未年元正朝貢。」其癸未亦不言「武德六年」者，當時屢改年號故也。此一鑑而有正書、有豫書之不同，亦變例也。

〔一〕舊唐書廿六。

史家之文，必以日繫月，以月繫年。鐘鼎之文，則不盡然，多有月而不年、日而不月者。六經中亦有之，如詩「吉日庚午」是也。商母乙卣〔一〕，其文曰：「丙寅，王錫□貝朋，用作母乙彝。」丙寅者，日也。博古圖〔二〕乃謂：「商建國始於庚戌，歷十七年而有丙寅，在仲壬即位之三〔三〕年。」則鑿矣。豈非迷於後世之以甲子名歲，而欲以追加之古人乎？

〔一〕母，父母之母。
〔二〕博古圖卷十。
〔三〕「三」應作「二」。

春秋之世，各國皆自紀其年。發之於言，或參互而不易曉，則有舉其年之大事而爲言者。若曰：「會於沙隨之歲。」〔一〕「叔仲惠伯會郤成子于承匡之歲。」〔二〕「鑄刑書之歲。」〔三〕「晉韓宣子爲政聘于諸侯之歲」〔四〕是也。如「湨梁之明年」〔五〕亦是。又有舉歲星而言，若曰「歲五及鶉火」〔六〕，「歲及大梁」〔七〕，「歲在娵訾之口」〔八〕者。從後人言之，則何不曰甲子也、癸亥也，是知古人不用以紀歲也。

〔一〕成公十六年、襄公九年。
〔二〕文公十一年、襄公三十年。
〔三〕昭公六年、昭公七年。
〔四〕昭公二年、昭公七年。

〔五〕湨，水名。襄公十六年、襄公廿二年。

〔六〕昭公九年，午。

〔七〕昭公十一年，酉。

〔八〕襄公三十年，亥。

太祖實録，自吳元年以前，皆書干支，不合古法。太祖當時實奉宋小明王〔一〕之號，故有言當紀龍鳳者。考之史記，高帝之初，不稱楚懷王元年，而稱秦二年、三年。又太祖御製滁州龍潭碑文云：「元末帝至正十有四年。」竊意其時天下尚是元之天下，書至正，正合史記書秦之例。今續綱目〔二〕書「至正」。又有兼書者，漢書功臣侯表序：「漢興自秦二世元年之秋，楚陳之歲」〔三〕，是也。

〔一〕宋小明王，韓林兒。

〔二〕通鑑綱目續編，明商輅等撰。

〔三〕漢書十六。

史家追紀月日之法

或曰：「鑄刑書之歲」〔一〕，是則然矣。其下云：「齊燕平之月」，又曰：「其明月」，則何以不直言正月、二月乎？曰此正史家文字縝密處。史之文，有正紀、有追紀。其上曰：「春王正月，暨齊平。」「二月戊午盟于濡上。」正紀也。此曰：「齊燕平之月壬寅，公孫段卒。」「其明月子産立公孫洩及良止以撫之。」〔二〕追紀也。追紀而再云正月、二月，則嫌於一歲之中，而有兩正月、二月也，故變其文而云。古人史法之密也。

〔一〕昭公七年。
〔二〕皆見昭公七年。

左傳追紀之文不止此。如襄公六年傳：「鄭子國之來聘也。四月晏弱城東陽，而遂圍萊。甲寅堙之，環城傅於堞。及杞桓公卒之月乙未，王湫帥師，及正輿子棠人軍齊師，齊師大敗之。丁未入萊，萊共公浮柔奔棠，正輿子、王湫奔莒，莒人殺之。四月陳無宇獻萊宗器于襄宮，晏弱圍棠，十一月丙辰而滅之。」七年傳：「鄭僖公之爲太子也，於成〔一〕之十六年，與子罕適晉，不禮焉。又與子豐適楚，亦不禮焉。及其元年朝于晉，子豐欲愬諸晉而廢之，子罕止之。」十九年傳：「於四月丁未，鄭公孫蠆卒，赴於晉大夫。」二十五年傳：「會于夷儀之歲〔二〕，齊人城郟，其五月秦晉爲成。」二十六年傳：「齊人城郟之歲〔三〕，其夏，齊烏餘以廩丘奔晉。」三十一年傳：「公薨之月，子產相鄭伯以如晉。」昭公七年傳：「齊師還自燕之月，罕朔殺罕魋。」又：「晉韓宣子爲政，聘于諸侯之歲，婤姶生子，名之曰元。」皆是追紀。又如書金縢：「既克商，二年，王有疾弗豫。」亦追紀也。

〔一〕「成」字下左傳本身省「公」字，最爲可法。
〔二〕襄公二十四年。
〔三〕襄公二十四年。

史家月日不必順序

古人作史，取其事之相屬，不論日月，故有追書，有竟書。左傳成公十六年，鄢陵之戰，先書甲午，晦，後書癸巳。甲午爲正書，而癸巳則因後事而追書也。昭公十三年，平丘之盟，先書甲戌，後書癸酉。甲戌爲正書，而癸酉則因後事而追書也。昭公十三年，楚靈王之弒，先書五月癸亥，後書乙卯、丙辰。乙卯、丙辰爲正書，而五月癸亥則因前事而竟書也。蓋史家之文，常患爲日月所拘，而事不得以相連屬〔一〕，故古人立此變例。

〔一〕有以年叙，有以事叙。

有先書以起事者。通鑑唐文宗太和九年十一月，先書「是月戊辰，王守澄葬于滻水」。於壬戌、癸亥之前，是也〔一〕。

〔一〕通鑑二四五。十一月壬寅朔，戊辰廿七，壬戌廿一，癸亥廿二。

重書日

春秋桓公十二年，書：「丙戌，公會鄭伯盟于武父。丙戌，衛侯晉卒。」重書日者，二事皆當繫日；先書公者，先内而後外也。邵國賢〔一〕曰：「二丙戌，一是即書，一是追書。即書者紀事之職，追書者承赴之體。」後人作史，凡一日再書，則云「是日」。

〔一〕邵寶。

古人必以日月繫年

自春秋以下，紀載之文，必以日繫月，以月繫時，以時繫年，此史家之常法也。史記伍子胥傳：「己卯楚昭王出奔，庚辰吳王入郢。」〔一〕則不月而日。刺客傳：「四月丙子，光伏甲士於窟室中。」〔二〕則不年而月。史家之變例也。蓋二事已見於吳、楚二世家，故其文從省。

〔一〕史記六六。
〔二〕史記八六專諸傳。

楚辭：「攝提貞于孟陬兮，維庚寅吾以降。」〔一〕攝提，歲也；孟陬，月也；庚寅，日也。屈子以寅年寅月庚寅日生。王逸章句曰：「太歲在寅曰攝提格。孟，始也。正月爲陬。言已以太歲在寅，正月始春，庚寅之日，下母之體而生。」是也。或謂攝提，星名，天官書所謂直斗杓所指以建時節者，非也。豈有自述其世系生辰，乃不言年而止言月日者哉。長洲文待詔徵明以庚寅歲生，刻一印章曰：「維庚寅吾以降。」意謂與屈大夫同年，非也。屈子之云庚寅者，日也。使以歲言，無論古人不以甲子名歲，且使屈子生於庚寅，至楚懷王被執於秦，壬戌之歲，年僅三十有三，何以云「老冉冉其將至」乎〔二〕？

〔一〕楚辭一。

〔二〕曹丕與吳質書云：「已成老翁，但未白頭耳。」時年三十餘。

古無一日分爲十二時

古無一日分爲十二時之説。洪範言歲月日不言時。周禮：馮相氏「掌十有二歲，十有二月，十有二辰，十日，二十有八星之位」〔一〕。不言時。屈子自序其生年月日，不及時。呂才禄命書亦止言年月日，不及時。李虛中以人生年月日所直干支，推人禍福生死，百不失一，初不用時也。

自宋而後，乃并其時參合之，謂之八字。」見謝肇淛五雜俎〔二〕。後周蘇綽作大誥曰：「王省惟歲，卿士惟月，庶尹惟日，御事惟時。」〔三〕

〔一〕周禮春官。
〔二〕五雜俎卷六人部。李虛中命書，四庫術數二著録。唐元和中人，韓昌黎爲作墓誌。
〔三〕周書二三。

古無所謂時。凡言時，若堯典之四時，左氏傳之三時，桓公六年：三時不害。皆謂春夏秋冬也。故士文伯對晉侯以歲時日月星辰謂之六物〔一〕，荀子曰：「積微月不勝日，時不勝月，歲不勝時。」〔二〕亦謂春夏秋冬也。自漢以下，曆法漸密，於是以一日分爲十二時。蓋不知始於何人，而至今遵用不廢。

〔一〕左傳昭七年。
〔二〕荀子十一强國篇。

一日之中所以分紀其時者，曰日中，曰晝日，曰日昃，見於易；曰東方未明，曰會朝，曰日之方中，曰昏，曰夕，曰宵，見於詩；曰昧爽，曰朝，曰日中，曰日中昃，見於書；曰朝時，曰日中，曰夕時，曰雞初鳴，曰旦，曰質明，曰大昕，曰晏朝，曰昏，曰日出，曰日側，曰見日，曰逮日，見於禮；爾雅疏：日入後二刻半爲昏。曰雞鳴，曰日中，曰晝，曰日下昃，曰日旰，曰日入，曰夜，曰夜中，見於春秋傳；曰鼂，曰薄暮，曰黄昏，見於楚辭〔一〕。紀晝則用日。史記項羽紀：「項王乃西從蕭，晨擊漢軍，而東至彭城，日中大破漢軍。」吕后紀：「八月庚申旦，平陽侯窋見相國産計事，日餔時，遂擊産。」彭越傳：「旦日日出，十餘人後，後者至日中。」淮南王安傳：「旦受詔，日食時上。」〔二〕漢書五行志：「日中時食，從東北，過半晡時復。」「晡時食從西北，日下晡時復。」武五子昌邑王傳：「夜漏未盡一刻，以火發書，其日中，賀發，晡時至定陶。」東方朔傳：「微行以夜，漏下十刻乃出，旦明入山下。」〔三〕是也。紀夜則用星。詩之言「三星在天」，「三星在隅」，「三星在户」〔四〕。春秋傳之言「降婁中而旦」〔五〕。是也。周禮司寤氏，以星分夜〔六〕。不辨星，則分言其夜，曰夜中，曰夜半，曰夜鄉晨，是也。分言其夜而不詳，於是有五分其夜，而言甲乙丙丁戊者。周禮司寤氏掌夜時，注：「夜時謂夜晚、早，若今甲乙至戊。」〔七〕顔氏家訓：「或問一夜何故五更？答曰：漢魏以來，謂爲甲夜、乙夜、丙夜、丁夜、戊夜，亦云一更、二更、三更、四更、五更，皆以五爲節。所以然者，假令正月建寅，斗柄夕則指寅，曉則指午矣。自寅至午，凡歷五辰。冬夏之月，雖復長短參差，然辰間遼闊，盈不至六，縮不至四，進退常在五者之間。更，歷也、經也，故曰五更爾。」〔八〕漢書西域傳：「杜欽曰：斥候士五分夜，擊刁斗自守。」〔九〕天文志：「本始元年四月壬戌，甲夜；地節元年正月戊午，乙夜；六月戊戌，甲夜。」〔十〕三國志曹爽傳：「自甲夜至五鼓，爽乃投刀于地。」〔十一〕晉書趙王倫傳：「期四月三日，丙夜一籌，以鼓聲爲應。」〔十二〕是也。五分其夜而不詳，於是有言漏上幾刻者。五行志：「晨漏未盡三刻，有兩月重見。」又云：「漏上四刻半，乃頗有光。」〔十三〕禮儀志：「夜漏未盡七刻，鐘鳴受賀。」〔十四〕東方朔傳：「微行以夜，漏上十刻迺出。」〔十五〕王尊傳：「漏上十四刻行臨到。」〔十六〕外戚傳：「晝漏上十刻而崩。」又云：「夜漏上五刻，持兒與舜，會東交掖門。」〔十七〕自南北史以上皆然。故素問曰：「一日一夜五分之。」〔十八〕隋志曰：「晝有朝，有禺，有中，有晡，有夕，夜有甲乙丙丁戊。」〔十九〕而無十二時之目也。唯曆書〔二十〕云：「雞三號卒明，撫十二節卒于丑」，而下文却云：「朔旦冬至，正北」，又云「正北正西正南正東」，不直言子酉午卯。漢書五行志言「日加辰巳」，又言「時加未」〔二一〕。翼奉傳言「日加申」，又言「時加卯」〔二二〕。王莽傳：「天文郎按栻于前，日時加某，莽旋席隨斗柄而坐。」〔二三〕而吳越春秋亦云：「今日甲子時加于巳。」〔二四〕周髀經亦有加卯加酉之言〔二五〕。若紀事之文，無用此者〔二六〕。南齊書天文志，始有子時、丑時、亥時〔二七〕，北齊書南陽王綽傳，有景時、午時，景時者，丙時也〔二八〕。

〔一〕楚辭一。
〔二〕史記七、九、九十、一一八。
〔三〕漢書二七、六三、六五。
〔四〕詩唐風綢繆。
〔五〕襄公三十年。
〔六〕周禮秋官。
〔七〕周禮秋官。
〔八〕顏氏家訓卷下書證篇十七末。
〔九〕漢書九六上罽賓國條。
〔十〕漢書二六。
〔十一〕魏志九注引魏略，殿本作「中夜」。通鑑七五作「甲夜」。
〔十二〕晉書五九。
〔十三〕漢書二七下之下，成帝建始元年八月條，又河平元年二月條。
〔十四〕晉書廿一禮志下，又見續漢禮儀志下。
〔十五〕漢書六五。
〔十六〕漢書七六。
〔十七〕漢書九七下孝成趙后傳。

〔十八〕素問六玉機真藏論。

〔十九〕隋書十九天文志漏刻。

〔二十〕史記二六。

〔二一〕漢書二七中之下、下之下。

〔二二〕漢書七五。

〔二三〕漢書九九下。

〔二四〕吳越春秋三。

〔二五〕周髀經卷下。

〔二六〕曆書以下偶用之。

〔二七〕南齊書十二，有子時、丑時、申時，無亥時。

〔二八〕北齊書十二，有辰時、午時，無景時，景是天干。

左氏傳：卜楚丘曰：「日之數十，故有十時。」〔一〕而杜元凱注，則以爲十二時。雖不立十二支之目，然其曰夜半者，即今之所謂子也〔二〕，鷄鳴者丑也，平旦者寅也，日出者卯也，食時者辰也，隅中者巳也，日中者午也，日昳者未也，晡時者申也，日入者酉也，黄昏者戌也，人定者亥也，一日分爲十二，始見於此。考之史記天官書曰：「旦至食，食至日昳，日昳至餔，餔至下餔，下餔至日入。」〔三〕素問藏氣法時論〔四〕，有曰夜半，曰平旦，曰日出，曰日中，曰日昳，曰下餔。王冰注：以日昳爲土王，下晡爲金王，又有曰四季者。注云土王，是今人所謂丑辰未戌四時也。吳越春秋有曰，時加日出，時加鷄鳴，時加日昳，時加禺中〔五〕。則此十二名，古有之矣。史記孝景紀：「五月丙戌，地動，其蚤食時復動。」〔六〕漢書武五子廣陵王胥傳：「奏酒至鷄鳴時罷。」王莽傳：「以鷄鳴爲時。」〔七〕後漢書隗囂傳：「至昏時遂潰圍。」齊武王傳：「至食時賜〔八〕陳潰。」耿弇傳：「人定時步果引去。」來歙傳：「臣夜人定後，爲何人所賊傷。」竇武傳：「自旦至食時，兵降略盡。」皇甫嵩傳：「夜勒兵，雞鳴馳赴其陳，戰至晡時，大破之。」〔九〕晉書戴洋傳：「永昌元年四月庚辰，禺中時，有大風起自東南，折木。」〔十〕宋書符瑞志：「延康元年九月十日，黄昏時，月蝕，熒惑過，人定時，熒惑出營室，宿羽林。」〔十一〕皆用此十二時。

〔一〕左傳昭五年。

〔二〕其，杜元凱。今，亭林釋杜。

〔三〕史記二七。

〔四〕内經素問七。

〔五〕吳越春秋一。
〔六〕史記十一。
〔七〕漢書六三、九九上。
〔八〕梁丘賜。
〔九〕後漢書四三、四四、四九、四五、九九、一〇一。
〔十〕晉書九五藝術傳。
〔十一〕宋書二七。

淮南子：「日出於暘谷，浴于咸池，拂于扶桑，是謂晨明。登于扶桑之上，爰始將行，是謂朏明。至于曲阿，是謂朝明。臨于曾泉，是謂早食。次于桑野，是謂宴食。臻于衡陽，是謂禺中。對于昆吾，是謂正中。靡于鳥次，是謂小還。至于悲谷，是謂晡時。迴于女紀，是謂大還。經于泉隅，是謂高舂。頓于連石，是謂下舂。爰止羲和，爰息六螭，是謂懸車。薄于虞泉，是謂黄昏。淪于蒙谷，是謂定昏。」〔一〕按此自晨明至定昏，爲十五時，而卜楚丘以爲十時。未知今之所謂十二時者，自何人定之也。

〔一〕淮南子卷三天文訓。莊逵吉校本多有異字。

素問中，有言歲甲子者，有言寅時者，皆後人僞撰入之也。

年月朔日子

今人謂日，多曰日子。日者，初一、初二之類是也。子者，甲子、乙丑之類是也。周禮職内〔一〕注曰：「若言某月某日某甲詔書」，或言甲，或言子，一也。文選陳琳檄吳將校部曲文「年月朔日子」，李周翰注曰：「子，發檄時也。」〔二〕漢人未有稱夜半爲子時者，誤矣。古人文字，年月之下必繫以朔，必言朔之第幾日，而又繫之干支，故曰朔日子也。如魯相瑛孔子廟碑云：「元嘉三年三月丙子朔，廿七日壬寅」，又云：「永興元年六月甲辰朔，十八日辛酉。」〔三〕史晨孔子廟碑云：「建寧二年三月癸卯朔，七日己酉。」〔四〕樊毅復華下民租碑云：「光和二年十二月庚午朔，十三日壬午。」〔五〕是也。此日子之稱所自起。若史家之文，則有子而無日，春秋是也。後漢書隗囂檄文曰：「漢復元年七月己酉朔，己巳」〔六〕，不言廿一日。然在朔言朔，在晦言晦，而「旁死魄」、「哉生明」之文，見於尚書〔七〕，則有兼日而書者矣。

〔一〕天官。内音納。

〔二〕文選四四。
〔三〕洪适隸釋一孔廟置守廟百石孔龢碑。
〔四〕隸釋一。七日，不言初七。
〔五〕隸釋二。
〔六〕後漢書四三。
〔七〕死魄，朔；旁死魄，二日也。哉生明，三日。均見周書武成。

宋書禮志：「年月朔日甲子，尚書令某甲下」〔一〕，此古文移之式也。陳琳檄文，但省一「甲」字耳。

〔一〕宋書十五。

南史：劉之遴與張纘等參校古本漢書，稱「永平十六年五月二十一日己酉，郎班固」，而今本無上書年月日子〔一〕。隋書：袁充上表，稱：「寶曆之元，改元仁壽，歲月日子，還共誕聖之時。」〔二〕

〔一〕南史五十。今本，南史語。
〔二〕隋書六九，北史七四同。

時有十二，而但稱子，猶之干支有六十，而但稱甲子也。漢人之文，有即朔之日，而必重書一日者。廣漢太守沈子琚綿竹江堰碑云：「熹平五年五月辛酉朔，一日辛酉。」〔一〕綏民校尉熊君碑云：「建安廿一年十□月丙寅朔，一日丙寅。」〔二〕此則繁而無用，不若後人之簡矣。

〔一〕隸釋十五。子琚，字也。
〔二〕隸釋十一。應爲「十二月」。

年號當從實書

正統之論始於習鑿齒，不過帝漢而僞魏、吴二國耳。自編年之書出，而疑於年號之無所從，而其論乃紛紜矣。夫年號與正朔，自不相關。故周平王四十九年〔一〕，而孔子則書之爲魯隱公之元年，何也？春秋，魯史也。據其國之人所稱而書之，故元年也。晉之乘存，則必以是年爲鄂侯之二年矣。楚之檮杌存，則必以是年爲武王之十九年矣。觀左傳文公十七年，鄭子家與晉韓宣子書曰：「寡君即位三年」，而其下文曰「十二年」、「十四年」、「十五年」，則自稱其國之年也。襄公二十二年，少正公孫僑對晉之辭曰：「在晉先君悼公九年，我寡君於是即位」，而其下文遂曰「我二年」、「我四年」，則兩稱其國之年也。故如三國志，則漢人傳中，自用漢年號；魏人傳中，自用魏年號；吳人傳中，自用吳年號。推之南北朝、五代、遼、金，竝各自用其年號，此之謂從實。若病其難知，只須别作年表一卷。且王莽篡漢，而班固作傳，其於始建國、天鳳、地皇之號，一一用以紀年，蓋不得不以紀年，非帝之也。後人作書，乃以編年爲一大事，而論世之學疏矣。

〔一〕西紀前七二二年。

春秋傳，亦有用他國之年者。齊襄公之二年，鄭瞞伐齊，注云：「魯桓公之十六年。」〔一〕僖之四年，子然卒；簡之元年，士子孔卒，注云：「鄭僖四年，魯襄六年」，「鄭簡元年，魯襄八年」〔二〕。

〔一〕左傳文十年。
〔二〕均左傳襄十九年。

漢時諸侯王，得自稱元年。漢書諸侯王表〔一〕：「楚王戊二十一年，孝景三年」、楚元王傳亦云。「楚王延壽三十二年，地節元年」之類是也。淮南天文訓：「淮南元年冬，太一在丙子。」〔二〕謂淮南王安始立之年也。注者不達，乃曰淮南王作書之元年，又曰淮南王僭號，此爲未讀史記、漢書者矣。趙明誠金石録，有楚鐘銘「惟王五十六祀」之論，正同此失〔三〕。

〔一〕漢書十四。
〔二〕淮南子卷三。
〔三〕趙明誠金石録古器物第五、第十二，皆有楚鐘銘。此見第十二。

又考漢時不獨王也，即列侯於其國中，亦得自稱元年。史記高祖功臣侯年表〔一〕：「高祖六年，平陽懿侯曹參元年」，「孝惠六年，靖侯窋元年」，「孝文後四年，簡侯奇元年」是也。吕氏考古圖〔二〕周陽侯甗鍑銘曰：「周陽侯家，銅三習甗鍑，容五斗，重十八斤六兩，侯治國五年五月，國鑄第四。」呂大臨曰：「侯治國五年者，自以侯受侯嗣位之年數也。」文選魏都賦劉良注〔三〕：「文昌殿前有鐘，其銘曰：『惟魏四年，歲次丙申，龍次大火，五月丙寅，作蕤賓鐘。』魏四年者，曹操爲魏公之四年，漢獻帝之建安二十一年也。」

〔一〕史記十八。

〔二〕卷九。

〔三〕文選卷六。左思撰。劉良，五臣之一。

元史順帝紀，至正二十八年，乃明洪武元年也，直書二十八年。自是以下，書曰「後一年」，曰「又一年，四月丙戌，帝殂于應昌」〔一〕，是時明太祖即位三年，而猶書元主曰帝，且不以明朝之年號加之，深得史法。疑此出於聖裁，不獨宋、王二公之能守古法也。宋史馬廷鸞傳：「瀛國公即位，召不至，自罷相歸，又十七年而薨。」〔二〕甚爲得體。然其他傳，復有書至元者。

〔一〕元史四八。

〔二〕宋史四一四。

英宗命儒臣修續通鑑綱目，亦書「元順帝至正二十七年」〔一〕，不書「吳元年」。

〔一〕續通鑑綱目二七。

史書一年兩號

古時人主改元，竝從下詔之日爲始，未嘗追改以前之月日也。魏志三少帝紀，上書「嘉平六年十月庚寅」，下書「正元元年十月壬辰」〔一〕。吳志三嗣主傳，上書「太平三年十月己卯」，下書「永安元年十月壬午」〔二〕。晉書武帝紀，上書魏「咸熙三年十一月」，下書「泰始元年十二月景寅」〔三〕。宋書武帝紀，上書「晉元熙二年六月甲子」〔四〕，下書「永初元年六月丁卯」〔五〕。文帝紀〔六〕，上書「景平二年八月丙申」，下書「元嘉元年八月丁酉」。明帝紀〔七〕，上書「永光元年十二月庚申朔」，下書「泰始元年十二月丙寅」。唐書高宗紀〔八〕，上書「顯慶六年二月乙未」，下書「龍朔元年三月丙申朔」。中宗紀〔九〕，上書「神龍三年九月庚子」，下書「景龍元年九月甲辰」。睿宗紀〔十〕，上書「景龍四年七月己巳」，下書「景雲元年七月己巳」。玄宗紀〔十一〕，上書「先天二年十二月庚寅朔」，下書「開元元年十二月己亥」。韓文公順宗實録，上書「貞元二十一年八月庚子」，下書「永貞元年八月辛丑」。若此之類，竝是據實而書。至司馬温公作通鑑，患其棼錯，乃創新例，必取末後一號，冠諸春正月之前，當時已有譏之者。

〔一〕三國志魏志四。
〔二〕三國志吴志三孫休傳。
〔三〕晉書三，「三」原作「二」，咸熙無三年。
〔四〕宋書二。
〔五〕宋書三。
〔六〕宋書五。
〔七〕宋書八。
〔八〕舊唐書四。
〔九〕舊唐書七。
〔十〕舊唐書七。
〔十一〕舊唐書八。

春秋定公元年，不書「正月」〔一〕。杜氏曰：「公即位在六月故。」正義曰：「公未即位，必不改元。而於春夏即稱元年者，未改之日，必承〔二〕前君之年，於是〔三〕春夏當名此年爲昭公三十三年，及六月既改之後，方以元年紀事。及史官定策，須有一統，不可半年從前，半年從後，雖則年初亦統此歲，故入年即稱元年也。漢魏以來，雖於秋冬改元，史於春夏即以元年冠之，是有因於古也。」〔四〕按温公通鑑，是用此例，然有不可通者。春秋於昭公三十三年之春，而即書「定公元年」者，昭公已薨於上年之十二月矣。若漢獻帝延康元年，十月始禪于魏，而正月之初，漢帝尚存，即加以魏文黄初之號，則非春秋之義矣。豈有舊君尚在，當時之人皆禀其正朔，而後之爲史者，顧乃追奪之乎！

〔一〕書「元年春王」。
〔二〕「承」原作「乘」。
〔三〕「是」原作「時」。
〔四〕正義至此止。

史家變亂年號，始自隋書：「大業十二年十一月景辰，唐公入京師。辛酉，遥尊帝爲太上皇，立代王侑爲帝，改元義寧。」而下即書云：「二年三月，右屯衛將軍宇文化及等作亂，上崩于温室。」〔一〕按此大業十三年，煬帝在江都，而蒙以代王長安之號，甚爲無理。作史者唐臣，不得不爾。然於煬帝紀書「十三年」，於恭帝紀書「二年」，兩從其實，似亦未害。

〔一〕隋書四。

明朝〔一〕太宗實録，上書「四年六月己巳」，下書「洪武三十五年六月庚午」〔二〕，正是史臣實書，與前代合。但不明書建文年號，後人因謂之革除耳。英宗實録，上書「景泰八年正月辛巳」，下書「天順元年正月壬午，旬有六日」〔三〕，而不没其實。且如萬曆四十八年，八月以後，爲泰昌元年，若依温公例，取泰昌之號，冠於四十八年春正月之前，則詔令文移一一皆當追改，且上誣先皇矣。故紀年之法，從古爲正〔四〕，不以一年兩號、三號爲嫌。

〔一〕元本作「本朝」，潘本改。
〔二〕太宗實録九。
〔三〕英宗實録二七三。

〔四〕應云「從實爲正」。

年號古今相同

水經注穀水下千金堨〔一〕，前云：「太和五年」，曹魏明帝之太和也。後云：「朝廷太和中」，元魏孝文帝之太和也。

〔一〕水經注十六。

割并年號

唐朝一帝改年號者十餘，其見於文，必全書，無割取一字用之者。至宋始有「熙豐」、「政宣」、「建紹」、「乾淳」〔一〕之語，已是不敬。然猶一帝之號，自相連屬，無合兩帝而稱之者，又必用上一字，惟「元豐」以「元」字與「元祐」無別，故用下字。本朝文人有稱「永宣」、「成弘」、「嘉隆」〔二〕，合兩帝之號而爲一稱。天啓六年，部疏稱「正統」、「正德」爲「二正」。奉旨：列聖年號昭然，如何説「二正」。近又有去上字，而稱「慶曆」、「啓禎」〔三〕，更爲不通矣〔四〕。

〔一〕神宗熙寧、元豐，徽宗政和、宣和，高宗建炎、紹興，孝宗乾道、淳熙。

〔二〕成祖永樂，宣宗宣德；憲宗成化，孝宗弘治；世宗嘉靖，穆宗隆慶。

〔三〕神宗萬曆，熹宗天啓，思宗崇禎。

〔四〕此亦自然之趨勢，無所謂不通。

地名割用一字，如「登萊」如「温台」則可，如「真順」、「廣大」〔一〕則不通矣。然漢人已有之。史記天官書：「勃碣海岱之間，氣皆黑。」〔二〕貨殖傳：「夫燕亦勃碣之間一都會也。」注云：「勃海碣石。」〔三〕漢書王莽傳〔四〕：「成命於巴宕。」注云：「巴郡宕渠縣。」魏晉以下始多此語。常璩華陽國志：「分巴割蜀，以成犍廣。」〔五〕是犍爲、廣漢二郡。左思蜀都賦：「跨躡犍牂。」〔六〕是犍爲、牂牁二郡。魏都賦：「恒碣碪碍於青霄。」〔七〕是恒山、碣石二山。

〔一〕真定、順德、廣平、大名。

〔二〕史記二七。

〔三〕史記一二九。
〔四〕漢書九九中。
〔五〕華陽國志一。
〔六〕文選四。
〔七〕文選六。

人名割用一字者，左傳以太皞、濟水爲皞濟。僖二十一年。史記以黄帝、老子爲黄老，曹相國世家，張釋之、田叔、魏其、鄭當時列傳〔一〕。以王喬、赤松子爲喬松，蔡澤傳〔二〕。以伊尹、管仲爲伊管，鄒陽傳〔三〕。以絳侯、灌嬰爲絳灌。賈生傳〔四〕。

〔一〕史記五四、一〇二、一〇四、一〇七、一二〇。
〔二〕史記七九。
〔三〕史記八三。
〔四〕史記八四。

孫氏西齋録

唐人作書，無所回避。孫樵所作西齋録，乃是私史，至於「起王氏已廢之魂，上配天皇；條高后擅政之年，下繫中宗」〔一〕。大義凛然，視孔子之溝昭墓道，不書「定正」〔二〕，而抑且過之矣。

〔一〕孫可之集十卷，四庫别集四。此見卷五。

〔二〕孔子爲魯司寇，溝合昭公之墓道，不書「定公之正月」。見左傳定元年。

此説本之沈既濟駁吳兢史議〔一〕，謂：「當并天后於孝和紀〔二〕。每歲書某年春正月，皇帝在房陵，太后行某事，改某制。則紀稱孝和，而事述太后，名禮兩得。至於姓氏名諱，入宫之由，歷位之資，及才藝智略，年辰崩葬，别纂入皇后傳，列於廢后王庶人之下，題其篇曰『則天順聖武皇后』云。事雖不行，而史氏稱之。」〔三〕其後宋范祖禹作唐鑑，竟用此書法。

〔一〕舊唐書一四九沈傳師父沈既濟傳。
〔二〕中宗。
〔三〕末二語亦史文，不檢原史，不能定也。

通鑑書改元〔一〕

晉書載記，十六國時嗣位改元者，皆在本年。此史家取便序事，連屬書之，其實皆改明年元也。不容十六國之中數十王〔二〕皆不踰年而改元者也。

〔一〕初刻七之十一。
〔二〕潘刻作「王」，元鈔本及初刻作「主」。

金石録〔一〕，據趙横山李君神碑，石虎建武六年歲在庚子〔二〕，與載記合。若從帝紀，則建武六年，當是己亥。今此碑與西門豹祠殿基記〔三〕，皆是庚子，以此知帝紀之失。此是差一年之證。然載記亦不盡合。昔人作史，但存其年號而已，初不屑屑於歲月也。

〔一〕金石録二十。
〔二〕晉咸康六年，西紀三四〇。
〔三〕與上碑同卷。

續綱目〔一〕，景炎三年五月以後，爲帝昺祥興元年，非也。黄溍番禺客語，改元在明年正月己酉朔。蓋亦是即位之初，改明年元耳。史家省文，即繫於前年月日之下，曰「改元祥興」。以此推十六國事，必當同此。

〔一〕卷二二。

後元年〔一〕

漢文帝後元年，景帝中元年、後元年，當時只是改爲元年，後人追紀之爲中爲後耳。若武帝之後元元年，則自名之爲後。光武之中元元年，梁武帝之中大通元年、中大同元年，則自名之爲中。不可一例論也。

〔一〕初刻七之十二。

元順帝至元元年，重用世祖之號。後人追紀之，則曰後至元元年。

李茂貞用天祐年號〔一〕

通鑑，後唐莊宗同光二年，封岐王李茂貞爲秦王〔二〕。比得薛昌序所撰鳳翔法門寺碑〔三〕，天祐十九年建，而其文已稱秦王，則前乎同光之二年矣。蓋必茂貞所自稱。又史言茂貞奉天祐年號〔四〕，此碑之末，亦書天祐十九年，而篇中歷述前事，則並以天復紀年，至天復二十年止，亦與史不合〔五〕。

〔一〕初刻七之十三，無中段。

〔二〕通鑑二七三。

〔三〕金石文字記五。

〔四〕兩五代史不見，待考。

〔五〕天復，昭宗號。天祐，昭宗子哀帝號。天復凡三年，天祐凡四年。

五代史李彦威傳：「是時昭宗改元天祐，遷於東都，爲梁所迫。而晉人、蜀人以爲天祐之號，非唐所建，不復稱之，但稱天復。」〔一〕前蜀世家則云「建〔二〕與唐隔絶而不知，故仍稱天復」。其説不同。按此碑〔三〕，則岐人亦稱天復，史失之也。

〔一〕新五代史四三。
〔二〕王建。
〔三〕此碑，法門寺碑也。

又今陽城縣〔一〕，有後周顯德二年徐綸撰龍泉禪院記，内述天祐十九年。按此地本屬梁，此記乃追削梁號而改稱天祐者。

〔一〕山西澤州。

通鑑書葬〔一〕

通鑑書外國之葬，如晉紀義熙六年九月下云：「甲寅，葬魏主珪於盛樂金陵。」〔二〕不言魏葬而言葬魏，或以爲倣春秋之文，愚以爲非也。春秋書葬宋穆公、葬衛桓公之類，皆魯遣其臣會葬，故爲此文。徐邈曰：「凡書葬者，據我而言葬。」〔三〕若南北朝時，本國自葬，則當書魏葬。如宋紀景平元年十二月庚子，魏葬明元帝於金陵〔四〕。元嘉二十九年三月辛卯，魏葬太武皇帝於金陵〔五〕。則得之矣。

〔一〕初刻七之十四。
〔二〕通鑑一一五。
〔三〕春秋隱公三年范甯集解引。徐邈，晉書九一儒林傳。此注初刻亦有。
〔四〕通鑑一一九。
〔五〕通鑑一二六。

通鑑書閏月

通鑑書閏月，而不著其爲何月，謂倣春秋之法，非也。春秋時閏未有不在歲終者。自太初曆行，每月皆可置閏，若不著其爲何月，或上月無事，則後之讀者必費於追尋矣。新唐書亦然，惟高宗顯慶二年正月無事，乃書曰「閏正月壬寅，如洛陽宫」。

史書人君未即位

史書人君未即位之例，左傳晉文公未入國稱「公子」，已入國稱「公」〔一〕。史記漢高帝未帝稱「漢王」，未王稱「沛公」〔二〕。

〔一〕僖公廿四年入國。

〔二〕史記八。

五年〔一〕將戰垓下，而曰：「皇帝在後，絳侯柴將軍在皇帝後。」至其下文乃曰：「諸侯及將相，相與共請尊漢王爲皇帝。」〔二〕於言爲不順矣。

〔一〕應云「漢五年」。

〔二〕史記八。

沈約作宋書，於本紀第十卷，順帝昇明三年四月壬申，始書「進齊公爵爲齊王」，而前第八卷，明帝泰始四年七月庚申，已書「以驍騎將軍齊王爲南兗州刺史」。自此以下，齊王之號累見於篇，此言之不順也。蕭子顯南齊書，亦同此例。

史書一人先後歷官

漢書溝洫志，先稱博士許商，次稱將作大匠許商，後稱河隄都尉許商〔一〕。此書一人而先後歷官不同之法。

〔一〕漢書二九，九頁、十一頁、又十一頁。

書君奭：「我聞在昔，成湯既受命，時則有若伊尹格于皇天；在太甲時，則有若保衡。」〔二〕伊尹、保衡，一人也，湯時未爲保衡，至太甲時始爲此官，故變文以稱之也。

〔一〕尚書周書君奭。

史書郡縣同名

漢時縣有同名者，大抵加「東」、「西」、「南」、「北」、「上」、「下」字以爲別，蓋本於春秋之法。燕國有二，則一稱北燕；郪國有二，則一稱小郪〔一〕；是其例也。若郡縣同名而不同地，則於縣必加一「小」字。沛郡不治沛，治相，故書沛縣爲「小沛」；廣陽國不治廣陽，治薊，故書廣陽縣爲「小廣陽」；丹陽郡不治丹陽，治宛陵，故書丹陽縣爲「小丹陽」。今順天府保定縣稱「小保定」，寧國府太平縣稱「小太平」。後人作史多混書之〔二〕而無別矣〔三〕。

〔一〕北燕，襄公廿八年，哀公十五年。小邾，僖公七年。

〔二〕「多」字，潘本無，元鈔本有。

〔三〕超案：集釋在此下引謝敏請更同名之縣疏，黄汝成並有案語，列同名之府、州、縣。援庵有批語：「凡此等文字，均應列表。」

郡國改名

後漢書光武紀：「建武六年春正月丙辰，改舂陵鄉爲章陵縣。」「十七年冬十月甲申，幸章陵，修園廟祠舊宅。」又云：「乃悉爲舂陵宗室起祠堂。」〔一〕上言章陵，見名也；下言舂陵，本舂陵侯之宗室，不可因縣名而追改之也。此史家用字之密也。史記：「南越王尉佗者，真定人也。」〔二〕此未當，當曰東垣人。盧綰傳〔三〕：「高帝十一年冬，更東垣爲真定。」儒林傳〔四〕：「漢興，田何以齊田徙杜陵。」師古曰：「初徙時未爲杜陵，蓋史家追言之也。」漢書夏侯勝傳〔五〕：「夏侯勝字長公，初魯共王分魯西寧鄉以封子節侯〔六〕，别屬大河，大河後更名東平，故勝爲東平人。」趙廣漢傳〔七〕：「趙廣漢字子都，涿郡蠡吾人也，故屬河間。」後漢書黨錮傳〔八〕：「劉祐中山安國人也，安國後别屬博陵。」夏侯湛東方朔畫像贊：「大夫諱朔字曼倩，平原厭次人也，魏建安中分厭次以爲樂陵郡，故又爲郡人焉。」〔九〕此郡國改名之例。

〔一〕後漢書一下。
〔二〕史記一一三。
〔三〕應云陳豨傳，史記九三。
〔四〕應云漢書儒林傳八八。史記儒林傳無此言。
〔五〕漢書七五。
〔六〕節侯名擇，見史記廿一王子侯表。
〔七〕漢書七六。
〔八〕後漢書九七。
〔九〕文選四七。

史書人同姓名

史記漢高帝時，有兩韓信，則別之曰「韓王信」〔一〕。漢書王莽時有兩劉歆，則別之曰

「國師劉歆」。此其法本於春秋左氏傳，襄公二十五年，齊崔杼弑其君光，事中有兩賈舉，則别之曰「侍人賈舉」。

〔一〕史記八。

金史有二「訛可」，曰「草火訛可」，曰「板子訛可」；有三「婁室」，曰「大婁室」，曰「中婁室」，曰「小婁室」。

述古

凡述古人之言，必當引其立言之人；古人又述古人之言，則兩引之，不可襲以爲己説也。詩曰：「自古在昔，先民有作。」〔一〕程正叔〔二〕傳易未濟，三陽皆失位，而曰：「斯義也，聞之成都隱者。」是則時人之言，而亦不敢没其人。君子之謙也，然後可與進於學。

〔一〕詩商頌。

〔一〕程頤。

引古必用原文

凡引前人之言，必用原文。水經注〔一〕引盛弘之荆州記曰：「江中有九十九洲。楚諺云：洲不百故不出王者。桓玄有問鼎之志，乃增一洲，以充百數。僭號數旬，宗滅身屠，及其傾敗，洲亦消毁。今上在西，忽有一洲自生，沙流迴薄，成不淹時，其後未幾，龍飛江漢矣。」注乃北魏酈道元作，而記中所指「今上」，則南宋文帝〔二〕以宜都王即帝位之事，古人不以爲嫌。

〔一〕水經注卅四江水條。

〔二〕劉義隆。

引書用意

書泰誓：「受有億兆夷人，離心離德；予有亂臣十人，同心同德。」左傳引之則曰：「太誓所謂商兆民離，周十人同者，衆也。」成二年〔一〕。淮南子：「舜釣於河濱，期年而漁者爭處湍瀨，以曲隈深潭相予。」〔二〕爾雅注引之則曰：「漁者不爭隈。」此皆略其文而用其意也。

〔一〕潘本、元鈔本均誤作「成元年」。
〔二〕淮南子卷一原道訓。

文章推服古人

韓退之文起八代之衰，於駢偶聲律之文，宜不屑爲，而其滕王閣記〔一〕推許王勃所爲序，且曰：「竊喜載名其上，詞列三王之次〔二〕，有榮耀焉。」李太白黄鶴樓詩曰：「眼前有景道不得，崔顥題詩在上頭。」所謂「自古在昔，先民有作」者也。今之好譏訶古人，翻駁舊作者，其人之宅心可知矣。

〔一〕應作「新修滕王閣記」，韓文公集十三。

〔二〕王勃作序，王緒作賦，今中丞王公作修閣記。

宋洪邁從孫倬丞宣城，自作題名記，邁告之曰：「他文尚可隨力工拙下筆，如此記豈宜犯不韙哉？」蓋以韓文公有藍田縣丞廳壁記〔一〕故也。夫以題目之同於文公，而以爲犯不韙，昔人之謹厚何如哉！

〔一〕韓文公集十三。

史書下兩曰字

注疏家凡引書下一「曰」字，引書之中又引書，則下一「云」字。「云」、「曰」一義，變文以便讀也，此出於論語「牢曰」、「子云」是也。若史家記載之辭，可下兩「曰」字，尚書多方「周公曰」、「王若曰」是也。（孟子書多有兩「曰」字，如「公都子曰」、「告子曰」；「公孫丑問曰」、「高子曰」；「公孫丑曰」、「伊尹曰」；「公孫丑曰」、「詩曰」。）

書家凡例

古人著書凡例，即隨事載之書中。左傳中言「凡」者，皆凡例也。易乾、坤二卦，用九、用六者，亦凡例也。

分題

古人作書，於一篇之中有分題，則標篇題於首，而列分題於下。如爾雅釋天一篇〔一〕，下列四時、祥災、歲陽、歲名、月陽、月名、風雨、星名、祭名、講武、旌旂。呂氏春秋孟春紀〔二〕，第一下，列正月紀、本生、重己、貴公、去私。是也。疏家〔三〕謂之「題上事」，謂標題上文之事。若周公踐阼，及詩篇章句，皆篇末題之，故此亦爾。今〔四〕按禮記文王世子篇，有曰「文王之爲世子也」，有曰「教世子」，有曰「周公踐阼」。樂記篇，有曰「子貢問樂」，亦同此例。後人誤連於本文也。又如漢書禮樂志〔五〕，郊祀歌：「練時日」一，「帝臨」二，凡十九首，皆著其名於本章之末。安世房中歌「桂華」、「美芳」二題，傳寫之誤，遂以冠後。

〔一〕爾雅中。
〔二〕呂氏春秋卷一。
〔三〕疏，爾雅釋天，邢昺疏也。見四時疏。
〔四〕今，亭林。
〔五〕漢書廿二。

爾雅釋親一篇〔一〕，石經本，「宗族」二字，在「舅兄也」之後；「母黨」二字，在「從母姊妹」之後；「妻黨」二字，在「爲姒婦」之後；「昏姻」二字，在「吾謂之甥也」之後。今國子監刻本皆改之。

〔一〕爾雅上。

日知録校注卷二十一〔一〕

〔一〕此卷黄氏原刻有加頁，即七、八、九、十、十一等五頁均有「又」字。

作詩之旨

舜曰：詩言志。此詩之本也。王制：「命太師陳詩以觀民風。」此詩之用也。荀子論小雅曰：「疾今之政，以思往者，其言有文焉，其聲有哀焉。」此詩之情也。故詩者，王者之迹也。建安以下，洎乎齊梁，所謂辭人之賦麗以淫，而於作詩之旨失之遠矣。

唐白居易與元微之書〔二〕曰：「年齒漸長，閱事漸多，每與人言，多詢時務，每讀書史，多求理道。始知文章合爲時而著，歌詩合爲事而作。」又自叙其詩，關於美刺者，謂之諷諭詩，自比於梁鴻五噫之作，而謂：「好其詩者，鄧魴、唐衢俱死，吾與足下又困躓，豈六義四始之風，天將破壞不可支持邪？又不知天意不欲使下人病苦聞於上邪？」嗟乎，可謂知立言之旨者矣。

〔一〕白氏長慶集二八。

晉葛洪抱朴子曰：「古詩刺過失，故有益而貴；今詩純虛譽，故有損而賤。」〔一〕

〔一〕抱朴子外篇四十辭義篇。

詩不必人人皆作

古人之會君臣朋友，不必人人作詩。人各有能有不能，不作詩何害？若一人先倡而意已盡，則亦無庸更續。是以虞廷之上，皋陶賡歌，而禹、益無聞，古之聖人，不肯爲雷同之辭、駢拇之作也。柏梁之宴，金谷之集，必欲人人以詩鳴，而蕪累之言始多於世矣。

堯命曆而無歌，文王演易而不作詩，不聞後世之人議其劣於舜與周公也。孔子以斯文自任，上接文王之統，乃其事在六經，而所自爲歌，止於「龜山」、「彼婦」諸作，何寥寥也。其不能與？夫我則不暇與。

宋邵博聞見後録〔一〕曰：「李習之與韓退之、孟東野善，習之於文，退之所敬也。退之與東野唱酬傾一時，習之獨無詩，退之不議也。石林詩話：「人之才力有限，李翺、皇甫湜皆韓退之高弟，而二人獨不傳其詩，不應散亡無一篇存者，計或非其所長，故不作耳。二人以非所長而不作，賢於世之不能而强爲之者也。」〔二〕尹師魯與歐陽永叔、梅聖俞善。師魯於文，永叔所敬也。永叔與聖俞唱酬傾一時，師魯獨無詩，永叔不議也。」

〔一〕聞見後録十九。

〔二〕石林詩話下。

五子之歌，適得五章。以爲人各一章，此又後人之見耳。

渭陽，秦世子送舅氏也，而晉公子無一言。尹吉甫作崧高之詩以贈申伯，烝民之詩以贈仲山甫，韓奕之詩以贈韓侯，而三人者，不聞其有答。是知古人之詩，不以無和答爲嫌。

詩題

三百篇之詩人，大率詩成，取其中一字、二字、三四字以名篇，故十五國竝無一題，雅、頌中間一有之。若常武，美宣王也；若勺、若賚、若般，皆廟之樂也；其後人取以名之者一篇曰巷伯。自此而外無有也。五言之興，始自漢魏，而十九首竝無題，郊祀歌、鐃歌曲各以篇首字爲題。雨無正篇，韓詩篇首，有「雨無其極，傷我稼穡」二句。又如王、曹皆有七哀，而不必同其情；六子皆有雜詩，而不必同其義，則亦猶之十九首也。唐人以詩取士，始有命題分韻之法，而詩學衰矣。

杜子美詩，多取篇中字名之，如「不見李生久」，則以不見名篇；「近聞犬戎遠遁逃」，則以近聞名篇；「往在西京時」，則以往在名篇；「歷歷開元事」，則以歷歷名篇；「自平宮中呂太一」，則以自平名篇；「客從南溟來」，則以客從名篇。皆取首二字爲題，全無意義，頗得古人之體。

古人之詩，有詩而後有題；今人之詩，有題而後有詩。有詩而後有題者，其詩本乎情；有題而後有詩者，其詩徇乎物。

古人用韻無過十字

三百篇之詩，句多則必轉韻。古人但謂之音，不謂之韻，今姑從俗名之耳。魏晉以上亦然。宋齊以下，韻學漸興，人文趨巧，于是有强用一韻到底者，終不及古人之變化自然也。

古人用韻無過十字者，獨閟宫之四章，乃用十二字。使就此一韻引而伸之，非不可以成章，而於義必有不達，故末四句轉一韻。是知以韻從我者，古人之詩也；以我從韻者，今人之詩也。自杜拾遺、韓吏部，未免此病也。

葉少藴石林詩話曰：「長篇最難。魏晉以前，詩無過十韻者，蓋使人以意逆志，初不以序事傾盡爲工。至老杜述懷、北征諸篇，窮極筆力，如太史公紀、傳，此固古今絶唱。然八哀八篇，本非集中高作，而世多尊稱之，不敢議。如李邕、蘇源明詩中極多累句，余嘗痛刊去，僅各取其半，方爲盡善，然此不可爲不知者言也。」〔一〕

〔一〕石林詩話上。

詩主性情，不貴奇巧。唐以下人，有强用一韻中字幾盡者、有用險韻者、有次人韻者，皆是立意以此見巧，便非詩之正格。

且如孔子作易彖象傳，其用韻有多有少，未嘗一律，亦有無韻者。可知古人作文之法，一韻無字，則及他韻，他韻不協，則竟單行。聖人無必無固，于文見之矣。

詩有無韻之句

詩以義爲主，音從之。必盡一韻無可用之字，然後旁通他韻，又不得於他韻，則寧無韻。苟其義之至當，而不可以他字易，則無韻不害。漢以上往往有之。

「暮投石壕村，有吏夜捉人。」杜甫石壕吏詩。兩韻也，至當不可易。下句云：「老翁踰墻走，老婦出門看。」則無韻矣，亦至當不可易。古辭紫騮馬歌〔一〕中有「舂穀持作飯，採葵持作羹」二句無韻。李太白天馬歌〔二〕中有「白雲在青天，丘陵遠崔嵬」二句無韻。野田黄雀行首二句「游莫逐炎洲翠，棲莫近吴宫燕」無韻。行行且游獵篇首二句「邊城兒，生年不讀一字書」無韻。

〔一〕樂府二五。
〔二〕李太白集三。

五經中多有用韻

古人之文，化工也。自然而合於音，則雖無韻之文，而往往有韻；苟其不然，則雖有韻之文，而時亦不用韻，終不以韻而害意也。三百篇之詩，有韻之文也，乃一章之中，有二三句不用韻者，如「瞻彼洛矣，維水泱泱」之類是矣。一篇之中，有全章不用韻者，如思齊之四章、五章，召旻之四章是矣。又有全篇無韻者，周頌清廟、維天之命、昊天有成命、時邁、武諸篇是矣。說者以爲當有餘聲，然以餘聲相協，而不入正文，此則所謂不以韻而害意者也。孔子贊易十篇，其彖象傳、雜卦五篇用韻，然其中無韻者，亦十之一。文言、繫辭、說卦、序卦五篇，不用韻，然亦間有一二，如「鼓之以雷霆，潤之以風雨。日月運行，一寒一暑。乾道成男，坤道成女」。「君子知微知彰，知柔知剛，萬夫之望」。此所謂化工之文，自然而合者，固未嘗有心于用韻也。尚書之體，本不用韻，而大禹謨：「帝德廣運，乃聖乃神，乃武乃文。皇天眷命，奄有四海，爲天下君。」伊訓：「聖謨洋洋，嘉言孔彰，惟上帝不常。作善降之百祥，作不善降之百殃。爾惟德罔小，萬邦惟慶；爾惟不德罔大，墜厥宗。」太誓：「我武惟揚，侵于之疆，取彼凶殘，我伐用張，于湯有光。」洪範：「無偏無陂，遵王之義；無有作好，遵王之道；無有作惡，遵王之路。無偏無黨，王道蕩蕩；無黨無偏，王道平平。無反無側，王道正直。」皆用韻。又如曲禮：「行前朱鳥而後玄武，左青龍而右白虎，招摇在上，急繕其怒。」禮運：「玄酒在室，醴醆在户。粢醍在堂，澄酒在下。陳其犧牲，備其鼎俎。列其琴瑟，管磬鐘鼓。修其祝嘏，以降上神。與其先祖，以正君臣。以篤父子，以睦兄弟。以齊上下，夫婦有所。是謂承天之祜。」樂記：「夫古者天地順而四時當，民有德而五穀昌，疾疢不作，而無妖祥，此之謂大當。然後聖人作爲父子君臣，以爲紀綱。」中庸：「故君子不可以不修身，思修身不可以不事親，思事親不可以不知人，思知人不可以不知天。」孟子：「師行而糧食，饑者弗食，勞者弗息，睊睊胥讒，民乃作慝。方命虐民，飲食若流，流連荒亡，爲諸侯憂。」〔一〕凡此之類，在秦漢以前，諸子書竝有之。太史公作贊，亦時一用韻，而漢人樂府詩，反有不用韻者。

〔一〕孟子梁惠王下。

易韻

易之有韻，自文王始也。凡卦辭之繁者，時用韻。蒙之「瀆」、「告」，解之「復」、「夙」，震之「虩」、「啞」，艮之「身」、「人」是也。至周公則辭愈繁，而愈多用韻。疑古卜辭當用韻，若春秋傳所載懿氏之「鏘」、「姜」、「卿」、「京」〔一〕。驪姬之「渝」、「羭」、「蕕」、「臭」〔二〕。伯姬之「衁」、「貺」、「償」、「相」，「姬」、「旗」、「師」、「丘」，「孤」、「弧」、「姑」、「逋」、「家」、「虚」〔三〕。鄢陵之「蹙」、「目」〔四〕。孫文子之「陵」、「雄」〔五〕。衛侯之「羊」、「亡」，「竇」、「踰」〔六〕。又如國語所載晉獻公之「骨」、「猾」、「捽」〔七〕。史記所載漢文帝之「庚」、「王」、「光」〔八〕。漢書元后傳所載晉史之「雄」、「乘」、「崩」、「興」〔九〕。皆韻也。故孔子作彖象傳用韻，蓋本經有韻，而傳亦韻。此見聖人述而不作，以古爲師而不苟也。郭璞注爾雅釋訓篇，本經有韻，注亦用韻。

〔一〕莊公廿二年。

〔二〕僖公四年。

〔三〕僖公十五年。
〔四〕成公十六年。
〔五〕襄公十年。
〔六〕哀公十七年。
〔七〕國語第七晉語。
〔八〕史記十文帝紀。
〔九〕漢書九八。

彖象傳，猶今之箋注者，析字分句以爲訓也。繫辭、文言以下，猶今之箋注於字句明白之後，取一章一篇全書之義，而通論之也。故其體不同。

古詩用韻之法

古詩用韻之法，大約有三：首句次句連用韻，隔第三句而於第四句用韻者，關雎之首章是也。凡漢以下詩，及唐人律詩之首句用韻者，源於此。一起即隔句用韻者，卷耳之首章是也。凡漢以下詩，及唐人律詩之首句不用韻者，源於此。自首至末，句句用韻者，若考檠、清人、還、著、十畝之間、月出、素冠諸篇，又如卷耳之二章、三章、四章，車攻之一章、二章、三章、七章，長發之一章、二章、三章、四章、五章是也。凡漢以下詩，若魏文帝燕歌行之類，源於此。自是而變，則轉韻矣。轉韻之始，亦有連用、隔用之别，而錯綜變化，不可以一體拘。於是有上下各自爲韻，若兔罝及采薇之首章，魚麗之前三章，卷阿之首章者。有首末自爲一韻，中間自爲一韻，若車攻之五章者。有隔半章自爲韻，若生民之卒章者。有首提二韻，而下分二節承之，若有瞽之篇者。此皆詩之變格，然亦莫非出于自然，非有意爲之也〔一〕。

〔一〕此下集釋本引亭林文集二音學五書序。

古人不忌重韻

杜子美作飲中八僊歌，用三「前」、二「船」、二「眠」、二「天」。宋人疑古無此體，遂欲分爲八章，以爲必分爲八，而後可以重押韻無害也，不知柏梁臺詩，三「之」、三「治」、二「哉」、二「時」、二「來」、二「材」，已先之矣。「東川有杜鵑，西川無杜鵑，涪萬無杜鵑，雲安有杜鵲」，求其説而不得，則疑以爲題下注，不知古人未嘗忌重韻也。故有四韻成章，而唯用二字者，「胡爲乎株林，從夏南； 匪適株林，從夏南」是也〔一〕。有二韻成章，而惟用一字者，「大人占之：維熊維羆，男子之祥； 維虺維蛇，女子之祥」是也〔二〕。有三韻成章，而惟用一字者，「苟日新，日日新，又日新」是也〔三〕。湯濩曰：儀禮祭侯辭：「惟若寧侯，毋或若女不寧侯。」左傳虞叔引諺：「匹夫無罪，懷璧其罪。」〔四〕曹子臧引志：「聖達節，次守節，下失節。」〔五〕晏子引諺：「非宅是卜，惟鄰是卜。」〔六〕老子：「道可道，非常道； 名可名，非常名。」〔七〕史記天官書：「欲終日有雨有雲，有風有日，日當其時者，深而多實； 無雲有風，日當其時，淺而多實； 有雲風無，日當其時，深而少實。」〔八〕皆古人以本字自爲韻者也。如采薇首章，連用二「玁狁之故」句，正月一章，連用二「自口」字，十月之交首章，連用二「而微」字，車舝三章，連用二「庶幾」字，文王有聲首章，連用二「有聲」字，召旻卒章，連用二「百里」字。又如行露首章，起用「露」字，末用「露」字，又如簡兮卒章，連用三「人」字，那連用三「聲」字。其重一字者，不可勝述。漢以下亦然，如陌上桑詩，三「頭」字，二「隅」字，二「餘」字，二「夫」字，二「鬚」字〔九〕。「羅敷」字在下句末三見。焦仲卿妻作三「語」字，三「言」字，二「由」字，二「母」字，二「取」字，二「子」字，二「歸」字，二「之」字，二「君」字，二「門」字，又二「言」字〔十〕。蘇武骨肉緣枝葉一首，二「人」字。結髮爲夫婦一首，二「時」字〔十一〕。陳思王棄婦詞，二「庭」字，二「靈」字，二「鳴」字，二「成」字，二「寧」字。阮籍詠懷詩，灼灼西隤日一首，二「歸」

字〔十二〕。張協雜詩，黑蜧躍重淵一首，二「生」字〔十三〕。謝靈運君子有所思行，二「歸」字〔十四〕。梁武帝撰孔子正言竟述懷詩，二「反」字〔十五〕。任昉哭范僕射詩，二「生」字，三「情」字〔十六〕。沈約鍾山詩，二「足」字〔十七〕。然則重韻之有忌，其在隋唐之代乎？

〔一〕詩陳風株林。
〔二〕詩小雅斯干。
〔三〕禮記大學。
〔四〕左傳桓十年。
〔五〕左傳成十五年。
〔六〕左傳昭三年。
〔七〕老子一章。
〔八〕史記二七。
〔九〕樂府詩集二八。
〔十〕樂府詩集雜曲歌辭。
〔十一〕文選二九。
〔十二〕文選二三。
〔十三〕文選二九。

〔十四〕文選二八。

〔十五〕藝文類聚五五。

〔十六〕藝文類聚三四。

〔十七〕文選二二。

諸葛孔明梁父吟云：「問是誰家墓，田疆古冶子。」又云：「誰能爲此謀，國相齊晏子。」〔一〕用二「子」字。古人但取文理明當而已，初不避重字也。今本或改作「田疆古冶氏」，失之矣。

〔一〕樂府四一。

潘岳秋興賦〔一〕：「宵耿介而不寐兮，獨展轉於華省。悟時歲之遒盡兮，慨俛首而自省。」用二「省」字。

〔一〕文選十三。

初唐詩最爲嚴整，而盧照鄰長安古意：「別有豪華稱將相，轉日回天不相讓，意氣由來排灌夫，專權判不容蕭相。」用二「相」字。今人謂必字同而義異者，方可重用，若此詩之二「相」，固無異義也。且詩曰：「王命南仲，往城于方。」〔一〕其下文又曰：「天子命我，城彼朔方。」有何異義哉？

〔一〕詩小雅出車。

李太白高陽歌，二「杯」字，廬山謠，二「長」字。杜子美織女詩，二「中」字，奉先縣詠懷，二「卒」字，兩當縣吳十侍御江上宅，二「白」字。八哀詩張九齡一首，二「省」字，二「境」字，園人送瓜，二「草」字，寄狄明府，二「濟」字，宿鑿石浦，二「繫」字。韓退之此日足可惜詩，二「光」字，二「鳴」字，二「更」字，二「城」字，二「狂」字，二「江」字。王摩詰故太子太師徐公輓歌重用二「名」字，施之律詩，則爲非體。

詩有以意轉而韻須重者，如：「今夕何夕，見此良人，子兮子兮，如此良人何！」〔一〕「嚶其鳴矣，求其友聲，相彼鳥兮，猶求友聲。」〔二〕「有杕之杜，其葉萋萋，王事靡盬，我心傷悲。卉木萋止，女心悲止。」〔三〕「於論鼓鐘，於樂辟廱。於論鼓鐘，於樂辟廱。」〔四〕又若「公無渡河，公竟渡河！」此皆承上文而轉者，不容別換一字。

〔一〕詩唐風綢繆。
〔二〕詩小雅伐木。
〔三〕詩小雅杕杜。
〔四〕詩大雅靈臺。

七言之始

昔人謂招魂、大招，去其「些」、「只」，即是七言詩。余考七言之興，自漢以前，固多有之。如靈樞經刺節真邪篇：「凡刺小邪日以大，補其不足乃無害，視其所在迎之界。凡刺寒邪日以温，徐往徐來致其神，門户已閉氣不分，虚實得調其氣存。」〔一〕宋玉神女賦：「羅紈綺繢盛文章，極服妙采照萬方。」〔二〕此皆七言之祖。

〔一〕靈樞經十一。
〔二〕文選十九。

素問八正神明論：「神乎神，耳不聞。目明心開而志先，慧然獨悟，口弗能言，倶視獨見，適若昏；昭然獨明，若風吹雲，故曰神。三部九候爲之原，九鍼之論不必存。」〔一〕其文絶似荀子成相篇。

〔一〕内經素問八。

一言

緇衣三章，章四句，非也。「敝」字一句，「還」字一句。若曰「敝予、還予」，則言之不順矣，且何必一言之不可爲詩也？吳志歷陽山石文：「楚，九洲渚。吳，九洲都。」〔一〕「楚」字一句，「吳」字一句，亦是一言之詩。

〔一〕三國志吳志三孫皓傳天璽元年條。

古人未有之格

語助之外，止用四字成詩，而四字皆韻，古未之有也。始見於莊子：「父邪母邪，天乎人乎。」〔一〕是也。三章，章各二句，而合爲一韻，古未之有也。始見於孟嘗君傳：「長鋏歸來乎，食無魚」；「長鋏歸來乎，出無車」；「長鋏歸來乎，無以爲家」〔二〕。是也。

〔一〕莊子三大宗師。
〔二〕史記七五。

古人不用長句成篇

古詩有八言者，「胡瞻爾庭有縣貆兮」是也〔一〕。有九言者，「凜乎若朽索之馭六馬」是也〔二〕。然無用爲全章者。不特以其不便於歌也，長則意多冗，字多懈，其於文也，亦難之矣。以是知古人之文，可止則止，不肯以一意之冗，一字之懈，而累吾作詩之本義也。正義引顔延之云：「詩體無九言者，將由聲度闡緩，不協金石。」知此義者，不特句法也，章法可知矣。七言排律，所以從來少作，作亦不工者，何也？意多冗也，字多懈也。爲七言者，必使其不可裁而後工也，此漢人所以難之也。

〔一〕詩魏風伐檀。

〔二〕尚書五子之歌。

詩用疊字

詩用疊字最難。衛詩：「河水洋洋，北流活活，施罛濊濊，鱣鮪發發，葭菼揭揭，庶姜孽孽。」〔一〕連用六疊字，可謂複而不厭，賾而不亂矣。古詩：「青青河畔草，鬱鬱園中柳。盈盈樓上女，皎皎當窗牖。娥娥紅粉粧，纖纖出素手。」〔二〕連用六疊字，亦極自然，下此即無人可繼。

〔一〕詩衛風碩人。

〔二〕文選二九。

屈原九章悲回風：「紛容容之無經兮，罔芒芒之無紀。軋洋洋之無從兮，馳逶移之焉止。漂翻翻其上下兮，翼遥遥其左右。氾潏潏其前後兮，伴張弛之信期。」〔一〕連用六疊字。宋玉九辯：「乘精氣之摶摶兮，騖諸神之湛湛。驂白霓之習習兮，歷群靈之豐豐。左朱雀之茇茇兮，右蒼龍之躣躣。屬雷師之闐闐兮，通飛廉之衙衙。前輕輬之鏘鏘兮，後輜乘之從從。載雲旗之委蛇兮，扈屯騎之容容。」〔二〕連用十一疊字，後人辭賦，亦罕及之者。

〔一〕楚辭四。
〔二〕楚辭八。

次韻

今人作詩，動必次韻，以此爲難，以此爲巧。吾謂其易而拙也。且以律詩言之，平聲通用三十韻之中，任用一韻，而必無他韻可易；一韻數百字之中，任押五字，而必無他字可易。名爲易，其實難矣。先定五字，而以上文湊足之，文或未順，則曰牽於韻爾，意或未滿，則曰束於韻爾，用事遺辭，小見新巧，即可擅場，名爲難，其實易矣。夫其巧於和人者，其胸中本無詩，而拙於自言者也。故難易巧拙之論破，而次韻之風可少衰也。

嚴滄浪詩話曰：「和韻最害人詩。古人酬唱不次韻，此風始盛於元、白、皮、陸。本朝諸賢，乃以此而鬭工，遂至往復有八九和者。」〔一〕

〔一〕嚴羽滄浪詩話一。津逮秘書本。

按唐元稹上令狐相公啓曰：「稹與同門生白居易友善。居易雅能爲詩，就中愛驅駕文字，窮極聲韻，或爲千言，或爲五百言律詩，以相投寄。小生自審不能有以過之，往往戲排舊韻，别創新詞，名爲次韻，蓋欲以難相挑耳。江湖間爲詩者，或相倣斆，或力不足，則至於顛倒語言，重復首尾，韻同意等，不異前篇，亦目爲元和詩體。而司文者，考變雅之由，往往歸咎於稹。」〔二〕是知元、白作詩次韻之初，本自以爲戲，而當時即已取譏於人。今人乃爲之而不厭，又元、白之所鄙而不屑者矣。

〔一〕唐文粹八五。

歐陽公集古録論唐薛苹倡和詩曰：唐書：「薛苹，河中寶鼎人，長於詩。」〔一〕「其間馮宿、馮定、李紳皆唐顯人，靈澈以詩名後世，然詩皆不及苹。蓋倡者得於自然，和者牽於强作。」〔二〕可謂知言。

〔一〕舊唐書一八五、新唐書一六四均有薛苹傳，此引新唐書。

〔二〕集古録九。

朱子答謝成之書謂淵明詩所以爲高，正在不待安排，胸中自然流出。東坡乃篇篇句句，依韻而和之，雖其高才，似不費力，然已失其自然之趣矣。

凡詩不束於韻而能盡其意，勝於爲韻束而意不盡，且或無其意，而牽入他意以足其韻者，千萬也。故韻律之道，疏密適中爲上，不然，則寧疏無密。文能發意，則韻雖疏不害。

柏梁臺詩〔一〕

漢武柏梁臺詩，本出三秦記，云是元封三年作。而考之於史，則多不符。按史記及漢書孝景紀〔二〕：「中六年夏四月，梁王薨。」諸侯王表〔三〕：「梁孝王武，立三十五年，薨。孝景後元年，共王買嗣，七年，薨。建元五年，平王襄嗣，四十年，薨。」文三王傳〔四〕同。又按孝武紀〔五〕：「元鼎二年春，起柏梁臺。」是爲梁平王之二十二年，而孝王之薨，至此已二十九年，又七年，始爲元封三年。又按平王襄，元朔中以與太母爭樽，公卿請廢爲庶人。天子曰：「梁王襄無良師傅，故陷不義。」乃削梁八城，梁餘尚有十城。漢書言削五縣，僅有八城。又按平王襄之十年，爲元朔二年，來朝；其三十六年，爲太初四年，來朝。皆不當元封時。又按百官公卿表〔六〕：「郎中令，武帝太初元年更名光禄勳。典客，景帝中六年，更名大行令，武帝太初元年，更名大鴻臚。治粟内史，景帝後元年，更名大農令，武帝太初元年，更名大司農。中尉，武帝太初元年，更名執金吾。内史，景帝二年分置左内史，右内史，武帝太初元年，更名京兆尹，左内史更名左馮翊。主爵中尉，景帝中六年，更名都尉，武帝太初元年，更名右扶風。」凡此六官，皆太初以後之名，不應預書於元封之時。又按孝武紀，太初元年冬十一月乙酉，柏梁臺災。夏五月，正曆，以正月爲歲首，定官名。則是柏梁既災之後，又半歲而始改官名。而大司馬、大將軍青，則薨於元封之五年，距此已二年矣。反復考證，無一合者。蓋是後人擬作，剽取武帝以來官名，及梁孝王世家乘輿駟馬之事〔七〕以合之，而不悟時代之乖舛也。

〔一〕初刻七之十五。只有前段。
〔二〕史記一一，漢書五。
〔三〕漢書十四。
〔四〕漢書四七。
〔五〕漢書六。
〔六〕以下利用官制以考真僞。
〔七〕史記五八。

按世家，梁孝王二十九年，表：孝景前七年。十月入朝，景帝使使持節，乘輿駟馬，迎梁王於闕下。臣瓚曰：「天子副車駕駟馬，此一時異數，平王安得有此？」

詩體代降〔一〕

三百篇之不能不降而楚辭，楚辭之不能不降而漢魏，漢魏之不能不降而六朝，六朝之不能不降而唐也，勢也。用一代之體，則必似一代之文，而後爲合格。

〔一〕只可謂代異，無所謂升降。

詩文之所以代變，有不得不變者。一代之文，沿襲已久，不容人人皆道此語。今且千數百年矣，而猶取古人之陳言，一一而摹倣之，以是爲詩可乎？故不似，則失其所以爲詩；似，則失其所以爲我。李、杜之詩所以獨高於唐人者，以其未嘗不似，而未嘗似也。知此者，可與言詩也已矣。

書法詩格

南北朝以前，金石之文，無不皆八分書者，是今之真書，不足爲字也。姚鉉之唐文粹，吕祖謙之皇朝文鑑，真德秀之文章正宗，凡近體之詩，皆不收，是今之律詩，不足爲詩也？今人將繇真書以窺八分，繇律詩以學古體，是從事於古人之所賤者，而求其所最工，豈不難哉！

鄞人薛千仞岡曰：「自唐人之近體興，而詩一大變，後學之士，可兼爲而不可專攻者也。近日之弊，無人不詩，無詩不律，無律不七言。」又曰：「七言律法度貴嚴，對偶貴整，音節貴響，不易作也。今初學後生，無不爲七言律，似反以此爲入門之路，其終身不得窺此道藩籬，無怪也。」

詩人改古事

陳思王上書〔一〕：「絶纓盗馬之臣，赦楚趙以濟其難。」注謂：「赦盗馬，秦穆公事。秦亦趙姓，故互文以避上秦字也。」趙至與嵇茂齊書〔二〕：「梁生適越，登岳長謡。」梁鴻本適吴，而以爲越者，吴爲越所滅也。謝靈運詩〔三〕：「弦高犒晉師，仲連卻秦軍。」弦高所犒者秦師，而改爲晉，以避下「秦」字，則舛而陋矣。李太白行路難詩〔四〕：「華亭鶴唳詎可聞，上蔡蒼鷹安足道。」杜子美諸將詩：「昨日玉魚蒙葬地，早時金盌出人間。」改「黄犬」爲「蒼鷹」，改「玉盌」爲「金盌」，亦同此病。

〔一〕三國魏志十九。
〔二〕文選四三。
〔三〕文選十九。
〔四〕李太白集三。

自漢以來，作文者即有回避、假借之法。太史公伯夷傳〔一〕：「伯夷、叔齊雖賢，得夫子而名益彰。顔淵雖篤學，附驥尾而行益顯。」本當是附夫子耳，避上文雷同，改作「驥尾」。使後人爲之，豈不爲人譏笑。

〔一〕史記六一。

庾子山賦誤

庾子山枯樹賦云：「建章三月火。」按史記：「武帝太初元年冬十一月乙酉，柏梁臺災。春二月起建章宮。」〔一〕西京賦：「柏梁既災，越巫陳方，建章是經，用厭火祥。」〔二〕是災者柏梁，非建章。而三月火，又秦之阿房，非漢也。哀江南賦云：「栩陽亭有離別之賦。」〔三〕夜聽擣衣曲云：「栩陽離別賦。」〔四〕按漢書藝文志：「別栩陽賦五篇。」〔五〕詳其上下文例，當是人姓名，姓別，名栩陽也。以爲「離別」之「別」，又非也。

〔一〕史記十二。

〔二〕文選二。

〔三〕庾子山集一。

〔四〕庾子山集三。

〔五〕漢書三十。

于仲文詩誤

隋于仲文詩：「景差方入楚，樂毅始遊燕。」按漢書高帝紀：「徙齊楚大族昭氏、屈氏、景氏、懷氏、齊田氏五姓關中，與利田宅。」〔一〕景駒注：文穎曰：楚族景氏，駒名。王逸楚辭章句：「三閭之職，掌王族三姓，曰昭、屈、景。」然則景差亦楚之同姓也，而仲文以爲入楚，豈非梁陳已下之人，但事辭章，而不詳典據故邪？

〔一〕漢書一下九年十一月條。

梁武帝天監元年詔曰：「雉兔有刑，姜宣致貶。」〔一〕此用孟子「殺其麋鹿者，如殺人之罪」〔二〕，而不知宣王乃田氏，非姜後也。與此一類。

〔一〕梁書二，「元年」應作「七年」，潘本、鈔本已誤。
〔二〕孟子梁惠王下。

李太白詩誤

李太白詩：「漢家秦地月，流影照明妃，一上玉關道，天涯去不歸。」〔一〕按史記，言匈奴左方王將直上谷以東，右方王將直上郡以西，而單于之庭直代雲中〔二〕。漢書言呼韓邪單于自請留居光禄塞下。又言天子遣使送單于出朔方雞鹿塞，今在河套內。後單于竟北歸庭〔三〕。乃知漢與匈奴往來之道，大抵從雲中、五原、朔方，明妃之行亦必出此。故江淹之賦李陵，但云：「情往上郡，心留雁門。」而玉關與西域相通，自是公主嫁烏孫所經，太白誤矣。顔氏家訓謂文章地理，必須愜當。其論梁簡文雁門太守行，而言：「日逐康居、大宛、月氏。」蕭子暉隴頭水，而云：「北注黄龍，東流白馬。」〔四〕沈存中論白樂天長恨歌「峨眉山下少人行」，謂峨眉在嘉州，非幸蜀路。文人之病，蓋有同者。

〔一〕李太白集四。
〔二〕史記一一〇。
〔三〕漢書九四下。

〔四〕顔氏家訓卷上文章篇。

梁徐悱登琅邪城詩：「甘泉警烽候，上谷抵樓蘭。」〔一〕上谷在居庸之北，而樓蘭爲西域之國，在玉門關外。即此一句之中，文理已自不通，其不切琅邪城，又無論也。

〔一〕文選二二。

郭璞賦誤

郭璞江賦：「總括漢泗，兼包淮湘。」〔一〕淮泗並不入江，豈因孟子而誤邪？

〔一〕文選十二。

陸機文誤

陸機漢高帝功臣頌：「侯公伏軾，皇媼來歸。」〔一〕乃不考史書之誤。漢儀注：「高帝母兵起時死小黄，後於小黄作陵廟。」本紀：「五年即皇帝位于汜水之陽，追尊先媪爲昭靈夫人。」則其先亡可知。而十年有太上皇后崩，乃太上皇崩之誤文，重書而未删也。侯公説羽，羽乃與漢約，中分天下。九月，歸太公呂后，並無皇媪〔二〕。

〔一〕文選四七。
〔二〕史記項紀、高紀，均云「父母妻子」，見四年。

字〔一〕

春秋以上，言「文」不言「字」。如左傳「於文止戈爲武」，「故文反正爲乏」，「於文皿蟲爲蠱」〔二〕。及論語「史闕文」，中庸「書同文」之類，並不言「字」。易：「女子貞不字，十年乃字。」〔三〕詩：「牛羊腓字之。」〔四〕左傳：「其僚無子，使字敬叔。」〔五〕皆訓爲「乳」。書康誥：「于父不能字厥子。」左傳：「樂王鮒字而敬，小事大，大字小。」〔六〕亦取愛養之義。唯儀禮士冠禮：「賓字之。」禮記郊特牲：「冠而字之，敬其名也。」與「文字」之義稍近，亦未嘗謂「文」爲「字」也。以「文」爲「字」，乃始於史記秦始皇琅邪臺石刻曰：「同書文字。」〔七〕

說文序云：「依類象形謂之文，形聲相益謂之字。文者，物象之本；字者，孳乳而生。」孝經援神契亦有此語〔八〕。周禮，外史「掌達書名於四方」。注云：「古曰名，今曰字。」儀禮聘禮注云：「名書文也，今謂之字。」三國志注：「孫亮時，有山陰朱育，依體像類，造作異字，千名以上」〔九〕。此則「字」之名，自秦而立，自漢而顯也與。

〔一〕初刻七之十六。
〔二〕左傳宣十一年、十五年、昭元年。
〔三〕屯卦。
〔四〕大雅生民。
〔五〕昭十年。
〔六〕昭元年。
〔七〕史記六。
〔八〕此注初刻有。
〔九〕此注初刻無。

許氏說文序：「此十四篇五百四十部，九千三百五十三文，解說凡十三萬三千四百四十一字。」〔一〕以篆書謂之「文」，隸書謂之「字」。張揖上博雅表：「凡萬八千一百五十文。」唐玄度九經字樣序：「凡七十六部，四百廿一文。」則通謂之「文」。

〔一〕説文十五下。

三代以上，言「文」不言「字」。李斯、程邈出，「文」降而爲「字」矣。二漢以上，言「音」不言「韻」。周顒、沈約出，「音」降而爲「韻」矣。

古文〔一〕

古時文字不一，如漢汾陰宮鼎，其蓋銘曰：「汾陰供官銅鼎盃二十枚。」「二十」字作「十十」。鼎銘曰：「汾陰供官銅鼎二十枚。」「二十」字作「廾」，其末曰：「第二十三。」「二十」字作「廿」。一器之銘，三見而三不同。自唐以後，文字日繁，不得不歸一律，而古書之不復通者多矣。

〔一〕初刻七之十九。

說文

自隸書以來，其能發明六書之指，使三代之文尚存於今日，而得以識古人制作之本者，許叔重說文之功爲大。後之學者，一點一畫，莫不奉之爲規矩。而愚以爲亦有不盡然者。且以六經之文、左氏、公羊、穀梁之傳，毛萇、孔安國、鄭衆、馬融諸儒之訓，而未必盡合，況叔重生於東京之中世，所本者，不過劉歆、賈逵、杜林、徐巡等十餘人之說，楊慎六書索隱序曰：「說文有孔子說、楚莊王說、左氏說、韓非說、淮南子說、司馬相如說、董仲舒說、京房說、衛宏說、揚雄說、劉歆說、桑欽說、杜林說、賈逵說、傅毅說、官溥說、譚長說、王育說、尹彤說、張林說、黄顥說、周盛說、逯安說、歐陽僑說、甯嚴說、爰禮說、徐巡說、莊都說、張徹說。」〔一〕而以爲盡得古人之意，然與否與？一也。五經未遇蔡邕等正定之先，傳寫人人各異，今其書所收，率多異字，而以今經校之，則說文爲短。又一書之中，有兩引而其文各異者，如「汜」下引詩「江有汜」，「洍」下引詩「江有洍」，「逑」下引書「旁逑僝功」，「僝」下引書「旁救僝功」，「卺」下引詩「赤舃己己」，「掔」下引詩「赤舃掔掔」。後之讀者將何所從？二也。鄭玄常駁許慎五經異義。顔氏家訓亦云：「說文中有援引經傳，與今乖者，未之敢從。」流傳既久，豈無脱漏？即徐鉉亦謂篆書堙替日久，錯亂遺脱，不可悉究。今謂此書所闕者，必古人所無，别指一字以當之，如説文無「劉」字，後人以「鎦」字當之，無「由」字，以「甹」字當之，無「免」字，以「絻」字當之。改經典而就説文，支離回互，三也。今舉其一二評之。如秦、宋、薛，皆國名也，「秦」从「禾」，以「地宜禾」，亦已迂矣。「宋」从「木」爲「居」，「薛」从「辛」爲「辠」，此何理也？費誓之「費」改爲「粊」，訓爲「惡米」。武王載斾之「斾」改爲「坺」，訓爲「臿土」。「威」爲「姑」，「也」爲「女陰」，「殹」爲「擊聲」，「困」爲「故廬」，「普」爲「日無色」，此何理也？「貉之爲言惡也」，「視犬之字如畫狗」，狗，叩也，豈孔子之言乎？訓「有」則曰「不宜有也」，春秋書「日有食之」。訓「郭」則曰「齊之郭氏，善善不能進，惡惡不能退，是以亡國」。不幾於勦説，而失其本指乎？「居」爲法古，「用」爲卜中，「童」爲「男有辠」，「襄」爲「解衣耕」，「弔」爲「人持弓會敺禽」，「辱」爲「失耕時」，「臾」爲「束縛捽抴」，「罰」爲「持刀罵詈」，「勞」爲「火燒門」，「宰」爲「辠人在屋下執事」，「冥」爲「十六日月始虧」，「刑」爲「刀守井」。不幾於穿鑿，而遠於理情乎？武曌師之而制字，荆公廣之而作書，不可謂非濫觴於許氏者矣。若夫訓「參」爲商星，此天文之不合者也；訓「亳」爲京兆杜陵亭，此地理之不合者也。書中所引欒浪事數十條，而他經籍反多闕略，此采摭之失其當者也。今之學者，能取其大，而棄其小，擇其是，而違其非，乃可謂善學説文者與。

後周書：黎景熙，其從祖廣，太武時爲尚書郎，善古學，嘗從吏部尚書崔玄伯受字義，又從司徒崔浩學楷篆，自是家傳其法，景熙亦傳習之，頗與許氏有異〔二〕。可見魏晉以來，傳受亦各不同。

〔一〕升庵集二。

〔二〕後周書四七。

王莽傳：「『劉』之爲字，卯金刀也。正月剛卯，金刀之利，皆不得行。」食貨志亦云。又曰：「受命之日丁卯。丁火，漢氏之德也；卯，劉姓所以爲字也。」光武告天祝文引讖記曰：「卯金修德爲天子。」〔一〕公孫述引援神契曰：「西太守乙卯金。」〔二〕謂西方太守而乙絶卯金也。是古未嘗無「劉」字也。趙宧光曰：「説文無『劉』字，但作『鎦』。今按漢書卯金刀之讖，及古印流傳者，劉姓不下數十百面，並作『劉』，無『鎦』字。」魏明帝太和初，公卿奏言：「夫歌以詠德，舞以象事。於文，文武爲『斌』，臣等謹制樂舞名曰章斌之舞。」魏去叔重未遠，是古未嘗無「斌」字也。徐鉉較定説文，前列「斌」字，云是俗書。

〔一〕後漢書一上。

〔二〕後漢書四三。

說文原本次第不可見，今以四聲列者，徐鉉等所定也，切字鉉等所加也。趙古則六書本義曰：「漢以前未有反切，許氏說文鄭氏箋注，但曰『讀若某』而已。今說文反切，乃朱翺以孫愐唐韻所加。」旁引後儒之言，如杜預、裴光遠、李陽冰之類，亦鉉等加也。又云「諸家不收，今附之字韻末」者，亦鉉等加也。「睅」字下云：說文直作「舝」。趙宧光曰：「詳此則本書襍出衆人之手審矣，安得不蕪穢也。凡參訂經傳，必以本人名冠之，方不混于前人耳。」

「始」字說文以爲「女之初」也〔一〕，已不必然。而徐鉉釋之以「至哉坤元，萬物資始」，不知經文乃是「大哉乾元，萬物資始」〔二〕。若用此解，必從男乃合耳。

〔一〕說文十二下女部。

〔二〕易乾卦。

說文長箋

萬曆末吳中趙凡夫宧光，作說文長箋，將自古相傳之五經，肆意刊改，好行小慧，以求異於先儒。乃以「青青子衿」爲淫奔之詩，而謂「衿」即「衾」字。詩中元有「衾」字，「抱衾與裯」，「錦衾爛兮」。如此類者非一。其實四書尚未能成誦，而引論語「虎兕出於柙」〔二〕，誤作孟子「虎豹出兮𠀀」。「兕」下。然其於六書之指，不無管闚，而適當喜新尚異之時，此書乃盛行於世。及今不辯，恐他日習非勝是，爲後學之害不淺矣。故舉其尤剌謬者十餘條正之。

〔二〕季氏。

舊唐書文宗紀：「開成二年宰臣判國子監祭酒鄭覃進石壁九經一百六十卷。」〔一〕九經者，易、書、詩、三禮、春秋三傳，又有孝經、論語、爾雅，其實乃十二經。又有張參五經文字，唐玄度九經字樣，皆刻之於石，今見在西安府學。凡夫乃指此爲「蜀本石經」。又云：「張參五經文字，唐彥升九經字樣，亦附蜀本之後，但可作蜀經字法。」今此石經末有年月一行，諸臣姓名十行，大書「開成二年丁巳歲」。凡夫豈未之見，而妄指爲孟蜀邪？

〔一〕舊唐書十七下十月條。

又云孫愐唐韻，文、殷二韻，三聲皆分，獨上聲合一；咸嚴、洽業二韻，平入則分，上去則合。按今廣韻，即孫愐之遺文，殷上聲之合則有之，咸、嚴、洽、業則四聲並分，無併合者。切者兩字相摩，以得其音，取其切近。今改爲盜竊之「竊」，於古未聞。豈凡夫所以自名其學者邪？

「瓜分」字見史記虞卿傳、漢書賈誼傳。戰國策注：「分其地如破瓜然。」〔一〕鹽鐵論：「隔絶羌胡，瓜分其地。」〔二〕「竈突」字見漢書霍光傳〔三〕。今云「瓜」當作「瓜」，「突」當作「突」。然則鮑昭蕪城賦，所謂「竟瓜剖而豆分」〔四〕，魏玄同疏所謂「瓜分瓦裂」者，古人皆不識字邪？按張參五經文字云：「突，徒兀反，作『宊』者訛。」〔五〕

〔一〕國策注見鮑注本六卷趙策「乘趙之弊而瓜分之」句，而高注本廿卷趙策無之。
〔二〕鹽鐵論八。
〔三〕卷六八。
〔四〕文選十一。
〔五〕五經文字下穴部。

顧野王，陳人也，而以爲晉之虎頭。「⿸虍豈」下：「顧長康爲虎頭將軍。」陸龜蒙，唐人也，而以爲宋之象山。「乙」下：「陸九淵號象山先生。」王筠，梁人也，而以爲晉。「蜺」下：「梁書王筠傳：沈約以郊居賦示筠，讀至『雌霓連蜷』，約撫掌欣忭。」今引此事，謂之晉王筠。約既梁人，安得與晉人語哉？王禹偁，宋人也，而以爲南朝。「稱」下。此真所謂不學牆面者與。

「晉獻帝醉，虞侍中命扶之。」「扶」下。按晉書虞嘯父傳：「爲孝武帝所親愛，侍飲大醉，拜不能起。帝顧曰：『扶虞侍中。』嘯父曰：『臣位未及扶，醉不及亂，非分之賜，所不敢當。』帝甚悦。」〔一〕傳首明有「孝武帝」字，引書者未曾全讀，但見中間有貢獻之「獻」，適與「帝」字相接，遂以爲「獻帝」，而不悟晉之無獻帝也。萬曆間人看書，不看首尾，只看中間兩三行。凡夫著書之人，乃猶如此。

〔一〕晉書七六。應云：「虞侍中醉，晉孝武帝命扶之。」

「恂」字箋：「漢宣帝諱」，而不知宣帝諱「詢」，荀悦曰：「詢之字曰謀。」非「恂」也。「衎」字箋：「漢平帝諱」，而不知平帝諱「衎」，荀悦曰：「衎之字曰樂。師古曰：衎音口旱反。」非「衎」也。

後漢書劉虞傳：「故吏尾敦，於路劫虞首歸葬之。」〔一〕注：尾姓，敦名。引之云：「後漢尾敦路劫劉虞首歸之莽。」若以「敦路」爲人名，而又以「莽」爲「莽」，是劉幽州之首，竟歸之於王莽也。

〔一〕後漢書一〇三。

左氏成六年傳：「韓獻子曰：『易覯則民愁，民愁則墊隘。』」説文「⿱雨執」、「墊」二字兩引之，而一作「阸」者，古「隘」、「阸」二字通用也。箋乃云未詳何出。「野」下，引左傳「身横九野」，不知其當爲「九畝」；又穀梁傳之文，而非左氏也。

「鵲鶪醜，其飛也翪。」「翪」下。此爾雅釋鳥文。箋乃曰：「訓詞未詳，然非後人語。」「驠，馬白州也。」「驠」下。本之爾雅釋畜白州驠注：「州，竅也。謂馬之白尻者。」箋乃云：「未詳，疑誤。」

中國之稱夏尚矣，今以爲起於唐之夏州，地隣於夷，故華夷對稱曰華夏。「夏」下。然則書言「蠻夷猾夏」，語云：「夷狄之有君，不如諸夏之亡也。」其時已有夏州乎？又按夏州本朔方郡，赫連勃勃建都於此，自號曰夏，後魏滅之。而置夏州，亦不始於唐也。

云：「唐中晚詩文，始見『簿』字，前此無之。」「譜」下。不知孟子言：「孔子先簿正祭器。」〔一〕史記李廣傳：「急責廣之莫府對簿。」張湯傳：「使使八輩簿責湯。」〔二〕孫寶傳：「御史大夫張忠，署寶主簿。」〔三〕續漢輿服志〔四〕：「每出，太僕奉駕上鹵簿。」馮異傳：「光武署異爲主簿。」〔五〕而劉公幹詩已云：「沈迷簿領書，回回目昏亂」矣。

〔一〕萬章下。

〔二〕史記一〇九、一二二。

〔三〕漢書七七。

〔四〕「續漢」，潘本作「後漢」。下文金石録條亦作「後漢」。卷三九輿服上。

〔五〕後漢書四七。

「毦」字云「字不見經」。若言五經，則不載者多矣，何獨「毦」字；若傳記史書，則此字亦非隱僻。晉語「被羽先升」注：「繫於背，若今將軍負毦矣。」〔一〕魏略：「劉備性好結毦。」〔二〕吳志甘寧傳：「負毦帶鈴。」〔三〕梁劉孝儀和昭明太子詩：「山風亂采毦，初景麗文轅。」

〔一〕國語七晉語一。今，韋昭時。

〔二〕三國志蜀志五諸葛亮傳引。

〔三〕三國志吳志十。

「禰衡爲鼓史，作漁陽摻撾，『摻』乃『操』字。」「操」下。按後漢書〔一〕：「衡方爲漁陽參撾，蹀躞而前。」注引文士傳作「漁陽參摥」。王僧孺詩云：「散度廣陵音，參寫漁陽曲。」自注云：「參，音七紺反，乃曲奏之名。」〔二〕後人添「手」作「摻」。後周庾信詩：「玉堦風轉急，長城雪應闇。新綬始欲縫，細錦行須篸。聲煩廣陵散，杵急漁陽摻。」隋煬帝詩：「今夜長城下，雲昏月應暗。誰見倡樓前，心悲不成摻。」〔三〕唐李頎詩：「忽然更作漁陽摻，黄雲蕭條白日暗。」正音七紺反。今以爲「操」字，而又倒其文，不知漢人書「操」，固有借作「摻」者，而非此也。

〔一〕後漢書一一〇下文苑。
〔二〕詩紀梁一五。王僧孺詩及自注，皆賢注所引。
〔三〕詩集隋一。

「叩，京兆藍田鄉。」箋云：「地近京口，故从口。」〔一〕「叩」下。夫藍田乃今之西安府屬，而京口則今之鎮江府，此所謂風馬牛不相及者。凡此書中會意之解，皆「京口」之類也。

〔一〕説文長箋一百。

寸，十分也。漢書律曆志：「一黍爲一分，十分爲一寸。」〔一〕本無可疑，而增其文曰：「析寸爲分，當言十分尺之一。」「寸」下。夫古人之書，豈可意爲增改哉？

〔一〕漢書廿一上。

五經古文

趙古則六書本義〔一〕序曰：「魏晉及唐，能書者輩出，但點畫波折，逞其姿媚，而文字破碎，然猶賴六經之篆未易。至天寶間，詔以隸法寫六經，於是其道盡廢。」以愚考之，其説殆不然。按漢書藝文志曰：「尚書古文經四十六卷。」又曰：「孝經古孔氏一篇，皆出孔氏壁中。」又曰：「有中古文易經。」〔二〕而不言其所出。後漢儒林傳言：「東萊費直傳易，授琅邪王横，本以古字，號古文易。」〔三〕又曰：「禮古經五十六卷，春秋古經十二篇，論語古二十一篇。」但言古，不言文。而赤眉之亂，則已焚燒無遺。後漢書杜林傳曰：「林前於西州得漆書古文尚書一卷，常寶愛之，雖遭艱困，握持不離身。出以示衛宏、徐巡曰：『林流離兵亂，常恐斯經將絶，何意東海衛子、濟南徐生，復能傳之，是道竟不墜於地也。古文雖不合時務，然願諸生無悔所學。』宏、巡益重之，於是古文遂行。」〔四〕是東京古文之傳，惟尚書而已。晉書衛恒傳言：「魏初傳古文者，出於邯鄲淳，至正始中立三字石經，轉失淳法，因科斗之名，遂效其形。」〔五〕後漢書儒林傳，誤以三體書法爲熹平所刊。未知所立幾經。而唐初魏徵等作隋書經籍志，但有三字石經尚書五卷、三字石經春秋三卷〔六〕，注云：梁有十二卷。則他經亦不存矣。册府元龜〔七〕：唐玄宗天寶三載詔曰：「朕欽惟載籍，討論墳典，以爲先王令範，莫越於唐虞；上古遺書，實稱於訓誥。雖百篇奥義，前代或亡，而六體奇文，舊規猶在。但以古先所制，有異於當今；傳寫浸訛，有疑於後學。永言刊革，必在從宜。尚書應是古體文字，並依今字繕寫施行，其舊本仍藏之書府。」是玄宗所改，亦止於古文尚書，而不聞有他經也。夫諸經古文之亡，其已久矣。今謂五經皆有古文，而玄宗改之以今，豈其然乎？

〔一〕趙撝謙，原名古則，明初人。六書本義十二卷，四庫小學類二。
〔二〕漢書三十。
〔三〕後漢書一〇九。
〔四〕後漢書五七。
〔五〕晉書三六。
〔六〕隋書三二末。

〔七〕册府元龜五十帝王部崇儒術二。

孔安國書序曰：「科斗書廢已久，時人無能知者，以所聞伏生之書，考論文義，定其可知者爲隸古定，正義曰：「就古文體，而從隸定之，故曰隸古。以雖隸而猶古也。」更以竹簡寫之。」是則西漢之時，所云古文者，不過隸書之近古，而共王所得科斗文字，久已不傳。玄宗所謂六體奇文，蓋正始之書法也。

宋晁公武古文尚書序曰：「余抵少城，作石經考異之餘，因得此古文全編於學宫。乃延士張㚟倣吕氏所鏤本書丹刻諸石，方將配孝經、周易經文之古者，附於石經之列。」末書「乾道庚寅」〔一〕。今其石當已不存，而搴本亦未見傳之人間也。世無好古之人，雖金石其能保與？今有廣信楊時喬所刻周易古文，恐亦後人以意爲之，不必有所受也。

〔一〕曹學佺蜀中廣記九一。

急就篇〔一〕

漢魏以後，童子皆讀史游急就篇。晉夏侯湛抵疑鄉曲之徒，一介之士，曾諷急就，習甲子。魏書崔浩表言：太宗即位元年，敕臣解急就章〔二〕。劉芳撰急就篇續注音義證三卷〔三〕。陸暐擬急就篇爲悟蒙章〔四〕，又書家亦多寫急就篇。晁氏讀書記曰：自昔善小學者，多書急就章。故有鍾繇、皇象、衛夫人、王羲之所書，傳于世〔五〕。魏書崔浩傳：「浩既工書，人多託寫急就章。從少至老，初不憚勞，所書蓋以百數。」〔六〕儒林傳：「劉蘭始入小學，書急就篇，家人覺其聰敏。」〔七〕北齊書：「李繪六歲，未入學，伺伯姊筆牘之閒，輒竊用，未幾遂通急就章。」〔八〕「李鉉九歲入學，書急就篇，月餘便通。」〔九〕自唐以下，其學漸微。明初武官誥敕，用二十八宿編號。永樂中字畫，奉旨用漢急就章字。

〔一〕此是各史急就篇索引。
〔二〕魏書三五。
〔三〕魏書五五。
〔四〕魏書四十。
〔五〕晁氏郡齋讀書志四。
〔六〕魏書三五。
〔七〕魏書八四。
〔八〕北齊書二九。
〔九〕北齊書四四。

千字文〔一〕

千字文元有二本。梁書周興嗣傳曰：「高祖以三橋舊宅爲光宅寺，敕興嗣與陸倕製碑。及成，俱奏，高祖用興嗣所製者。自是銅表銘、栅塘碣、北伐檄、次韻王羲之書千字，並使興嗣爲之。」〔二〕蕭子範傳曰：「子範除大司馬南平王户曹屬從事中郎，使製千字文。其辭甚美，命記室蔡薳注釋之。」〔三〕舊唐書經籍志：「千字文一卷，蕭子範撰；又一卷，周興嗣撰。」〔四〕是興嗣所次者，一千字文，而子範所製者，又一千字文也。陳書沈衆傳：「是時梁武帝制千字詩，衆爲之注解。」〔五〕是又不獨興嗣、子範二人矣。乃隋書經籍志云：「千字文一卷，梁給事郎周興嗣撰；千字文一卷，梁國子祭酒蕭子雲注。」〔六〕梁書本傳謂子範作之，而蔡薳爲之注釋，今以爲子雲注，子雲乃子範之弟，則異矣。宋史李至傳〔七〕言：「千字文乃梁武帝得鍾繇書破碑千餘字，命周興嗣次韻而成。」山堂考索同〔八〕。本傳以爲王羲之，而此又以爲鍾繇，則又異矣。隋書、舊唐書〔九〕志又有演千字文五卷，不著何人作〔十〕。隋書文苑傳〔十一〕：「秦于俊令潘徽爲萬字文。」

〔一〕初刻七之十八，只有前段。此是千字文索引。
〔二〕梁書四九。
〔三〕梁書三五。
〔四〕舊唐書四六。
〔五〕陳書十八。
〔六〕隋書三二，小學類。
〔七〕宋史二六六。
〔八〕初刻注僅有此節。
〔九〕此「書」字，潘本有，初刻本無。
〔十〕隋書三三。
〔十一〕隋書七六文學潘徽傳。不名「文苑」。

淳化帖，有漢章帝書百餘字，皆周興嗣千字文中語。東觀餘論曰：「此書非章帝，然亦前代人作，但録書者，集成千字中語耳。」〔一〕歐陽公疑以爲漢時學書者，多爲此語，而後村劉氏遂謂千字文非梁人作，誤矣。黄魯直跋章草千字文曰：「章草言可以通章奏耳。」〔二〕非章帝書也。

〔一〕東觀餘論上。
〔二〕山谷集別集十一。

草書

褚先生補史記三王世家曰：「至其次序分絶，文字之上下，簡之參差長短，皆有意，人莫之能知，謹論次其真草詔書，編于左方。」〔一〕是則褚先生親見簡策之文，而孝武時詔即已用草書也。魏志劉廙傳：「轉五官將文學。文帝器之，令廙通草書。」〔二〕則漢魏之間，箋啓之文，有用草書者矣。晉書郄鑑傳：「帝以鑑有器望，萬機動靜，輒問之，乃詔特草上表疏，以從簡易。」〔三〕故草書之可通於章奏者，謂之章草。

〔一〕補史記六十。
〔二〕三國志魏志廿一。
〔三〕晉書六七。

趙彦衛雲麓漫鈔〔一〕言：「宣和中，陝右人發地得木簡，字皆章草，乃永初二年發夫討畔羌檄。米元章帖言，章草乃章奏之章。今考之，既用於檄，則理容概施於章奏。蓋小學家流，自古以降，日趨於簡便，故大篆變小篆，小篆變隸。比其久也，復以隸爲繁，則章奏文移，悉以章草從事，亦自然之勢。張懷瓘書斷〔二〕曰：「章草者，漢黄門令史游所作也。」王愔云：「漢元帝時，史游作急就章，解散隸體。漢俗簡惰，漸以行之。」是也。此又一説。故雖曰草，而隸筆仍在，良繇去隸未遠故也。右軍作草，猶是其典刑，故不勝爲冗筆。逮張旭、懷素輩出，則此法掃地矣。」

〔一〕雲麓漫鈔七。

〔二〕書斷一章草。

北齊趙仲將，學涉群書，善草隸，雖與弟書，字皆楷正。云：草不可不解，若施之於人，似相輕易；若與當家中卑幼，又恐其疑；是以必須隸筆。唐席豫性謹，雖與子弟書疏，及吏曹簿領，未嘗草書。謂人曰：「不敬他人，是自不敬也。」或曰：「此事甚細，卿何介意？」豫曰：「細猶不謹，而況巨邪！」柳仲郢手鈔九經、三史，下及魏晉南北諸史，皆楷小精真，無行字。宋劉安世終身不作草字，書尺牘未嘗使人代。張觀平生書必爲楷字，無一行草，類其爲人。古人之謹重如此。舊唐書：「王君廓爲幽州都督，李玄道爲長史。君廓入朝，玄道附書與其從甥房玄齡。君廓私發之，不識草字，疑其謀己，懼而奔叛。玄道坐流嶲州。」〔一〕夫草書之釁，乃至是邪〔二〕！

〔一〕舊唐書七二。

〔二〕皆草書典故。

金石録

金石録有宋公䜌餗鼎銘云：「按史記世家，宋公無名䜌者，莫知其爲何人。今考左傳，宋元公之太子欒，嗣位爲景公。漢書古今人表，有宋景公兜欒。而史記宋世家元公卒，子景公頭曼立。是兜欒之音，訛爲頭曼，而宋公䜌即景公也。」〔一〕宗均之誤爲「宋」，不必證之碑及黨錮傳，即南蠻傳云：「會援病卒，謁者宗均，聽悉受降，爲置吏司，群蠻遂平。」〔二〕事與本傳合，而南蠻傳作「宗」，本傳作「宋」，其誤顯然，注未及正。黨錮傳注：宗資字叔都，南陽安衆人。祖父均，自有傳〔三〕。

〔一〕金石録十一。
〔二〕後漢書一一六。
〔三〕後漢書九七。

房彦謙高祖法壽，自宋歸魏，封壯武侯，子孫承襲。魏、隋、唐三書皆同，獨碑作「莊武」。按漢膠東國有壯武縣，文帝封宋昌爲壯武侯。正義曰：「括地志云：壯武故城，在萊州即墨縣西六十里。」〔一〕後漢志：壯武故夷國。左傳隱元年，紀人伐夷是也。賈復傳：封膠東侯，食郁、秩、壯武等六縣〔二〕。晉張華亦封壯武侯。字並作「壯」，獨此碑與左傳杜氏注作「莊」〔三〕。

〔一〕史記十文紀，元年。
〔二〕後漢書四七。
〔三〕碑果作「莊」乎？抑迻録者作「莊」乎？

鑄印作減筆字

太原府徐溝縣有同戈驛，其名本取洞渦水。此水出樂平縣西四十里陡泉嶺，經平定州、壽陽、榆次至徐溝縣入汾。今徐溝縣北五里洞渦河，其陽有洞渦村是也。水經：「洞渦水出沾縣北山，西過榆次縣南，又西到晉陽縣南，西入於汾。」酈道元注：「劉琨之爲并州也，劉淵引兵邀擊之，合戰于洞渦，即是水也。」〔一〕舊唐書昭宗紀：「天復元年四月，氏叔琮營于洞渦驛。」〔二〕五代史唐本紀同〔三〕。新唐書地理志：「太原郡有府十八，其一曰洞渦。」〔四〕宋史曹彬傳：「爲前軍都監，戰洞渦河北。」〔五〕漢世家：「李繼勳敗繼恩兵於洞渦河。」〔六〕唯魏書地形志晉陽下云：「同過水出木瓜嶺，一出沾嶺，一出大廉山，一出原洞祠下，五水合道，故曰同過。西南入汾。」〔七〕則又作「同過」，字異。又按上文止四水，或有脱漏。後人減筆借書「同戈」字，而今鑄印遂作「同戈」。以減借之字，登於印文，又不但馬文淵所言，成皋印點畫之訛而已〔八〕。

〔一〕水經注六洞渦水條。
〔二〕舊唐書二十上。
〔三〕舊五代史二六唐武皇紀下。新五代史四唐紀無。
〔四〕新唐書三九。
〔五〕宋史二五八。
〔六〕宋史四八二。
〔七〕魏書一〇六上。

〔八〕此是一篇「洞渦」索引。

今驛多用古地名者，洪武九年四月壬辰，以天下驛傳之名，多因俚俗，命翰林考古正之。如揚州府曰廣陵驛，鎮江府曰京口驛，凡改者二百三十二。徐溝無古地名，故以水名之。

畫〔一〕

古人圖畫皆指事爲之，使觀者可法可戒。上自三代之時，則周明堂之四門墉，有堯、舜之容，桀、紂之象，有周公相成王，負斧扆南面，以朝諸侯之圖。孔子家語。楚有先王之廟及公卿祠堂，圖畫天地山川神靈，琦瑋僪佹及古聖賢怪物行事。王逸楚辭章句〔二〕。秦漢以下，見於史者，如周公負成王圖，霍光傳〔三〕。成慶畫，景十三王傳〔四〕。猶言成慶圖，非成慶所畫也。紂醉踞妲己圖，敍傳〔五〕。屏風圖畫列女，宋弘傳〔六〕。戴逵畫南都賦圖世説〔七〕之類，未有無因而作。逮乎隋唐，尚沿其意。唐藝文志〔八〕所列：「漢王元昌畫漢賢王圖，閻立德畫文成公主降蕃圖、玉華宫圖、鬭雞圖，閻立本畫秦府十八學士圖、淩煙閣功臣二十四人圖，范長壽畫風俗圖、醉道士圖，王定畫本草訓戒圖，貞觀尚方令。檀智敏畫游春戲藝圖，振武校尉。殷敭〔九〕、韋無忝畫皇朝九聖圖、高祖及諸王圖、太宗自定輦上圖、開元十八學士圖，開元人。董蕚畫盤車圖，開元人，字重照。曹元廓畫後周北齊梁陳隋武德貞觀永徽間朝臣圖、高祖太宗諸子圖、秦府學士圖、凌煙圖，武后左尚方令。楊昇畫望賢宮圖、安禄山真，張萱畫伎女圖、乳母將嬰兒圖、按羯鼓圖、鞦韆圖，並開元館畫直。談皎畫武惠妃舞圖、佳麗寒食圖、佳麗伎女圖，韓幹畫龍朔功臣圖、姚宋及安禄山圖、相馬圖、玄宗試馬圖、寧王調馬打毬圖，大梁人，大府寺丞。陳宏畫安禄山圖、玄宗馬射圖、上黨十九瑞圖，永王府長史。王象畫鹵簿圖，田琦畫洪崖子橘木圖，德平子，汝南太守。竇師綸畫内庫瑞錦對雉鬬羊翔鳳游麟圖，字希言，太宗秦王府諮議，相國録事參軍，封陵陽公。韋鶠畫天竺胡僧渡水放牧圖，鑾子。周昉畫撲蝶、按箏、楊真人降真五星等圖，字景玄〔十〕。各一卷。」〔十一〕唐文粹有王藹記漢公卿祖二疏圖，舒元輿記桃源圖〔十二〕。通鑑蜀嘉州司馬劉贊獻陳後主三閣圖〔十三〕，皆指事象物之作。王維傳：「人有得奏樂圖，不知其名。維視之曰：『此霓裳第三疊第一拍也。』好事者集樂工按之無差。」〔十四〕自實體難工，空摹易善，於是白描山水之畫興，而古人之意亡矣。

〔一〕「畫圖」索引。

〔二〕楚辭三。
〔三〕漢書六八。
〔四〕漢書五三廣川王傳。
〔五〕漢書一〇〇上。
〔六〕後漢書五六宋弘傳。
〔七〕世説卷下之上巧藝。
〔八〕新唐書五九藝文志雜藝術類。
〔九〕「斅」即「操」字。
〔十〕以上各注，皆唐志注。
〔十一〕新唐書至此止。
〔十二〕唐文粹七七。
〔十三〕通鑑二七二後唐同光元年八月條。
〔十四〕舊唐書一九〇下。

宋邵博聞見後録云：「觀漢李翕、王稚子、高貫方墓碑，多刻山林人物，乃知顧愷之、陸探微、宗處士輩，尚有其遺法。至吴道玄絶藝入神，然始用巧思，而古意少減矣。况其下者。」〔一〕此可爲知者道也。

〔一〕聞見後録二七。

宋徽宗崇寧三年，立畫學，考畫之等。以不倣前人，而物之情態形色俱若自然，筆韻高簡爲工。此近於空摹之格，至今尚之。

謝在杭五雜俎〔一〕曰：「自唐以前，名畫未有無故事者。蓋有故事，便須立意結構，事事考訂，人物衣冠制度，宮室規模大略，城郭山川形勢向背，皆不得草草下筆。非若今人任意師心，鹵莽滅裂，動輒託之寫意而止也。余〔二〕觀張僧繇、展子虔、閻立本輩，皆畫神佛變相，星曜真形。至如石勒、竇建德、安禄山有何足畫？而皆寫其故實。其他如懿宗射兔，貴妃上馬，後主幸晉陽，華清宮避暑，不一而足。上之則神農播種，堯民擊壤，老子度關，宣尼十哲；下之則商山采芝，二疏祖道，元達鏁諫，葛洪移居。如此題目，今人卻不肯畫，而古人爲之，轉相沿倣。蓋繇所重在此，習以成風，要亦相傳法度易於循習耳。」

〔一〕五雜俎七人部。

〔二〕余，謝自稱。

古器

洪氏隨筆謂彝器之傳，春秋以來，固已重之，如郜鼎紀甗之類，歷歷可數〔一〕。不知三代逸書之目，湯有典寶，武有分器〔二〕。而春官有典庸器之職，祭祀出而陳之，則固前乎此矣。故夏后氏之璜，封父之繁弱，密須之鼓，闕鞏之甲，班諸魯公、唐叔之國〔三〕，而赤刀、弘璧、天球、河圖之屬，陳設於成王之顧命者，又天子之世守也。然而來去不恒，成虧有數，是以寶珪出河，左傳昭二十四年。九鼎淪泗，武庫之劍，穿屋而飛〔四〕，越絶書亦載湛盧去吴事。殿前之鐘，感山而響，銅人入夢，鐘虡生毛〔五〕，則知歷世久遠，能爲神怪，亦理之所必有者。隋書文帝開皇九年四月，毁平陳所得秦漢三大鐘，越二大鼓〔六〕。十一年正月丁酉，以平陳所得古器，多爲禍變，悉命毁之〔七〕。而大金國志〔八〕載：海陵正隆三年，詔毁平遼、宋所得古器，亦如隋文之言。蓋皆恣睢不學之主，而古器之銷亡，爲可惜矣。

〔一〕容齋隨筆十古彝器條，此引太略。
〔二〕「典寶」在湯誓後，「分器」在洪範後。
〔三〕璜、繁弱，見定公四年；鼓、甲，見昭公十五年。

〔四〕宋劉敬叔異苑卷二。
〔五〕漢書廿五下郊祀志。
〔六〕北史十一隋紀。隋書無。
〔七〕隋書二，北史十一。
〔八〕大金國志十四。

讀李易安題金石録，引王涯、元載之事，以爲「有聚有散，乃理之常，人亡人得，又胡足道？」未嘗不歎其言之達。而元裕之好問作故物譜〔一〕，獨以爲不然。其説曰：「三代鼎鍾，其初出於聖人之制，今其欵識故在。不曰『永用享』，則曰『子子孫孫永寶用』。豈聖人者，超然遠覽，而不能忘情於一物邪？自莊周、列御寇之説出，遂以天地爲逆旅，形骸爲外物，雖聖哲之能事，有不滿一吷者，況外物之外者乎？然而彼固未能寒而忘衣，饑而忘食也。則聖人之道，所謂備物以致用，守器以爲智者，其可非也邪？」已上隱括元氏之文。春秋之於寶玉、大弓，竊之書，得之書〔二〕。知此者，可以得聖人之意矣。

〔一〕遺山文集三九。
〔二〕定公八年、定公九年。

日知録校注卷二十二

四海

書正義言：天地之勢，四邊有水。鄒衍書言：九州之外，有大瀛海環之〔一〕。是九州居水内，故以州爲名。「州」古「洲」字。然五經無西海、北海之文，而所謂四海者，亦概萬國而言之爾。禮記祭義：推而放諸西海而準，推而放諸北海而準。亦是概言之海。至左傳齊桓公言：「寡人處北海」，則直指齊地。而孟子言：「伯夷辟紂，居北海之濱。」唐時以濰州爲北海郡，而昌樂縣遂有伯夷廟。爾雅：九夷、八蠻、六戎、五狄，謂之四海〔二〕。周禮校人：凡將有事于四海山川。注：四海猶四方也。則海非真水之名。易卦兑爲澤，而不言海。禮記鄉飲酒義曰：「祖天地之左海也」，則又以見右之無海矣。史記日者傳：「地不滿東南，以海爲池。」〔三〕虞書禹言：「予決九川，距四海。」據禹貢但有一海，而南海之名，猶之西河，即此河爾。

〔一〕史記七四。
〔二〕爾雅中釋地。
〔三〕史記一二七。

禹貢之言海有二：「東漸于海」，實言之海也；「聲教訖于四海」，概言之海也。

宋洪邁謂海一而已，地勢西北高，東南下，所謂東北南三海，其實一也。北至於青、滄則曰北海，南至於交、廣則曰南海，東漸吳、越則曰東海，無繇有所謂西海者。詩、書、禮經之稱四海，蓋引類而言之。至于莊子所謂「窮髮之北有冥海」，及屈原所謂「指西海以爲期」，皆寓言爾。程大昌謂條支之西有海，先漢使固嘗見之，而載諸史。史記大宛傳：「于寘之西，則水皆西流注西海。」又曰：「奄蔡在康居西北可二千里，臨大澤無崖，蓋乃北海云。」〔一〕漢書西域傳：「條支國臨西海。」〔二〕後漢班超又遣甘英輩親至其地。而西海之西，又有大秦夷人，與海商皆常往來。霍去病封狼居胥山，其山實臨瀚海。蘇武、郭吉皆爲匈奴所幽，寘諸北海之上。而唐史又言，突厥部北海之北，有骨利幹國，在海北岸。然則詩、書所稱四海，實環華裔〔三〕而四之，非寓言也。然今甘州有居延海，西寧有青海，雲南有滇海，安知漢、唐人所見之海非此類邪？

〔一〕史記一二三。
〔二〕漢書九六上。
〔三〕「華裔」原作「夷夏」。

九州〔一〕

「九州」之名始見於禹貢〔二〕。祭法：共工氏之霸九州也，其子曰后土，能平九州。此前乎禹而有九州之名〔三〕。周禮職方氏疏曰：自神農以上，有大九州：柱州、迎州、神州之等。至黃帝以來，德不及遠，惟於神州之内，分爲九州。史記孟子荀卿傳〔四〕：「騶衍言，中國名曰赤縣神州。赤縣神州内，自有九州，禹之序九州是也，不得爲州數。中國外如赤縣神州者九，乃所謂九州也。」〔五〕蓋天下有九州，古之帝者皆治之。後世德薄，止治神州。神州者，東南一州也。河圖括地象：東南神州，正南印州，西南戎州，正西弇州，正中冀州，西北柱州，北方玄州，東北咸州，正東揚州。淮南子墬形訓同，而以西北爲台州，正北爲泲州，東北爲薄州，正東爲陽州。隋書北郊之制，有神州、迎州、冀州、戎州、拾州、柱州、營州、咸州、陽州〔六〕。唐初，房玄齡與禮官議，以爲神州者，國之所記，餘八州，則義不相及。遂除迎州等八座，惟祭皇地祇及神州。此荒誕之説，固無足采。然中國之大，亦未有窮其涯域者。尹耕兩鎮志，引漢書地理志言，黃帝方制萬里，畫埜分州，得百里之國萬區，而疑不盡於禹九州之内。且曰：以今觀之，涿鹿，今保安州。東北之極陬也，而黄帝以之建都；釜山，在懷來城北。塞上之小山也，而黄帝以之合符。則當時藩國之在其西北者可知也。晉載記：「慕容廆以大棘城即帝顓頊之墟也，乃移居之。」〔七〕通典：「棘城在營州柳城東南一百七十里。」〔八〕秦漢以來，匈奴他部，如爾朱、宇文之類，往往祖黄帝，稱昌意後，亦一證也。按魏、周諸書，惟云魏之先出自黄帝軒轅氏。黄帝子曰昌意，昌意之少子受封北國。而爾朱氏無聞。宇文氏則云：其先出自炎帝神農氏。今舍拓跋而言爾朱、宇文，誤也。遼史言：耶律儼稱遼爲軒轅後〔九〕。厥後昌意降居，帝摯遜位。至於洪水之災，天下分絶，而諸侯之不朝者有矣。以書考之，禹别九州，而舜又肇十二州，其分爲幽、并、營者，皆在冀之東北，書〔十〕：「肇十有二州。」傳〔十一〕云：「肇，始也。禹治水之後，舜分冀州爲幽州、并州，分青州爲營州，始置十二州。」高誘注淮南子〔十二〕云：「古之幽都，在雁門以北。」〔十三〕必其前閉而後通，前距而後服者也。而此三州以外，則舜不得而有之矣。此後世幅員，所以止於禹迹九州之内，而天地之氣，亦自西北而趨於東南，日荒日闢，而今猶未已也。蔡仲默書傳，亦謂當舜之時，冀北之地，未必荒落如後世〔十四〕。騶子之言，雖不盡然，亦豈可謂其無所自哉。

〔一〕初刻八之一，只有前二段。

〔二〕初刻此句作：「尚書始於堯、舜，即有四海之名。」

〔三〕初刻無此注。

〔四〕史記七四。

〔五〕初刻無此注。

〔六〕隋書六禮儀志。初刻注自「隋書北郊之制」起。

〔七〕晉書一〇八。

〔八〕通典一七八州郡。此注初刻無。

〔九〕此注初刻無。

〔十〕舜典。

〔十一〕孔安國傳。

〔十二〕淮南子四墬形訓。

〔十三〕高誘一節，初刻無。

〔十四〕此注初刻無。

幽、并、營三州，在禹貢九州之外，先儒謂以冀、青二州地廣而分之，殆非也。孔安國、馬融并云。疏謂堯時青州當越海而有遼東，益無據〔一〕。幽則今涿、易以北，至塞外之地。書：流共工于幽洲。孟子作「州」。括地志云：在檀州燕樂縣界，今順天府密雲縣〔二〕。并則今忻、代以北，至塞外之地。營則今遼東大寧之地。其山川皆不載之禹貢，故靡得而詳。凡漢之上谷、漁陽、右北平、遼西、遼東山川皆不載之禹貢，惟碣石爲右北平驪城縣山，然此但島夷之貢道爾〔三〕。然而益、稷之書謂弼成五服至于五千，則冀方之北，不應僅數百里而止。遼史地理志言：幽州在渤、碣之間，并州北有代、朔，營州東暨遼海〔四〕。營衛志言：冀州以南，歷洪水之變，夏后始制城郭。其人土著而居。并、營以北，勁風多寒，隨陽遷徙，歲無寧居，曠土萬里〔五〕。或其說之有所本也。劉三吾書傳謂，孔氏以遼東屬青州，隔越巨海，道里殊遠，非所謂因高山大川以爲限之意。蓋幽、并、營三州，皆分冀州之地。又引歐陽忞輿地廣記，以遼東、營州屬冀州。今亦未有所考。

〔一〕疏一節，初刻無。
〔二〕此注初刻無。
〔三〕此注初刻無。以下初刻無。
〔四〕遼史三七。
〔五〕遼史三一。

禹畫九州在前，舜肇十二州在後。肇，始也。昔但有九州，今有十二州，自舜始也〔一〕。漢書地理志：「堯遭洪水，天下分絶，爲十二州，使禹治之，更制九州。」〔二〕與書「肇十有二州」之文不同，蓋漢人之説如此，故王莽據之爲奏。陳氏經曰：「禹貢之作，乃在堯時。至舜時乃分九州爲十二州。至夏之世，又并爲九州，故傳言貢金九牧。」竹書紀年：「帝舜三十三年，夏后受命于神宗，遂復九州。」〔三〕亦未可信。然則謂禹貢九州爲盡虞夏之疆域者疏矣。

〔一〕初刻此二行緊接上段「故靡得而詳」句。

〔二〕漢書二八上。

〔三〕竹書紀年上。

夏商以後，沿上世九州之名，各就其疆理所及而分之，故每代小有不同。周書、爾雅，各與禹貢不同。周禮量人：「掌建國之法，以分國爲九州。」曰分，則不循於其舊可知矣。周禮職方：「東北曰幽州，其山曰醫無閭，其澤曰豯養，川曰河泲，浸曰菑時。」醫無閭在今遼東廣寧衛。豯養澤，注云：在長廣，今山陽萊陽縣，已無迹可考。而青之菑時，兖之河泲，雜出於一條之中，殆不可據。

州有二名。舜典「肇十有二州」，禹貢「九州」，大名也。周禮大司徒：「五黨爲州。」州長注：「二千五百家爲州。」左傳僖十五年「晉作州兵」，宣十一年「楚子入陳，鄉取一人焉以歸，謂之夏州」。昭二十二年「晉籍談、荀躒帥九州之戎」。注：州，鄉屬也。五州爲鄉。哀四年「士蔑乃致九州之戎」。十七年「衛侯登城以望見戎州」。國語：「謝西之九州何如？」注：謝西有九州，二千五百家爲州。并小名也。陳祥道禮書〔一〕：「二百一十國謂之州，五黨亦謂之州。萬二千五百家謂之遂，一夫之閒，亦謂之遂。王畿謂之縣，五鄙亦謂之縣。」江、淮、河、濟謂之四瀆，而易坎爲水，爲溝瀆。大小之極，不嫌同名〔二〕。

〔一〕禮書二六。

〔二〕「州」字索引。

六國獨燕無後〔一〕

春秋之時，楚最彊；楚之官，令尹最貴；而其爲令尹者，皆同姓之親。至於六國已滅之後，而卒能自立以亡秦者，楚也。嘗考夫七國之時，人主多任其貴戚，如孟嘗、平原、信陵三公子毋論，楚之昭陽、昭奚恤、昭睢，韓之公仲、公叔，趙之公子成、趙豹、趙奢，齊之田嬰、田忌、田單，單之功至於復齊國。至秦，則不用矣。而涇陽、高陵之輩，猶以擅國聞，獨燕蔑有。子之之於王噲，未知其親疎，自昭王以降，無一同姓之見於史者。及陳、項兵起，立六國後，而孫心王楚、儋王齊、咎王魏，已而歇王趙、成王韓，惟燕人乃立韓廣。豈王喜之後無一人與？不然，燕人之哀太子丹，豈下於懷王，而忍亡之也？蓋燕宗之不振久矣。嗚呼！楚用其宗，而立懷王者楚也；燕用非其宗，而立韓廣者燕也。然則晉無公族而六卿分，秦無子弟而閻樂弒，魏削藩王而陳留篡于司馬，宋卑宗子而二帝辱于金人，皆是道矣。詩曰：「宗子維城，無俾城壞，無獨斯畏。」〔二〕人君之獨也，可不畏哉！

〔一〕初刻六之一。

〔二〕詩大雅板。

郡縣〔一〕

漢書地理志言：「秦并兼四海，以爲周制微弱，終爲諸侯所喪，故不立尺土之封，分天下爲郡縣，盪滅前聖之苗裔，靡有孑遺。」〔二〕後之文人祖述其説，以爲廢封建、立郡縣，皆始皇之所爲也。以余觀之，殆不然。左傳僖公三十三年，「晉襄公以再命命先茅之縣賞胥臣」。宣公十一年，「楚子縣陳」。十二年〔三〕，「鄭伯逆楚子之辭曰：『使改事君夷于九縣。』」注：楚滅諸小國，爲九縣〔四〕。十五年，「晉侯賞士伯以瓜衍之縣」。成公六年，「韓獻子曰：『成師以出，而敗楚之二縣。』」襄公二十六年，「蔡聲子曰：『晉人將與之縣以比叔向。』」三十年，「絳縣人或年長矣」。昭公三年，「二宣子曰：『晉之別縣不惟州。』」五年〔五〕，「薳啓彊曰：『韓賦七邑皆成縣也。』注：成縣賦百乘也。又曰：『因其十家九縣，其餘四十縣。』」十年，「叔向曰：『陳人聽命而遂縣之。』」二十八年，「晉分祁氏之田以爲七縣，分羊舌氏之田以爲三縣」。哀公十七年，「子穀曰：『彭仲爽，申俘也，文王以爲令尹，實縣申息。』」〔六〕晏子春秋：「昔我先君桓公，予管仲狐與穀，其縣十七。」〔七〕說苑：「景公令吏致千家之縣一於晏子。」〔八〕戰國策：「智過言於智伯曰：『破趙則封二子者各萬家之縣一。』」〔九〕史記秦本紀：「武公十年伐邽冀戎，初縣之。十一年初縣杜鄭。」〔十〕吳世家：「王餘祭三年，予慶封朱方之縣。」〔十一〕則當春秋之世，滅人之國者，固已爲縣矣。按昭二十九年傳，蔡墨言劉累遷于魯縣。則夏后氏已有縣之名。周禮小司徒：四甸爲縣〔十二〕，遂人：五鄙爲縣。縣士注：距王城三百里以外至四百里曰縣，亦作寰。國語：管子制齊，三鄉爲寰，寰有寰帥，十寰爲屬，屬有大夫。顏師古曰：「古書縣邑字皆作『寰』，以『縣』爲縣挂字。後人轉用爲州縣字，其縣挂之『縣』，又加『心』以別之也。」〔十三〕史記：吳王發九郡兵伐齊〔十四〕。范蜎對楚王曰：「楚南塞厲門，而郡江東。」甘茂謂秦王曰：「宜陽大縣，名曰縣，其實郡也。」春申君言於楚王曰：「淮北地邊齊，其事急，請以爲郡便。」匈奴傳言：趙武靈王置雲中、雁門、代郡，燕置上谷、漁陽、右北平、遼西、遼東郡以拒胡。又言魏有河西上郡以與戎界邊。則當七國之世，而固已有郡矣。哀公二年傳：「趙簡子誓曰：克敵者，上大夫受縣，下大夫受郡。杜氏注引周書作雒篇：千里百縣，縣有四郡。古時縣大而郡小。説文〔十五〕：周制：天子地方千里，分爲百縣，縣有四郡。至秦初置三十六郡，以監其縣。今按史記吴王及春申君之事，則郡之統縣，固不始於秦也〔十六〕。吴起爲西河守，馮亭爲上黨守，李伯爲代郡守。西門豹爲鄴令，荀況爲蘭陵令，城渾説楚新城令，衛有蒲守，韓有南陽假守，魏有安邑令。蘇代曰：「請以三萬户之都封太守，千户封縣令。」趙封馮亭亦云。而齊威王朝諸縣令長七十二人。則六國之未入於秦，而固已先爲守令長矣。故史言樂毅下齊七十餘城，皆爲郡縣。而齊湣王遺楚懷王書曰：「四國爭事秦，則楚爲郡縣矣。」張儀説燕昭王曰：「今時趙之於秦，猶郡縣也。」〔十七〕安得謂至始皇而始罷侯置守邪？傳稱禹會諸侯，執玉帛者萬國；至周武王，僅千八百國；春秋時見於經傳者百四十餘國，又并而爲十二諸侯，又并而爲七國；此固其勢之所必至。秦雖欲復古之制，一一而封之，亦有所不能。而謂罷侯置守之始於秦，則儒生不通古今之見也。

〔一〕初刻八之二，無中段，首段亦不盡同。
〔二〕漢書二八上。初刻則引漢書叙傳「三代損益」一段。
〔三〕應云「宣十二年」。
〔四〕初刻注九字作正文大書。
〔五〕應云「昭五年」。

〔六〕初刻此句作：「國語：管子制齊，三鄉爲縣，縣有縣帥，十縣爲屬，屬有大夫。」
〔七〕晏子七外篇第七。
〔八〕説苑二臣術。
〔九〕戰國策十八趙策。
〔十〕史記五。
〔十一〕史記三一。
〔十二〕初刻注至此止。
〔十三〕「縣」字索引。
〔十四〕「九郡」語見越絶書七，不見史記吴越世家。
〔十五〕説文六下邑部，郡。
〔十六〕初刻無此注。
〔十七〕「郡」字索引。

秦分天下爲三十六郡，其中西河、上郡，則因魏之故；雲中、雁門、代郡，則趙武靈王所置；上谷、漁陽、右北平、遼西、遼東郡，則燕所置。史記不志地理，而見之於匈奴之傳。孟堅志皆謂之秦置者，以漢之所承者秦，不言魏、趙、燕爾。

秦始皇議封建，實無其本。假使用淳于越之言而行封建，其所封者，不過如穰侯、涇陽、華陽、高陵君之屬而已，豈有建國長世之理。

秦始皇未滅二國〔一〕

古封建之國，其未盡滅於秦始皇者。衛世家言：「二世元年，廢衛君角爲庶人。」〔二〕是始皇時衛未嘗亡也。漢書地理志〔三〕：「始皇既并天下，猶獨置衛君，二世時乃廢爲庶人，凡四十世，九百年，最後絶。」〔四〕越世家言：「越以此散，諸侯子爭立，或爲王，或爲君，濱于江南海上，服朝于楚。」〔五〕秦始皇本紀言：「二十五年，王翦遂定荆江南地，降越君。」〔六〕漢興，有東海王摇，閩越王無諸之屬，如今世之土司。是越未嘗亡也。西南夷傳又言：「秦滅諸侯，唯楚苗裔尚有滇王。」〔七〕然則謂秦滅五等而立郡縣，亦舉其大勢然耳。

〔一〕初刻八之三。
〔二〕史記三七。
〔三〕漢書二八下。
〔四〕初刻無此注。

〔五〕史記四一。
〔六〕史記六。
〔七〕史記一一六。

漢王子侯〔一〕

漢王子侯之盛，無過哀、平之間。王莽傳：「五威將帥七十二人還奏事，漢諸侯王爲公者，悉上璽綬爲民。」〔二〕後漢書城陽恭王祉傳〔三〕：「莽篡立，劉氏爲侯者皆降稱子，食孤卿禄，後皆奪爵。」〔四〕後漢光武紀〔五〕：「建武二年十二月戊午，詔曰：『惟宗室列侯，爲王莽所廢，先靈無所依歸，朕甚愍之，其并復故國。若侯身已沒，屬所上其子孫見名，尚書封拜。』」是皆絶於莽而復封於光武之時。然漢書表、傳中，往往言王莽篡位絶，而表言：「安衆侯崇，居攝元年舉兵，爲王莽所滅。侯寵，建武二年，以崇從父弟紹封。十三年，侯松嗣，今見。」師古曰：「作表時見爲侯也。」〔六〕表言「今見」者，止此一人。是光武之時，侯身已沒者，其子孫亦但隨宜封拜而已。光武紀十三年下云：其宗室及絶國封侯者，凡一百三十七人。惟安衆之以故國紹封者，褒崇之忠，非通例也。又莽傳〔七〕云：「嘉新公國師以符命爲予四輔。明德侯劉龔，率禮侯劉嘉等，凡三十二人，皆知天命，或獻天符，或貢昌言，或捕告反寇〔八〕，諸劉與三十二人同宗共祖者勿罷，賜姓曰王。唯國師公以女配莽子，故不賜姓。」武五子傳：「廣陽王嘉以獻符命，封扶美侯，賜姓王氏。」〔九〕諸侯王表：「魯王閔，獻神書，言莽德，封列侯，賜姓王。」〔十〕「中山王成都獻書言莽德，封列侯，賜姓王。」〔十一〕王子侯表：「新鄉侯佟，莽傳作信鄉侯〔十二〕。元始五年，上書言莽宜居攝，莽篡位，賜姓王。」〔十三〕若此之類，光武豈得而復封之乎？又王子侯表序曰：「元始之際，王莽攝朝，僞褒宗室侯及王之孫焉。居攝而愈多，非其正，故弗録，旋踵亦絶。」又可見莽攝位之所封者，光武皆不紹封也。夫惟於親親之中而寓褒忠之意，則於安衆之封見之。後漢書卓茂傳云：「劉宣，字子高，安衆侯崇之從弟。知王莽當篡，乃變名姓，抱經書，隱避林藪。建武初乃出。光武以宣襲封安衆侯。」〔十四〕「宣」，或即「寵」之誤。又李通傳云：「永平中，顯宗幸宛，詔諸李隨安衆宗室會見。」〔十五〕注引謝承書曰：「安衆侯崇，長沙定王五代孫，與宗人討莽有功，隨光武河北破王郎。朝廷高其忠壯，策文嗟歎，以厲宗室。」以表計之，雖正是五代孫，而以紹封者爲名崇，殊爲舛錯，當以前漢表爲正。又劉隆傳〔十六〕曰：「隆字元伯，南陽安衆侯宗室也。王莽居攝中，隆父禮，與安衆侯崇，起兵誅莽。事泄，隆以年未七歲，故得免。」〔十七〕史文雖略，千載之下，可以情測也。此一代之大典，不可不論。

〔一〕初刻六之四，只有前二段。

〔二〕漢書九九中。

〔三〕後漢書四四。

〔四〕初刻無此注。

〔五〕後漢書一上。

〔六〕漢書十五上王子侯表。

〔七〕漢書九九中。

〔八〕「寇」原作「虜」。

〔九〕漢書六三。

〔十〕漢書十四。

〔十一〕漢書十四。

〔十二〕初刻無此注。

〔十三〕漢書十五下。

〔十四〕後漢書五五。

〔十五〕後漢書四五。

〔十六〕後漢書五二。

〔十七〕初刻注無劉隆傳一節。

武五子傳：「昌邑王賀廢，封爲海昏侯。薨，元帝復封賀子代宗爲海昏侯。傳子至孫，今見爲侯。」〔一〕表云：「賀以神爵三年薨，坐故行淫辟，不得置後。初元三年，釐侯代宗以賀子紹封，傳至孫，原侯保世嗣，傳至曾孫，侯會邑嗣，免。建武復封。」〔二〕是光武之復封，有此二人。安衆以褒忠，海昏以嘗居尊位故與？

〔一〕漢書六三。
〔二〕漢書十五下王子侯表。

功臣表：「蕭何九世孫禹，王莽始建國元年更爲蕭鄉侯。莽敗，絶。」「曹參十世孫宏，舉兵佐軍，本傳云：先降河北。詔封平陽侯，十一世侯曠嗣，今見。」〔一〕非光武之薄於酇侯而厚於平陽也，非有功不侯，高帝法也。

〔一〕漢書十六。「詔封」原作「紹封」。

紅陽侯王泓，以與諸劉結恩，父丹降爲將軍，戰死；見元后傳〔一〕。富平侯張純，以先來詣闕；見後漢書本傳〔二〕。皆得紹封，按功臣侯復封者三人，恩澤侯復封者四人。高昌侯董永，歸德侯襄，平昌侯王獲，三人，功狀無考。而周承休侯常自以周後。而杜憲、趙牧并以先降梁王，不得嗣。光武命功之典如此。

〔一〕漢書九八末。與諸劉結恩者丹父紅陽侯立，丹子泓封武桓侯。

〔二〕後漢書六五。

漢侯國

漢書地理志，京兆尹、左馮翊、右扶風，并無侯國〔一〕，以在畿内故也。然功臣侯表〔二〕有陽陵侯傅寬，高陵侯王虞人；恩澤侯表〔三〕有高陵侯翟方進，并左馮翊縣名。功臣侯表〔四〕，平陵侯蘇建，平陵侯范明友，右扶風縣名。而高陵下曰琅邪，二平陵下曰武當，則知此鄉名之同於縣者，而非三輔也。若後漢則新豐侯單超，新豐侯段熲，京兆縣。夏陽侯馮異，櫟陽侯景丹，臨晉侯楊賜，并左馮翊縣。好畤侯耿弇，槐里侯萬修，槐里侯竇武，槐里侯皇甫嵩，栒邑侯宋弘，郿侯董卓，并右扶風縣。而嵩傳云：「食槐里、美陽兩縣八千户。」〔五〕蓋東都之後，三輔同於郡國矣。

〔一〕漢書廿八上。

〔二〕漢書十六。

〔三〕漢書十八。

〔四〕漢書十七。

〔五〕後漢書一〇一。

地理志，侯國有注有不注，殆不可曉。意者班史亦仍前人之文，止據其時之見在者而書之乎？

都〔一〕

詩毛氏傳：下邑曰都。後人以爲人君所居，非也。帝王世紀：天子所宮曰都。釋名：都者，國君所居。考之經，則書之云「大都小伯」〔二〕，詩之云「在浚之都」，「作都于向」〔三〕者，皆下邑也。左傳曰：「先王之制，大都不過參國之一，中五之一，小九之一。」隱公元年。又曰：「邑有宗廟，先君之主曰都，無曰邑。」莊公二十八年。故晉二五言于獻公曰：「狄之廣莫於晉爲都。」謂蒲也、屈也。士伯謂叔孫昭子曰：「將館子於都。」謂箕也。公孫朝謂季平子曰：

「有都以衛國也。」謂成也。仲由爲季氏宰，將墮三都。謂郈也、費也、成也。萊章曰：「往歲克敵，今又勝都。」謂廩丘也。孟子：「王之爲都者，臣知五人焉。」謂平陸也。韓子：「衛嗣君以一都買一胥靡。」〔四〕謂左氏也。史記趙良勸商君歸十五都，灌園於鄙。秦封鞅商十五邑。秦王請藺相如，召有司案圖，指從此以往十五都予趙。齊王令章子將五都之兵，因北地之衆以伐燕。張儀説楚王，請效萬家之都，以爲湯沐之邑〔五〕。而陳恢見沛公亦曰：宛，大郡之都也。其名始於周禮小司徒：「九夫爲井，四井爲邑，四邑爲丘，四丘爲甸，四甸爲縣，四縣爲都。」注：四縣爲都，方四十里。而王之子弟所封，及公卿之采邑在焉。於是乎有都宗人、都司馬。其後乃爲大邑之稱耳。縣士注：距王城四百里以外至五百里曰都。故詩云：「彼都人士。」〔六〕禮記月令：「命農勉作，毋休于都。」而宰夫掌群都縣鄙之治。注：群都，諸采邑也。商子言：百都之尊爵厚禄。史記，信陵君之諫魏王，謂所亡於秦者，大縣數十，名都數百〔七〕。則皆小邑之稱也。三代以上，若湯居亳，太王居邠，并言居，不言都。至秦始皇始言：吾聞周文王都豐，武王都鎬。豐、鎬之間，帝王之都也。而項羽分立諸侯王，遂各以其所居之地爲都。王莽下書言周有東都、西都之居，而以雒陽爲新室東都，常安爲新室西都。莽改長安曰常安。後世因之，遂以古者下邑之名，爲今代京師之號，蓋習而不察矣。

〔一〕「都」字索引。
〔二〕尚書立政。
〔三〕詩鄘風干旄、小雅十月之交。
〔四〕韓非子卷九内儲説上。
〔五〕戰國策十四。
〔六〕詩小雅都人士。
〔七〕史記四四。

史記商君傳：「築冀闕宮庭於咸陽，秦自雍徙都之，而集小都鄉邑聚爲縣，置令丞，凡三十一縣。」〔一〕上都國都之都，下都都鄙之都。史文兼古今語。

〔一〕史記六八。

漢書晁錯傳言：「憂勞百姓，列侯就都。」〔一〕是以所封國邑爲都。後漢書安帝紀：「徙金城郡，都襄武。」〔二〕龐參傳：「燒當羌種號多等皆降，始復得還都，令居。」〔三〕是以郡治爲都。而食貨志〔四〕言「長安及五都」，以雒陽、邯鄲、臨菑、宛、成都爲五都，而長安不與焉。此又所謂通邑大都，居一方之會者也。如張衡南都賦、徐幹齊都賦、劉邵趙都賦、庾闡揚都賦。若後世國都之名，專於天子，而諸侯王不敢稱矣。

〔一〕漢書四九。
〔二〕後漢書五。
〔三〕後漢書八一。
〔四〕漢書廿四下食貨志下。

史記：「孝景中三年，軍東都門外。」〔一〕此時未有東都，其曰東都門，猶言東郭門也。程大昌以爲自此出雒陽東都者非。三輔黃圖：長安城東出北頭第一門曰宣平門，民間所謂東都門。

〔一〕史記一一。

鄉里〔一〕

以縣統鄉，以鄉統里。備書之者：史記：「老子，楚苦縣厲鄉曲仁里人。」〔二〕槜里子室在昭王廟西渭南陰鄉樗里。是也。書縣里而不言鄉：史記：「高祖沛豐邑中陽里人。」〔三〕應劭曰：「沛，縣也。豐，其鄉也。」聶政，軹深井里人。淳于意師臨菑元里公乘陽慶。漢書：「衛太子亡至湖泉鳩里。」〔四〕是也。亦有書鄉而不言里：史記：「陳丞相平，陽武户牖鄉人。」〔五〕王翦，頻陽東鄉人。是也。

〔一〕「鄉里」索引。初刻六之五，無注。
〔二〕史記六三。
〔三〕史記八。
〔四〕漢書六三武五子戾太子傳。衛皇后生，故曰衛太子。
〔五〕史記五六。

古時鄉亦有城。漢書朱邑傳，其子葬之桐鄉西郭外〔一〕。

〔一〕漢書八九循吏傳。

都鄉〔一〕

集古録，宋宗慤母夫人墓誌：「涅陽縣都鄉安衆里人。」又云：「窆于秣陵縣都鄉石泉里。」〔二〕都鄉之制，前史不載。按「都鄉」，蓋即今之「坊廂」也。漢濟陰太守孟郁堯廟碑：「成陽仲氏屬〔三〕都鄉高相里。」

〔一〕初刻六之六。

〔二〕集古録卷四。

〔三〕「屬」，初刻、潘刻均作「居」。

都鄉侯〔一〕

後漢封國之制，有鄉侯，有都鄉侯。傳中言都鄉侯者甚多：皇甫嵩封槐里侯，忤中常侍趙忠、張讓，削户六千，更封都鄉侯。具瑗有罪，詣獄謝，上還東武侯印綬，上文作東武陽侯。

詔貶爲都鄉侯。是都鄉侯在列侯之下也。趙忠以與誅梁冀功，封都鄉侯。單超傳但言鄉侯，今從本傳。延熹八年，貶爲關内侯。本傳作關中侯，今從單超傳〔二〕。是都鄉侯在關内侯之上也。關内侯無食邑，如淳以爲但爵其身，見史記高后紀注〔三〕。吴志：「孫賁封都亭侯，子鄰嗣，進封都鄉侯。」〔四〕是都鄉侯在都亭侯之上。良賀卒，帝封其養子爲都鄉侯，三百户。是都鄉侯所食之户數也。梁冀得罪，徙封比景都鄉侯，是都鄉侯亦必有所封之地，而不言者，史略之也。鄉侯、都亭侯、亭侯，或言地，或不言地，亦同此。皇后紀「都亭侯」注：「凡言都亭者，並城内亭也。」〔五〕宋書百官志：「縣侯第三品，鄉侯第四品，亭侯第五品，關内侯第六品。」〔六〕而無都鄉侯、都亭侯〔七〕。

〔一〕初刻六之七。
〔二〕後漢書一〇八。
〔三〕史記九。
〔四〕三國志吳志六。
〔五〕後漢書十下。
〔六〕宋書二十。
〔七〕初刻注獨無宋書一節。

封君

七國雖稱王，而其臣不過稱君，孟嘗君、平原君、信陵君、春申君是也。秦則有稱侯者，如穰侯、應侯、文信侯，而蔡澤但爲剛成君。漢興，列侯曰侯，關内侯曰君。孔霸以師賜爵關内侯，號褒成君，其薨也，謚曰列君。孔光傳〔一〕。

〔一〕漢書八一。

圖〔一〕

宋時登科録，必書某縣某鄉某里人。蕭山縣志曰：「改鄉爲都，改里爲圖，自元始。」嘉定縣志曰：「圖，即里也。不曰里而曰圖者，以每里册籍首列一圖，故名曰圖。」是矣。今俗省作「啚」。謝少連作歙志，乃曰：「啚，音鄙。左傳都鄙有章，即其立名之始。」〔二〕趙宧光亦曰：「都鄙，本作『啚』，俗誤讀圖。」其説鑿矣〔三〕。

〔一〕初刻六之八，無注。

〔二〕謝陛萬曆歙志表卷一。

〔三〕似是而非之説最害事。

亭〔一〕

秦制，十里一亭，十亭一鄉。風俗通〔二〕曰：「漢家因秦，大率十里一亭。亭，留也。蓋行旅宿會之所。」〔三〕以今度之，蓋必有居舍，如今之公署。鄭康成周禮遺人注曰：「若今亭有室矣。」故霸陵尉止李廣宿亭下。張禹奏請平陵肥牛亭部處，上以賜禹，徙亭它所。而漢書注云：「亭有兩卒，一爲亭父，掌開閉掃除；一爲求盜，掌逐捕盜賊。」任安先爲求盜、亭父，後爲亭長。是也。晉時有亭子。劉卞爲縣小吏，功曹銜之，以他事補亭子。又必有城池，如今之村堡。今福建、廣東，凡巡司皆有城。韓非子：「吳起爲魏西河守。秦有小亭臨境，起攻亭，一朝而拔之。」〔四〕漢書：「息夫躬歸國，未有第宅，寄居丘亭。姦人以爲侯家富，常夜守之。」〔五〕匈奴傳：「見畜布野而無人牧者，怪之，乃攻亭。」〔六〕後漢書公孫瓚傳：「卒逢鮮卑數百騎，乃退入空亭。」〔七〕是也。減宣怒其吏成信，信亡，藏上林中。宣使郿令將吏卒闌入上林中蠶室門，攻亭，格殺信。是上林中亦有亭也。又必有人民，如今之鎮集。漢封功臣有亭侯，是也。亦謂之下亭，風俗通：「鮑宣州牧行部多宿下亭。」〔八〕是也。其都亭，則如今之關廂。司馬相如往臨邛，舍都亭。史記索隱〔九〕曰：「郭下之亭也。」漢書注師古曰：「臨邛所治都之亭。後漢陳寔嘗爲都亭刺佐。」〔十〕嚴延年母止都亭，不肯入府。何竝斬王林卿奴頭，并所剥建鼓置都亭下。後漢書：「陳王寵有彊弩數千張，出軍都亭。」「會稽太守尹興，使陸續於都亭賦民饘粥。」「酒泉龐娥刺殺讐人於都亭。」〔十一〕吳志：「魏使邢貞拜權爲吳王，權出都亭侯貞。」〔十二〕是也。京師亦有都亭。後漢書：張綱埋其車輪於雒陽都亭〔十三〕。竇武召會北軍五校士屯都亭。何進率左右羽林五營士屯都亭〔十四〕。王喬爲葉令，帝迎取其鼓置都亭下〔十五〕。是也。蔡質漢儀：雒陽二十四街，街一亭；十二城門，門一亭；人謂之旗亭。史記三代世表，褚先生言：「與方士考功會旗亭下。」〔十六〕是也。西京賦曰：「旗亭五重。」薛綜注：「旗亭，市門樓也，立旗於其上，故取名焉。」後代則但有郵亭、驛亭之名，而失古者居民之義矣。晉書載記：「慕容垂請入鄴城拜廟，苻丕不許，乃潛服而入。亭吏禁之，垂怒，斬吏燒亭而去。」〔十七〕是晉時尚有亭名〔十八〕。

〔一〕「亭」字索引。初刻六之九。

〔二〕風俗通佚文二。

〔三〕初刻無此注。
〔四〕韓非子卷九内儲説上。
〔五〕漢書四五。
〔六〕漢書九四。
〔七〕後漢書一〇三。
〔八〕風俗通四。
〔九〕史記一一七。
〔十〕初刻無此注。
〔十一〕後漢書八〇、八一、八四。
〔十二〕三國志吳志十徐盛傳。
〔十三〕後漢書八六。
〔十四〕後漢書九九。
〔十五〕後漢書一一二上。
〔十六〕史記十三。
〔十七〕晉書一二三。
〔十八〕初刻無此注。

亭侯〔一〕

通典：「獻帝建安初，封曹操爲費亭侯。亭侯之制，自此始也。」〔二〕恐不然。靈帝以解瀆亭侯入繼。桓帝紀：封單超等五人爲縣侯，尹勳等七人爲亭侯。列傳中爲亭侯者甚多，大抵皆在章、和以後。丁綝言「能薄功微，得鄉亭厚矣」。樊宏願還壽張，食小鄉亭。則建武中似已有亭侯矣。楚漢春秋〔三〕：高祖封許負爲鳴雌亭侯。裴松之曰：高祖時封皆列侯，未有鄉亭之爵，疑爲不然。蜀志：中山靖王子貞，元狩六年，封涿縣陸城亭侯。按漢書作陸城侯。志文衍一「亭」字。

〔一〕初刻六之十。只有前段，注同。

〔二〕通典三一職官。

〔三〕楚漢春秋一。

漢書王莽傳：「改大郡，至分爲五郡縣。以亭爲名者，三百六十，以應符命文。」〔一〕

〔一〕漢書九九中。

社〔一〕

社之名，起於古之國社、里社，故古人以鄉爲社。大戴禮：「千乘之國受命於天子，通其四疆，教其書社。」管子：「方六里名之曰社。」〔二〕是也。左傳昭公二十五年，齊侯唁公曰：「自莒疆以西，請致千社。」注：「二十五家爲社，千社二萬五千家。」史記孔子世家：「冉有曰：「雖累千社，夫子不利也。」索隱曰：「二十五家爲社。」」〔三〕哀公十五年，齊與衞地，自濟以西，禚媚杏以南，書社五百。晏子：「景公予魯君地山陰數百社。」又曰：「景公祿晏子以平陰與棗邑，反市者十一社。」又曰：「昔吾先君桓公，以書社五百封管仲，不辭而受。」〔四〕荀子：「與之書社三百，而富人莫之敢距。」〔五〕戰國策：「秦王使公子他謂趙王曰：『大國不義，以告敝邑，而賜之二社之地。』」〔六〕商子：湯武之戰，「士卒坐陳者里有書社。」〔七〕呂氏春秋：「武王勝殷，諸大夫賞以書社。」又曰：「衞公子啓方以書社四十下衞。」又曰：「越王請以故吳之地，陰江之浦，書社三百，以封墨子。」〔八〕今河南、太原、青州鄉鎮猶以社爲稱。古者春秋祭社，一鄉之人無不會集。三國志注：「蔣濟爲太尉，嘗與桓範會社下。」〔九〕是也。漢書五行志：「兗州刺史浩賞禁民私所自立社。」臣瓚曰：「舊制二十五家爲一社，而民或十家五家共爲田社，是私社。」〔十〕隋書禮儀志：「百姓二十五家爲一社，其舊社及人稀者不限。」〔十一〕後人聚徒結會亦謂之社。萬曆末，士人相會課文，各立名號，亦曰某社某社。崇禎中，有陸文升奏訐張溥等復社一事，至奉旨察勘，在事之官，多被降罰。宋史薛顔傳：「耀州豪姓李甲結客數十人，號没命社。」〔十二〕曾鞏傳：「章丘民聚黨村落間，號霸王社。」〔十三〕石公弼傳：「揚州群不逞，爲俠於閭里，號亡命社。」〔十四〕而隋末譙郡城有黑社、白社之名。元史泰定帝紀：「禁饑民結扁擔社，傷人者杖一百。」〔十五〕不知今之士人何取而名此也。天啓以後，士子書刺往來，「社」字猶以爲汎，而曰盟、曰社盟，此遼史之所謂刺血友也。

〔一〕「社」字索引。
〔二〕管子一乘馬篇。
〔三〕史記四七。
〔四〕晏子卷五内篇雜上，又卷六内篇雜下。
〔五〕荀子三仲尼篇。
〔六〕戰國策秦策。
〔七〕商君書四賞刑篇。

〔八〕呂覽十五愼大覽，十六先識覽三知接篇，十九離俗覽二高義篇。

〔九〕三國志魏志九桓範傳注引魏略。

〔十〕漢書二七中之下。

〔十一〕隋書七。

〔十二〕宋史二九九。

〔十三〕宋史三一九。

〔十四〕宋史三四八。

〔十五〕元史二九。

今日人情相與，惟年、社、鄉、宗四者而已，除却四者，便窅然喪其天下焉。

歷代帝王陵寢〔一〕

宋太祖乾德四年十月癸亥，詔歷代帝王陵寢，太昊以下十六帝，各給守陵五户，蠲其他役，長吏春秋奉祀。商中宗以下十帝，各給三户，歲一享。秦始皇以下十五帝，各給二户，三歲一祭。周桓王以下三十八帝，州縣常禁樵采。仍詔吳越國王錢俶修奉禹墓。其時天下末一，而首發此詔，可謂盛德之事。惜當日儒臣考之不審，以致傳訛後世。如云周文王、武王、成王、康王，並葬京兆咸陽縣者。按劉向曰：「文、武、周公葬于畢。」史記周本紀，太史公曰：「畢在鎬東南杜中。」〔二〕皇覽曰：「文王、武王、周公冢皆在京兆長安鎬聚東杜中。」續漢志：鎬在上林苑東。孟康曰：長安西南有鎬池。郭璞山海經注同。書序：「周公薨，成王葬于畢。」傳曰：「不敢臣周公，故使近文、武之墓。」正義曰：「案帝王世紀云：『文、武葬于畢，畢在杜南。』晉書地道記亦云：『畢在杜南，與畢陌別。』」〔三〕史記周本紀，正義引括地志曰：「文王、武王墓在雍州萬年縣西南二十八里畢原上。」此其在渭水之南，杜縣之中甚明。雍録〔四〕曰：文都豐，武都鎬，豐、鎬與杜相屬，則皇覽謂文王葬于渭南者，其理順也。文王既葬渭南，則周公葬畢，必附文墓矣。而今乃祭於渭北咸陽縣之北十五里。蓋據顏師古劉向傳注「畢陌在長安西北四十里」之誤。地道記已明言與畢陌別矣。按史記秦本紀〔五〕，集解引皇覽曰：「秦武王冢在扶風安陵縣西北，畢陌中大冢是也。人以爲周文王冢，非也。周文王冢在杜中。」又秦始皇本紀〔六〕末正義曰：「括地志云：秦惠文王陵在雍州咸陽縣西北一十四里。」又云：「秦悼武王陵在雍州咸陽縣西十里，俗名周武王陵，非也。」是昔人已辯之甚明。今祭周之文王、武王，而于秦惠文王、悼武王之墓，不亦誣乎〔七〕！雍録言：「元和一志，皆李吉甫爲之，而周公之墓亦遂兩出，一云在萬年縣西南二十八里，一云在咸陽縣北十三里，則是自相殊異。原其誤皆起於畢名之有兩也。」至云後魏孝文帝長陵，在耀州富平縣東南，尤謬。魏書言：「帝孝於文明太后，乃於永固陵東北里餘營壽宮，遂有終焉之志。及遷雒陽，乃自表瀍西，以爲山陵之所，而方山虚宮，號曰萬年堂云。」〔八〕其曰方山者，代都也；瀍西者，雒陽也。孝文自代遷雒，安得葬富平哉？葬富平者，西魏之文帝，乃孝文之孫，名寶炬，以南陽王爲宇文泰所立，在位十七年，葬永陵〔九〕。魏書出於東朝，不載其事，而北史爲立本紀，且曰：「嘗登逍遥觀，望嵯峨山，謂左右曰：望此令人有脱屣之意。」〔十〕然則今富平縣東南三十里之陵，即永陵也。后妃傳〔十一〕：「文帝悼皇后郁久閭氏，大統六年崩，葬于少陵原。十七年合葬永陵，當會横橋北，后梓宫先至鹿苑，帝輼輬後來。將就次所，軌折不進。」上有宋碑，乃謬指爲孝文之葬，而歷代因之，豈非五代喪亂之餘，在朝罕淹通之士，而率爾頒行，不遑尋究，以至於今日乎？宋游師雄，紹聖元年普寧寺題名，亦指此爲西魏文帝陵。嗟乎，近事之著在史書，灼然如此，而世之儒生且不能知，乃欲與之考橋山，訂蒼梧，其茫然而失據也宜矣！

〔一〕初刻六之十一，無注。

〔二〕史記四。

〔三〕此書逸篇亳姑序，在周官篇後。帝王世紀及地道記，皆孔氏正義所引。

〔四〕雍録七。
〔五〕史記五。
〔六〕史記六。
〔七〕誤秦惠文王、悼武王陵爲周文王、武王陵。
〔八〕魏書十三，北史十三。
〔九〕誤西魏文帝陵爲魏孝文帝陵。
〔十〕北史五。
〔十一〕北史十三末。

又考册府元龜：「唐高宗顯慶二年二月，帝在雒陽宫，遣使以少牢祭漢光武、後魏孝文帝陵。」則孝文之祭在雒陽，於唐時未誤。又曰：「憲宗元和十四年正月，詔以周文王、武王祠在咸陽縣，俾有司修飾。」〔一〕則似已在渭北矣。魏書：「孝文太和二十一年五月，遣使者以太牢祭周文王于酆，武王于鎬。」〔二〕隋書〔三〕：「祀周文王、武王于灃、渭之郊。」舊唐書：「周文王、太公配祭于酆，周武王、周公、召公配祭于鎬。」〔四〕並與皇覽之言合。自古所傳，當在渭南。又韓文公南山詩：「前尋徑杜墅，坌蔽畢原陋。」〔五〕亦謂其在杜中。韓即元和間人，或其遺迹未泯，憲宗之詔，言祠不言墓，非一地也。

〔一〕冊府元龜二七四修廢門。
〔二〕魏書七下。
〔三〕應作「通典」，卷五三祀先代帝王條。
〔四〕舊唐書廿四。
〔五〕韓文公集四。

乾德四年詔，誤以魏孝文、文帝爲一人。淳化閣帖，誤以梁高祖、武帝爲二人。宋史：「黄伯思病淳化閣帖乖謬龐雜，作刊誤二卷。」〔一〕

〔一〕宋史四四三本傳。二〇二藝文志小學類作一卷。

堯冢靈臺

漢書地理志：「濟陰成陽有堯冢靈臺。」〔一〕後漢書章帝紀：「元和二年二月，東巡狩，使使者祠唐堯于成陽靈臺。」〔二〕安帝紀：「延光三年二月庚寅，使使者祠唐堯于成陽。」〔三〕皇覽云：「堯冢在濟陰成陽。」皇甫謐帝王世紀〔四〕云：「堯葬濟陰成陽西北四十里，是爲穀林。」水經注：「城陽西二里有堯陵，陵南一里有堯母慶都陵，於城爲西南，稱曰靈臺。後漢堯母碑曰：「慶都僊歿，蓋葬于兹，欲人莫知，名曰靈臺。」鄉曰崇仁，邑號修義，皆立廟。四周列水，潭而不流，水澤通泉，泉不耗竭，至豐魚筍，不敢採捕。廟前並列數碑，括柏成林。二陵南北列，馳道逕通，皆以磚砌之，尚修整。堯陵東城西五十餘步，中山夫人祠，堯妃也。石壁階墀仍舊，南西北三面，長櫟聯蔭，扶疏里餘。中山夫人祠南有仲山甫冢，冢西有石廟，羊虎破碎略盡。於城爲西南，在靈臺之東北。」〔五〕宋史：「神宗熙寧元年七月己卯，知濮州韓鐸言：『堯陵在雷澤縣東穀林山，陵南有堯母慶都靈臺廟，請敕本州春秋致祭，置守陵五戸，免其租，奉洒埽。』從之。」〔六〕成陽在漢爲濟陰屬縣，北齊廢，隋復置爲雷澤縣，唐宋因之，金復廢。今曹州東北六十里，故雷澤城是也。而集古録有漢堯祠及堯母祠碑〔七〕。是廟與碑，宋時猶在也。然開寶之詔，帝堯之祠，乃在鄆州。今在東平州東北三十里，盧泉山之陽。意者自石晉開運之初，黄河決于曹濮，堯陵爲水所浸，乃移之高地乎？而後代因之，不復考正矣。元史泰定帝紀：「泰定二年四月丁酉，濮州鄄城縣言：城西堯冢上有佛寺，請徙之。不報。」〔八〕

〔一〕漢書二八上。

〔二〕後漢書三。

〔三〕後漢書五。

〔四〕帝王世紀：一，指海六集本；二，訓纂堂貴筑楊氏本。

〔五〕水經注廿四瓠子河條。

〔六〕宋史一〇五。

〔七〕集古録二。

〔八〕元史二九。

舜陟方乃死，見於書。禹會諸侯於塗山，見於傳。惟堯不聞有巡狩之事。墨子曰：「堯北教乎八狄，道死，葬蛩山之陰。舜西教乎七戎，道死，葬南巳之市。禹東教乎九夷，道死，葬會稽之山。」〔一〕此戰國時人之説也。自此以後，吕氏春秋則曰：「堯葬于穀林。」〔二〕太史公則曰：「堯作游成陽。」〔三〕劉向則曰：「堯葬濟陰。」竹書紀年則曰：「帝堯八十九年作游宮于陶，九十年帝游居于陶，一百年帝陟于陶。」〔四〕説文：「陶，再成丘也，在濟陰。有堯城，堯嘗所居，故堯號陶唐氏。」〔五〕而堯之冢，始定于成陽矣。但堯都平陽，相去甚遠，耄期之年，禪位之後，豈復有巡游之事哉？因堯偃朱之説，並出於竹書，而鄄城之迹，亦復相近。括地志曰：「故堯城，在濮州鄄城縣東北十五里。」竹書云：「昔堯德衰，爲舜所囚也。」又有偃朱故城，在縣西北十五里。竹書云：「舜囚堯，復偃塞丹朱，使不與父相見也。」按：此皆戰國人所造之説。或人告燕王，謂啓攻益，而奪之天下。韓非子言：「湯使人説務光，自投于河。」大抵類此。詩、書所不載，千世之遠，其安能信之？

〔一〕墨子卷六節葬下。
〔二〕吕氏春秋卷十孟冬紀三安死篇。
〔三〕史記一二九。
〔四〕竹書紀年上。
〔五〕説文十四下阜部。

山海經海外南經〔一〕：「狄山，帝堯葬于陽。」注：「吕氏春秋曰：『堯葬穀林。』今成陽縣西，東阿縣城次鄉中，赭陽縣湘亭南，皆有堯冢。」〔二〕

〔一〕山海經第六。
〔二〕郭璞注引吕氏春秋。今，指郭時。

臨汾縣志曰：「堯陵在城東七十里，俗謂之神林，高一百五十尺，廣二百餘步，旁皆山石，惟此地爲平土，深丈餘。其廟正殿三間，廡十間。山後有河一道，有金泰和二年碑記。」

竊考舜陟方乃死，其陵在九疑；禹會諸侯於江南，計功而崩，其陵在會稽。惟堯之巡狩，不見經傳，而此其國都之地，則此陵爲堯陵無疑也。」按，志所論，似爲近理。但自漢以來，皆云堯葬濟陰成陽，未敢以後人之言爲信。

生祠

漢書萬石君傳：「石慶爲齊相，齊人爲立石相祠。」〔一〕于定國傳：「父于公，爲縣獄吏，郡中爲之立生祠，號曰于公祠。」〔二〕漢紀：「欒布爲燕相，有治迹，民爲之立生祠。」〔三〕此後世生祠之始。

〔一〕漢書四六。

〔二〕漢書七一。

〔三〕漢紀九，叢刊本。

今代無官不建生祠，然有去任未幾，而毁其像、易其主者。舊唐書：「狄仁傑爲魏州刺史，人吏爲立生祠。及去職，其子暉爲魏州司功參軍，貪暴爲人所惡，乃毁仁傑之祠。」〔一〕則唐時已有之矣。後漢書：「張翕爲越巂太守，有遺愛。其子湍，復爲太守。蠻人懽喜，奉迎道路曰：『郎君儀貌，類我府君。』後湍頗失其心，有欲叛者，諸蠻耆老相曉語曰：『當爲先府君故。』遂以得安。」〔二〕然則魏人之因子而毁其父祠，曾越巂蠻人之不若邪。

〔一〕舊唐書八九。

〔二〕後漢書一一六。文中三「蠻」字原皆作「夷」。

生碑

西京雜記：「平陵曹敞，其師吳章，爲王莽所殺，人無敢收葬者，弟子皆更名他師。敞時爲司徒掾，獨稱吳章弟子，收葬其屍。平陵人生爲立碑於吳章墓側。」〔一〕此生立碑之始。

〔一〕西京雜記卷三。

晉書：「南陽王模，爲公師藩等所攻，廣平太守丁紹，率衆救模。模感紹德，敕國人爲紹生立碑。」〔一〕「唐彬爲使持節監幽州諸軍事，百姓追慕彬功德，生爲立碑作頌。」〔二〕史之所書居官而生立碑者，有此二事。

〔一〕晉書三七。「丁紹」原作「丁邵」。
〔二〕晉書四三。

唐武后聖曆二年制：州縣長吏，非奉有敕旨，毋得擅立碑。劉禹錫高陵令劉君遺愛碑序曰：「太和四年，高陵人李仕清等六十三人，具前令劉君之德，詣縣請以金石刻縣。令以狀申于府，府以狀考于明法吏。吏上言：謹按寶應詔書，凡以政績將立碑者，具所紀之文，上尚書考功，有司考其詞宜有紀者乃奏。明年八月庚午詔曰可。」〔一〕舊唐書鄭瀚傳：「改考功員外郎。刺史有驅迫人吏上言政績，請刊石紀德者，瀚探得其情，條責廉使，巧迹遂露。人服其敏識。」〔二〕是唐時頌官長德政之碑，必上考功，奉旨乃得立。宋史言：「太祖建隆元年十月，戊子詔：諸道長貳有異政請立碑者，委參軍驗實以聞。」〔三〕今世立碑，不必請旨，而華衮之權，操之自下，不但溢美之文，無以風勸，而植於道旁，亦無過而視之者，不旋踵而與他人作鎮石矣。

〔一〕劉夢得文集二八。
〔二〕舊唐書一五八。
〔三〕宋史一。

册府元龜：「宋璟爲相，奏言：『臣伏見韶州奏事云：廣州與臣立遺愛頌。璟嘗爲廣州都督。夫碑所以頌德紀功，臣在郡日，課無所稱，幸免罪戾，一介俗吏，何足書能？濫承恩施，見在樞密，以臣光寵，成彼諂諛。欲革此風，望自臣始。請敕廣府即停。』從之。時鄭州百姓亦爲前刺史孟温禮樹碑，因是亦命罷之。」〔一〕

〔一〕册府元龜三二〇宰輔部識量門。

張籍送裴相公赴鎮太原詩〔一〕：「明年塞北清蕃落，應建生祠請立碑。」〔二〕以晉公之勳名，而頌祝之辭止此。當日碑祠之難得可知矣。

〔一〕裴度。
〔二〕張司業詩集四。

張公素

大明一統志：「永平府名宦有張仲素，德宗時以列將事盧龍軍節度使張允伸，擢平州刺史。允伸卒，詔仲素代爲節度使、同平章事。」〔一〕考之新舊唐書列傳，則云：張仲武爲盧龍節度使，破降回鶻，又破奚北部及山奚，威加北翟，擢累檢校司徒，同中書門下平章事，卒。一統志亦有張仲武，列於仲素之後。子直方，多不法，畏下變起，奔京師，軍中以張允伸總後務，詔賜旌節。在鎮二十三年，比歲豐登，邊鄙無虞。張公素以軍校事允伸，擢平州刺史。允伸卒，子簡會爲副大使。公素以兵來會喪，簡會出奔。詔以公素爲節度使。性暴厲，眸子多白，燕人號白眼相公。爲李茂勳所襲，奔京師，貶復州司户參軍〔二〕。按盧龍節度使，前後三人，皆張姓，曰仲武，曰允伸，曰公素。今乃合二名而曰仲素，及詳其歷官，即公素也。又其逐簡會，在懿宗咸通十三年，距德宗時甚遠，且又安取此篡奪暴戾之人而載之名宦乎？今灤州乃祀之名宦祠。吁！其辱朝廷之典，而貽千載之笑也已。

〔一〕大明一統志五。

〔二〕張仲武、允伸、公素三人，皆見舊唐書一八〇、新唐書二一二。「翟」原作「狄」。

又考唐時別有一張仲素，字繪之，元和中爲翰林學士，有詩名。舊唐書楊於陵傳〔一〕，所謂屯田員外郎張仲素；白居易燕子樓詩序〔二〕，所謂司勳員外郎張仲素繢之；今本長慶集誤作「績之」。即其人也。然非盧龍節度使。張濬傳：祖仲素，位至中書舍人〔三〕。

〔一〕舊唐書一六四。

〔二〕長慶集十五。

〔三〕舊唐書一七九。

王亘

肇慶府志：「宋王亘，淳熙中爲博羅令，築隨龍、蘇村二堤，民賴其利。後知南恩。」〔一〕一統志誤作「王旦」〔二〕。今博羅名宦稱宋丞相文正公前博羅令，而不知文正未嘗爲此官。宋史王旦傳：起家以大理評事，知平江縣〔三〕。淳熙又孝宗年號也。蓋士不讀書，而祀典之荒唐也久矣。

〔一〕道光肇慶府志十六亦載。

〔二〕大明一統志八一。

〔三〕宋史二八二。